商务印书馆（上海）有限公司 出品
The Commercial Press (Shanghai) Co. Ltd.

湘妃考

（增订本）

张京华 /著

商务印书馆
The Commercial Press
创于1897

　　张京华，1962 年生于北京，1983 年北京大学历史学系本科毕业，曾任北京大学副教授、洛阳大学教授、湖南科技学院教授，现为湘南学院特聘教授、周敦颐研究院院长。撰文《中国最早的爱情故事》《"潇湘"意象的文化基因》《潇湘水路的文化景观》，出版《湘楚文明史研究》《周敦颐与湖南》《濂溪故里国学经典讲读》《潇湘镂云：湖湘书法经典·石刻卷》《鬻子笺证》和《中国文学散论》等。

"潇湘"意象的文化基因（代序）*

"潇湘"有深意，张衡诗"欲往从之湘水深"，江总诗"湘水深，陇头咽"，刘长卿诗"日暮潇湘深"，屈大均诗"潇水深，湘水深，双双流出逐臣心"。

"潇湘"有清意，陈子昂诗"箕山有高节，湘水有清源"，元结诗"不恨湘波深，不怨湘水清"，韩愈诗"湘水清且急"，刘禹锡诗"南游湘水清"，梁章钜诗"三湘贯南楚，潇湘最所称。空江有何好，泠然惟一清"。

"潇湘"有远意，所谓"北通巫峡，南极潇湘"，"碣石潇湘无限路"，"还将远意问潇湘"。

"潇湘"成为文学艺术意象，由来已久。但是"潇湘"又模糊而泛在，词频很高，其实不能把捉。

"潇湘"二字，古雅之极。

"潇""湘"均发清声。"潇""箫"均从肃得声，"潇"字发音最清，其清如箫，其声肃肃。古文"潇"字又作"潚"，其字从水，为水名，即潇水的专名。《说文解字》："潇，水名。"又云："潚，深清也。"《水经注》："潇者，水清深也。"

潇水实为古代第一清澈江川。晋罗含《湘川记》："湘川清照五六丈，下见底石，如樗蒲矢，五色鲜明，白沙如霜雪，赤崖若朝霞，是纳'潇湘'之名矣。"元辛文房《唐才子传》："潇水出道州九嶷山中，湘水出桂林海阳山中，经灵渠，至零陵与潇水合，谓之'潇湘'，为永州二水也。清泚一色，高秋八九月，才丈余，浅碧见

---

* 本篇原刊于《古典文学知识》2021 年第 6 期，题为《"潇湘"意象的文化基因》。

底。过衡阳，抵长沙，入洞庭。"

韩愈说，湘南之地多清淑之气，蜿蟺扶舆磅礴而郁积，其水土之所生，神气之所感，意必有魁奇、忠信、才德之民生其间。刘禹锡说，潇湘间无土山，无浊水，民乘是气，往往清慧而文。

"湘"字从水从相。"相"从目从木，解为"省视"。省视一定要是林木。《说文》引《易经》云："地可观者，莫可观于木。"

"省视"，古人有特指的概念——《观卦》。《观卦》卦象为䷓，坤☷下，巽☴上。坤为地，巽为木，故卦象解为地上之木。《观卦》卦辞曰"观国之光，利用宾于王"，象辞曰"观国之光，尚宾也"。此言观赏一个邦国的礼俗文明景象，在这件事情上，重要的是让宾客受到尊敬。"观光"一语，出典于此。

而《鄂君启节》铭文中的"湘"字，水部是写在"相"字下面的，就最生动。"湘"字的含义赫然就是：乘舟于水上，观光树木，观光邦国，观光礼俗，观光文明。"潇湘"的语义即可翻译为——乘舟于清深之水而观光。

予来潇湘益久，日居二水之会，可谓十八年潇湘上寓客（宗稷辰自署"十三年潇湘上寓客"），以为潇湘意象有四大文化基因，即四大信息密码。

一　潇湘意象之《渔父辞》

"潇湘"一语，出处极古。《山海经》载"潇湘之渊""潇湘之川""潇湘之浦"，《淮南子》佚文载"弋钓潇湘""躬钓潇湘"，汉桓谭《新论》佚文载"潇湘之乐"，晋王子年《拾遗记》载"潇湘洞庭之乐"。

潇湘首先是水名，于是有三闾大夫游于江潭，行吟泽畔，作《渔父》。《渔父》通篇都讨论一个"清"字："举世皆浊我独清，众人皆醉我独醒"——清醒。"新沐者必弹冠，新浴者必振衣"——清洁。"安能以身之察察，受物之汶汶者乎"——清楚。"安能以皓皓之白，而蒙世俗之尘埃乎"——清白。"沧浪之水清兮，可以濯吾缨"——清净。屈原"有博通之知，清洁之行"，"膺忠贞之质，体清洁之性"，宋神宗元丰六年（1083）封屈原为忠洁侯。

屈原与渔父，代表两种选择：要么清白地结束，要么做一个隐居的智者而逃离这个世界。

屈大夫之清，一如潇湘的深清，而渔父的超脱，也引出了极多的同情者。由屈原、庄子的同题篇章《渔父》，衍生出了乐府歌行的《渔父歌》《渔父词》，又衍生出了《欸乃曲》，又衍生出了《渔翁》以及《渔家傲》。

渔父、渔舟、弋钓诸元素的加入，丰富了"潇湘"意象的内涵。人、水、舟、鱼，在此构成了四大关系。

鱼——鱼寓意着收获，寓意着利益，但鱼也是可爱的生命，鱼也有自己的快乐，而且鱼也有自己超然、轻盈的美态："潭中鱼可百许头，皆若空游无所依。"况且渔利也并非可以无限地获取，鱼与熊掌不可得兼。

水——水是伟大的，水的好处数不胜数。水是宇宙的本原，古人说天一生水；水是智慧的源泉，古人说智者乐水。水是"上善"，而人类应当止于"至善"。水具有自净的功能，清洁无瑕，"美哉水乎！其浊无不涂，其清无不洒"；水有利于万物，却不与万物相争，"润万物者，莫润于水"。水能够藏污纳垢，包容一切的善与恶。水平，可以为鉴，以正衣冠。水柔弱，而能以天下之至柔，驰骋天下之至坚。水能载舟，亦能覆舟；行舟水上是愉快的，但也是危险的。

舟——舟是水上交通工具，刳木为舟，以济巨川。但工具也并不一定要用来急功近利。舟不一定很大，有时可以是"一叶扁舟"。舟船漂浮在水上，比车马轻松自由，古人因此便说"泛舟"。泛舟的最高境界，可以是"不系之舟"。"驾一叶之扁舟，寄蜉蝣于天地"，人在舟船中飘荡，正如万物寄生于大道，逍遥徜徉，容与徘徊，任其所之。

人——钓者有术，钓鱼的人最好的方式是用钓钩而不是张网。孔子钓而不纲，弋不射宿，商汤去其三面，置其一面，彼此双方都有选择的自由。钓鱼的钩，最妙的方式，是可以有饵，可以无饵。《符子》载太公涓钓于隐溪，五十有六年而未尝得一鱼，"踞而屹柯，不饵而钓，仰咏俯吟，暮则释竿"，彼此双方都因任自然。

鱼为饵死，鸟为食亡。钓鱼的人，只取贪饵之鱼可也。《六韬》载吕尚坐茅以渔，文王劳而问焉，吕尚曰："鱼求于饵，乃牵其缗；人食于禄，乃服于君。小钓钓川，而擒其鱼；中钓钓国，而擒其万国诸侯。"彼此双方冥冥之中无不归于命运之必然。

舟在水上，人在舟上，似乎人类居于万物的顶层，而其实仍在天地的覆载之下。水在流，舟在动，鱼在游，舟中的人，静中有动，动中有静。人、水、舟、鱼，构成了四个张力。

东晋的渔人，于落日逍遥渚际之时，现一轻舟，凌波隐显；神韵潇洒，垂纶长啸，而"其钓非钓"。而在陶渊明的《桃花源记》中，"问津""问渔"实则成了问道的隐语。后世的渔父通常是高士、隐士、智者、有道之士的象征，而《松湖钓隐图》《风雨归舟图》《春山鱼艇图》《柳汀放棹图》等，也成为文人画中常见的题材。

二　潇湘意象之《列女传·有虞二妃》

《列女传》原名《列女传颂图》，分为母仪传、贤明传、仁智传、贞顺传、节义传、辩通传、孽嬖传，共计7卷，记述105位妇女事迹，刘向编订，约成书于公元前20年，开创了古今女性传记文献的先河，同时也是世界最早的妇女文献集成。

《列女传》多记后妃，但最重母仪。不过娥皇、女英本是有虞二妃，并无母仪的身份，却列居《列女传》第一卷"母仪"之首，亦即《列女传》全书之首，称之为"元始二妃"。《列女传》确定了虞舜、湘妃爱情故事的典范意义。

虞舜"家有三恶，身为匹夫，忽纳帝女，难以和协"。在这个复杂的家庭里，最善良的人和最险恶的人聚在了一起。虞舜的父亲顽冥昏庸，不能分别好恶，后妈愚蠢，偏爱亲生儿子，异母弟弟傲慢不敬；怨怒、忌刻、乖争、陵犯，一家之中无所不有，三个人集中了人伦中一切的恶。虞舜的二妃善良贤明，异母妹妹敤手天真质朴，三个人集中了人伦中一切的善。

帝尧准备传天子之位给虞舜，需要考验他，最好的办法就是把两个帝女下嫁到虞舜家中，家有三恶，又有三善，看他怎么平衡所有人的利益诉求。二妃带来的还有昭华之玉、绨衣、干戈、弣弓、牛羊、仓廪和一张琴，物质上和精神上一下子都满足了，阴谋却也很快发动起来。"戏剧性冲突"出现，夫妇必须共渡难关。

第一道难关是"焚廪"。父亲和弟弟谋杀虞舜，命虞舜去修理仓廪，去就放火烧死他。虞舜进退两难，二妃说："去啊！你可以张开两笠，像鸟儿一样飞下来。"虞舜成功逃脱。敦煌变文《舜子至孝变文》中有这样的渲染："舜子才得上仓舍，西南角便有火起。第一火把是阿后娘，续得瞽叟第二，第三不是别人，是小弟象儿。即三具火把铛脚且烧，见红焰连天，黑烟且不见天地。"

第二道难关是"浚井"。弟弟又和父母合谋，命虞舜去淘井，去就落井下石活埋他。虞舜进退两难，二妃说："去啊！你可以先挖一个倾斜的副井，到时候脱掉衣服，像龙一样钻出来。"虞舜成功逃脱。北魏司马金龙墓出土的彩绘漆画屏风，保留了父亲和弟弟搬动巨石的危急景象。

第三道难关是"速饮"。父亲定计，召命虞舜到家，准备灌醉然后杀死他。虞舜进退两难，二妃说："去吧！"配了葛根葛花的药给他服下，虞舜终日饮酒不醉，幸免于难。

三道难关没有害死虞舜，虞舜仍然照常侍奉父亲，"夔夔唯谨"。三个恶人黔驴技穷，终于心服口服，改邪归正。

湘妃和虞舜的感情传说是我国最早的一个爱情故事。虞舜勤政而死，葬九嶷山，娥皇、女英姐妹二人追寻而至，死于湘江，受封为湘江之神。湘妃和虞舜的传说，随同虞舜一代史事载入经典，历代传咏，备载不绝。

《述异记》又载，"舜南巡，葬于苍梧，尧二女娥皇、女英泪下沾竹，久悉为之斑，亦名湘妃竹"。《博物志》载，"尧之二女，舜之二妃，曰湘夫人。帝崩，二妃啼，以泪挥竹，竹尽斑"。《群芳谱》载，"斑竹即吴地称湘妃竹者，其斑如泪痕。世传二妃将沉湘水，望苍梧而泣，洒泪成斑"。

"潇湘"是清绝、是圣洁、是凄艳、是深情，是美的极致。"潇湘"成为绝美的代名词，凡言天下之凄艳、圣洁、深情、纯美，必言"潇湘"。曹雪芹著《红楼梦》，寄意潇湘馆，寄情潇湘妃子，处处都是潇湘意象。潇湘馆中碧竹遮映，凤尾森森，龙吟细细，一缕幽香从碧纱窗中暗暗透出。林黛玉住到潇湘馆，是《红楼梦》的唯一选择。潇湘馆就是林黛玉的化身。日本文学史家儿岛献吉郎称"中国之恋爱文学发端于帝舜时代"，湘妃故事"盖为古今恋爱文学之祖"。

三　潇湘意象之《九歌·二湘》

《九歌》是楚王祭奠天地、云雨、山川的乐歌，其中"二湘"与南楚相关。林云铭说："湘君，娥皇也。湘夫人，女英也。"《湘君》《湘夫人》二篇，即《离骚》求有娀二姚之意。"屈原在自己的祭祀乐歌中，极尽虔诚之至，但是也非常活跃、主动。他可以是司仪的素女，可以是请神的巫觋，也可以是复活的君后。《九歌》的主语扑朔迷离，屈原的身份重叠变化。

娥皇、女英姐妹二人的称谓，本来是随着身份而多变的。姐妹二人又称帝子、帝女、尧女，又别称湘妃，又称湘夫人、湘君、湘灵、湘女、江妃、二妃、舜妃，又别称湘神、湘水之神。《山海经》称之为"帝之二女"，《列女传》称之为"元始二妃"，郭璞称之为"处江为神"，汪绂称之为"湘水之神"。她们本是帝尧的掌上明珠，又成了帝舜的贤内助；原本生于北方的妫水，又成了遥远的潇湘的水神；她们可能是封于潇湘，成为世袭的诸侯，但在民间书生的偶遇中又成了美丽的佚女。

在历代画家的《九歌图》中，湘妃的身份继续变化。她们处于云雾水气之中，往来于凡人可望而不可即的空间。

北宋画家李公麟、元代画家张渥、明末画家陈洪绶的《九歌图》，往往都有飘荡的云霞，浩渺的流水，但是人物仍然是清晰的，大多用白描的画法，勾勒出清晰的面容，似乎她们依然是人间的君后，宛然出现在人们面前。她们原本就是生气勃勃的人物，但是可望而不可即的云水，以及在木叶萧萧、四时代序中凝静不动的表情，都会告诉人们，她们已经成为天神。

湘君、湘夫人图的最深刻的表达，是在文徵明的笔下实现的。湘妃姐妹二人站在一个十分开阔的空间。娥皇回首和女英相向，娥皇拖着长裙，体形呈现出很大的弯曲，极尽窈窕之至。女英仅留一个侧面给观者，她的身体斜侧着，观者看到的几乎是一个背影。图画是设色的，画面上只见一片祥和的光影。二人脚下的渺渺沧波极其淡微，几乎分不出是在水面还是在云间。二人的衣着也是淡淡的，丝质般透着光亮，完全不同于黑白线图的轮廓。

湘妃完全成了天神，从人间升华到了空明的世界。二人就凸显在观者面前，但是孤高、圣洁、凄清、冷艳，没有一丝人间牵系，没有一毫尘世感，完全脱去烟火。她们逍遥容与，夷犹徜徉，瞥然而过，但是渺乎不可近，神圣不可犯。落叶飞过，水流飞逝，但是二人却已定格在远古的时空中，永远不朽，永远年轻。

顾恺之的《洛神赋》图卷，描绘"众灵杂遝，命俦啸侣，或戏清流，或翔神渚，或采明珠，或拾翠羽"，是雍容华贵景象。它的仪仗是可以模仿的，人物的美艳是可以企及的。但是文徵明的湘夫人却是冰雪绰约，是光色之影，是天人之际、神人之间。文徵明升华了潇湘的高古格调。他说："余少时阅赵魏公（赵孟頫）所画湘君夫人，行墨设色，皆极高古。"

四　潇湘意象之"潇湘八景"

自两宋以来，人们依据湘江流域的自然风光，绘制出八幅一组的极富诗意的山水图画。以李成、宋迪、王洪、牧溪等人为滥觞，《潇湘八景图》以淡墨为主调，呈现出淡泊闲远的自然景象，建构起飘然脱俗的美学景象。

全国的"八景"，都是"潇湘八景"的时空放射。北京有燕京八景、圆明园四十景，南京有金陵八景、金陵四十景，西安有长安八景、关中八景，杭州有西湖十景、西湖十八景、西湖四十八景。一山一水，一城一邑，甚至一村一院，无处不有"八景"。"潇湘八景"在北宋已经传到韩国，在明代又传入日本。日本僧人元政《琶湖八景并序》说："世之言景者，必称'潇湘八景'，而孩提之儿亦能言之，盖'潇湘'其景之绝胜者乎！"

"潇湘八景"是东方极致的纯美意象。这一概念出自两宋书画家之笔、诗人学者之口，含义宏深，几乎关涉到东方审美思想中的大部分内容。

"平沙落雁"，"江天暮雪"，"洞庭秋月"，"远浦帆归"，清者图之，远人吟之。江妃二女，出游江湄，闻所闻而来，见所见而去。夜雨、晴岚、归帆、落雁、秋月、暮雪、晚钟、夕照——水石原本无情物，但一经人的品题，顿时就有了光辉和温度，流淌出文化与韵律。实景的八景由于文人墨客的歌咏描摹，就有了它与人类的唱和，产生了无尽的美学价值。充满诗意，充满诗人的气质。

"潇湘八景"是潇湘沿岸的风景。湘水从阳海山来，潇水从九嶷山来。两水相会后，浩浩荡荡一路向北，直达洞庭，合流长江，沿途风景美不胜收，每一景都是人世间的桃花源。"八"有"多"的含义，"八景"作为完整的一组，蕴含着多元、多样、多姿多彩的精神，是士大夫文化、佛教文化、市井文化、农耕渔猎文化的融汇。概言之，"潇湘八景"是社会生活百态的包容。

"潇湘八景"又是视觉与听觉的转换。"诗是有声画，画是无声诗。"诗歌用以吟诵，是听觉，但听觉可以转换为视觉；画是无声的视觉，但视觉也可以转换为无色的听觉。"挥毫当得江山助，不到潇湘岂有诗"，潇湘八景是诗；"西征忆南国，堂上画潇湘"，潇湘八景是画。潇湘八景是绘画、题诗、书法、音乐的交集，是文学、史学、艺术的合成。而无论视觉还是听觉，又都还有表达不尽的留白。吴乔说，"赋是死句，兴是活句"。王夫之说，"兴在有意无意之间"。

八景之中，有渔村，有山市，有烟寺，是人文之中，不避世俗，不避释老。卑而不可不因者民也，陋而不可不任者俗也。而诗中画，画中诗，疏而不失，远而不弃，出乎淤泥，不染于泥，要在得其一种超脱，一种意蕴。故诗画必有寄寓，而物象必有超脱。似真非真，似像非像，看似物境，实为心境。

八景有四时之景。"平沙落雁"讲来雁、归雁，与《月令》《夏小正》"鸿雁来宾"记载吻合。"洞庭秋月"是洞庭湖的秋景，"江天暮雪"是长沙的冬景。"远浦归帆"讲舟船中的行旅，去国怀乡，所谓"黯然销魂者，唯别而已矣"。陆龟蒙《木兰花诗》"洞庭波浪渺无津，日日征帆送远人"。"渔村夕照"讲江岸的渔村，江南是鱼米之乡，司马迁早已说过，"楚越之地，饭稻羹鱼"。黄昏将临，渔舟归来，酒旗斜矗，是渔村最热闹的时候。

而潇湘八景的第一景厥唯"潇湘夜雨"，寄寓着"湘妃思舜""湘灵鼓瑟""江妃二女"的人文内涵、虞舜与二妃的爱情故事，乃是属于历代士大夫的最为严肃的吟咏主题。故言"潇湘"意象，必不能离潇湘八景，尤不能离潇湘夜雨。此地清深，此地幽绝。既知二妃之凄艳、二湘之高古，于是以纸墨书之；入于淡素，出于平远，然后可以寄寓、可以超脱。"湖南清绝地，万古一长嗟"，必玄远，必清绝，絜静精微，清和平远，方为神品。

目　录

第一章　湘妃史迹之六大文献系统 [*]

　　湘妃和虞舜的爱情传说是我国最早的一个爱情故事。这个故事反映在今传最古老的经典《尚书》《山海经》《孟子》《楚辞》《史记》《列女传》六大系文献中。其中在西汉时期汇编的《列女传》中，湘妃故事被列在100余篇传记的首位，称为"元始二妃"，在发生的时间和编载的时间上都是最早的。

　　娥皇、女英姐妹二人，史称湘妃，又称湘夫人、湘君、湘灵、湘女、江妃、二女、二妃，为唐尧之女，虞舜之妻。虞舜勤政而死，葬九嶷山，她们追寻到达湖南，死于湘江，受封为湘江之神。

　　唐尧、虞舜为上古"五帝"中人物，儒家自称"祖述尧舜，宪章文武"（《礼记·中庸》，又见《汉书·艺文志》），孟子法先王，"言必称尧舜"，新出楚简亦盛称"唐虞之道"（郭店楚简），尧舜在我国古代道统、学统、政统上之重要地位不言而喻。湘妃和虞舜的爱情记录，随同虞舜一代史事载入经典，历代传咏，备载不绝。

　　据清马骕所编《绎史·有虞纪》，征引宋以前古书有近70种之多。各书性质，有些难于确论。大致说来，经书有《尚书》《尚书逸篇》；正史有《史记》《汉书》《宋书·符瑞志》；杂史有《竹书纪年》、《山海经》、《世本》、《越绝书》、《通鉴前编》、《帝王世纪》、刘向《列女传》、刘向《孝子传》、《高士传》、《孔子家语》、《中华古今注》、《风俗通义》、《皇览》、谯周《古史考》、张守节《史记正义》、《真源赋》、《通史》、《苏子古史》、《拾遗记》、《述异记》、《博物志》、

　　* 本章原刊于《衡阳师范学院学报》2007年第4期，题为《中国最早的爱情故事——湘妃传说之六大文献系统》。

《搜神记》、《琴操》、《水经注》、刘湛《吕梁碑》；周秦诸子有《墨子》《孟子》《庄子》《尸子》《荀子》《公孙尼子》《鲁连子》《吕氏春秋》《韩非子》《白虎通义》《韩诗外传》；汉魏南北朝诸子如《淮南子》《春秋繁露》《抱朴子》《论衡》《新论》《文心雕龙》《金楼子》；儒家传记注疏有《国语》、《左传》、《书序》、《尚书大传》、杜预《春秋左传注》、《礼记》、《礼记注》、《礼记疏》、《大戴礼记》；纬书有《孝经援神契》《洛书灵准听》《春秋元命苞》《尚书璇玑钤》《论语比考谶》《春秋运斗枢》《春秋合诚图》《春秋演孔图》《尚书中侯》《尚书帝命验》。就湘妃故事而论，笔者认为，当以《尚书》《山海经》《孟子》《楚辞》《史记》《列女传》六书所载最为原始，影响最大。六书性质分属经、史、子、集四类，所载内容亦各自独立或各有侧重，可以互补互证，由此构成了湘妃史迹的六大文献系统。

一　《尚书》二典：确定虞舜与二女的婚姻并赋予"至孝"的重大主题

《尚书》为我国重要历史典籍。为儒家"五经"之一，故又称《书经》。

《汉书·艺文志》谓"《书》之所起远矣，至孔子纂焉，上断于尧，下讫于秦，凡百篇，而为之序"。《春秋纬》载"孔子受端门之命，制春秋之义，使子夏等十四人求周史记，得百二十国宝书"。《书纬》称"孔子求得黄帝玄孙帝魁之书，迄秦穆公，凡三千三百三十篇，乃删以一百篇为《尚书》"。秦火之后，汉代有《今文尚书》及《古文尚书》，均不足百篇。唐代合编为《尚书正义》，共58篇。

《尚书》分为《虞夏书》《商书》《周书》三部分，其中《虞夏书》包括《尧典》《舜典》《益稷》《皋陶谟》《禹贡》《甘誓》。《尧典》《舜典》合称"二典"。

作为历史文献，关于《尚书》最为重要的一个问题，就是《虞夏书》所载历史发生的时间要早于迄今已知有系统文字的时间。关于这个问题可以有两种考虑：第一，旧传伏羲造书契，迄今已知最早的有系统的文字是商代后期的甲骨文，但甲骨文未必是最早的文字；虞夏时期未必没有文字，只是迄今尚未发现而已。第二，上古史官具有严格的官守世畴制度，即使没有文字，也不等于没有其他方法可以记录历史。

《四库全书总目提要·书类小叙》指出："《书》以道政事，儒者不能异说也。"说明历代学者关于《尚书》的评判大体均予肯定。至宋代以后，学者意见纷起，争论集中在四个方面："诸家聚讼，犹有四端：曰今文古文、曰错简、曰《禹贡》山水、曰《洪范》畴数。"但就"二典"而言，因为《今文尚书》与《古文尚书》均有"二典"，而所谓"错简"问题本出于学者夸大，"刘向记《酒诰》《诏诰》脱简仅三，而诸儒动称数十"，所以争论基本与"二典"无关。

即以今人认为论辩最为深入的阎若璩和崔述而言，均明确认定"唐虞之事，惟《尧典》诸篇为得其实"（崔述《唐虞考信录》卷一），"凡晚出之古文所为精诣之语，皆无一字无来处"（阎若璩《尚书古文疏证》卷一，第八）。崔述谓："吾读《洪范》，而知武王之所以继唐虞夏商而成一代之盛治也。吾读《立政》《无逸》而知成王、周公之所以绍文武而开八百年之大业也。六经中道政事者莫过于《尚书》，《尚书》中自《尧典》《禹贡》《皋陶谟》以外，言治法者无如此三篇。然《虞夏书》文简意深，而此则切明晓畅。学者于此三篇，熟玩而有得焉，于以辅圣天子，致太平之治，绰有余裕矣。惜乎世之学者，惟务举业，而于此多不究心也。"（崔述《丰镐考信录》卷四）陈澧谓："崔氏读经而有心于治法，非复迂儒之业，良足尚也。所举三篇，皆盛治之文……圣人删定《尚书》，存盛治之文以为法，存衰敝之文以为鉴，学者皆当熟玩也。凡读经皆当如是也。"（陈澧《东塾读书记》卷五）

宋代以后，对虞舜史事提出怀疑的以金履祥为代表。金履祥，宋元间人，著有《尚书表注》《孟子集注考证》《通鉴前编》《仁山集》等。马骕对金履祥提出了批评，《绎史·有虞纪》指出："疑舜之祖，将并疑高阳、夏后氏之祖。夫岂史迁同族异号之说茫然无所原本，而肆为妄谬，以待后人之摘发哉？惜乎诸儒疑统系之舛而未及察世代之疏，仁山金氏发其端而未究其所以然也。"

现代学者多认为《尚书》内容有窜乱，甚者认为古人有意造伪，如说"虞舜……是墨家最先鼓吹的由尧禅让给帝位的一位'圣王'，儒家接受了这一说，和所搜集到的古史资料一起，加以编造成美丽的冠于三代之上的'尧舜禹三圣传授'体统的道德美备政教辉煌的黄金时代"[①] 等，均为最近百年疑古派所提出的观点，实际上怀疑者的怀疑较之典籍中的可疑之处，也缺乏有力的依据。

《尧典》载"岳曰：'瞽子，父顽，母嚚，象傲；克谐以孝，烝烝乂不格奸。'帝曰：'我其试哉。女于时，观厥刑于二女。'厘降二女于妫汭，嫔于虞"。孔传："言能以至孝和谐顽嚚昏傲，使进进以善自治，不至于奸恶……尧于是以二女妻舜，观其法度接二女，以治家观治国……舜为匹夫，能以义理下帝女之心于所居妫水之汭，使行妇道于虞氏。"孔颖达疏："舜仕尧朝，不家在于京师，而令二女归虞者，盖舜以大孝示法，使妻归事于其亲，以帝之贤女事顽嚚舅姑。"

《尧典》的下半篇记载了舜被推举给尧的史事，《舜典》的下半篇记载了舜即位以后的史事。《尚书》二典最早确定了虞舜与二女的婚姻并赋予"至孝"的重大主题。

二 《山海经》：确定湘妃处江为神与神灵不死的主题

《山海经》一书，《史记》《汉书》均有论及，《汉志》著录在数术略形法家类中。刘歆解释"形法家"之义说："形法者，大举九州之势以立城郭室舍形，人及六畜骨法之度数、器物之形容以求其声气贵贱吉凶。"则是介于地理与卜筮之间。刘歆称其为"博物"之书，《隋书·经籍志》归为地理记，其后学者或称之为"古今语怪之

---

① 顾颉刚、刘起釪：《尚书校释译论》，中华书局 2005 年版，第 88 页。

祖"（胡应麟语），或称之为"实则小说之最古者"（《四库全书总目提要》），或称之为"古之巫书"（鲁迅语）。今人多以为神话书，或列在小说家。

此书旧题夏禹及伯益（又作伯翳）撰。《汉志》不著作者姓名。刘秀（刘歆）谓出于唐虞之际，禹治洪水，伯翳主驱禽兽，命山川，类草木，别水土，类物善恶，著《山海经》，"其事质明有信"（《上〈山海经〉表》）。郝懿行援引《周官》《左传》二书，确信其事，谓："因知《五藏山经》五篇，主于纪道里、说山川，真为禹书无疑矣……亦知此语必皆为后人所羼矣。然以此类致疑本经，则非也。"（郝懿行《山海经笺疏叙》）而怀疑此书的学者，则多指出书中多有后人羼杂的内容。如胡应麟谓："案《经》称'夏后启'者三，又言'殷王子亥'，又言'文王墓'，凡商周之事，不一而足。"（胡应麟《山海经考证》）由其延续夏、商、周三代，断定为战国人杂录。与此种意见相反，则有啖助的"口传"及"祖师之目"说，谓："古之解说悉是口传，自汉以来，乃为章句。如《本草》皆后汉时郡国，而题以神农；《山海经》广说殷时，而云夏禹所记。自余书籍，比比甚多。是知《三传》之义，本皆口传，后之学者，乃著竹帛，而以祖师之目题之。"（啖助《春秋集传纂例》）此处则涉及对古书体例的理解问题。上古无私家著述，学术均出于王官，而王官世袭世畴，其著作典籍皆是"集体成果"，不署"个人版权"。但出于纪念目的，往往追载首创之功而题写其名氏。换言之，古人敬首事，凡署名均从上限；今人重专利，故署名均从下限。

近代以来从史学方面研究《山海经》的最重要成果当属王国维1917年所作《殷卜辞中所见先公先王考》，该文取《山海经·大荒东经》与殷商卜辞中所见先公"王亥"之名互相印证，证明《史记·殷本纪》《三代世表》《汉书·古今人表》《世本》《吕氏春秋·勿躬》《楚辞·天问》《初学记》《太平御览》诸书所载"该""核""胲""垓"系由"亥"字讹变而来，"鲧""水""振"又由"亥""胲""核"讹变而来。诸书中唯独《山海经·大荒东经》及郭璞注引《竹书纪年》所记作"亥"字为是。王国维指出："卜辞作王亥，正与《山海经》同……夫《山海经》一书，其文不雅驯，其中人物，世亦以子虚乌有视之。《纪年》一书，亦非可尽信者。而王亥之名，竟于卜辞见之。其事虽未必尽然，而其人则确非虚构，可知古代传说存于周秦之间者，非绝无根据也。"[1]

至 1941 年，胡厚宣又在甲骨卜辞中发现有关于四方和四方风名的记载，与《尚书·尧典》及《山海经》中的有关记载名称、句法都十分相近。胡厚宣指出："《山海经》一书，自来学者多视为荒诞不雅训之言。疑古之甚者，且以《大荒经》为东汉时代的作品。王国维氏虽然在《大荒东经》曾发现王亥，以与甲骨文字相印合。但论者或以事出偶然，固不信其中还保存有整套的古代史料。《尧典》者，近人所认为秦汉之书，甚或以为乃出于汉武帝时，亦难以想到其所包含的史料，或早到殷之武丁。今以与甲骨文字相参证，乃知殷武丁时的四方和四方风名，盖整套的全部保存在《山海经》和《尧典》里，三种史料所记，息息相通，几乎完全密合。"[2]

近年仍有学者肯定胡厚宣的研究，如李学勤指出："《山海经》讲四方风的地方，大家不太注意，就是它里面总是讲到'司日月之长短'。'司日月之长短'说明那个风和风来的方向是与四季有关。所以甲骨文里的很多东西也可以论证文献。胡厚宣先生是首先揭示四方风名的意义的，其贡献实在很大。"[3] 金景芳也指出：《尧典》"文字虽不是尧时写定，事情却必发生在尧时"，"《尧典》所记的内容要早于甲骨文和《山海经》……都是当时的历史实录，里边根本不见有神和神话的味道"[4]。

————————

[1]　王国维：《殷卜辞中所见先公先王考》，见王国维：《观堂集林》，中华书局 1959 年版，第 416—417 页。

[2]　胡厚宣：《释殷代求年于四方和四方风的祭祀》，《复旦学报（人文科学版）》1956 年第 1 期。

[3]　李学勤：《走出疑古时代·导论》（修订本），辽宁大学出版社 1997 年版，第 12 页。

[4]　金景芳、吕绍纲：《〈尚书·虞夏书〉新解》，辽宁古籍出版社 1996 年版，第 66—67 页。

由于王亥史事与四方风名的被证实，《山海经》中唐、虞、夏、商之际的若干内容已经可以断言是真实的，刘歆称《山海经》"出于唐虞之际"不是没有根据的。

《山海经·海内经》："南方苍梧之丘，苍梧之渊，其中有九嶷山，舜之所葬，在长沙零陵界中。"又《海内南经》："兕在舜葬东，湘水南……苍梧之山，帝舜葬于阳，帝丹朱葬于阴。"《大荒南经》："有苍梧之野，舜与叔均之所葬也。"

《山海经·中山经》："洞庭之山，帝之二女居之，是常游于江渊。澧沅之风，交潇湘之渊，是在九江之间，出入必以飘风暴雨。"郭璞《山海经注》云："天帝之二女而处江为神也。"汪绂《山海经存》云："帝之二女，谓尧之二女以妻舜者娥皇、女英也。相传谓舜南巡狩，崩于苍梧，二妃奔赴哭之，陨于湘江，遂为湘水之神，屈原《九歌》所称湘君、湘夫人是也。"

上古称"神"本有两层含义，其一出于纪念意义，"生为上公，死为贵神"（《左传·昭公二十九年》），其二凡名山大川均有专守，位同诸侯，称为山川之主，也可称"神"。前者递选死人为之，后者由生人世袭。故上古之"神"，其本义为"神守"，与"社稷守"相对，原为分封制度，同时亦为自然保护制度。上古又有"神道设教"之说，以"神"为教，原为一种教育制度。后世渐以不明，遂以"神"为生死有无之间，借以生出超绝的企望。

《山海经》最早记载了虞舜南巡的方位及葬地，记载了二妃奔赴哭之、陨于湘江、遂为湘神、俗称湘妃的内容，确定了神灵不死的主题。

三 《孟子》：最早记载"完廪""浚井"的故事情节并确定夫妻患难的治家典范

孟子为先秦儒家大师，其书汉代为诸子传记，立于官学，设传记博士，五代、宋以后列为"九经""十一经""十三经"。在先秦群经诸子中，《孟子》的内容保存得是最好最完整的。

《孟子》书中多议论古史。孟子自称"言必称尧舜"，司马迁谓："孟轲乃述唐、虞、三代之德，是以所如者不合。退而与万章之徒序诗书，述仲尼之意，作《孟子》七篇。""荀卿、孟子、公孙固、韩非之徒，各往往捃摭《春秋》之文以著书。"

《孟子·万章上》万章所问舜完廪、浚井等事，记载最早，影响较大，但学者亦有争论。一派以为"文辞古崛"，断为《舜典》逸文。阎若璩谓："父母使舜完廪一段，文辞古崛，不类《孟子》本文……其为《舜典》之文无疑。"（阎若璩《尚书古文疏证》卷二）俞正燮、毛奇龄亦主此说。俞说见《癸巳类稿》"《舜典》逸文"条，毛氏并作《舜典补亡》一篇。

另一派以为纪事"琐屑"，不够"简要"，故不可信。刘逢禄谓："《孟子》引'父母使舜完廪'诸文，皆传记之类，而非《帝典》之经。经文简要，数言已尽矣。"（刘逢禄《尚书今古文集解》卷一）陈澧谓："父母使舜完廪一段，语皆琐屑，谓为《舜典》之文，尤不可也。命官大事，非《舜典》，完廪、浚井之事则是《舜典》，岂可通乎？"（陈澧《东塾读书记》卷五）洪良品谓："《万章》引'父母使舜完廪'一段……其词虽古奥，类《书》，或是《尚书》他篇，断非《典》中所宜有。以其事近家庭琐屑，有异朝章体制也。杜佑《通典》、《皇朝通典》曾纂入此种轶事否？即此可悟古书之法。况'二嫂，使治朕栖'，此何等语，而谓史臣乃载入朝典中邪？"（洪良品《古文尚书四种》）这一派观点并进而认为"二嫂，使治朕栖"太伤礼法，故不可信。如程颐已谓："瞽瞍使舜完廪、浚井……本无此事，此是万章所传闻，孟子更不能理会这下事，只且说舜心也。如下文言'琴，朕；干戈，朕；二嫂，使治朕栖'，尧为天子，安有是事？"（《程氏遗书》卷十八）

要之，二派观点同样均由文体一面推测真伪，"古崛"则是，"琐屑"则非，恰成一对矛盾。其由自身立场推测上古之制，尤难视为定论。

《孟子·万章上》："父母使舜完廪，捐阶，瞽瞍焚廪。使浚井，出，从而掩之。象曰：'谟盖都君咸我绩，牛羊，父母；仓廪，父母；干戈，朕；琴，朕；弤，朕；二嫂，使治朕栖。'象往入舜宫，舜在床琴。象曰：'郁陶思君尔。'忸怩。舜曰：'惟兹臣庶，汝其于予治。'"

《孟子》最早记载了舜与二妃夫妻一致"历试诸难"的史事，特别是"完廪""浚井"的具体情节，确定了夫妻支持配合、患难与共的治家典范。

四　《楚辞》：确定湘妃故事在文学中的歌咏形式与凄清幽艳的风格意象

《汉书·艺文志·诗赋略》首列《屈原赋》25 篇。《汉志》本出刘歆《七略》，其父刘向又纂辑屈原赋等为《楚辞》。《四库全书总目提要·楚辞章句》："初，刘向哀集屈原《离骚》《九歌》《天问》《九章》《远游》《卜居》《渔父》，宋玉《九辨》《招魂》，景差《大招》，而以贾谊《惜誓》，淮南小山《招隐士》，东方朔《七谏》，严忌《哀时命》，王褒《九怀》及向所作《九叹》，共为《楚辞》十六篇。"自晋以后以经、史、子、集四部分类，而"集部之目楚辞最古"（《四库全书总目提要·集部总序》）。由学术渊源而论，三代之学只有经，至晚周而有子，子所以辅经者。汉代以后图书渐多，故于诸子之外别为诗赋等，晋以后又改诗赋为集。但考竟源流，诗赋与集仍只是子，其本亦所以辅经者。而诗赋略、《楚辞》尤直接承《诗经》而来。《史记·屈原列传》："屈平之作《离骚》，盖自怨生也。《国风》好色而不淫，《小雅》怨诽而不乱，若《离骚》者，可谓兼之矣。"《汉志·诗赋略小叙》："春秋之后，周道浸坏，聘问歌咏不行于列国，学《诗》之士逸在布衣，而贤人失志之赋作矣。大儒孙卿及楚臣屈原离谗忧国，皆作赋以风，咸有恻隐古诗之义。"王逸《楚辞章句序》："昔者孔子睿圣明哲，天生不群，定经术，删《诗》《书》，正《礼》《乐》，制作《春秋》，以为后王法，门人三千，罔不昭达。临终之日，则大义乖而微言绝。其后周室衰微，战国并争，道德陵迟，谲诈萌生。于是杨、墨、邹、孟、孙、韩之徒，各以所知，著造传记，或以述古，或以明世。而屈原履忠被谮，忧悲愁思，独依诗人之义而作《离骚》，上以讽谏，下以自慰。遭时暗乱，不见省纳，不胜愤懑，遂复作《九歌》以下凡二十五篇。"

赋与《楚辞》虽以文辞自见，而其中多议论古史。《史记·屈原列传》又说："上称帝喾，下道齐桓，中述汤武，以刺世事。"

《楚辞》亦蒙疑古之扰。《四库全书总目提要·楚辞类小序》："注家由东汉至宋，相补苴，无大异词。迨于近世，始多别解，割裂补缀，言人人殊，错简说经之术，蔓延及于词赋矣。"近人廖平作《楚辞新解》（《楚辞讲义》），胡适作《读〈楚辞〉》，何天行作《楚辞新考》（后改题为《楚辞作于汉代考》），当时已有学者斥其非是。[①]至60年代前后日本学者拾其余波，提出"屈原否定论"，亦经学者驳斥。[②]近年以来，《楚辞》与《诗经》的关联尚少注意，但屈原诸作的真伪争辩已基本平息。

《楚辞》论及帝舜、湘妃事迹，见于《离骚》《天问》《远游》《九歌》诸篇。《离骚》云"济沅湘以南征兮，就重华而陈词"，重华为舜名，洪兴祖补注谓屈原"欲渡沅湘之水南行，就舜陈词自说"。《天问》云："舜闵在家，父何以鳏？尧不姚告，二女何亲？"洪兴祖补注："言舜为布衣，忧闵其家。其父顽母嚚，不为娶妇，乃至于鳏也。""尧不告舜父母而妻之，如令告之，则不听，尧女当何所亲附乎？"《远游》云"二女御《九韶》歌，使湘灵鼓瑟"，《九韶》为帝舜之乐，洪兴祖补注："美尧二女，助成化也。"而《九歌》中《湘君》《湘夫人》二篇，则专为吟咏娥皇、女英之作（亦有以湘君为帝舜、湘夫人为二妃者）。其中名句如"目眇眇兮愁予""袅袅兮秋风，

---

① 驳廖平、胡适，见谢无量：《楚辞新论》，（上海）商务印书馆1923年版；郑宾于：《中国文学流变史》，（上海）北新书局1930年版。何天行以为《离骚》为淮南王刘安所作，其《楚辞新考》刊吴越史地研究会主办《楚辞研究》，1938年6月15日出版；《楚辞作于汉代考》，（上海）中华书局1948年版。

② 驳"屈原否定论"最为重要的成果，见赵逵夫：《屈原与他的时代》，人民文学出版社1996年版。

洞庭波兮木叶下”"思公子兮未敢言""九嶷缤兮并迎，灵之来兮如云"，均为骚人典范。

《楚辞》最早将湘妃事迹形之于诗赋，开创了以文学形式歌咏湘妃的一条途径，而其风格情调凄清幽艳，亦早成为"潇湘意象"的永恒基调（也开出追慕文学、闺情文学、香奁文学、香艳文学一脉）。同时士人每当履忠被谮、遭时暗乱，其忧悲愁思亦唯以诗文、古史为寄托，开创出古代仕与隐、政与文之移情、寄托、升华、转化的一种模式。

五　《史记》：确定湘妃故事在史学中的正统地位

司马迁曾亲至潇湘、九嶷，"南游江淮，上会稽，探禹穴，窥九疑，浮于沅湘，北涉汶泗"（《史记·太史公自序》）。

《史记》一书本题《太史公》，实为私修，而窃比《春秋》，《春秋》本为天子之事，而孔子私纂。《汉志》列《太史公》于《六艺略》春秋家，是以子家之言比附王官经典。至唐，纂《隋志》，始设正史之名。宋有"十七史"，清有"二十四史"，《史记》皆居首位。

《史记》记载虞舜、湘妃事迹，取材最广，纪事最详。如"于是尧妻之二女，观其德于二女。舜饬下二女于妫汭"，取于《尚书》；"涂廪""穿井"取于《孟子》（略有不同，详见下文）；"欲杀不可得，即求尝在侧"，取于《越绝书》；"以二女妻舜以观其内，使九男与处以观其外"，取于《淮南子》《吕氏春秋》；"崩于苍梧之野，葬于江南九疑，是为零陵"，取于《山海经》。张守节《正义》谓："太史公据古文并诸子百家论次，择其言语典雅者，故著为《五帝本纪》，在《史记》百三十篇书之首。"《史记》最早将湘妃事迹详尽收载于正史，确定了湘妃故事的正统地位。

六　《列女传》：确定湘妃故事在古今女性传记专史中的"元始"地位

刘向，字子政，楚元王交四世孙。以行修饬擢为谏大夫，元帝初与太傅萧望之等四人辅政，因欲罢退外戚及宦官下狱免官，废 10 余年。乃著《疾谗》《摘要》《救危》及《世颂》，凡 8 篇，依兴古事，悼己及同类。成帝初进用为光禄大夫，领校中秘图书，著《别录》。睹俗弥奢淫，逾礼制，故采《诗》《书》所载贤妃贞妇，兴国显家之法则，以及孽嬖乱亡者，序次为《列女传》，凡 8 篇。数上疏言得失，陈法戒。时政由王氏，复上封事极谏。天子召见，悲伤其意，数欲用之，终为居位者所持，居列大夫官前后 30 余年而不迁。年 72 卒，卒后 13 岁而王氏代汉。事迹见《汉书·刘向传》。

西汉自司马谈、迁父子之后，刘向、歆父子相继整理中秘图书，学者常将父子二人并提。章太炎又将刘歆与孔子并称，盛赞说："孔子殁，名实足以抗者，汉之刘歆。"[①] 余嘉锡表彰刘向整理中秘图书的贡献，盛道："使后人得见周秦诸子学说之全者，向之力也。""今人得见秦汉古书者，刘向之功也。"[②]

近代以来康有为、顾颉刚认为刘向、歆父子遍伪群书以助王莽篡汉，钱穆著《刘向歆父子年谱》，予以驳正。

《列女传》一书，《汉志》著录题为《列女传颂图》。旧有曹大家班昭为之作注及增补，至宋，王回据有颂者删定为《古列女传》，无颂者为《续列女传》，"其文亦奥雅可喜"。范晔著《后汉书》，始于正史中设列女传，后改为烈女传。单行刊本据《隋志》所载则有项原《列女后传》十卷、赵母注《列女传》七卷、高氏《列女传》八卷、皇甫谧《列女传》六卷、綦毋邃《列女传》七卷，以及曹植《列女传颂》一卷、缪袭《列女赞》一卷。明解缙等又奉敕撰《古今列女传》三卷。刘向实际上开创了古代女性史传文献系统之先河。

《汉书》本传记载刘向编订《列女传》的意图，重在夫妇之道："向睹俗弥奢淫，而赵、卫之属起微贱，逾礼制。向以为王教由内及

① 章太炎：《检论·订孔上》，见刘凌、孔繁荣：《章太炎学术论著·检论》，浙江人民出版社 1998 年版，第 70 页。

② 余嘉锡：《古书通例》，见余嘉锡：《余嘉锡说文献学》，上海古籍出版社 2001 年版，第 247、251 页。

外，自近者始。故采取《诗》《书》所载贤妃贞妇，兴国显家可法则及孽嬖乱亡者，序次为《列女传》，凡八篇，以戒天子。"《易传》称有夫妇然后有父子、君臣，"夫妇之道不可以不久也"，《礼记》称"礼始于谨夫妇"，刘向的本意正在以"贤妃贞妇"纠正汉成帝与赵、卫夫妻之逾礼（赵皇后名赵飞燕、赵昭仪名赵合德、卫婕妤名李平而赐姓卫，其事又见《续列女传》）。夫妇事迹乃是刘向著述的主题，但是《列女传》七卷题名却只有"母仪"，没有"后妃"。

第一卷《母仪》人物事迹最早，也最为重要。如弃母姜嫄、契母简狄、启母涂山三人，为夏、商、周三代男性始祖的生母，均由"感生"生下第一代男祖先，所以都作为母亲见于记载，"母仪"卷名明显是以身份分类。但此后贤明、仁智、贞顺、节义、辩通五卷，虽然都载明为使"妃后贤焉""夫人省兹""诸姬观之""姜姒法斯""妻妾则焉"（《小序》），特别是第二卷"贤明"自周宣姜后、晋文齐姜以下15篇人物均为妻辈（后、妻、姬），却没有题名为"后妃"（历代正史之例《史》《汉》称"外戚"纪、传，《后汉书》称"皇后纪""列女传"，《三国志》始称"后妃传""妃子传""妃嫔传"）。

《母仪》卷中所列14篇传文，有12篇为母辈（母或姑、姆，计有弃母姜嫄、契母简狄、启母涂山、周室三母［大姜、大任、大姒］、卫姑定姜、齐女傅母、鲁季敬姜［文伯之母］、楚子发母、邹孟轲母、鲁之母师［鲁九子之寡母］、魏芒慈母和齐田稷母），两篇为妻辈（妻或妃，另一篇为《汤妃有㜪》，事迹单薄，二妃故事近400字，有㜪故事不足100字）。《母仪》的主题据刘向《小序》当为"胎养子孙，以渐教化"，以备"姑母察此，不可不法"。因此有学者怀疑这两篇与《母仪》主题不符，推测此篇"似乎有贤后妃母仪天下之意涵"。[①]对此，清代女学者王照圆早有阐释，《列女传补

---

① 陈佳凰：《从〈列女传〉探讨女性地位的性别意识》，见"佳凰的电子学习档案"，http://teaching.thu.edu.tw/s931302/education11.htm。

注》：“元，大也；始，初也。夫妇为人之大始，刘氏作传，又于此托始也。”总之，《列女传》主题为后妃却未列“后妃”卷，不先叙后妃而先叙“母仪卷”，“有虞二妃”不在后妃各卷之中而位在“母仪卷”首，凡此均可见出“有虞二妃”的特殊性。

有虞二妃居《列女传》之首，并称之为“元始二妃”。颂曰：“元始二妃，帝尧之女，嫔列有虞，承舜于下，以尊事卑，终能劳苦，瞽叟和宁，卒享福祜。”引君子曰：“二妃德纯而行笃。《诗》云：‘不显惟德，百辟其刑之。’此之谓也。”此书旧有刻像，题辞曰：“二妃智德：舜受诸凶能免难，二妃多可相之功；尧试百方悉协谋，一升（生）赖内助之力。”明彭烊评曰：“舜虽大圣大智，然每事谋之二妃，即此见妃既有女德之纯良，又有免患之明哲，真圣人之配，万世赖道之贤之首称也。”

在故事内容上，《列女传》也较《孟子》等书更为详尽，除“完廪”“浚井”二难之外，又多“速饮”一节。

除编纂《列女传》以外，刘向又“采传记行事，著《新序》《说苑》凡五十篇”。高似孙《子略》称道《新序》一书：“先秦古书，甫脱烬劫，一入向笔，采撷不遗。至其正纪纲，迪教化，辨邪正，黜异端，以为汉规监者，尽在此书。”其书《杂事》五卷，《刺奢》《节士》《义勇》各一卷，《善谋》二卷，而载虞舜至孝事迹列为《杂事》第一之首。其后元郭居敬编纂《二十四孝》，仍以虞舜事迹为首，称为“孝感动天”，即由刘向肇始。

要之，《列女传》以湘妃事迹列居书首，以此创出古今列女传记一系的专史文献。《列女传》肯定了湘妃在治家治国中的正面作用，也肯定了虞舜、湘妃故事中两性关系与爱情因素的正面作用，确定了湘妃作为两性关系于男女爱情的原型与典范，也确定了虞舜、湘妃的感情故事成为迄今有记载的最早的一个爱情故事。

第二章　娥皇、女英名字考*

一　娥皇、女英省称"二女"

"二女"之称始于《尚书》,《史记·五帝本纪》因袭《尚书》,故而亦称"二女"。

《尚书·尧典》云:"帝曰:'我其试哉! 女于时,观厥刑于二女。'厘降二女于妫汭,嫔于虞。"《史记·五帝本纪》云:"尧曰:'吾其试哉!'于是尧妻之二女,观其德于二女。舜饬下二女于妫汭,如妇礼。"

二书均省称娥皇、女英为"二女",不言其名。

有学者以为,湘妃名字的多变说明人物故事系出伪造。顾颉刚说:"最先在《尸子》中,舜的二妃只叫'媓''娥',《五帝德》只称'倪皇',《帝系》称'女匽',《世本》及《古今人表》称'女莹',到《列女传》才确称'娥皇''女英'。"又说:"二女的名字,《尧典》和《史记》里都没有。注疏家根据神话遗存下来的材料注明是娥皇、女英(《孔疏》始据《列女传》注明,《蔡传》继之。马、郑及伪孔犹未及注)。"①

但二女史事明确见于古书记载,《尚书·尧典》言"二女",《孟子》言"二女""二嫂",《楚辞·九歌》言"二女""湘君""湘夫人",绝无可疑。至于各书人名写法不一,则是文字流传过程中或有之事。史称尧有二女,有九子,史家一一记载名字是不可能,也是不必要

---

* 本章原刊于《黄石学院学报》2008 年第 2 期,题为《娥皇女英名称小考》。

① 顾颉刚、刘起钎:《尚书校释译论》,第 95 页。

的。史中没有记载姓名的人物更多，不得因此即认为无名者均出伪造。顾、刘所著为近年出版的最新学术著作，但其宗旨仍只是 20 世纪初"疑古"思想的继续，其观点可探源于 1909 年日本学者白鸟库吉《支那古传说の研究》一文所提出的"尧舜禹抹杀论"。此文原刊《东洋时报》131 号，黄约瑟译文题为《中国古传说之研究》。[①]

二　二女名娥皇、女英

娥皇一名，见《山海经·大荒南经》："帝俊妻娥皇，生此三身之国，姚姓。"又见《太平御览》引《尸子》："尧妻舜以娥皇，媵之以女英。"

汉刘向《列女传》云："二女长曰娥皇，次曰女英。舜既升为天子，娥皇为后，女英为妃。"

《山海经》其书来历甚早，旧传禹治洪水，伯翳主驱禽兽，命山川，类草木，别水土，著《山海经》，其书与唐虞最近。而刘向为汉代大儒，领衔整理中秘图书，其《列女传》影响巨大，宋翔凤《孟子赵注补正》称"刘向见中古文，《列女传》自别有所本，非意饰"。《列女传》原称"图颂"，图颂多张于后宫屏风之上，近年山西大同北魏司马金龙墓出土屏风漆画是其孑遗。此后世遂多称二女为娥皇、女英。如唐张守节《史记正义》云："二女，娥皇、女英也。娥皇无子，女英生商均。舜升天子，娥皇为后，女英为妃。"唐司马贞《史记索隐》云："《列女传》云：'二女长曰娥皇，次曰女英。'"即用刘向之说。

段玉裁《说文》注："女子许嫁，笄而字。"娥皇、女英为二女成年后的名字。娥，古音读作 yí。

三　娥皇又作倪皇、娥盲、娥婬，又称媓、后育

各史及诸子所称仍多不同。兹参照《汉书·人表》及梁氏考文

---

① ［日］白鸟库吉：《中国古传说之研究》，黄约瑟译，见刘俊文主编：《日本学者研究中国史论著选译》第一卷，中华书局 1992 年版，第 1—8 页。

等，谨对古书所见二妃名字、称号略做梳理。

娥皇又称舜妃，见《礼记·檀弓上》郑注。又称倪皇，见《大戴礼记·五帝德》。又称后育，见《竹书纪年》。又称娥盲、娥姪，见《路史·后纪十二》及注。

《礼记·檀弓上》："舜葬于苍梧之野，盖三妃未之从也。"郑玄注："舜不告而取，不立正妃，但三而已，谓之三夫人。《离骚》所歌湘夫人，舜妃也。"

《大戴礼记·五帝德》载孔子曰：帝舜"承受大命，依于倪皇；睿明通知，为天下工"。

《今本竹书纪年》："帝舜三十年，葬后育于渭……后育，娥皇也。"王国维疏证："《汉书·地理志》：'右扶风陈仓有黄帝孙舜妻盲冢祠。'案：'盲''育'字形相近。"

清梁玉绳《汉书人表考》云："娥皇：舜妃。娥皇，始见《山海·大荒南经》、《御览》百三十五引《尸子》。舜妃，始见《檀弓上》。亦曰倪皇（《大戴礼·五帝德》）。亦曰后育（《竹书》）。亦曰娥盲，亦曰娥姪（《路史后纪十二》及注）。葬陈仓（本书《地理志》）。"

梁玉绳按："《地理志》陈仓有舜妻盲冢祠，《水经·渭水注》同。《路史》注谓'皇''盲'声相滋。余据《竹书》，疑盲乃育之误，盖其名也。震泽任兆麟辑《尸子》三卷，其《君治》篇云：'妻之以媓，媵之以蛾。'罗苹斥《尸子》为妄，然是传写之讹。《御览》引《尸子》曰：'尧妻舜以蛾皇，媵之以女英。'"

按："皇""盲"音同得通假。"盲""育"形近，"育"当是"盲"之讹。"皇"字金文上有三或四竖画，象形，似冠饰，作𝌀、𝌀、𝌀、𝌀、𝌀、𝌀等形。《礼记·王制》"有虞氏皇而祭"，郑玄注"皇，冕属也，画羽饰焉"。《周礼·天官·掌次》"设皇邸"，郑玄注引郑众云"皇，羽覆上"。《周礼·地官·舞师》"教皇舞"，郑玄注"皇，析五彩羽为之"，孙诒让《正义》"皇，谓冠"。《周礼·地官·乐师》有"皇舞"，郑玄注"皇，杂五彩羽如凤凰色，持以舞"。《仪礼·聘礼记》"宾入门皇"，郑玄注"皇，自庄盛也"。"皇"字上部有三竖画，则与"巠"字上部之"巛"形似，"王"字中间一横金文常偏在上，则与"工"字形似。故知"姪"当为"媓"之讹。"巠"字解为"水脉"，有长义，故《说文》云"姪，长好也"。

四　女英又作女莹、女匽、女罃

女英又称女罃，见《汉书·古今人表》。又称女匽，见《帝系》。又称女莹，见《史记索隐》引《世本》。又与娥皇合称娥英，见《水经·济水注》。钱大昕《史记考异》谓莹、匽皆音之转。梁玉绳《汉书人表考》谓莹、罃古通。

《汉书人表考》云："女罃，舜妃。师古曰：'即女英也。'女英，始见《御览》引《尸子》。舜妃，始见《檀弓上》。亦曰女匽（《帝系》）。亦曰女莹（《史·五帝纪索隐》引《世本》），亦合称娥英（《水经·济水注》）。尧降二女于妫汭（《尧典》），长娥皇，次女英。舜升天子，娥皇为后，女英为妃（《列女传》）。唐元和十四年，敕二妃为懿节祠（《唐书·宪宗纪》）。英葬商州（《路史·余论》）。"

梁玉绳按："钱宫詹大昕《史记考异》谓莹、匽皆音之转，是也。但未有作罃者。《史记》魏惠王名罃，而《庄子·则阳》称魏莹，《释文》曰'今本莹多作罃'，疑古通。"

唐司马贞《史记索隐》云："《系本》作'女莹'，《大戴礼》作'女匽'。"

《系本》即《世本》，清雷学淇辑《世本上》云："舜娶于帝尧，谓之女莹。"雷校："《御览》引此条，'莹'误作'姬'。"

雷学淇《世本考证》又云："舜取于帝尧，谓之女莹。《路史·后纪》注引：'配以盲，娅以罃。'又引：'盲即娥皇，字娥姪，罃即女英。'按：盲即娥皇，下似注文。"

宋衷注、茆泮林辑《世本》云："帝舜有虞氏（《路史后纪》注），配以盲，娅以罃（从上增。《史·帝纪索隐》引女莹），盲即娥皇，字娥姪，罃即女英（《路史》同上）。"

钱熙祚辑《帝王世纪》云："有虞氏有三妃（原作二妃，依《书钞》二十三改，与下文合）。元妃娥皇无子，次妃女英生商均，次妃登北氏（《檀弓》疏作癸北氏）生二女宵明、烛光。有庶子八人，皆不肖（《书钞》二十三引，舜纳三妃而生九子，即约此文）。故以天子禅禹……有苗氏叛，舜南征（'舜'字依《书钞》九十二补），崩于鸣条，年百岁，殡以瓦棺，葬于苍梧九疑山之阳，是为零陵，谓之纪市，在今营道县。下有群象，常为之耕（'常'字依《御览》八百九十补）。或曰二妃葬衡山（此七字别见《史记·五帝纪》集解。按文义当在此）。"所辑出《艺文》十一，以《御览》八十一参订。

今本《大戴礼记·帝系》云："帝舜娶于帝尧之子，谓之女匽氏。"

《尸子》佚文云："舜一徙成邑，再徙成都，三徙成国，其致四方之士。尧闻其贤，征之草茅之中。与之语礼，乐而不逆；与之语政，至简而易行；与之语道，广大而不穷。于是妻之以媓，媵之以蛾，九子事之，而托天下焉。"汪继培校正云："《类聚》十一。《御览》八十一，又一百卅五引'尧妻舜以娥皇，媵之以女英'，《后纪》注又引《尸子》云：'妻以蛾，媵以皇。娥皇，众女之英。'"

许慎《说文》云："娥，帝尧之女，舜妻娥皇字也。"段玉裁注："女子许嫁，笄而字。"

罗泌《路史·后纪十二·有虞氏》云："配以盲，娅以莹。注：盲即娥皇，字娥姪，皇、盲声相滋也，莹即女英，见《世本》。《大戴礼》：'承受大命，依于倪皇。'《帝系》作'女匽氏'。《尸子》云：'妻以蛾，媵以皇。'娥皇，众女之英，妄。"

按："英""匽""莹"同音通假，"莹"与"莹"同音且形近亦得通假。

五　娥皇、女英之别称

娥皇、女英姐妹二人，又称帝子、帝女、尧女，又别称湘妃，又称湘夫人、湘君、湘灵、湘女、江妃、二妃、二嫂、舜妃，又别称湘神、湘水之神。《山海经》称之为"帝之二女"，郭璞注称之为"处江为神"，汪绂称之为"湘水之神"。《孟子》所引《舜典》逸文（从阎若璩、俞正燮、毛奇龄说）以象称之曰"二嫂"。《列女传》称为"元始二妃"。

洪兴祖《楚辞补注》于《九歌》"湘君湘夫人"篇题注云："刘向《列女传》：'舜陟方死于苍梧，二妃死于江、湘之间，俗谓之湘君。'《礼记》：'舜葬于苍梧之野，盖二妃未之从也。'注云：'《离骚》所歌湘夫人，舜妃也。'韩退之《黄陵庙碑》云：'湘旁有庙，曰黄陵。自前古立，以祠尧之二女、舜二妃者。秦博士对始皇帝云：湘君者，尧之二女，舜妃者也。'刘向、郑玄亦皆以二妃为湘君。而《离骚》《九歌》既有湘君，又有湘夫人。王逸以为湘君者，自其水神。而谓湘夫人，乃二妃也。"

顾炎武《日知录》卷二十五"湘君"条云："《楚辞》湘君、湘夫人，亦谓湘水之神，有后有夫人也。初只言舜之二妃。《礼记》曰：'舜葬于苍梧之野，盖三妃未之从也。'《山海经》：'洞庭之山，帝之二女居之。'郭璞注曰：'大帝之二女，而处江为神。'即《列仙传》江妃二女也，《九歌》所谓湘夫人称帝子者是也。而《河图玉版》曰：'湘夫人者，帝尧女也。秦始皇浮江至湘山，逢大风，而问博士：湘君何神？博士曰：闻之尧二女，舜妃也，死而葬此。'《列女传》曰：'二女死于江、湘之间，俗谓之湘君。'郑司农亦以舜妃为湘君。说者皆以舜涉方而死，二妃从之，俱溺死于湘江，遂号为湘夫人。"

第三章　《列女传·有虞二妃传》的
文本结构 *

　　今本《古列女传》共分母仪、贤明、仁智、贞顺、节义、辩通、孽嬖七卷，《有虞二妃》列居全书之首，《颂》辞中并称其为"元始二妃"，是迄今见于记载年代最早、独立成篇而又具有情节要素的爱情故事。

　　近年关于《列女传》的研究，值得关注的有中国香港何志华、朱国藩、樊善标编著《〈古列女传〉与先秦两汉典籍重见数据汇编》，日本下见隆雄《刘向〈列女传〉的研究》以及中国台湾地区刘静贞的研究。[①] 近年的研究基本都以文献分析和两性地位的社会史分析为主，只有上海商务印书馆 1935 年出版的儿岛献吉郎《中国文学通论》从文学角度肯定了湘妃故事"为古今恋爱之祖"，该书在"追慕文学"与"以女性为诗题的人物"二节，都有这样的论断[②]。在上海

---

　　* 本章原刊于《河南科技大学学报（社会科学版）》2010 年第 3 期，题为《中国最早的爱情故事——〈古列女传·有虞二妃〉的文本结构》。

　　① 何志华、朱国藩、樊善标：《〈古列女传〉与先秦两汉典籍重见数据汇编》，香港中文大学出版社 2004 年版。[日] 下见隆雄：《刘向〈列女传〉的研究》（《刘向『列女伝』の研究》），东海大学出版会 1989 年版。下见隆雄还有关于《后汉书·列女传》和《华阳国志》列女传记的研究。刘静贞有《历史的重读与再现——〈列女传〉之通识内涵》《刘向〈列女传〉的性别意识》《宋本〈列女传〉的编校及其时代——文本、知识、性别》等文。

　　② 见 [日] 儿岛献吉郎：《中国文学通论》下卷《乐府中所表见的恋爱思想》，第275—276、295—296 页。孙俍工译。上卷译自《支那文学考》之《散文考》，目黑书店 1920 年版；中卷译自《支那文学考》之《韵文考》，目黑书店 1922 年版；下卷译自儿岛献吉郎《支那文学杂考》，关书院 1933 年版。《支那文学考》原书下卷《支那诸子百家考》，目黑书店 1931 年版，在孙氏之前已由陈清泉、隋树森译出，题为《诸子百家考》，（上海）商务印书馆 1933 年版。

世界书局 1931 年出版的儿岛献吉郎《中国文学》，在《感情文学》一章中，也有"中国之恋爱文学，发端于帝舜时代"的论断[①]。

我国古典文学素有香奁、香艳、闺情、闺媛、言情、艳情、宫怨、绮怨、感怀、伤怀、追慕、怨慕等主题风格，其中由湘妃故事开启的潇湘、潇湘楼、潇湘馆、潇湘驿、潇湘八景、潇湘水云、九嶷白云、湘妃竹、湘妃泪、湘妃怨等文学意象，极大丰富了古典文学这一主题。

《古列女传·有虞二妃》除传末"君子曰""颂曰"以外，其文本结构可以分析为十二层。

一　有虞二妃身份

> 有虞二妃者，帝尧之二女也。长娥皇，次女英。[②]

第一层，出场人物有娥皇、女英，同时也交代了她们的夫家和母家。夫家是有虞氏，父亲是帝尧。

尧舜是上古社会中最为勤苦的天子，《淮南子》云："尧之有天下也……百姓力征，强凌弱，众暴寡，于是尧乃身服节俭之行，而明相爱之仁，以和辑之……巡狩行教，勤劳天下……万民皆喜，置尧以为天子。"看到他们的名字就可以感觉到他们的平易。

娥皇又称舜妃，又称倪皇，又称后育，又称娥盲、娥姪。

---

① 见［日］儿岛献吉郎：《中国文学》第十四章《感情文学（一）》，第 78 页。隋树森译自《支那文学概论》，京文社 1928 年版。汉译书名《中国文学》，可能系因列入"文化科学丛书"之故，隋译此书又有题名《中国文学概论》者，应系单独印行。此书另有胡行之译本，（上海）北新书局 1930 年版；张铭慈译本，（上海）商务印书馆 1930 年版。林传甲《中国文学史》有学者认为系据儿岛献吉郎《支那文学概论》编译，见《胡从经书话》，但林书前言注明"将仿日本笹川种郎《中国文学史》之意以成书焉"，知与儿岛献吉郎无关。儿岛献吉郎的相关著作又有《支那大文学史（古代编）》，富山房 1909 年版；《支那文学史纲》，富山房 1912 年版。

② 以下所引《古列女传》文本均据文渊阁《四库全书》本。

女英又称女莹，又称女匽，又称女莹，又与娥皇合称娥英。

湘妃名称的多样性，增加了二人的迷离色彩。

上古时期有姐妹同嫁的礼俗，古称"媵"。"媵"古文写作"俟"，本义为送。《说文》："俟，送也。"段玉裁注："俟，今之媵字。"[①]《左传·哀公元年》载夏代少康逃奔有虞，虞思于是妻之以二姚，古本《竹书纪年》载夏桀伐岷山，得女二人，曰琬、曰琰，都是"媵"的实例。久远的礼俗，更增加了故事的奇幻背景。

二　父母弟象身份

> 舜父顽母嚚。父号瞽叟，弟曰象，敖游于嫚，舜能谐柔之，承事瞽叟以孝。母憎舜而爱象，舜犹内治，靡有奸意。

第二层追述虞舜的父母和弟弟，评价虞舜有孝有德。出场人物有虞舜的父母和弟弟三人，介入了反面形象。

这段话大体上源于《尚书·尧典》，《尧典》是顺叙，《列女传》则在首先说明了主要人物为"有虞二妃"之后，改为从已嫁的角度做追述。

瞽叟又单称瞽，无目曰瞽，见《尚书·尧典》及《帝系》。又称鼓叟，梁玉绳《汉书人表考》："瞽，鼓也，瞑瞑然目平合如鼓皮也。"叟又写作叜，《释名》："叜，古叟字。"又写作瞍，无眸曰瞍。《尧典》载虞舜为瞽子，《史记·五帝本纪》载其为盲者子，《路史·后纪十二》称瞽叟为天瞽，应当确为盲人。古代多以盲者为乐师，《吕氏春秋·古乐》载瞽叟曾为帝尧"拌五弦之瑟，作十五弦"，故其身份亦当为乐师。也有另一种说法，如孔安国云："舜父有目不能分别好恶，故时人谓之瞽，配字曰瞍。"

舜母为东泽氏女，名壬女。张澍《世本补注》卷一："舜母握

---

① 关于先秦媵制，参见杨筠如：《媵》，见高洪兴等编：《妇女风俗考》，上海文艺出版社1991年版，原刊《国学论丛》1927年6月第1卷第1号。

登死，瞽叟更娶东泽氏女，曰壬女。"此为虞舜的后母，其事见于《越绝书》："舜亲父假母，母常杀舜……舜父顽，母嚚，兄狂，弟敖……舜用其仇而王天下者，言舜父瞽瞍，用其后妻，常欲杀舜，舜不为失孝行，天下称之。尧闻其贤，遂以天下传之。此为王天下。仇者，舜后母也。"①

舜的弟弟名象，见于《尚书·尧典》，《孟子》称之为舜弟。《史记·五帝本纪》载其为瞽叟后妻之子。《孟子》又载"象至不仁，封之有庳"，《帝王世纪》载"舜弟象封于有鼻"，《史记》载"封弟象为诸侯"。有庳又写作有卑、有鼻，故后人又称象为"鼻天子""鼻亭神"。其地在今湖南永州，《括地志》载："鼻亭神在营道县北六十里。故老传云，舜葬九疑，象来至此，后人立祠，名为鼻亭神。"《舆地志》载："零陵郡应阳县东有山，山有象庙。"王隐《晋书》载："泉陵县北部东五里有鼻墟，象所封也。"柳宗元《道州毁鼻亭神记》："鼻亭神，象祠也。"《路史·发挥五》载："始兴有鼻天子冢、鼻天子城，昔人不明为何人，乃象冢也。"

父顽、母嚚、象傲，源于《尚书·尧典》。帝尧求贤，师锡帝荐曰："有鳏在下，曰虞舜。"四岳荐曰："瞽子，父顽，母嚚，象傲。克谐以孝，烝烝乂，不格奸。"

"敖游于嫚"，即傲慢。"敖"同"傲"，"嫚"同"慢"。史载象"傲慢不友"，意即不以其兄为兄。②

"烝烝乂，不格奸"，"烝"训为进，"乂"训为治，孔安国传解此句为"使进进以善自治，不至于奸恶"。司马迁《史记》解为"烝烝治，不至奸"，主语都指虞舜的父母和弟弟。《列女传》解"乂"为内治，"奸"为干犯，将主语转换为虞舜，文意也通。

父顽、母嚚、象傲，虞舜的处境顿觉严峻，对比出虞舜孝行的

---

① 后母又称假母。"兄狂"一事不见他书记载。

② 因"象敖"二字均为单字，也有古书误以舜弟之名为"象敖"者，如北魏司马金龙墓屏风漆画题字即是。

难能可贵。金履祥《书经注》称道说："舜处顽嚚之下，非可以谏诤
回父母之心，非可以言语喻父母于道，加之傲很（狠）之弟，又岂
声音笑貌可以得其欢心哉？'克谐以孝，烝烝乂'，是盖真诚之充积，
和气之薰烝也！"

三 虞舜与二女的婚姻

> 四岳荐之于尧，尧乃妻以二女以观厥内。

第三层仍为追述，叙帝尧如何确定二女与虞舜的婚姻，出场人
物增加了四岳。

这句话源于《尚书·尧典》：在听了四岳的举荐之后，"帝曰：
'我其试哉！女于时，观厥刑于二女。'厘降二女于妫汭，嫔于虞。
帝曰：'钦哉！'"《尚书》原文中包含对话，《列女传》省去了。

"女于时"，"于是女"的倒装。"女"为动词，意为妻之、将其
嫁人。"时"通假为"是"。

"观厥刑"，"刑"训"法"、训"平"、训"治"。意为观其接遇
二女的法度，亦即"以治家观治国"。

"厘降"，"厘"训理，"降"训下。意为虞舜以当时的匹夫身份，
能以义理下帝女之心，使她们居于妫水之滨，行妇道于有虞氏。

这一层首先隐含的一个难题就是虞舜与湘妃夫妻间的感情生活，
如何克服身份的差异而亲密相处，如清人库勒纳所说："人之常情，
或勉强于父母兄弟之间，而不能掩饰于夫妇隐微之际。"[1]

其次，隐含了湘妃与虞舜家族成员和睦相处的难题，为可能出
现的矛盾冲突埋下了伏笔。孔颖达说："舜家有三恶，身为匹夫，忽
纳帝女，难以和协，观其施法度于二女，以法治家观治国。将使治
国，故先使治家。"这是从虞舜的角度而言，认为所有的难题或矛盾

---

[1] （清）库勒纳：《日讲书经解义》，文渊阁《四库全书》本。

最终都将着落在虞舜身上。但是在解决矛盾冲突的过程中，湘妃站在虞舜一边主动表现，实际上起了很大作用。

《尚书·尧典》记载了故事场景的变更，即由唐都平阳转移到了有虞氏的居住地。"妫汭"即妫水转弯处。"嫔"训妇，"嫔于虞"意为此时湘妃的首要身份是有虞氏的媳妇，首先需要面对的是舅姑、小叔等虞舜的家人，古代称之为"妇道"[1]，如简朝亮所说："'钦哉'，尧戒二女之辞。尧饬下二女，以妇道戒之，虽天子之女，必执妇道也。"[2] 在清摹刊宋本《新刊古列女传》传为顾恺之所绘画像中，瞽瞍和舜母左右分坐于大堂，虞舜站侍在瞽瞍身旁，娥皇、女英站侍在舜母身旁。

特别是关于"嫔于虞"，古代还有一种说法，认为此时虞舜已到唐都为官，并不在湘妃身边。孔颖达《史记正义》说："舜仕尧朝，不家在于京师，而令二女归虞者，盖舜以大孝示法，使妻归事于其亲，以帝之贤女事顽嚚舅姑，美其能行妇道。"罗泌《路史·有虞氏》说："舜乃饬正二女，胜其胸中之情，以应天地之理，淡焉。二女嫔妫，纯笃尽道。九子尊虞，服勤靡懈。"以事亲之情，胜其胸中男女之情，所以虞舜被称为"大孝"。

四　二妃在有虞氏家族中

> 二女承事舜于畎亩之中，不以天子之女故而骄盈怠嫚，犹谦谦恭俭，思尽妇道。

第四层正叙湘妃在有虞氏家族中的表现，给予"尽妇道"的评价。

这一段记载源于《史记》："尧乃以二女妻舜以观其内，使九男与处以观其外。舜居妫汭，内行弥谨。尧二女不敢以贵骄事舜亲戚，

---

[1]（唐）郑氏《女孝经·事舅姑章》："女子之事舅姑也，钦与父同，爱与母同。"

[2]（清）简朝亮：《尚书集注述疏》，《续修四库全书》本。

甚有妇道。尧九男皆益笃。"《史记》中明确记载湘妃所面对的是虞舜的"亲戚"。

"畎亩之中"的细节源于《尸子》:"尧从舜于畎亩之中,北面而见之","尧闻其贤,征之草茅之中","有虞氏身有南亩,妻有桑田"。"身有南亩,妻有桑田"是说虞舜亲身耕种,湘妃亲身采桑。1965 年出土的北魏司马金龙墓屏风漆画,第一幅所绘即虞舜手拄耒耜,与湘妃相对站立。

《史记》还记载了同湘妃一起来到虞舜身边的尚有帝尧的九个儿子"九男"。《尸子》中也说:"于是妻之以媓,媵之以娥,九子事之,而托天下焉。"《吕氏春秋》又有"妻以二女,臣以十子"之说,可能是误传。《淮南子》的记载不仅有"九子",还有"百官",以及"昭华之玉"等财物:"尧乃妻以二女,以观其内;任以百官,以观其外。既入大麓,烈风雷雨而不迷,乃属以九子,赠以昭华之玉,而传天下焉。"《孟子》也说:"帝使其子九男二女,百官牛羊仓廪备,以事舜于畎亩之中。""尧之于舜也,使其子九男事之,二女女焉,百官牛羊仓廪备,以养舜于畎亩之中,后举而加诸上位。"

人物角色更加复杂,家族的和睦与夫妻感情的和谐也更具难度。如古人所评价的,"怨怒、忌克、乖争、陵犯,一家之中无所不有"[1],"舜自处顽、嚚、傲之间而尽其道,固难;使二女处焉而尽其道尤难。使非化二女与己同德,安能如此"[2]!

除了"昭华之玉",《史记》又载尧"乃赐舜绨衣与琴,为筑仓廪,予牛羊"。这些财物为后面父母与弟弟的合谋制造了伏笔。

五 第一难关"焚廪"

> 瞽叟与象谋杀舜,使涂廪。舜归告二女曰:"父母使我涂廪,我其往。"二女曰:"往哉!"舜既治廪,乃捐阶,瞽叟焚

---

[1] (元)王天与:《尚书纂传》,文渊阁《四库全书》本。

[2] (元)陈栎:《书集传纂疏》,文渊阁《四库全书》本。

廪，舜往飞出。

第五层描述，"戏剧性冲突"开始出现，夫妇开始共渡难关。第一道难关叫作"焚廪"，场景为仓廪。叙述中不仅有对话，而且有歌词，歌词里还使用了隐语。

关于"焚廪"的情节，后晋天福十五年（950）抄本《舜子至孝变文》中有这样的演义："舜子才得上仓舍，西南角便有火起。第一火把是阿后娘，续得瞽叟第二，第三不是别人，是小弟象儿。即三具火把铛脚且烧，见红炎连天，黑烟且不见天地。"[①]

这段故事源于《孟子》："父母使舜完廪，捐阶，瞽瞍焚廪。"《孟子》这段记载，有学者认为源于佚《书》。赵岐《孟子注》："孟子时，《尚书》凡百二十篇，逸书有《舜典》之《叙》，亡失其文。孟子诸所言舜事，皆《舜典》逸书所载。"又见阎若璩《尚书古文疏证》、俞正燮《癸巳类稿》。

《史记》的记载较《孟子》有更多的细节叙述："瞽叟尚复欲杀之，使舜上涂廪，瞽叟从下纵火焚廪。舜乃以两笠自扞而下，去，得不死。"两笠：《史记索隐》言以笠自扞己身，有似鸟张翅而轻下，得不损伤。皇甫谧云"两伞"，伞，笠类。"两笠"或"两伞"的细节说明《史记》的记载另有来源。

洪兴祖《楚辞补注》引古本《列女传》与《四库》本不同："瞽叟与象谋杀舜，使涂廪。舜告二女。二女曰：'时唯其戕汝，时唯其焚汝，鹊如汝裳，衣鸟工往。'舜既治廪，戕旋阶，瞽叟焚廪，舜往飞。""鸟工"的细节说明古本《列女传》的记载又有不同于《孟子》和《史记》的第三个来源。[②]

---

① 王重民等：《敦煌变文集》，人民文学出版社 1957 年版，第 132 页。

② 关于"鸟工"这段歌词，各书记载中有不同的版本。比较文本，洪兴祖《楚辞补注》及魏仲举《五百家注柳先生集》所引最为完整，可见文渊阁《四库全书》本《古列女传》脱佚不少，当补足。

六 第二难关"浚井"

> 象复与父母谋，使舜浚井。舜乃告二女，二女曰："俞，往哉！"舜往浚井，格其出入，从掩，舜潜出。

第六层，夫妇开始共渡第二道难关"浚井"，场景为井台。《括地志》载："舜井在妫州怀戎县西外城中。其西又有一井，耆旧传云并舜井也，舜自中出。"北魏司马金龙墓出土屏风漆画，"烧廪""填井"都有单独的情节画面。

这段故事源于《孟子》："使浚井，出，从而掩之。"《史记》中记载为："后瞽叟又使舜穿井，舜穿井为匿空旁出。舜既入深，瞽叟与象共下土实井，舜从匿空出去。"由"穿井""匿空"两个细节看，《史记》的记载另有来源。

洪兴祖《楚辞补注》引古本《列女传》载："复使浚井，舜告二女。二女曰：'时亦唯其戕汝，时其掩汝，汝去裳，衣龙工往。'舜往浚井，格其入出，从掩，舜潜出。"同上"焚廪"一节，有对话，有歌词，有隐语。[①]

七 第三难关"速饮"

> 时既不能杀舜，瞽叟又速舜饮酒，醉将杀之。舜告二女，二女乃与舜药，浴汪，遂往，舜终日饮酒不醉。

---

① 文渊阁《四库全书》本中"从掩"二字，明显有误，王照圆补注认为是《孟子》"从而掩之"的脱文，也可证文渊阁《四库全书》本《古列女传》多脱佚。又《史记索隐》称《列女传》云'二女教舜鸟工上廪'是也……《列女传》所谓'龙工入井'是也"，王照圆《列女传补注》云："今本脱去之。"关于这段的歌词，各书记载版本不同。《宋书·符瑞志》云："舜服龙工衣自傍而出。"《金楼子·后妃篇》云："二女曰：'往哉，衣龙工往。'"曾慥《类说》云："二女曰：'去汝衣裳，龙工往。'"《通史》云："二女曰：'去汝裳衣，龙工往。'"各书比较，仍以洪兴祖所引最为完整，文渊阁《四库全书》本《古列女传》脱佚最多。

第七层，夫妇开始共渡第三道难关"速饮"。场景从虞舜家转换到池塘，再转换到瞽叟家。

这段故事不见于其他各书，是今传《古列女传》中保留下来的珍贵细节。但古本中是否尚有湘妃的歌词和隐语，已不可知。

"速"，王照圆注："召也。"

"药"，王照圆注："药，葛花之属，能解酒毒。"《本草纲目》草部第十八卷云："葛花主治消酒。"引陶弘景曰："同小豆花干末酒服，饮酒不醉也。"清张秉成《本草便读》云："葛根，解阳明肌表之邪，甘凉无毒……解酒则葛花为最。"古医方有《葛花解酲汤》云："酒大热有毒，又水之所酿成，故热而兼湿……葛花独入阳明，令湿热从肌肉而解。"

"浴汪"：沐浴于池塘中。王照圆注："汪，池也，《左传》曰'周氏之汪'。"事见《左传·桓公十五年》，杜预注："汪，池也。"《山海经·大荒南经》载"南旁名曰从渊，舜之所浴也"，不知是否与此"浴汪"相关。

以上共计三次难关，亦即三次考验，都由夫妇协力克服，其中湘妃的智慧起了关键作用，也可以说爱情的力量有了最充分的体现。明刻《新镌增补全像评林古今列女传》有题辞曰："二妃智德：舜受诸凶能免难，二妃多可相之功。尧试百方悉协谋，一升（生）赖内助之力。"明彭烊评曰："舜虽大圣大智，然每事谋之二妃，即此见妃既有女德之纯良，又有免患之明哲，真圣人之配，万世赖道之贤之首称也。"①

――――――――

① 有学者认为如此情节过于传奇，表示怀疑。如杨慎说："战国处士谓舜涂廪、浚井，遭坑焚而不死。《列女传》又言二女教之，是以舜为左慈、刘根，而二女为李全之妇、刘纲之妻也。"夹注说：胡应麟曰："李全，宋大盗，其妻杨妙真者，杨安儿妹，有勇力，能用矛，与全同为宋室十数载，后全死新塘，杨集群下谓曰：三十年梨花枪，天下无敌手，今已矣。"（杨慎《升庵经说》卷十四，《丛书集成》初编本。《宋史·李全传》作"二十年梨花枪"。）丘濬引据"先秦逸史"，认为虞舜仅为"佯示入井"，并无"匿空旁出"，说："匿空旁出，此其事甚不经……愚尝镜先秦逸史云：舜欲往浚井，二女问曰：'君欲何之？'舜曰：'井水浊，亲使我浚之。'二女泫然曰：'嗟哉！此危命也。（转下页）

八 二妃与小姑敤手

　　舜之女弟繫怜之，与二嫂谐。

　　第八层叙湘妃与小姑的关系，出场人物增加了舜妹。一般故事中常有姑嫂难以相处的情节，而湘妃故事则是虞舜家有"三凶"，小姑却站在了兄嫂一边。

　　舜妹始见于《列子·杨朱》："父母之所不爱，弟妹之所不亲。"敤首之名始见于《汉书·古今人表》："敤手，舜妹。"《初学记》亦载："舜妹有敤手。"敤首最先发明了绘画，为古代绘画之祖，《太平御览》引《世本》，有"敤首作画"的记载。

　　敤首，敤又写作颗或媒，首又写作手。俗又作擊手、繫手，颜师古云"俗书本作'擊'字者误"，梁玉绳云"抑或误合'敤手'为一也"，王照圆云"舜女弟名敤手，俗书传写，误合为擊字，又误为繫字"。但古文"敤"在"攴"部，训为"擊（击）"，《说文》："攴，小擊。凡攴之属皆从攴。"段注："手部曰：擊，攴也。"敤首名擊，名义相符。

　　敤首与象同母，与舜异母。张澍《世本补注》卷一："瞽叟更娶东泽氏女，曰壬女，生敤手及象也。"《史记》"二女不敢以帝女骄慢舜之亲戚"，张守节《正义》曰："亲戚，谓父瞽叟，后母弟象，妹颗手等也。"此人最终加入到湘妃一边，是双方力量对比的一个重要变化。

　　《孟子》在"浚井"情节之后，还有一段弟象以为虞舜已死、与父母争功并前往虞舜家中的重要记载："象曰：'谟盖都君咸我绩，牛羊，父母；仓廪，父母；干戈，朕；琴，朕；弤，朕；二嫂，使

（接上页）夫前日廪上，且甘心举火，今尔入井，必不出矣……君可脱衣井上，佯示入井，而乘父与弟之未来，先脱身而归，则可谓爱身以爱其亲矣。且徒死何益？'舜从其计，遂先脱归。瞽叟与象不悟，至井，见舜脱衣在井上，而共下土实之云。"（《百大家评注史记》引）

治朕栖。'象往入舜宫，舜在床琴。象曰：'郁陶思君尔。'忸怩。舜曰：'惟兹臣庶，汝其于予治。'"有学者认为这段记载亦源于佚《书》。

"二嫂，使治朕栖"，赵岐注："栖，床也。二嫂：娥皇、女英。使治床，欲以为妻也。"弟象欲以二嫂为妻，前往虞舜家中，却见虞舜未死，正在床上鼓五弦之琴，不禁愕然。不过《史记》的记载又有不同，谓弟象先到了虞舜家中，虞舜逃回时，见弟象正在床上鼓琴："象乃止舜宫，居，鼓其琴。舜往见之，象鄂不怿。"有学者因此批评《史记》不合情理，如宋濂说："按《史记》'象止舜宫，居，鼓其琴'，与万章所言不同。当时帝二女何以自安？然则谓象往入舜宫，舜在床琴者，事犹近理。"（《百大家评注史记》引）《列女传》删除这段情节，大概亦由于此。

九　叙虞舜德行孝行

> 父母欲杀舜，舜犹不怨，怒之不已。舜往于田号泣，日呼旻天，呼父母。惟害若兹，思慕不已。不怨其弟，笃厚不怠。

第九层叙虞舜德行，突出故事的孝行主题。

这段话上句源于《孟子》："舜往于田，号泣于旻天。"阎若璩《尚书古文疏证》谓为《舜典》逸文。王照圆引郝懿行曰："夫子曰：二'呼'字，《孟子·万章篇》俱作'于'，'于'即'呼'也。'吁''于'古字通，'吁''呼'声又近，俱叹息之义。"

下句源于《史记》："顺事父及后母与弟，日以笃谨，匪有解。"以及《越绝书》："舜父瞽叟，用其后妻，常欲杀舜，舜不为失孝行，天下称之。尧闻其贤，遂以天下传之。"

刘向所汇编的《新序》一书，首为"杂事"五篇，亦以虞舜孝行事迹列为《杂事》第一之首，说："昔者，舜自耕稼陶渔而躬孝友，父瞽叟顽、母嚚及弟象傲，皆下愚不移。舜尽孝道，以供养瞽叟。瞽叟与象，为浚井涂廪之谋，欲以杀舜，舜孝益笃。出田则号泣,年五十犹婴儿慕,可谓至孝矣。"其后元郭居敬编纂《二十四孝》,仍以虞舜事迹列居第一,称为"孝感动天",即由刘向肇始。

十 叙二妃相夫之功

> 既纳于百揆,宾于四门,选于林木,入于大麓,尧试之百方,每事常谋于二女。

第十层仍叙舜德,进一步说明虞舜"每事常谋于二女",称道湘妃相夫之功。

这段话源于《尚书·舜典》:"纳于百揆,百揆时叙。宾于四门,四门穆穆。纳于大麓,烈风雷雨弗迷。"古人称之为"历试诸难"。孔安国《书传》:"虞舜侧微,尧闻之聪明,将使嗣位,历试诸难,作《舜典》。"《舜典》所叙有三事,《列女传》分别林木、大麓为二,共四事,略表"百方"之意而已。[①]

十一 叙虞舜与二妃升为天子、后妃

> 舜既嗣位,升为天子,娥皇为后,女英为妃。封象于有庳,事瞽瞍犹若初焉。天下称二妃聪明贞仁。

第十一层,叙述虞舜与湘妃成为天子、后妃,获得成功。而虞舜继续孝行,而湘妃也能善始善终。

"贞"意为中正,谓能合于中道、行于正道,清人解为"所言所行,皆合礼道"(清石玉昆《小五义》第二十二回),是对的。聪明而又合于中道,可以说是治家治国的最高评价了。

"事瞽瞍犹若初焉"一句,源于《孟子》所引佚《书》:"《书》

---

① 王照圆补注:"《广雅》云:'选,纳入也。'是'入于大麓'即'选于林木',句意重复矣。"

曰：‘祗载见瞽瞍，夔夔斋栗，瞽瞍亦允若。’”《史记》解为“舜之
践帝位，载天子旗，往朝父瞽叟，夔夔唯谨，如子道”。

十二 叙虞舜、湘妃之死

> 舜陟方，死于苍梧，号曰重华。二妃死于江、湘之间，俗
> 谓之湘君。

第十二层，叙述虞舜、湘妃之死。虞舜南巡，死于九嶷山，今
湖南永州境内的苍梧、九嶷、零陵等地名均与虞舜有关。湘妃相寻
而至，哀伤而死，成为湘君、湘夫人，故事最终以说明湘妃的得名
结束。

此段文字有脱误，王照圆补注谓《史记正义》引文“江、湘之
间”之下有“因葬焉”三字，《汉书》引文“湘君”之下有“湘夫人
也”四字。

“陟方”一语源于《尚书》：“舜生三十征庸，三十在位，五十
载，陟方乃死。”“陟方”旧解不一，孔安国训“陟”为升，训“方”
为道，谓“舜即位五十年，升道南方巡守，死于苍梧之野而葬焉”。

苍梧、九嶷（又作九疑）、零陵等地名，见《山海经》、《墨子》
佚文、《礼记·檀弓》、《史记·五帝本纪》、《论衡》、《帝王世纪》、
《皇览》、《博物志》、《山海经》、《水经注》等。

《山海经·海内南经》：“苍梧之山，帝舜葬于阳。”晋郭璞注：
“即九疑山也。”《海内经》：“南方苍梧之丘，苍梧之渊，其中有九嶷
山，舜之所葬，在长沙零陵界中。”晋郭璞注：“山今在零陵营道县
南，其山九溪皆相似，故云‘九疑’，古者总名其地为苍梧也。”清
郝懿行笺疏：“苍梧之山，帝舜葬于阳，已见《海内南经》。《说文》
云：‘九嶷山，舜所葬，在零陵营道。’《楚词》《史记》并作‘九疑’，
《初学记》八卷及《文选·上林赋》注引此经亦作‘九疑’，《琴
赋》注又作‘九嶷’，盖古字通也。罗含《湘中记》云：‘衡山九疑
皆有舜庙。’又云：‘衡山遥望如阵云，沿湘千里，九向九背，乃不

复见。'"《大荒南经》："赤水之东，有苍梧之野，舜与叔均之所葬也。"晋郭璞注："舜巡狩，死于苍梧而葬之。"《史记》："舜年二十以孝闻，年三十尧举之，年五十摄行天子事，年五十八尧崩，年六十一代尧践帝位。践帝位三十九年，南巡狩，崩于苍梧之野。葬于江南九疑，是为零陵。"

关于湘妃之死，也以《山海经》所载为最早。《山海经·中次十二经》："洞庭之山……帝之二女居之，是常游于江渊。澧沅之风，交潇湘之渊，是在九江之间，出入必以飘风暴雨。"晋郭璞注："天帝之二女而处江为神也。"清汪绂《山海经存》云："帝之二女，谓尧之二女以妻舜者，娥皇、女英也。相传谓舜南巡狩，崩于苍梧，二妃奔赴哭之，陨于湘江，遂为湘水之神，屈原《九歌》所称湘君、湘夫人是也。"

今湖南永州为潇湘二水交会处，有蘋岛（又称蘋洲、白蘋洲），旧有潇湘楼、潇湘馆、湘口驿，自唐以前建有"潇湘二川庙"，又称"潇湘庙"，实即湘妃庙。沿湘水上下多有湘妃庙，而永州之庙建于潇湘之会，故可独获此称。"潇湘之渊"，各书引文略有不同。《水经注·湘水》引作"神游洞庭之渊，出入潇湘之浦"，《文选》张衡《思玄赋》注引作"常游汉川澧沅之侧，交游潇湘之渊"，《文选》谢朓《新亭渚别范零陵诗》注引作"常游于汉渊澧沅，风交潇湘之川"，《初学记》引作"澧沅之交，潇湘之渊"。总之不离"潇湘"上下。

湘妃二人，娥皇称湘君，女英称湘夫人。也有学者称虞舜为湘君，湘妃二人合称湘夫人。大约姐妹二人事迹相连，故不易区分。

湘妃来到湘水岸边，除了有湘妃的得名以外，更留下了一个凄美的传说，就是"湘妃竹"，又称"斑竹"。《述异记》云："舜南巡，葬于苍梧，尧二女娥皇、女英泪下沾竹，久悉为之斑，亦名湘妃竹。"《博物志》云："尧之二女，舜之二妃，曰湘夫人。帝崩，二妃啼，以泪挥竹，竹尽斑。"《群芳谱》云："斑竹即吴地称湘妃竹者，其斑如泪痕。世传二妃将沉湘水，望苍梧而泣，洒泪成斑。"

"湘妃竹"的传说，乃成为这一爱情故事的最后绝响。

要之，虽然古代并无"爱情"这一名词，但是确有爱情因素。古代"故事"这一名词与现代概念不同，意为史事，但史事中也可以包含复杂的情节要素。虽然"爱情故事"一语属于现代概念，但是用来称述古代具有爱情因素和情节要素的史事，应当也是允许的。准此而言，湘妃的传说确是我国古代见于记载年代最早、独立成篇而又具有情节要素的爱情故事。

第四章 《列女传·有虞二妃传》的
文献源流 *

　　《有虞二妃》并非母子事迹而入卷一《母仪传》，由此列居《列女传》全书之首。同时虞舜之"至孝""孝友"事迹亦列居《新序》之首，成为"百家传记，以类相从"之先导。影响至于后世，"孝感动天"事迹列居"二十四孝"之首，同时舜妹敤手"护兄"事迹亦列居"二十四悌"之首。作者当时寓意之深，其后世影响之广，可以概见。

　　《列女传》第一卷《母仪》14篇为有虞二妃、弃母姜嫄、契母简狄、启母涂山、汤妃有莘、周室三母（大姜、大任、大姒）、卫姑定姜、齐女傅母、鲁季敬姜（文伯之母）、楚子发母、邹孟轲母、鲁之母师（鲁九子之寡母）、魏芒慈母、齐田稷母。故虽题名"母仪"，实则有母（或姑、姆）有妻（或妃），计12篇为母，两篇为妻。可见母重于妻，而妻之列传尤为难得。

　　但《有虞二妃》中"焚廪""掩井"诸情节，自古学者已叹其离奇。如南朝宋裴骃《史记集解》引东汉刘熙曰："舜以权谋自免，亦大圣有神人之助也。"而怀疑各书有伪者，亦代有其人。唐刘知几《史通·外篇·暗惑》曰："《史记》云重华入于井中，匿空而去，此则其意以舜是左慈、刘根之类，非姬伯、孔父之徒。苟识事如斯，难以语夫圣道矣。"《史通·内篇·鉴识》又曰："案迁所撰《五帝本纪》、七十列传，称虞舜见陷隘，遂匿空而出，宣尼既殂，门人推奉

　　* 本章原刊于《船山学刊》2011年第3期，题为《湘妃事迹可能出自上古〈佚书〉——〈列女传·有虞二妃传〉的文献源流》。

有若。其言之鄙，又甚于兹。"明杨慎《升庵经说》亦曰："战国处士谓舜涂廪、浚井，遭坑焚而不死。《列女传》又言二女教之，是以舜为左慈、刘根，而二女为李全之妇、刘纲之妻也。"清梁玉绳《史记志疑》曰："焚廪、掩井之事，有无未可知，疑是战国人妄造也。"

现代疑古派代表人物顾颉刚也曾说："这段故事真是突兀煞人。""这如果不是象的活见鬼，便是舜具有了《封神榜》上土行孙的本领。"① 疑《孟子》"完廪、捐阶、焚廪、浚井"一段说："此段有意作得古奥。"② 疑《列女传》其书说："此经学家之制作伪史也。"③ 又疑《列女传》作者说："刘向有《列女传》，又有《列仙传》，又有《孝子传》，何所作传之多也？"④

顾颉刚曾将虞舜、二妃"焚廪""掩井"情节分析为七次故事演变，用以说明其七次"层累"过程，亦即七次造伪过程，最终否定今本《尚书·尧典》《孟子》《史记》《列女传》等典籍相关记载以及虞舜、二妃作为历史人物的真实性。顾氏所作《虞初小说回目考释》第十七节"焚廪掩井，二女解重围"，具有以下七项要点：

1.《孟子·万章上》：记述"焚廪""浚井"二事，但"没有说明在焚廪时舜是怎样跳下来的，在掩井的时候他又是怎样钻出来的"。

2.《史记·五帝本纪》："却说出了他逃出来的理由"，"替舜说明了脱险的经过"。

3.《列女传》："有了二女和舜的呢呢私语了。"

4. 王充《论衡》：焚廪、掩井与二女无关，"把这件事归到舜未逢尧的时候"。

① 顾颉刚：《虞初小说回目考释》，见王煦华编：《顾颉刚古史论文集》第2册，中华书局1988年版，第24页。

② 顾颉刚：《顾颉刚读书笔记》卷三，"孟子记尧、舜事与今本《尧典》之比较"条，（台北）联经出版事业公司1990年版，第1363页。

③ 顾颉刚：《顾颉刚读书笔记》卷七下，"《列女传》演《诗》文为实事"条，第5714页。

④ 顾颉刚：《顾颉刚读书笔记》卷二，"刘向书"条，第910页。

5. 梁武帝《通史》：二女替舜出主意，有了"舜怎样由廪上飞出，又怎样由井里潜出"的办法。

6. 沈约《宋书·符瑞志》：讲述了"鸟工""龙工"的究竟，是"舜服鸟工衣"和"舜服龙工衣"。

7.《山海经》郭璞注："二女灵达，尚能以鸟工龙裳，救井廪之难。""龙衣"成了"龙裳"。①

按：首先，顾颉刚对七种文献的时间排序有误，沈约《宋书》当在梁武帝《通史》之前，郭璞又当在沈约、梁武帝之前，故其排定的"层累"关系至少有部分存在由后而前的颠倒。其次，所据《列女传》仅限王回所删定一种，并非今存最完整版本。

以《列女传·有虞二妃》中"焚廪""掩井""鸟工""龙工"为核心词，搜讨南朝、唐、宋时期各种相关文本，共得 11 种。与《孟子》《史记》加以比勘，有助于分析其文献来源。考校的初步结论是，11 种文本均源自刘向《列女传》，进而推测其更早的文献来源，当与《孟子》《史记》的相关记载为同一来源。这一更为原始的文献原貌究竟如何，目前尚不得知，只好存疑。但三书取舍不同，各自独立引用，其间不存在"层累"关系，亦不存在造伪问题。如果勉强论其演变，判断其"层累"与造伪，以民俗故事之例律衡史官著作，是难以据信的。

一 "列女"系统历史文献的最早编定本

目前已知"列女"系统历史文献的最早编定本为刘向《列女传颂图》，最早批注为曹大家班昭注本，均已失传。

《汉书·艺文志》："刘向所序六十七篇。《新序》《说苑》《世

---

① 顾颉刚：《虞初小说回目考释》，第 24—26 页。按：《虞初小说回目考释》前后有三稿。第一稿刊于 1925 年 6 月《语丝》第 31 期，第二稿刊于 1931 年 8 月燕京大学《史学年报》第 3 期（署名韩叔信），第三稿刊于中华书局 1988 年版王煦华编《顾颉刚古史论文集》第 2 册。此处引文据第三稿。

说》《列女传颂图》也。"

《汉书·楚元王传》附刘向传："向睹俗弥奢淫，而赵、卫之属起微贱，逾礼制。向以为王教由内及外，自近者始。故采取《诗》《书》所载贤妃贞妇，兴国显家可法则，及孽嬖乱亡者，序次为《列女传》，凡八篇，以戒天子。"

王回《列女传·目录序》："盖凡以'列女'名书者，皆祖之刘氏。"

据其书名可知，刘向原本当包括传文、图画和颂三部分。颂为刘向所撰（又有《颂义》大序一篇，小序七章），今存，王回删定《古列女传》每篇末题"颂曰"者当即其旧。刘向又有《列仙传》，亦每篇作颂。但疑古时颂文乃是与图画相配，以其简明易览，而传文则单行以备周详。王回谓尚于江南人家见图，"其画为古佩服，而各题其颂像侧"。

原本有图，王回序曰："传如《太史公》记，颂如《诗》之四言，而图为屏风。"所谓"图为屏风"，当谓古人图画见于屏风者自成一类，其规制姑可称之为"屏风体"，犹书有六体，幡信必用虫书之制。[①]

《初学记》卷二五《屏风第三》引《七略别录》："臣向与黄门侍郎歆所校《烈［列］女传》，种类相从，为七篇，以著祸福荣辱之效，是非得失之分，画之于屏风四堵。"

《后汉纪》卷一八："阳嘉元年春正月乙丑，立皇后梁氏……后生有光影之祥，及长，好史书，治《韩诗》，大义略举。以列女图常在左右。"

《后汉书·顺烈梁皇后纪》："后生有光景之祥，少善女工，好史书，九岁能诵《论语》，治《韩诗》，大义略举。常以列女图画置于左右，以自监戒。"

---

① 见《汉书·艺文志》及颜师古注。

《艺文类聚》卷七四引曹植《画赞并序》："昔明德马后，美于色，厚于德，帝用喜之。尝从观画，过虞舜之像，见娥皇、女英。"

南朝宋江敩辞临汝公主《让婚表》："何瑶阙龙工之姿，而投躯于深井。"[1]

《资治通鉴》卷二四五："昔汉光武一顾列女屏风，宋弘犹正色抗言，光武即撤之。"

可知屏风画列女传图行于宫中，为中古所常有。

今所见王回删定本《列女传》出清《文选楼丛书》覆刻宋本，书题《新刊古列女传》，有图，题曰"晋大司马参军顾凯之图画"。《有虞二妃》图画为瞽瞍、舜母坐堂中，舜与娥皇、女英左右侍立。其作五人相对，殊少意义，不似原图。1965 年大同所出北魏司马金龙墓木板屏风漆画二妃传图，共三幅。首为虞帝舜与二妃娥皇、女英，次为舜父瞽瞍与象敖填井，又次为舜后母烧廪，三幅横排，情节连续，皆作动态如"定格"，甚合儆醒劝诫之意。[2]

按：古书往往有图，如《山海经》又称《山海图》，而屈原《天问》亦似对图言之，观其文义，尚是图画在先，文字乃是解释图画者。凡如此制，其书往往传自邃古。《列女传》原图虽失传，然其渊源久远亦可推见。

二 《列女传·有虞二妃传》的文本采集范围

关于《列女传》文本，相关的研究有何志华、朱国藩、樊善标编著《〈古列女传〉与先秦两汉典籍重见资料汇编》[3]。该项研究以明

---

① 见《宋书·后妃传》、《南史·王诞传》附兄子偡传、《初学记·帝戚部》、《艺文类聚·储宫部》、《太平御览·皇亲部》。

② 出土简报《山西大同石家寨北魏司马金龙墓》，《文物》1972 年第 3 期。

③ 何志华、朱国藩、樊善标：《〈古列女传〉与先秦两汉典籍重见资料汇编》，香港中文大学出版社 2004 年出版。

万历间黄嘉育刊本为底本，《文选楼丛书》为校本，其中《有虞二妃》一篇，重见典籍仅举《孟子》《史记》《新序》3 种，未举其他版本，故不足以说明文本之演变沿革。

本章的基本方法，是搜讨多种传世文本，截至宋为止，有关"焚廪""掩井"内容的文献共得 11 种，连同《孟子》《史记》，共计 13 种。

13 种典籍依成书年代先后，排列如下（所据版本附后）：

1.《孟子》：涵芬楼景宋赵岐《孟子章句》本 / 清嘉庆重刊宋《孟子注疏》本 / 清阮元校刻《十三经注疏》本。

2.《史记》：泷川资言《史记会注考证》本 / 中华书局顾颉刚标点本。

3. 沈约《宋书》：中华书局王仲荦校点本。

4. 沈约《竹书纪年附注》：《四部丛刊》景明天一阁刊刻本。

5. 梁武帝《通史》（在《史记正义》中）：泷川资言《史记会注考证》本 / 中华书局顾颉刚标点本。

6. 梁元帝《金楼子》：《知不足斋丛书》刻本。

7. 陆龟蒙《唐甫里先生文集》：《四部丛刊》景清黄丕烈校明抄本 / 文渊阁《四库全书》《甫里集》本。

8. 王回删定《古列女传》：清《文选楼丛书》覆宋建安余氏刻本。

9. 洪兴祖《楚辞补注》：中华书局白化文点校本。

10. 曾慥《类说》：明天启六年（1626）岳钟秀刻本 / 文渊阁《四库全书》本。

11. 叶廷珪《海录碎事》：文渊阁《四库全书》本。

12. 魏仲举编《五百家注柳先生集》：南宋廖氏世彩堂刻本 / 文渊阁《四库全书》本。

13. 魏仲举编《五百家注昌黎文集》：文渊阁《四库全书》本。

《孟子》有关"焚廪""掩井"的内容，在《万章下》。《史记》在《五帝本纪》中。沈约《宋书》在《符瑞志》中。

　　沈约附注《竹书纪年》在卷上"帝舜有虞氏"条中，文字与《宋书·符瑞志》全同。明陈禹谟《骈志》卷二十"使舜完廪，使其涂廪"条引之。明董斯张《广博物志》卷十并引《列女传》《竹书纪年》二书。清徐文靖《竹书统笺》卷首谓沈注"不知何据"，卷二引梁武帝《通史》为注。或以为沈注为明人转写之伪作。《四库全书总目提要·焦氏笔乘提要》已称之为"伪本沈约《竹书纪年注》"，而仍谓"所载大舜龙工衣、鸟工衣，事出自刘向《列女传》"。

　　梁武帝（464—549）《通史》见于张守节《史记正义》所引，其书当在沈约（441—513）《宋书》之后。沈约奉诏编纂《宋书》共100卷始纂于齐武帝永明五年（487），一年编成。梁武帝天监元年（502）始即位，而吴均（469—520）奉诏编纂《通史》共620卷未成而卒，可知《通史》成书在沈约死后。梁元帝（508—554）为武帝之子，《金楼子》有关"焚廪""掩井"内容在《后妃篇》，其书或成于湘东王时，或成于即位之后。

　　陆龟蒙《唐甫里先生文集》卷一九《杂说》，《四部丛刊》景清黄丕烈校明抄本全同。又见陆龟蒙《笠泽丛书》卷一"杂说"条，宋佚名编《历代名贤确论》卷二"涂廪浚井"条，以及《四部丛刊》景明嘉靖刻本《唐文粹》卷四七陆龟蒙《杂说》，诸书文字全同。

　　王回为宋熙宁六年（1073）进士，删定之《古列女传》最早为嘉祐八年（1063）建安余靖庵勤有堂刻本，洪兴祖（1070—1135）为政和八年（1118）进士，《楚辞补注》引《列女传》在卷三《天问》中，自序亡佚，其书在王回之后。曾慥《类说》节抄《列女传》，其书成于绍兴六年（1136）。叶廷珪为政和五年（1115）进士，《海录碎事》载"浚井""涂廪"事见卷七上《圣贤人事部上·圣贤门》，其书成于绍兴十九年（1149）。

　　魏仲举编《五百家注柳先生集》注文引《列女传》见卷一四《天对》，所编《五百家注昌黎文集》注文亦引《列女传》，见卷三一《黄陵庙碑》，二书皆刊刻于庆元六年（1200），今存柳集善本，如姑苏郑定刊本题为《重校添注音辩唐柳先生文集》，刻于宁宗嘉定间

（1208—1224）；廖莹中校正廖氏世彩堂本题为《河东先生集》，刻于度宗咸淳间（1265—1274）。以柳氏先卒，故柳集次于韩集之前。

元、明、清以后，《列女传》各本多出王回删定本，内容或不及该本。清冯班《钝吟杂录》卷六云："虞舜完廪、浚井，二妃教以龙工、鸟工，见于书传者非一处。宋儒以为无此事，今《列女传》刻本已刊去之，宋儒所芟也。"其实古本《列女传》文字残缺未必是宋儒有意删削，限于题目，暂不讨论。要之本书征引范围，即限于宋而止。

三　比对核心词语的文献研究方法

《列女传·有虞二妃》在"受凶免难"情节上[①]，较《孟子》《史记》等书更为详尽，除"完廪""浚井"二难以外，又有"速饮"一难，故其记述尤见珍贵。唯关于"速饮"一节诸书引用者少，未便比较，故本篇仅择取"完廪""浚井"二事比对考察。

本章选取宋以前文献有关"焚廪""掩井"二事的记载，重点比对其核心词语。其中"焚廪"一节有"完廪""涂廪""涤廪""治廪""登廪""焚廪""烧廪"等词语，"掩井"一节有"浚井""穿井""填井"等词语，设为二级核心词。

除《孟子》《史记》以外，11种直接或间接引用的《列女传》文本均载"鸟工""龙工"等词语，设为一级核心词。

宋罗泌《路史》卷三六云："自孟轲氏唱井、廪之事，而《列女传》首著鸟工、龙工之说。"是已注意到以"焚廪""掩井"对应《孟子》，而以"鸟工""龙工"对应《列女传》。

核心词（kernel words）虽为现代语言学概念，但在古典文献中亦有其传统依据。如宋曾慥《类说》卷一节抄《列女传》已列出"鸟工往"条目，宋叶廷珪《海录碎事》卷七上《圣贤人事部上·圣

---

① 明刻《新镌增补全像评林古今列女传》刻像旁有题辞曰："二妃：舜受诸凶能免难，二妃多可相之功。"

贤门》列出"龙工往"条目。至清代,《御定骈字类编》卷二一〇有"鸟工"条目,《御制分类字锦》卷一八有"鸟工""龙工"二条目;《御定子史精华》卷一四六有"鸟工""龙工"二条目;《御定佩文韵府》卷一之四有"龙工""鸟工"二条目,卷五之三又有"鸟工衣""龙工衣"二条目;《御定韵府拾遗》卷五二有"鸟工往""龙工往"二条目。本书所说的"核心词"毋宁更加强调其古典语言的意义。

四 "焚廪""掩井"情节 13 种文本列表

(一)列表一

1	2	3
孟子	史记	宋书
父母使舜完廪捐阶瞽瞍焚廪使浚井出从而掩之	瞽叟尚复欲杀之使舜上涂廪瞽叟从下纵火焚廪舜乃以两笠自扞而下去得不死后瞽叟又使舜穿井舜穿井为匿空旁出舜既入深瞽叟与象共下土实井舜从匿空出去	舜父母憎舜使其涂廪自下焚之舜服鸟工衣服飞去 又使浚井自上填之以石舜服龙工衣自傍而出
20 字	68 字	40 字

(二)续表二

4	5	6
竹书纪年附注	通史	金楼子
舜父母憎舜使其涂廪自下焚之舜服鸟工衣服飞去又使浚井自上填之以石舜服龙工衣自傍而出	瞽叟使舜涤廪舜告尧二女曰时其焚汝鹊汝衣裳鸟工往舜既登得免去也舜穿井又告二女二女曰去汝裳衣龙工往入井瞽叟与象土实井舜从他井出去也	瞽叟使涂廪舜归告二女父母使我涂廪我其往二女曰衣鸟工往舜既治廪瞽叟焚廪舜飞去舜入朝瞽叟使舜浚井舜告二女二女曰往哉衣龙工往舜往浚井石殒于上舜潜出其旁
40 字	65 字	72 字

（三）续表三

7	8	9	10
唐甫里先生文集	古列女传	楚辞补注	类说
瞽瞍憎舜使涂廪浚井酖于觞酒欲从而杀之舜谋于二女二女教之以鸟工龙工药浴注豕而后免矣	瞽叟与象谋杀舜使涂廪舜归告二女曰父母使我涂廪我其往二女曰往哉舜既治廪乃捐阶瞽叟焚廪舜往飞出 象复与父母谋使舜浚井舜乃告二女二女曰俞往哉舜往浚井格其出入从掩舜潜出	瞽叟与象谋杀舜使涂廪舜告二女二女曰时唯其戕汝时唯其焚汝鹊如汝裳衣鸟工往舜既治廪戕旋阶瞽叟焚廪舜往飞 复使浚井舜告二女二女曰时亦唯其戕汝时其掩汝汝去裳衣龙工往舜往浚井格其入出从掩舜潜出	瞽叟使舜涂廪舜告二女曰我其往哉二女曰往哉鹊汝裳衣鸟工往 反使舜浚井舜告二女曰我其往哉二女曰去汝衣裳龙工往
40 字	79 字	90 字	51 字

（四）续表四

11	12	13
海录碎事	五百家注柳先生集	五百家注昌黎文集
瞽叟使舜浚井二女曰去汝衣裳龙工往又使涂廪二女曰鹊汝衣裳鸟工往	瞽叟与象谋杀舜使涂廪舜告二女二女曰时惟其戕汝时惟其焚汝鹊如汝衣裳鸟工往舜既治廪旋阶瞽叟焚廪舜往飞 复使浚井舜告二女二女曰时亦惟其戕汝时其掩汝汝去衣裳龙工往舜往浚井格其入出从掩舜舜潜出	瞽瞍使舜涂廪二妃曰往哉时惟其藏汝时其焚汝鹊汝衣裳鸟工往又使舜浚井二女曰往哉时亦惟其藏汝时其掩汝之往汝去汝衣裳龙工往
30 字	90 字	57 字

五　文献比对与来源分析

（一）《孟子》本与《列女传》比对

《孟子》本与《列女传》比对，二书当为同一来源。《孟子》先引其事，而《列女传》文字多出，当是在《孟子》之外独立引用。

现存各书中，《孟子》言"焚廪""浚井"事最早，而篇幅则最少，仅20字。盖出于万章之口，本是节语。

《孟子》本与《列女传》比对，二者大同小异。"焚廪""浚井"两核心词与《列女传》各本同。《孟子》本"从而掩之"，《列女传》各本作"从掩"，与《孟子》同而有脱文。《孟子》本"完廪"，《列女传》各本作"涂廪"。赵岐《孟子》注"完，治"，《列女传》下文正作"舜既治廪"。《孟子》本"捐阶"，《列女传》王回删定本同，《楚辞补注》本作"旋阶"。赵岐《孟子》注："一说：捐阶，舜即旋从阶下，瞽瞍不知其已下，故焚廪也。"是则汉时本有"旋阶"之说。

但《列女传》多出"鸟工""龙工"数语，又多出"速饮"一章。《孟子》亦多出"忸怩"一章。《孟子》与《列女传》比对，二书当有同一来源，而取舍各有异同。

《孟子》所引，赵岐断为《舜典》佚文。《孟子·万章上》赵岐注："孟子时，《尚书》凡百二十篇，逸《书》有《舜典》之《叙》，亡失其文。孟子诸所言舜事，皆《舜典》，逸《书》所载。"

清阎若璩、俞正燮、宋翔凤、毛奇龄亦主此说。毛氏并作《舜典补亡》一篇。

阎若璩《尚书古文疏证》卷二第一八曰："孟子时《尚书》凡百二十篇，逸《书》有《尧典》之叙，亡失其文。孟子诸所言舜事，皆《尧典》及逸《书》所载……盖古文《舜典》别自有一篇，与今安国书析《尧典》而为二者不同……余尝妄意'舜往于田''祗载见瞽瞍'与'不及贡，以政接于有庳'等语，安知非《舜典》之文乎！又父母使舜完廪一段，文辞古崛，不类《孟子》本文……其为《舜典》之文无疑。"

俞正燮《癸巳类稿》"《舜典》逸文"条曰："《孟子》又云：父母使舜完廪浚井……按此即孔壁《尚书》，不在博士干禄数内者。《舜典》至魏晋时犹在，在郑康成书中。唐时孔颖达等似亦见之，但诬为张霸书耳。赵岐但见博士书，故以郑所传古文为亡失。"

　　清翟灏《四书考异·孟子考异》云："父母使舜完廪……按史迁亦据《孟子》以意饰之，《列女传》之鸟工、龙工则又因其说而饰以神奇者。"宋翔凤《孟子赵注补正》驳之，曰："按太史公书多古文说，未必尽据《孟子》。刘向见中古文，《列女传》自别有所本，亦非意饰。《七略》之书亡者多矣，当时岂独有《孟子》也？"

　　按：其说合理。姑假定《孟子》出于《舜典》佚文，而先加引用，《列女传》有多出之文，当是在《孟子》之外独立引用，或即宋氏所说"自别有所本"之类。

　　宋罗泌以为《孟子》与《列女传》不同，《路史》卷三六云："自孟轲氏唱井廪之事，而《列女传》首著鸟工、龙工之说。"此恐是因二书所引不同所致，原本未必如此。

　　清李钜以为各书皆出《孟子》，所著《尚史》卷二"父母使舜完廪捐阶瞽瞍焚廪使浚井出从而掩之"一条，文出《孟子》，而下列《论衡》《宋书》《通史》《列女传》之说，皆系于《孟子》文下不另出条目。此亦系就后世所见文献而定，未必即是古本原貌。

　　（二）《史记》本与《列女传》比对

　　《史记》本与《列女传》比对，"焚廪"一节相同者多，"穿井"一节不同者多。《史记》本多出舜为预备之方，所谓"以两笠自扞""为匿空旁出"。《列女传》多出二女助舜之语。文本互有异同，而内容并不矛盾，推测二书当有同一来源而引用各有取舍。

　　《史记》曰"涂廪""焚廪"，与《列女传》及《孟子》同。《史记》曰"穿井"，与《列女传》及《孟子》作"浚井"不同。按："穿井"意为挖凿新井，"浚井"意为疏治旧井。《初学记》及《营造法式》引《周书》皆云："黄帝穿井。"《续汉书·礼仪志》曰："夏至日浚井改水，冬至日钻燧改火。"

　　《史记》曰"以两笠自扞而下"，与其他各本均异。但《列女传》曰"鸟工""衣裳"，萧道管《集注》引曹大家解"鸟工"为"习鸟飞之工"，解"鹊"为"错"。舜遭焚廪，自可先"错"其"衣裳"，再"习鸟飞之工"，而后"以两笠自扞而下"。故二者叙述并无矛盾。司马贞《索隐》云："言以笠自扞己身，有似鸟张翅而轻下，得不损伤。"即合二事言之。

又《史记》与他本比对，《宋书》《通史》《金楼子》三书"焚廪"一节多同《列女传》，"穿井"一节则多同《史记》。

《史记》曰"穿井"，唯《通史》本亦作"穿井"。

《史记》曰"下土实井"，《列女传》作"从掩"，唯《通史》本亦作"下土实井"。[①]

《史记》曰"匿空旁出"，《列女传》作"潜出"，而《宋书》本作"自傍而出"，《金楼子》本作"潜出其旁"。[②]

（三）4 种南朝本比对

沈约《宋书·符瑞志》、沈约《竹书纪年附注》、梁武帝《通史》、梁武帝《金楼子·后妃篇》四书，均暗引《列女传》。

四书为前后同时之作，其中以《宋书》《竹书纪年附注》为最早，次《通史》，次《金楼子》。

比对文本可知，四书虽详略不同，传抄互异，而均源自刘向《列女传》。

《宋书》本曰"涂廪""浚井""鸟工""龙工"，与《古列女传》全同，而与《孟子》《史记》不同。

---

① "实井"，《史记》有本作"填井"（唐司马贞《索隐》："亦作填井"）。《宋书》本作"填之以石"。按：作"填井"是。填，古通真、實，《说文》："實，塞也。""实"字疑涉形近而误。《文选》卷一四汉班固《幽通赋》注引汉曹大家曰："言上圣之人，舜有焚廪填井，汤囚夏台，文王拘羑里，孔子畏匡，在陈绝粮，皆触艰难，然后自拔。"屈原《天问》汉王逸注："言象无道，肆其犬豕之心，烧廪、實井，欲以杀舜。"司马金龙墓出土屏风亦作"烧廪""填井"。题字作"填井""后母烧廪"，填井次序在前（在右），而烧廪者作后母不作瞽叟。

② 唐张守节《正义》："言舜潜匿穿孔，旁从他井而出也。"宋王辟之《渑水燕谈录》卷八："河中府舜泉坊，二井相通，所谓'匿空旁出'者也。"

《通史》本一级核心词"鸟工""龙工"，与《古列女传》全同，其他二级核心词小异。"涂廪"作"涤廪"，"治廪"作"登廪"，与各本均异。"浚井"作"穿井"，与《史记》同。"下土实井"亦与《史记》同。"从他井出去"与《史记》"从匿空出去"相近。

按："涤廪"可能因"浚井"而误。廪不可曰"涤"，而"浚井"亦称"涤井"。《风俗通义》佚文："涤井曰浚井。"[①]"登廪"之"登"解为"成"。《尔雅·释诂》："登，成也。"成廪与《孟子》"完廪"相近。

《金楼子》本核心词与《列女传》全同，唯"石殒于上"与各本均异，而与大同出土屏风图画所描述者相近。

四书中，《宋书》本不见舜与二女对答，显为节略。《通史》本虽比《金楼子》本少7字，但二女语"时其焚汝鹊汝衣裳"与"去汝裳衣"二句较《金楼子》本多出，故较完善，是四书中最佳者。

（四）6种宋本比对

6种宋本比对，取舍详略不同，或有脱文，其中以《楚辞补注》与《五百家注柳先生集》保留文本最为完整，《古列女传》次之，《五百家注昌黎文集》与《类说》又次之，《海录碎事》最少。

6种宋本的年代先后，则《古列女传》在前，次《楚辞补注》，次《类说》，次《海录碎事》，《五百家注柳先生集》与《五百家注昌黎文集》最晚。

《古列女传》即校定古书原本，其余5种均为注文明引《列女传》。《五百家注柳先生集》注者为"蔡曰"，先引"《史记·舜纪》"，后引"刘向《列女传》"。"蔡曰"即蔡梦弼，书首姓氏云："建安蔡氏，名梦弼，字傅卿，增注《韩柳文集》。"《五百家注昌黎文集》注者为"程曰"，引"刘向《列女传》云"，并及"鸟谓习飞鸟之巧，龙谓知水泉脉理"二句旧注。"程曰"当是程敦厚，书首

---

① 见《北堂书钞》卷一五九、《初学记》卷七、《太平御览》卷一八九、《营造法式·总释下》、《记纂渊海》卷八、《草堂诗笺》卷一六、《天中记》卷十引。

姓氏云："眉山程氏，名敦厚，字子山，著《韩柳意释》，余议论见《金华文集》。"

5种文本与《古列女传》互校，核心词"涂廪""治廪""焚廪""浚井""鸟工""龙工"全同。

各本比对，《楚辞补注》与《五百家注柳先生集》保留文本最为完整，均为90字。二者文字基本相同，仅个别处小异。《楚辞补注》三"唯"字，《五百家注柳先生集》均作"惟"。《楚辞补注》二"裳衣"，《五百家注柳先生集》均作"衣裳"。《楚辞补注》"戕旋阶"，《五百家注柳先生集》无"戕"字。《楚辞补注》"从掩"，《五百家注柳先生集》后有二"舜"字，作"从掩舜，舜潜出"。

特别是《楚辞补注》与《五百家注柳先生集》二书均存得"鸟工""龙工"二段话语，较之各书最为完整。《楚辞补注》引文云：

> 二女曰："时唯其戕汝，时唯其焚汝。鹊如汝裳，衣鸟工往。"
>
> 二女曰："时亦唯其戕汝，时其掩汝。汝去裳，衣龙工往。"

末二句，《五百家注柳先生集》引文云："鹊如汝衣裳，鸟工往。""汝去衣裳，龙工往。"

"裳衣"或"衣裳"二字虽次序不同，而以"裳"属上读，"衣"属下读，于文义尚无大碍。

此段《宋书》作"服鸟工衣服""服龙工衣"，《金楼子》本作"衣鸟工往""衣龙工往"，各一句。二女曰首二句，《通史》本亦仅多存得"时其焚汝"半句。

《五百家注昌黎文集》此段引文亦较完备，唯二"戕"字均作"藏"，当是传写之误。

按：此段载二女之语实为韵文，汝、汝叠韵，裳、往为韵，凡二章。推测二女之语最初当是唱出来的，其唱词曰鸟曰龙，言语含有暗示的意义。《史记·五帝本纪》唐司马贞《索隐》批注

"焚廪""掩井"事迹云:"《列女传》云二女教舜'鸟工'上廪是也。""《列女传》所谓'龙工'入井是也。"专举此二词语为注,亦已见其文义特殊。清石玉昆《小五义》第二十二回讲述洞庭君山故事演绎此文,即理解为"忽闻二女在廪下作歌道","因抚井作歌道",颇合情理。

如果二女之语确为有韵的歌词,则其文献更加古奥,尤堪重视。

比对之下,《古列女传》于"二女曰往哉"之后,便曰"舜往飞出""舜潜出",而不言其究竟,故其删定成书虽略早,而遗落实大。

《类说》与《海录碎事》虽篇幅省略,但能存得"鹊汝裳衣鸟工往""去汝衣裳龙工往"二句,最称古崛,故仍有胜于《古列女传》之处。

但《楚辞补注》与《五百家注柳先生集》亦非无病。二书"从掩"一语,《孟子》作"从而掩之",清王照圆补注云:"《孟子》作'从而掩之',此脱。"《楚辞补注》"戕旋阶"一语难解,"戕"恐涉上而误,《五百家注柳先生集》"旋阶"上无此字,《古列女传》作"乃捐阶",与《孟子》同。

尤其是《类说》引文有舜告二女曰"我其往哉"二句,《古列女传》存一句,《楚辞补注》与《五百家注柳先生集》均省略或脱去,使其对话颇不完整。而且《古列女传》尚存得二女曰"俞,往哉"一句答语。按:"俞"字古作叹词,《尚书·尧典》:"帝曰:'俞,予闻。'"汉孔安国传:"俞,然也。"李学勤先生在一篇文章中指出:"'俞'这个叹词,只见于《尚书》的《虞夏书》内《尧典》(包括《舜典》)、《皋陶谟》(包括《益稷》)";"'俞'作为叹词,仅见于《虞夏书》这两篇,其他先秦文献都是没有的";"'俞'作为叹词这一点,能进一步使大家看到《尧典》确有古远的渊源"。[①]本书所引13种文献中,有叹词"俞"字仅见于《古列女传》一种。

---

① 李学勤:《〈尧典〉与甲骨卜辞的叹词"俞"》,《湖南大学学报(社会科学版)》2008年第3期。

六　简短的结论

自经注以外，汉唐间有关"焚廪""掩井"引文大抵不出《孟子》《史记》《列女传》三书范围，大抵古本已尽于此。

略举数例如下：

《新序》卷一《杂事第一》："瞽瞍与象，为浚井、涂廪之谋，欲以杀舜。"①

汉王充《论衡》卷二《吉验篇》："舜未逢尧，鲧在侧陋。瞽瞍与象谋欲杀之。使之完廪，火燔其下；令之浚井，土掩其上。舜得下廪，不被火灾；穿井旁出，不触土害。尧闻征用，试之于职。"又卷二六《知实篇》："瞽叟与象，使舜治廪、浚井，意欲杀舜。"所言"完廪"，与《孟子》同。所言"穿井旁出"，与《史记》同。所言"治廪"，与《列女传》同。

汉王逸《山海经注》引《列女传》论曰："二女灵达，鉴通无方，尚能以鸟工、龙裳，救井廪之难。""鸟工"与《列女传》各本同，"龙裳"显系涉上"去衣裳"而误。

《后汉书·邓寇列传》："故大舜不避涂廪、浚井之难，申生不辞姬氏谗邪之谤。"

《艺文类聚》卷二六载晋曹摅《述志赋》："舜拘忤于焚廪，孔怀惕于陈匡。"

《旧唐书·高祖二十二子列传》："向使舜浚井不出，自同鱼鳖之毙，焉得为孝子乎？涂廪不下，便成煨烬之余，焉得为圣君乎？"②

《宋史·黄裳传》："爱子如此，则焚廪、浚井之心，臣有以知其必无也，陛下何疑焉？"③

---

① 《四部丛刊》景明嘉靖翻宋本作"浚井涂廪"。中华书局2001年新版石光瑛校释、陈新整理《新序校释》作"浚廪涂井"，校释并云："按：完廪，此作浚廪。"不知何据？

② 又见《新唐书·长孙无忌列传》、《资治通鉴》卷一九一《唐纪七》武德九年。

③ 又见《续资治通鉴》卷一五三《宋纪》。

《欧阳修集》卷一八《经旨十首》："舜之涂廪、浚井，不载于六经，不道于孔子之徒，盖俚巷人之语也。及其传也久，孟子之徒道之。"

又卷九《留题齐州舜泉》诗："耕田浚井虽鄙事，至今遗迹存依然。"

宋洪适《盘洲文集》卷六《答景卢和篇》诗："转头麦垄龙工往，缓步花蹊蚁磨旋。"

宋张孝祥《于湖居士文集》卷九《送谢梦得归昭武》诗："秋不须鸟工，往且作贾胡留。"

宋谢薖《竹友集》卷二《闻彦光田舍遇火几焚其廪》诗："百神救廪鸟工往，不待缏缶浇焚如。"[1]

宋郑刚中《北山集》卷一九《用立春韵和卖药周道人》诗："万金家信隔秋冬，欲往谁能化鸟工。"

宋僧慧洪（觉范）《石门文字禅》卷七："腊月十六夜读阎资钦提举诗一巨轴：一往归心如鸟工，十分风味（下阙）。"

又卷二四《记福严言禅师语》："于是口占曰：大舜鸟工往，卢能渔父归。"

宋朱翌《猗觉寮杂记》卷上引秦观诗："少游云：梦魂思汝鸟工往，世故著人羊负来。"[2]

宋黄彦平《三余集》卷一《二妃庙》诗："风急真成鹤羽飞，波寒不隔龙工往。"

清厉鹗《樊榭山房续集》卷十《上虞百官江口舜庙》诗："无复百官趋早朝，话渔樵，一半儿龙工一半儿鸟。"

以上史传、文集，所言"焚廪"与《孟子》《史记》《列女传》三书均同。所言"浚井"与《孟子》《列女传》同。所言"涂廪"与

---

[1]   又见宋陈思编、元陈世隆补《两宋名贤小集》卷三三。

[2]   文渊阁《四库全书》本。世故，《全宋诗》卷一〇六八秦观残句作"事故"，恐误。

《史记》《列女传》同。

以上所引，益可旁证本书的初步结论：

1.《孟子》《史记》《列女传》三书所用的文献推测为同一来源，其来源可能是上古佚《书》。三书取舍不同，各自独立引用。

2.《列女传》各本文字均有遗失，王回删定《古列女传》亦不如《楚辞补注》及《五百家注柳先生集》所引。而《楚辞补注》本亦有脱文，唯相对较为完备，其所存得文字内容特别是二女的韵文歌词弥足宝贵。

3.《孟子》《史记》《列女传》《宋书》《通史》《金楼子》各书之间不存在"层累"关系，故而亦不存在造伪问题。

第五章 《列女传·有虞二妃传》新编

以下迻录刘向《列女传》卷一《母仪传》第一《有虞二妃传》，以《丛书集成新编》据清《文选楼丛书》影印《新刊古列女传》为底本。

依文意分为8章，全篇507字，三难各1章。其中"涂廪""浚井"两章，原文79字，兹以各本缀合，得163字。姑谓之"新编"云。

《新刊古列女传》以外各本为：

1. 司马迁《史记·五帝本纪》。

2. 洪兴祖《楚辞补注》。

3. 梁武帝《通史》。

4. 曾慥《类说》。

5. 梁元帝《金楼子》。

6. 沈约《宋书》。

《列女传·有虞二妃传》新编全文：

1. 有虞二妃者，帝尧之二女也。长娥皇，次女英。舜父顽母嚚。父号瞽叟，弟曰象，敖游于嫚，舜能谐柔之，承事瞽叟以孝。母憎舜而爱象，舜犹内治，靡有奸意。四岳荐之于尧，尧乃妻以二女以观厥内。二女承事舜于畎亩之中，不以天子之女故而骄盈怠嫚，犹谦谦恭俭，思尽妇道。

2. 瞽叟与象谋杀舜，使涂廪。舜归告尧二女曰："父母使我涂廪，我其往哉？"二女曰："往哉！时唯其戕汝，时唯其焚汝，鹊如汝裳，衣鸟工往。"舜既治廪，乃捐阶，瞽叟从下纵火焚廪，舜乃以两笠自扞而下，往飞出去。

3. 反，舜入朝，象复与父母谋，使舜浚井。舜乃告二女，曰："我其往哉？"二女曰："往哉！时亦唯其戒汝，时其掩汝，汝去裳，衣龙工往。"舜往浚井，为匿空旁出。入深，瞽叟与象共下土实井，格其入出，从而掩之，石殒于上，舜从他井潜出去。

4. 时既不能杀舜，瞽叟又速舜饮酒，醉将杀之。舜告二女，二女乃与舜药浴汪，遂往，舜终日饮酒不醉。

5. 舜之女弟繫怜之，与二嫂谐。父母欲杀舜，舜犹不怨。怒之不已，舜往于田号泣，日呼旻天，呼父母。惟害若兹，思慕不已。不怨其弟，笃厚不怠。

6. 既纳于百揆，宾于四门，选于林木，入于大麓，尧试之百方，每事常谋于二女。舜既嗣位，升为天子，娥皇为后，女英为妃。封象于有庳，事瞽叟犹若焉。天下称二妃聪明贞仁。舜陟方，死于苍梧，号曰重华。二妃死于江、湘之间，俗谓之湘君。

7. 君子曰：二妃德纯而行笃。《诗》云："不显惟德，百辟其刑之。"此之谓也。

8. 颂曰：元始二妃，帝尧之女，嫔列有虞，承舜于下。以尊事卑，终能劳苦，瞽叟和宁，卒享福祐。

第2章"涂廪"：

"舜归告尧二女曰"，"尧"字据梁武帝《通史》补。

"我其往哉"，"哉"字据曾慥《类说》补。

"时唯其戒汝，时唯其焚汝，鹊如汝裳，衣鸟工往"四句，据洪兴祖《楚辞补注》补。

"从下纵火"四字，据《史记·五帝本纪》补。

"乃以两笠自扞而下"一句，据《史记·五帝本纪》补。

"往飞出去"，"去"字据沈约《宋书》补。

第3章"浚井"：

"反"字，据曾慥《类说》补。

"舜入朝"三字，据梁元帝《金楼子》补。

"曰：'我其往哉？'"据曾慥《类说》补。

"二女曰"，据洪兴祖《楚辞补注》补。

"往哉"二字，据梁元帝《金楼子》补。

"'时亦唯其戕汝，时其掩汝，汝去裳，衣龙工往。'舜往浚井"一节，据洪兴祖《楚辞补注》补。

"为匿空旁出。入深"，据《史记·五帝本纪》补。

"瞽叟与象"四字，据梁武帝《通史》补。

"共"字，据《史记·五帝本纪》补。

"下土实井"四字，据梁武帝《通史》补。

"格其入出，从而掩之"，据洪兴祖《楚辞补注》及王照圆补注补。

"石殒于上"四字，据梁元帝《金楼子》补。

"舜从他井潜出去"，"舜"及"潜出"三字，据洪兴祖《楚辞补注》补。"从他井"及"去"四字，据梁武帝《通史》补。

第六章　顾颉刚论《虞初小说》二女故事的文献分析*

一　《虞初小说》研究与顾颉刚疑古辨伪学的关系

《虞初小说回目考释》（以下简称《考释》）在文章之道方面，是非常精巧的一个案例。它仅仅根据原作者拟出的标题，便逆推原作者想要写出的内容，然后加以批驳。原作者的标题只有二十四回，而《考释》却将其一分为二，写出了 48 节，以总数 6 万字（第三稿）的篇幅回应原作者，其分量之重实有不可当之势。

顾颉刚疑古辨伪研究的展开，前后侧重不同。笔者曾经说过：

> 最初是提出"层累地造成的中国古史说"，和提出古史原于神话的观点。中期发展为"五德终始说下的政治和历史说"，其含义接近康有为的"托古改制说"和"新学伪经说"。后期支持童书业的"古史分化演变说"和杨宽的"神话演变说"，又回归到古史原于神话的观点上来。①

＊　本章原刊于陈勇、谢维扬编：《中国传统学术的近代转型：中国传统学术的近代转型国际学术研讨会论文集》，上海人民出版社 2011 年出版，题为《顾颉刚论〈虞初小说〉二女事之文献分析——兼论现代民俗学之营建》。

① 见张京华：《"层累造成"还是"层累阐释"——孟姜女故事与顾颉刚的民俗学研究》，《淮阴师范学院学报（哲学社会科学版）》2008 年第 3 期。中华人民共和国成立后，顾颉刚曾大力研究鸟夷、图腾问题，表面看似与史观派近似，实际上顾氏以神性理解图腾，仍将古史归于神话传说。

顾颉刚对宋育仁《虞初小说》的研究，反映了他疑古初期"分化层累"的研究方法和治学倾向。

顾颉刚疑古思想的提出，首先是由"尧舜禹的地位的问题"引起的。

《古史辨》第一册《自序》说道："我便把这三部书中的古史观念比较看着，忽然发见了一个大疑窦——尧舜禹的地位问题！"

在著名的《与钱玄同先生论古史书》中，顾颉刚说"层累地造成的中国古史"有三个意思，其中第一可以说明"时代愈后，传说的古史期愈长"，第二可以说明"时代愈后，传说中的中心人物愈放愈大"，都举尧舜立说。顾颉刚逝世后，顾门弟子径称其说为"顾律"①。

顾颉刚早年读书笔记《遂初室笔记》中，曾说："欲破《尧典》《皋陶谟》《禹贡》三篇，当先研究下列许多小题目。"其一为"帝舜的故事"。②

顾颉刚《考释》三稿总论主题是："宋氏所以标出这个回目，原是为了这部《虞初小说》是以《尚书》中的《虞夏书》做中心资料的。现在经过我们一考，人们可以清楚地认识《尧典》《皋陶谟》和《伪大禹谟》等篇都只不过是小说家腕下所搬弄的故事而已。"③

顾颉刚的疑古辨伪，是将人物、历史、经典进行三点一线式的摧毁。在夏代，人物是大禹，经典是《大禹谟》《皋陶谟》《禹贡》。

---

① 见胡道静：《〈古史辨〉对一个顽固青年的冲击》，《书林》杂志编辑部编：《治学集》，上海人民出版社1983年版，第108页。

② 《遂初室笔记》（一），记于1929年5月—1930年3月间，见《顾颉刚读书笔记》第三卷，第1189页。按：［日］白鸟库吉：《支那古传说の研究》，《东洋时报》131号，1909年版，后收入《白鸟库吉全集》，岩波书店昭和四十五年（1970）版，第八卷，第381—391。此文有黄约瑟翻译的中文本题为《中国古传说之研究》，收入刘俊文主编：《日本学者研究中国史论著选译》第一卷，第1—8页。文章内容归纳有四，其中之一云："一、《尚书》中《尧典》《舜典》《大禹谟》等篇皆非当时所记。"

③ 接近文末的47节末尾。《顾颉刚古史论文集》第二册，第84页。

在唐虞，人物是尧、舜，经典是《尧典》(包括《舜典》)。[①]

顾颉刚曾说《封神榜》人名是真的，史事是假的。在唐虞历史上，则连人名也是假的。[②]但顾颉刚尚承认地名是真的。如说："孟子所讲的尧、舜的事情，大多数把神话和传说化为史实，造成了古史上的纠纷，惟独说到舜的生卒地点却透露了历史的真实。"(第三稿第71页)

如果说1923年《与钱玄同先生论古史书》中的三个意思确是提出"假设"，那么1929—1937年燕京大学的八年研究则可谓重在"求证"。这期间，顾颉刚发表了《三皇考》(与杨向奎合写)和《夏史三论》(与童书业合写)，但在尧舜方面，则只写出了论述角度并不一样的《〈尧典〉著作时代考》的初稿。[③]

那么比较而言，顾颉刚论《虞初小说》一事大约可以代表他关于虞舜问题较为集中的意见。

顾颉刚在《古史辨》第一册《自序》中曾说："我很想俟孟姜女故事考明之后，再着手考舜的故事。这一件故事是战国时的最大的故事(战国以前以禹的故事为最大，可惜材料很少，无从详考)，许多古史上的故事都以它为中心而联结起来了。后世儒者把其中的神话部分删去，把人事部分保存，就成了极盛的唐虞之治。这件故事又是古代最有趣味的故事。"[④]

紧接下文便说到宋育仁的《虞初小说》。

《考释》的引论部分，引用了郑樵《通志·乐略》论《琴操》

---

① 1927年4月，顾颉刚在厦门做题为《研究国学的方法》的讲演，自记其主题说："注意打倒(1)帝系，(2)道统，(3)圣经。"又说："予之破坏工作，在半年内得一统系，甚快。"见《顾颉刚日记》第二卷，第34页。

② 顾颉刚《顾颉刚读书笔记》第四卷，"不能以一部分之真证全部皆真"条："《封神榜》背谬史实之处占百分之九十九，然其中商王纣、微子、比干、周文、武等人物与其结果亦皆与史相合。"

③ 1985年作为顾氏遗著发表，王煦华后记引顾氏曰："脱稿之后，自觉此问题甚大，甚愿再加考虑，故未敢在报纸中发表。"见《文史》第二十四辑，第70页。

④ 顾颉刚：《古史辨》第一册《自序》，上海古籍出版社1982年版，第70—71页。

文："虞舜之父，杞梁之妻，于经传所言者不过数十言耳，彼则演成万千言。"这一引用也见于《孟姜女故事的转变》一文。[5]

《考释》又说："我自去年在《歌谣周刊》上出了《孟姜女专号》后，到今把'杞梁之妻'的故事已经知道了些约略了，虞舜和他的家门他的朝廷的故事，我何尝不想也考上一考。"（《语丝》第一稿第88页。第二稿、第三稿略同）

由此可知虞舜问题在顾氏疑古学说中的核心地位。

二　《虞初小说》研究与顾颉刚民俗学的关系

如前所说，顾颉刚摧毁古史、经典的另一面，是取代以神话传说。神话、传说、故事诸概念，在顾氏并无严格的界定，它可以和新兴学科神话学，甚至原始宗教学相关联，而更与民俗学、俗文学相衔接。

顾颉刚了解西方民俗学中"故事母题"（motif）概念，并说如秋胡故事、蝴蝶梦（梁山伯与祝英台）故事等的分析"颇易为也"。[6]这一概念与顾颉刚的看戏经验可谓一拍而合。但可能出于种种原因，他没有分析"大禹治水"一类故事。从远古到夏代，被顾颉刚拿来作为故事演变分析的例子，只有虞舜两个（商周有《纣恶七十事的发生次第》和《宋王偃的绍述先德》两个较小型故事）。所以，此例同时也可以说明顾颉刚古史研究与民俗学研究的关系。

在顾颉刚早年读书笔记《景西杂记》中，有"舜故事与戏剧规格"一条，记于1921年9—10月，说道："舜在孔子时，只是一个

---

⑤　顾颉刚：《孟姜女故事研究集》，上海古籍出版社1984年版，第20页。

⑥　顾颉刚《景西杂记》（五）"故事主题"条："伯祥日记记适之先生昨日谈话云：'故事相传，只有几个motif作柱，流传久远，即微变其辞。若集拢来比较研究之，颇可看出纵的变痕与横的变痕……所以motif不变，而演化出来，可以多方……'予拟搜集此纵横变易之材料。如秋胡戏妻，可自《列女传》起，至各代乐府，元曲、昆、京、秦各剧，比较观之。此等著名之故事不甚多，此事颇易为也。"见《顾颉刚读书笔记》第一卷，第383—384页。

无为而治的君王，《论语》上，问孝的很多，孔子从没有提起过舜。到孟子时便成了一个孝子了，说他五十而慕，说瞽瞍焚廪、捐阶，说他不告而娶，更商量瞽瞍犯了罪他要怎么办，真成了惟一的子道模范人物了。想其缘故，或战国时《尧典》已流行了，大家因'父顽、母嚚（当作嚚）、象傲、克谐以孝'一语，化出这许多话来。更可（疑缺字——引者注）孔子时《尧典》还没有，所以孔子口里没有说到类似《尧典》的话。"[①]

这一段排比《论语》《尧典》《孟子》的话，和《与钱玄同先生论古史书》所说"如舜，在孔子时只是一个'无为而治'的圣君，到《尧典》就成了一个'齐家而后国治'的圣人，到孟子时就成了一个孝子的模范了"[②]，大体相同，可谓后者的母本。

而《景西杂记》中紧接一段便说："据书上，舜之死于苍梧，年已百岁，其二妃年岁，度亦相若。彼此期颐，必已无情可说，何以又有泪竹成斑之哀艳事乎！盖古人之事，虽无所知，而谈说之士，必欲装饰之为戏剧中人物。故舜之在野，则小生也；瞽瞍，净也；瞽瞍之妻，彩旦也；象，丑也。舜既登庸，则老生也；二妃，正旦也。战国人之设想，何以与后世戏剧格局相似之甚乎！"

尧、舜、禹问题，一般认为属于古史研究，顾颉刚对此问题的切入，是由看戏的经验而加以套用。当然，这一方面顾氏最著名的研究是孟姜女故事。顾颉刚作有《孟姜女故事的转变》《孟姜女故事研究》两文，前者发表后有"中国民俗学上的第一把交椅，给你抢去坐稳了"[③]的评价，后者实际上是《古史辨》第一册《自序》的一部分。两文明显体现出顾氏毁灭古史与兴起民俗学两种取向的关联。[④]

---

① 顾颉刚：《景西杂记》（三），《顾颉刚读书笔记》第一卷，第 328 页。
② 顾颉刚：《古史辨》第一册，第 60 页。
③ 刘复（刘半农）语，见刘复：《〈吴歌甲集〉序五》，《吴歌甲集》，第 2 页。
④ 彭明辉是将顾颉刚的孟姜女研究与"层累造成说"一起讨论的。见彭明辉：《疑古思想与现代中国史学的发展》，（台北）商务印书馆 1991 年版，第二节《孟姜女研究与"层累造成说"》。

所以，笔者又曾说过：

> 顾颉刚关于孟姜女故事的研究，介于民俗学与历史学之间。他以民俗学的模式代替历史学的研究，又以历史学家的立场营建民俗学科。由孟姜女故事等引出的"古史层累造成说"，与其将其视为史学研究的规律，不如将其视为民俗学的规律，与其称之为"层累造成"，不如称之为"层累阐释"，方始更具合理性。[①]

换言之，故事的演变自然是客观事实，但其演变亦有其扩展的范围。经、史、子、集，性质各有不同[②]，故事的演变不一定要比对历史的编纂，更不一定要否定历史学。

早在 20 年代，李守常已提出"历史解喻"之说，40 年代姜蕴刚又提出"历史艺术论"，至今文化市场上有大量"话说历史"作品，推其情理虽与历史记载不一致，要皆不与历史记载"势不两立"。[③]

---

① 见张京华：《"层累造成"还是"层累阐释"——孟姜女故事与顾颉刚的民俗学研究》，《淮阴师范学院学报（哲学社会科学版）》2008 年第 3 期。

② 早在 1928 年，署名绍来的文章已经指出："因为文学不是历史，所以文学上的记载不能做历史上的证据。文学上的记载不妨矛盾的冲突，因为它原是根据各种传闻、神话、古事。然而历史的记载却不能如此。"见绍来：《整理古史应注意之条件——质顾颉刚的〈古史辨〉》，原刊天津《益世报·学术周刊》，1928 年 12 月 3 日，收入《古史辨》第二册，第 418 页。

③ 李守常说："有实在的事实，有历史的事实：实在的事实，虽是一趟过去，不可复返的。但是吾人对于那个事实的解喻，是生动无已的，随时变迁的，这样子成了历史的事实。所谓的事实，便是解喻中的事实。解喻是活的，是含有进步性的；所以历史的事实，亦是活的，含有进步性。只有充分的纪录，不算历史的真实；必有充分的解喻，才算历史的真实。历史的真实，亦只是暂时的，要时时定的，要时时变的；不是一成不变的。"见李守常：《史学要论》，（上海）商务印书馆 1924 年版。类似的陈述又见李大钊 1923 年所著《史观》一文，文字大致相同。姜蕴刚说："一般人还是以为历史还是历史，小说还是小说"，"我是主张'历史艺术论'的，设若要以小说的手法去写历史的事实，这正是'历史艺术论'的流派。平心而论，要是真能使历史小说化，这正是历史叙述的成功，而不是历史本身的失败"。见姜蕴刚：《历史艺术论》，（重庆）商务印书馆 1944 年版，"历史与小说"一节，第 61、60 页。

顾颉刚的虞舜故事研究，与其著名的孟姜女故事研究有一共同的起点，但二者的结局不同。二者同样是描述演变，孟姜女作为大众喜爱的民间形象是正面的，换言之，故事及其演变是被肯定的[①]；而虞舜故事则作为文人加工的作品被认定为虚假的伪造，换言之，故事及其演变被否定了。所谓"层累造成的中国古史说"，实质是以故事的层累求证历史的层累，又是以肯定民间故事传说，来否定古代史书、史家、史学[②]。此一差异也可做一总体观察，即顾颉刚的古史研究是一种否定性的研究，他作为著名的历史学家也是以否定自己所研究的对象而成为专家[③]，但与此同时展开的神话、传说、故事研究，不久都成了迅速发展的现代新兴学科或新兴学术领域了。

这种或肯定或否定的处理，与时代政治的价值判断相关，迄今已历80余年，应当予以反思。

---

① 当然也有例外，如中华人民共和国成立之初，路工认为《左传》所载"杞梁"事迹与孟姜女故事并非一事，将杞梁妻的节妇形象"涂抹"到孟姜女身上是后代文人所为。见路工：《孟姜女故事的人民性及其它》，《孟姜女万里寻夫集》，上海出版公司1955年版。苏联汉学家李福清也认为，"孟姜女传说起源于古籍资料，这一结论是不能令人同意的"。见马昌仪：《苏联李福清孟姜女传说研究专著概述》，《孟姜女故事论文集》，第187页。李福清《万里长城的传说与中国民间文学的体裁问题》出版于1961年。至70年代更有"孟姜女是一株尊儒反法的大毒草""一千多年来孟姜女故事愈变愈反动"的异说。见《"孟姜女"是一株尊儒反法的大毒草》，广西人民出版社1975年版。

② 彭明辉指出："顾颉刚认为传说故事的演变，因时因地因人而不同，其痕迹乃'自然的'形成……然他在处理古史问题时，却把这些层层累积的过程，说成是人为因素的刻意'伪造'。"见彭明辉：《疑古思想与现代中国史学的发展》，第二节《孟姜女研究与"层累造成说"》，第161页。

③ 关于疑古派是破坏还是建设，有许多缴绕的争论。中华人民共和国成立之初顾颉刚在上海做自由职业，写"市隐"笔记，有"批判接受"一条，谓：《古史辨》的工作确是偏于破坏的，所要破坏的东西就是历代皇帝、官僚、地主为了巩固他们的反动政权而伪造或曲解的周代经典。这个反动政权是倒了，但他们在学术和历史上的偶像还没倒……所以《古史辨》的工作还该完成。"顾颉刚：《虹江市隐笔记》(三)，"整理古籍目的在批判接受"条，见《顾颉刚读书笔记》第四卷，第2610页。又《顾颉刚学术文化随笔》，第249—250页。诸语感觉很像是后来继续革命理论的一种宣言。

三　宋氏《虞初小说》与顾氏《考释》之缘起

《考释》一文至少写有三稿（另有读书笔记一条可视为最初文稿），第一稿写于 20 年代初，第三稿写于 70 年代，前后时间跨度最大，作者亦曾易手。

虞初，人姓名。《汉书·艺文志》诸子略小说家："虞初《周说》，九百四十三篇。河南人，武帝时以方士侍郎号黄车使者。"张衡《西京赋》："小说九百，本自虞初。"按：《汉志》所载小说亦不始于《虞初》，前有《伊尹说》二十七篇、《鬻子说》十九篇、《周考》七十六篇、《青史子》五十七篇，《虞初》殆其最后者。张衡言"本自虞初"，盖以能集九百篇之多者，莫此为著，遂成渊薮。《文选注》："言九百，举大数也。"顾实《讲疏》："本志篇帙，莫此为众。"后以为"小说"之代称。

《虞初小说》，清末宋育仁撰，原载江阴江南南菁学堂半月刊《讲学类钞》第一、二册，光绪三十一年（1905）出版。[①]《虞初小说》其《序例》引《汉志》称"演说帝舜故事，即取《虞初小说》为名"，则就其题目而言，语义重复，犹言"小说小说"，又未有副题说明限于虞舜故事，可见其匆草。

宋育仁（1857—1931），字芸子，四川富顺人。光绪进士，授翰林院庶吉士。1894 年以二品顶戴参赞衔出使英、法、意、比四国，任公使参赞。回国后，倡导维新运动，参加"强学会"。1897 年在重庆创办《渝报》，1898 年在成都创办《蜀学报》。被誉为四川历史上"睁眼看世界"第一人，又有"谈新政最早""新学巨子"诸称。其后转向保守，主张君主立宪，曾博稽各国宪法，著《宪法比例征》一卷，盛道三代善法，主张"复古即维新"之说。有经学及时政论著多种。宋氏曾任成都尊经书院山长，约 1907—1910 年任江南南菁学堂监督兼总教习，"始为分科教授之法"。大约宋氏任学监之前，

---

① 扉页题《正本学社讲学类钞》，又称"每月一期，全年十册"。据顾颉刚描述，不见其书，其详待考。

先已主办《讲学类钞》。李定夷《民国趣史·宋育仁轶事》又称宋氏在南菁学堂"乃以高足兼教授，而自寓沪上"。

《虞初小说》为未完之作，据顾颉刚介绍，《讲学类钞》刊出的只有《小说学研究序例》、全书二十四回的目录和第一回的上半篇。顾颉刚说："五册中第一、二册有小说学一项，刊《虞初小说》，以舜事演为章回。三册至五册皆无之。大约即使尚有六册以下，这一种总也不续作了。"[①]数语仅见于《顾颉刚日记》，《考释》正文删之，语气带有讥讽是很明显的。

有意思的是，笔者查询顾氏《考释》一文的最初刊载情况，于1925年6月15日《语丝》第三十一期仅见《考释》的开头部分，包括引言、宋氏回目及第一回的上半篇考释，亦无"之一""待续"之类字样。笔者委托图书馆特藏部的朋友代为查找，也是连翻了十余册，终以回告"大约总不得见"之意。

《虞初小说回目考释》，前后共有三个版本。《语丝》第三十一期是原刊（以下简称第一稿）。第二稿刊于1931年8月燕京大学《史学年报》第三期（以下简称第二稿）。第三稿刊中华书局1988年版王煦华编《顾颉刚古史论文集》第二册（以下简称第三稿）。

第三稿文后有编者说明："原载一九二五年六月十五日《语丝》第三十一期，修订后载于一九三一年八月《史学年报》第三期，七十年代又作了大量的修订。"和《考释》的复杂过程相比，这段说明很不详细。第一稿的"原载"没有说明仅是文章的第一部分，按第二、第三稿篇幅衡量，不足全文的十分之一。第二稿是重写和续写，而非"修订"。第三稿实系遗著。另外论文的署名，第二稿单独署名韩叔信，第三稿重新署名顾颉刚，因为著作权观念特为近人重视，所以是三稿中的最大变化。又第三稿长达87页，修订非短期可以完成，而不见于顾颉刚70年代间所写日记。韩叔信于1965年病逝，生前是否了解将有第三稿的变化，亦不可知。

---

① 《顾颉刚日记》第二卷，第766页。

《语丝》为周刊，《考释》刊出时，副题"古史杂论之四"，其他三篇为《纣恶七十事的发生次第》《宋王偃的绍述先德》《〈盘庚〉中篇的今译》，先已刊于《语丝》第二至三、六、十一期。因为《古史辨》是汇编性质的，所以四文均在1926年6月11日出版的《古史辨》第一册所刊《第二册拟目》中做了预告，其他三文也均见于《古史辨》第二册，唯独《考释》未见刊载。

《语丝》创刊时孙伏园任主编，一个月后由周作人接任，周作人、鲁迅兄弟实际主持其事。顾颉刚、鲁迅交恶是1926年8月到厦门大学以后事，实际上《语丝》之得名尚由顾颉刚提出[①]，1925年8月顾颉刚还在《语丝》第四十期上刊登了《〈金縢篇〉今译》，所以《考释》没有登完的原因，应当是顾颉刚自己未及写出。

顾颉刚《考释》第一稿开头，原有"九年前，我的朋友叶琯生（即叶正甲，苏州人，律师）先生送给我《讲学类钞》五册"一段，韩叔信第二稿删此段，代以自己的《附识》。

《考释》第二稿引言部分，保留了顾颉刚原文，包括第一人称"我"的句型均未改动。引言文末韩叔信有一句夹注说："这一段话完全是顾先生初稿的原文。"今经核对确实如此。

但韩叔信《附识》又交代："这篇文章，本来是顾颉刚先生数年前的旧稿……这篇文章的前一部分，我差不多完全抄录了顾先生初稿的原文……从第十九回的'西母献图四夷齐向化'以后，则完全是我续作的了。"按如果第十九回以前顾颉刚已有初稿，意味着全文已近完成（约占十分之四），而顾氏却没有续完或拿出连载，是一疑问。

现就可资比对的第一回目上半篇《沩汭流虹，握登符圣瑞》来看，《考释》首引《太平御览》卷八十一所引《帝王世纪》"瞽瞍妻

---

① 见顾颉刚1924年11月2日日记："今日开会……命名久不决，予看平伯诗中有'语丝'二字，颇写意，不落褒贬，提出之，通过。"《顾颉刚日记》第一卷，第548页。按：俞平伯诗当作张维祺诗，见龚明德：《语丝二题》，上海市虹口区图书馆《绿土》2001年3月第53期。

曰握登，见大虹，意感而生舜于姚墟，故姓姚"，似可解宋氏原题，但却说："他这话不知是从什么地方来的。"顾氏的辨伪方法是以原典的排序说明演变的迹象，如果不能排序，就不能说明演变。这一节顾颉刚找出了《帝王世纪》"见大虹"一条出处，却只是孤证。下面考释"汭汭"，讲地理、地名问题，作用就比较小了。恰是韩叔信的第二稿找到了《河图纬·稽命征》"握登见大虹，意感生舜于姚墟"一条材料，次序排在《帝王世纪》之前，可以说明演变的迹象亦即造伪的痕迹，在辨伪上是可以成立了。韩叔信在此节上实际上起到了一个关键的作用。顾颉刚的第三稿正是在韩叔信的基础上，增加了一大段关于纬书的论述。

此外，和《稽命征》一条材料相对应，韩叔信增加了"感生说"一种解释。说道："这件故事的意义，与简狄吞燕卵、姜嫄履大人迹之说相同，都是'感生说'下的产物，不过在时间上有发生的先后罢了。姜嫄和简狄生子的传说发生在战国以前，是一种零碎而无系统的感生说；而握登意感而生舜的传说，却产生在纬书出现的汉代，是在一个系统之下——太微五帝——而有完美组织的一种感生说了。"

所以，"完全抄录了顾先生初稿的原文"及第十九回以前顾颉刚已有初稿之说，应当存疑。

四　关于《考释》第二稿作者韩叔信

韩叔信，山东人，燕京大学历史学系本科学生，1931 年毕业。毕业后，曾参加"技术观摩社"活动。抗战间任重庆南开中学的副主任兼教导主任、自贡蜀光中学的校务主任及校长，并曾至美国哥伦比亚大学考察进修。

韩叔信与顾颉刚往还甚多，截至 1946 年，《顾颉刚日记》中有七八十次关于韩叔信的记载，多数为"同席""同游""同观戏""来家""留饭"和致信等内容。日记 1929 年 10 月 7 日："我的学生……本科生：韩叔信。"1930 年 1 月 25 日："燕大中上我课的学生……韩叔信。"1930 年 9 月 16 日："今年的学生，继续选修的……韩叔信（史系四年）。"1931 年 8 月 17 日："齐思和、韩叔信来道别。"[①]

毕业后，1934 年 1 月，顾颉刚在北平创办技术观摩社，有韩叔信参加。《顾颉刚日记》1934 年 2 月 11 日："叔信来，同到煨莲家开会，讨论技术社务。"[②]

毕业后的韩叔信曾对顾颉刚的治学有很好的评价。《顾颉刚日记》1932 年 7 月 10 日："煨莲述张文理、江启泰诸君读我所作文字，均甚感动，谓态度肫挚，言无不尽。叔信云：'见顾先生，不必听其说话，只须看他面孔，已使人不忍不做研究工作。'"[③]

但韩叔信是主修世界古代史的，直接的老师是留美多年的洪业（洪煨莲）。在《考释》的第二稿《附识》中，韩叔信说："去岁从顾先生研究《史记·五帝本纪》，为了练习研究古史传说的方法，顾先生便把他未作完的旧稿交给我，嘱我加以改作。"

就此推测，韩叔信当时撰写第二稿，可能便有"不忍不做"的一重因素。

在此问题上，吴立模的案例可资对比。

顾颉刚的《孟姜女故事的转变》，正式刊出在 1924 年 11 月 23 日北京大学《歌谣周刊》第 69 号（第 73 期续完）上。《孟姜女故事研究》正式刊出在 1927 年 1 月《现代评论》第二周年纪念增刊上。此前，吴立模的同题论文《孟姜女故事的转变》已在文学研究会会刊《星海》上刊出。《星海》于 1924 年 8 月由上海商务印书馆出版（扉页题"《星海》上"），故吴文的正式刊出尚较顾氏为早。

吴文后，顾颉刚有一短跋，说道："我久欲做一部《故事转变录》，只是得不到时间，不知何时才可动笔。近与吴秋白先生同寓，

---

① 《顾颉刚日记》第二卷，第 330、370、430—440、554 页。

② 《顾颉刚日记》第三卷，第 159 页。同页日记又有"由他人代写论文，决做不好，自今日起，仍自作"数语。

③ 《顾颉刚日记》第二卷，第 660 页。

把这层意思告诉了他，他很欣然，就把孟姜女的故事作成了这一篇。"[①]

吴立模，又称吴秋白、重九弟、表弟、鄂姑母长子。顾颉刚在上海期间，二人往从甚多。《顾颉刚日记》1923年10月30日："为秋白集孟姜女故事史料。"[②] 所记当即此事。

吴立模还曾帮助顾颉刚抄写过文稿。同年10月20日日记又载："校秋白抄《后稷的实在怎样？》一文。"[③] 所抄为《讨论古史答刘胡二先生》的第五部分。

在此，吴立模确似建立了一种模式。从著作权的角度看，拥有著作权固然可以决定其署名权；而从署名的角度看，版权之署名却证明着其著作权的归属。所举论文不能看作是代写，却又不是合写，其著作权难以归于一人所有：归于顾，则吴、韩为伪；归于吴、韩，则顾氏为伪。虽然论文命题出于顾颉刚的授意，但文稿完成是否如其预想，抑或超过所期而不得不加以追认，都要看具体情况而定。总之，在以现代著作权观念衡量古人而深究其多非本人手著的同时，顾颉刚自己的著述其实是最难用著作权加以说明的。

五　宋氏《序例》与顾氏《考释》的不同取向

在《考释》第一稿发表前后，顾颉刚还有两处论述，一在读书笔记中，一在《古史辨》第一册《自序》中。三者的写作或发表时间排序如下：

1.《泣吁循轨室笔记》中"宋育仁与《虞初小说》"条：记于1924年2月20日—4月17日之间。[④]

---

① 顾颉刚：《孟姜女故事研究集》，第88页。说明又见顾颉刚：《孟姜女故事研究的第二次开头》，第94页。

② 《顾颉刚日记》第一卷，第411页。

③ 同上书，第407页。

④ 《顾颉刚读书笔记》第二卷，《泣吁循轨室笔记》（一），第766—770页。第一册始记于1924年2月20日。第二册始记于4月18日。1924年2月20日又载："今日起，署笔记曰《泣吁循轨室笔记》"，望"生活能循轨道"。见《顾颉刚日记》第一卷，第457页。

2.《考释》第一稿:《语丝》发表时间为 1925 年 6 月 15 日。

3.《古史辨》第一册《自序》: 1926 年 1 月 12 日始草, 4 月 20 日草毕。

这三处论述, 都或多或少引用了宋育仁《序例》的原文。读书笔记和《语丝》第一稿都介绍了《讲学类钞》和抄录了二十四回的回目, 并有简评, 可以看出《语丝》第一稿基本上由读书笔记移录而成, 其中引用《序例》原文的一句按语都完全相同, 但删去了"这一种总也不续作了"等具有讥讽意味的话。还有《语丝》第一稿增写了第一回上半回目的考释。

《古史辨》第一册《自序》中"这一件故事是战国时的最大的故事"一句, 与《语丝》第一稿语意相同（后者作"舜的故事, 是古代最大的一件故事"）, 同时加了说明: "本书第二册中的《虞初小说回目考释》一篇, 就是想把它作一回鸟瞰的。"[1]

值得注意的是, 读书笔记中有一段自述"观念"的话, 是正式发表的《考释》和《自序》中没有的（《读书笔记》的发表已在顾氏逝世之后）。读书笔记说道: "我们今日所以能够彻底的辨论（原文如此, 下同——引者注）古史, 完全是没有崇拜圣人观念之故。这崇拜圣人的观念须到今日伦理观念改变时才可打消, 故彻底的辨论古史的事业到今日才可作。我们的智力并不是比古人特别好, 实在是我们处的时势比古人特别好。"

所说"观念"实指民初的时代思潮, 具体说是西化运动。这段话虽不见于正式发表的文章, 却是顾氏经常陈述的。可见疑古辨伪始终都有时代政治背景关联, 研究一开始就持有全盘否定古史的预设。

读书笔记又说: "宋育仁能写出这个回目, 实在他已知道舜的故事是小说意味的故事了……我们既没有这崇拜圣人的观念, 所以就可明白承认它是小说而不是史实了。可见相差只在这一点观念的改

---

[1]　《古史辨》第一册《自序》, 第 70、71 页。

变，对于材料的地位与价值的见解原是一样的。"

观念的不同关系着研究的宗旨不同。虽然材料相同，但因观念、宗旨不同，研究的结论便也不同。顾氏此语可视为上面观念论的补充。

下面即开始呈现分歧。

宋氏《序例》关于虞舜有一段描述，说道："帝舜……其初遭遇（《考释》《自序》同，读书笔记引作'其初遇遭遇'）之厄，则不得于亲，至于捐阶掩井。其后遭遇之隆，则先得于君，至于登庸在位。妃匹之爱，则二妃皆帝女。风云之会，则五臣皆圣贤。成治水之大功，狩苍梧而仙去。"随之感叹说："实古今中外、环球五洲、空前绝后、绝无仅有，说部家所穷思极想而万难虚构者，乃于帝之实事得之。"[①]最后述其宗旨："依回段之体，用通俗之言，以平淡出神奇，化虚构为实事，演说帝舜故事，即取《虞初小说》为名。"

按宋氏《序例》本意，乃是极言虞舜事迹与故事情节的相似性，也明白采用小说的形式，而目的仍在陈述史实。所说"化虚构为实事"一句，实际上是"以虚构表达史实"之意。

顾颉刚与宋育仁的分歧，是认为虞舜事迹原本就是故事情节，并且宋氏所写也只能是小说故事。在"万难虚构者"句后，顾颉刚说："刚按：那（哪）知即出于说部家之穷思极想之虚构。"（《读书笔记》）又说："'古今中外、环球五洲、空前绝后、绝无仅有'的故事，原由于'说部家所穷思极想'的'虚构'。"（《自序》）又说："他说这是舜的'实事'，万不是说部家所能'虚构'，这句话我们不赞成。"（《考释》第三稿）主宾关系倒转，因果关系也跟着倒转。

可见顾、宋二人的根本分歧，是以历史为小说和以小说写历史问题。

彭明辉曾将顾颉刚的传说故事研究与胡适的白话小说研究加以

---

① 明郝敬亦有此感，如说："君臣之间笃信如此，千古遭逢，无如尧舜。千古不复有舜，尤不复有尧矣。"见《尚书辨解》，《续修四库全书》本。

比较，指出："胡适用历史演进的方法研究白话小说，从而揭示'科学方法'；以吾人今日眼光观之，即用史学方法研究通俗小说；顾颉刚正好相反，他是以故事的眼光，来从事古史研究；二者貌虽似而质异，其间存在方法与目的之歧异。""简言之，胡适是以史学为方法，白话小说为目的；顾颉刚则是以研究故事的方法，从事古史研究之目的。"[①]

彭明辉又说："顾颉刚与胡适的观点亦非全同，其间的差异主要在于顾颉刚把古史与高文典册看得跟戏曲一样，胡适则把白话小说看得与典籍同位，二者之间固非戏曲与小说之同异，而系位格问题。胡适是把白话小说的位格往上拉到与经史等高；顾颉刚则把经史的位格往下降到与戏曲相似。"[②]

这一总结也适用于顾颉刚和宋育仁。

非常有意思的是，顾颉刚后来一直都有以小说写历史的计划。正如他自己所说的："我自己知道，我的研究文学的兴味远不及我的研究历史的兴味来得浓厚；我也不能在文学上有所主张，使得歌谣在文学的领土里占得它应有的地位；我只想把歌谣作我的历史的研究的辅助。"[③] 顾颉刚在俗文学方面的成绩，实际上是他疑古辨伪的意外副产品。而他以小说写历史的心愿，又恰似步宋育仁之后尘了。

抗战期间，重庆《文史杂志》连载顾颉刚的《中国古代史》，第一篇《商王国的始末》刊出时，《编辑后记》说道："《商王国的始末》是顾颉刚先生用通俗体裁所写中国史的第一章。他虽曾在云南大学讲授过，但既未编完，流传也尚未广远。顾先生现在答应为本刊陆续编完，所以我们从头刊登，俾一般读者在公余课后读一读这部深入浅出趣味丰富的我国史。"[④] 明白介绍顾氏所作为一部通史，特

---

① 彭明辉：《疑古思想与现代中国史学的发展》，第二节《孟姜女研究与"层累造成说"》，第149页。

② 同上书，第154页。

③ 顾颉刚：《古史辨》第一册《自序》，第77页。

④ 《文史杂志》第1卷第2期，重庆1941年4月16日出版，第70页。

点是语言通俗。[①]

　　然而顾氏却在"前记"中说："许多年来，我常想系统的编出一部'中国古代史'，给一般人看……所以前年到了云南大学，就用通俗体裁编写上古史讲义。人家笑我写的是小说，我说：我正要写成一部小说，本不希罕登大雅之堂。"[②]

　　顾氏久有撰写中国通史的愿望，但他的写作手法却近乎小说，其"以虚构表达史实"的做法正与他所批评的宋育仁相同。

　　中华人民共和国成立前后，顾颉刚约人撰写历史小说，成果之一有陈稚常的《中国上古史演义》出版。在写于 1954 年的序文中，顾颉刚说："二十多年来，我发愿要编出一部中国通史演义。"[③]陈稚常即是顾颉刚有计划合作的若干位女性之一。仅从形式上看，该书与虞舜、二女相关的第二回的回目"耕牧溯羲农，千古文明开涿鹿；陶渔终禅让，九州贡赋会涂山"，与宋氏《虞初小说》，除了后者更为细腻，确实十分相似。

　　与此同时，顾颉刚在上海办大中国图书局，主编《中国历史故事小丛书》，是其编纂中国通史愿望的继续。在《编辑旨趣》中，顾颉刚说："中国的传纪文学已有了很久远的历史。左丘明的《左传》，司马迁的《史记》……至于唐代的变文，宋元的话本，明清的演义，以及各种剧本和词曲，莫不是在历史里抉出几件动人的故事……不过那些作者加入想象的成分太多了，往往歪曲了真相，使古人蒙受了不白之冤。"又表示，丛书"希望替民间流行的故事作一点合理的纠正……有时也不能不加上一二分想象，可是决不使古人蒙冤"。[④]

　　这段叙述完全没有史学与文学的界线，史学在靠拢文学，文学

---

　　① 《顾颉刚先生学术年表》也有说明："1939 年，在云南大学以语体文编《上古史讲义》，并将专题研究结果以注语形式附正文后。"见《中国现代学术经典：顾颉刚卷》附录，第 793 页。

　　② 《文史杂志》第 1 卷第 2 期，第 1 页。文章署款 1940 年 12 月 13 日。

　　③ 陈稚常：《中国上古史演义》，上海文化出版社 1955 年版，《序》，第 1 页。

　　④ 写于 1947 年 8 月 18 日。日记称为《总序》，见《顾颉刚日记》第六卷，第 104 页。

又在靠拢史学，但总的取向仍是以文学手法描述历史，所谓"历史故事"，大概可以理解为以故事表达历史。

丛书预计第一集出版 160 种，以后再编写第二集、第三集。至 1947 年 10 月，《顾颉刚日记》写道："《历史故事丛书》，已作七十余册，再作八十余册，第一集即全……此事亏得伯庸与德辉二人之努力，俾予得实现志愿之一部。"①

姑以常见的若干品种而论，如《墨子止楚攻宋》《吴起和孙膑》《田单复齐》《荆轲刺秦王》《关羽单刀赴会》《诸葛亮六出祁山》《姜维九伐中原》，编写者为纪庸；《赵武灵王胡服骑射》，编写者为顾德辉；《信陵君劫符救赵》，编写者为吴蕙兰。纪庸于 1933 年从北京师范大学国文系毕业，曾在南京中央大学、苏州国立社会教育学院任教，为顾颉刚的同事。顾德辉是顾颉刚之子，1922 年生，江苏教育学院毕业，编辑该书（1949 年 4 月初版）时 27 岁，中华人民共和国成立之初又曾编写出《爱国主义通俗历史故事丛书》中《文天祥抗元的故事》、《岳飞抗金的故事》(署名顾友光)、《黄巢起义》(署名顾友光）等品种（各书又题《历史故事小丛书》由四联出版社出版，署名顾德辉)，也仅 30 岁出头。② 吴蕙兰事迹不详。

《历史故事丛书》语言、结构的故事性、戏剧性十分明显，编者的观念与评说也往往可见，绝非只"加上一二分想象"，也难说"决不使古人蒙冤"。就编写的各方面情况而言，顾颉刚这一庞大计划可说基本上是失败的。"知难，行亦不易"（胡适语），洵非虚语。

六　加重描绘与增多评论：顾颉刚 70 年代第三稿的主要变化

顾氏研究古史皆以"层累"分析为基本方法，而后世学者对于顾氏此文的观察，其实亦恰可做一"层累"的分析。

---

① 《顾颉刚日记》第六卷，第 147 页。

② 顾德辉学历等情况，见《顾颉刚日记》载顾德辉《我的父亲——顾颉刚》一文及"和儿所知之我仅有这一点，可怜哉"等记述。见第四卷，第 686—689 页。这套丛书的编者中有一位黄宁，有学者颇疑是纪庸的笔名。

今按顾氏第三稿的修订重点，并非增加资料，推密论证，而是往往加重描绘，增多形容词、定语，增多猜测及评论语。尤其修订较大的最后部分，篇幅臃肿，体例不谐，时代政治色彩较之五四以后，依然浓厚。如前文所引，顾颉刚曾说"我们今日所以能够彻底的辨论古史……实在是我们处的时势比古人特别好"。从第三稿的修订情况来看，顾颉刚身感的"时势"优势，一直保持到 70 年代未变。

以下所举仅标出《考释》半回目序号。①

（一）

顾颉刚第三稿将韩叔信第二稿论感生说"无系统"一句，改为"一种原始社会图腾崇拜自然发生的感生说"；"有组织"一句，改为"在阴阳五行高度流行的汉代""在一个阴阳五行的系统之下""一种有意造作的感生说"。（第 7 页）

（十八）

考释《尚书·尧典》"烈风雷雨弗迷"，第二稿说："这颇近于仙人的试心和道士的斗法。"第三稿增多一句："大可作小说上的装点。"（第 27 页）

（二十二）

考释"窥神器，干戈萌异志"，第三稿增多一段评论："为了帝位的转移，激起各方面有力者的反对，以致发动刀兵，可见禅让这一制度推行的不易。然而鲧有兽角以为城，又有兽尾以为旌，毕竟露出了神话的面貌。"（第 31 页）

（二十三）

考释四凶人名，第二稿说："但那时的凶人何以这等巧，都又以

---

① 《考释》第二稿与第三稿若干处主语不明。如第三节说："记得幼年读《二十四孝》时，曾看见……"第二稿（第 12 页）、第三稿（第 12 页）同，主语不知为韩为顾？第二十六节考释伯夷，第二稿说："伯益两字，崔述在《唐虞考信录》卷三中曾论辩过……但我正怀疑舜官的有益，是因秦族的有柏翳之故呢。"（第 26 页）第三稿袭此语，亦谓"我很怀疑……"，又增多"崔氏的分析不足为定论，当于别篇论之"一句（第 39 页）。所说"我"亦不知为韩为顾？凡此之处不在论中。

四数为一组，如近世的有'戊戌六君子'，又有'洪宪六君子'呢？"（第 24 页）韩氏虽有问，而实自相矛盾。第三稿删"六君子"，而仍说道："我们禁不住又要问道：那时的凶人何以会得这样地巧合，都是以四数为一组的？"①

（二十四）

考释"辑五瑞，更定朝仪"，谓出《尧典》"辑五瑞，既月乃日，觐四岳群牧，班瑞于群后"（今本在《舜典》）。第二稿说："辑五瑞与班瑞即与现在的经过一番变革之后重新验契是一样的意思。"（第 25 页）其意似乎颇能理解。第三稿删此句，增多辨《尧典》之伪一段，说："这个回目全出《尧典》。这是西汉时代面临的一个封王侯以藩卫天子的一个大一统的局面，是《尧典》著作时代的一个关键问题。"（第 38 页）

（二十九）

第三稿增多一节："那时还是母系社会，妇女是氏族的主人……并不以无夫生子为羞，根本用不着抛弃。""弃儿的行为……表现了父权社会中对私生子的惨酷处理!《尧典》称稷为'弃'，正是它晚出的证据。"（第 43—44 页）

（三十四）

第三稿增多一句："大象的鼻子在兽类中为最长，而这名字叫作象的也封到鼻墟，或作有鼻，这不能不说是一件奇巧的事，是不是其中含有神话的成分呢？"（第 53 页）

《括地志》谓营道县有鼻亭神："故老传云：舜葬九疑，象来至此，后人立祠，名为鼻亭神。"第三稿增多一句："这分明说他是一位神道了。"（第 53 页）

按：后人传为神道，与最初史迹的发生，完全是两回事。

---

①　第二十九节顾氏第三稿增多一句："校以上文二十回目，好象稷是八元的总和，契是八恺的总和。"（第 43 页）似又承认八数组合。

（三十五）

第二稿举《孟子》舜封象之有庳，"不得有为于其国，天子使吏治其国而纳其贡税焉"，第三稿增多评论说："这倒很像汉以下的封国，天子派了太傅去代封君执行政务一样，可知孟子确是生在封建社会，已经有了中央集权的思想了。"（第52页）

（三十七）

考释"西母献图"回目，第二稿说："其所在之地，亦有种种说法，丁谦谓即古代的迦勒底国，顾实谓即波斯国，张星烺先生则谓其地在今俄领西土耳其斯坦撒马儿罕附近。说者纷纷，不知孰是？"（第34页）

第三稿删"说者纷纷，不知孰是"一句，增多评论说："这些话都见于他们的《穆天子传》的考证。这些渺茫的猜测，也许没有一个正确的，但也许将来可以在亚洲西部的考古工作里得到某一说的证实。"（第58页）

按：第二稿虽将"空间记异"方法沿用到了现代，犹是初稿的考释体例。顾氏第三稿则修订成文学性的反语。

下文考释"四夷齐向化"回目，第二稿说："假若使臣的报聘在那时是实事，舜所得的荣誉，一定不下于近代国家的元首！"（第35页）

第三稿改为："舜所得到的荣誉真有'万国衣冠拜冕旒'的盛况了。"（第59页）

（三十九）

考释"显神异，黄能化羽渊"回目，第二稿说："正在兴兵讨伐有苗的时候，忽然插入这么一段故事，看起来颇有点不伦不类，这也许是与征苗有关的一段穿插吧！"（第36页）

第三稿"时候"改为"动乱时代里"，下句改为"使得读者有点新鲜的感受，这是宋氏善于变换气氛的技术"。（第61页）

（四十）

第二稿举《尚书·大禹谟》"舞干羽于两阶，七旬，有苗格"，解释说：“执此器具以舞，有苗乃服。”

第三稿为突出其不合常理，增改为：“执了这工具以舞，经过七十天功夫，有苗就服了。”（第63页）

按：“七旬”谓七十天以后，非谓舞干羽七十天无休止。《韩非子》云：“当舜之时，有苗不服，禹将伐之，舜曰：‘不可，上德不厚而行武，非道也。’乃修教三年，执干戚舞，有苗乃服。”（又见《帝王世纪》）所谓“修教三年”，亦谓三年以后，非舞干羽三年也。

（四十二）

考释“凤仪兽舞”回目，第二稿说：“由夔说的这段话……”（第38页）

第三稿改为：“夔说的这一套话……”（第64页）

第二稿说：《今本竹书纪年》的附注……也这样记载。”（第38页）

第三稿改为：“《今本竹书纪年》的附注也就照样地记下了这般美丽的景色。”（第65页）

（四十三）

考释“甘隐遁，善卷入山”回目，第二稿谓出《庄子》及《高士传》。

第三稿增多一句，谓汪士汉校本《高士传》：“他写出高士的不愿做皇帝的心意，文字更加淋漓酣畅。”（第66页）

（四十五）

考释“涂山再受禅”回目，第二稿举《论语·尧曰》“天之历数在尔躬……舜亦以命禹”一段，夹注说：“有人说这段话是战国后人插入的。”（第39页）

第三稿增多一句：“……我看很对，因为这段文字和五德终始说很相像，每一帝王的在位是有他一定的历数的。”（第67—68页）

第二稿举《孟子》“舜崩，三年之丧毕，禹避舜之子于阳城，天下之民从之”一段原文，第三稿亦增多一句说：“前帝的推荐，后帝的避位，臣民的推戴，竟这般地相像，证明历史是尽可重演的。”

（第 68 页）

第二稿又举《吴越春秋》原文，第三稿增多评论说：“描写人民拥禹为帝的热烈情绪更深刻了。”（第 68 页）

第二稿举《宋书·符瑞志》说：“记得很详细……禹受禅的故事的本身，却有点神乎其神了。”（第 40 页）

第三稿改为：“描写得更为生动有力。”（第 68 页）并增多大段评论说：“这些话写舜之禅禹，完全由于上帝的压迫，上帝用了疾风雷雨等可怕情状逼得他不能不禅位，又用了和气景云荣光黄龙来嘉赏他的禅位。似乎都是王莽用了诈力受汉禅以后，历代权臣都摹仿这个方法而登帝位，因而御用文人造出这种受禅的神话来作禅位的点缀，骗得人民的信仰，这些人造神话就有了它的在实际政治中的一定的市场了。”（第 69 页）

（四十七）

考释“明伦教，孔子删书”回目，第二稿此节甚短，仅一段数行，谓回目出《史记·孔子世家》，夹注说：“《尚书纬·璇玑钤》亦有孔子删书的记载。”

第三稿增多论六经、论《尚书》二十八篇、论《虞夏书》三段。又改写第二稿，否定原说，认为：“回目里说的‘孔子删书’，这件事在司马迁作的《孔子世家》里还不曾有……直到西汉后期，纬书大出，《尚书纬·璇玑钤》才活见鬼地说：‘孔子求书，得黄帝玄孙帝魁之书……’”以下又论王莽篡汉，刘歆作国师云云。

（四十八）

考释“爱国心，屈原入梦”回目，第二稿说：“大概宋先生因为屈原有‘就重华而陈词’与‘九嶷缤其并迎’的话，便把他拉来作为尾声的主要角色，在小说的布局上是很好的……至于屈原怎样入梦，我找不出它的出典了。”（第 42 页）

第三稿删，而增多论楚国一段、论屈原生平一段，又据《楚辞》解其入梦与梦醒，并说：“这是他在痛苦的遭遇中精神失常的自白，是他临死时的哀鸣，也是他抱着真切的爱国心而得不到国人的认识

的悲思的发泄。"（第 87 页）

七 "他们想""我猜想"：独具特色的顾式考辨语

切断古典语境，代以西化语境，是 20 世纪初进化论者的普遍取向。30 年代顾颉刚著《五德终始说下的政治和历史》等文，论证"王莽刘歆们"的造伪，屡屡使用"他们想""我猜想"的行文，给人以弥深印象。这种猜测敌手的内心动机，再求证敌手必定造伪的笔墨，在《考释》中也时有所见。

以下所举仅标出《考释》半回目序号。

（二）

顾氏第三稿考释张守节《史记正义》解历山，说道："张守节觉得关于这个问题，已经眼花缭乱，感到无法处理。"（第 10 页）

（八）

顾氏引《孟子》"洪水横流"，称为"惨状""极端恐怖的世界"，又说道："宋氏这个回目，不依照《孟子》《淮南》两书的洪水在尧前已有的说法，而云'龙蛇并出，洪水告奇灾'，似乎这是突然间来的祸患。上一题云'鹿豕偕游，深山闻至道'，又似乎有一仙人，为了下界万民的受灾，特地到深山中把他点化，好让他出来平治天下似的。这确是做小说的好手法，非常能够动人。"（第 18 页）

按：宋氏回目只好如此题写，文中是否将有详细论述不得而知，顾氏此段行文完全出于"似乎"一类猜测，是顾氏惯用笔法。

（十四）

"馆甥贰室，二女降民家"回目，《考释》仅举出《尚书·尧典》《淮南子》《史记·五帝本纪》三书，提出"其实舜不是平民而是贵族"一个问题。又举出《孟子》为"馆甥"的出处，并提出"牺牲了'不告而娶'的记载"（第 23 页。第二稿、第三稿略同）。

按："馆甥"是说尧飨舜，"不告而娶"是说舜之父母，二者并不矛盾，宋氏尽可将二事写进此回。所谓"牺牲"云云，纯属猜测。

（二十七）

考释"产奇胎，涂山化石"回目，顾氏据《尚书·皋陶谟》及《孟子》《吕氏春秋》《列女传》《吴越春秋》考释生启、出行先后次序不同。又据《淮南子》佚文、《汉书·武帝纪》及应劭注，考释生启、化石先后次序不同。但文前开头便道："正在这天翻地覆的时候，忽然这位神禹起了室家之思了，这确是一个很好的爱情插曲。"（第40页）颇似以小说笔法助宋氏撰文。第二稿略同，但第三稿又增多"爱情"二字。

（三十）

考释"阜财解愠，利普群生"回目，顾氏说："这个回目的内容，我们现在已经难以替它解释了。如果宋氏作成这部小说，当然会得随着他的构想而作出一番渲染来的。"（第44页）

这里顾氏自己虽然不能替敌手铺张文笔，却仍然可以推揣敌手将凭空造作。

（三十三）

考释"避河南，丹朱失政"回目，《山海经》丹朱作"帝丹朱"，第二稿说："他既然为过帝，便很容易有失政的事迹，宋先生这个回目，很有由这里附会出来的可能。"（第31页）

第三稿再加修订说："所以宋氏这个回目，很可以表示出他想从《山海经》的记载里加以附会渲染的意愿。"（第51页）

（三十四）

顾氏论"尧杀长子"问题，先引崔譔《庄子注》"尧杀长子考监明"，说"偏不是丹朱"；后引《庄子》本文"尧杀长子，舜流母弟"，说："作者为了加强尧的不慈的罪状，毅然地说丹朱被尧杀了。"（第51页）

按：成玄英《庄子疏》谓"尧废长子丹朱，不与天位，故言杀也"，顾氏未引，替古人设想，而又自相矛盾。

（三十六）

第三稿增多评论《孔子家语》一大段："《孔子家语》这部

书……是三国魏时代王肃伪造的。王肃固然大胆地编造伪书……王肃是晋武帝司马炎的外祖，他的经学，仗着外戚的力量，自然风靡一世了。"（第 56—57 页）

（三十七）

考释"西母献图"回目，第二稿举两种纬书载"西王母得益地图""西王母献益地图"，顾氏第三稿设想刘歆先传布伪说，然后"他就画起图"，说道："按《山海经》首有刘秀（即刘歆）校上表，称这书是伯益所作……自从有了这些说法，人们愈加相信益是《山海经》的作者，因此他就画起全国地图，而且把这图推行到外国去了。"（第 57 页）

按：《山海经》古称《山海图》，但其图未必是地理图，不可径称"山海图"为"全国地图"。

八　时间记异与空间记异：《考释》一文的主要方法及问题所在

顾氏认为中国古史乃由"层累造成的"，何以看出"层累"？顾氏所做的分析，实际上是文字记载的演变。这演变分为两个方面，一是时间上的，一是空间上的，也可以说是一纵一横的。原为《古史辨》第一册《自序》一部分内容的《孟姜女故事研究》一文，正是分为"历史的系统"与"地域的系统"两部分的。

严格地说，古书中的各种记载，除了专门转录的以外，没有绝对相同的。顾颉刚的发明，就是将这些异文视为演变，再将演变视为造伪。所谓"层累"的揭示，其实只是记异和排序的工作。[①]

纵的方面，是时间记异。这看似简单，实际却颇有难度。首先是先秦古书的著作年代很多没有定论，其次是对异文如何分析也往往有家派的不同。顾氏在此暴露的问题最多。对于前者，他提出

---

① 实际上近现代学者观点的"变量"更大，甚至有专门求变、以变为常的，故其可以记异之处尤数不胜数。

了"移置法"，较之"把线装书都扔到茅厕"确乎宽容，实际上与清儒所说"以贾还贾，以孔还孔"完全异途。对于后者，顾氏遇到有矛盾的记载会认为可疑，遇到无矛盾的记载则称之为"调和"，仍可疑；凡有记载之书多以为可疑，甚至没有记载之书仍然可以认为可疑。

　　横的方面，是空间记异。《孟姜女故事研究》一文在"历史的系统"方面，分出了从先秦到清代共二十三个阶段，在"地域的系统"方面，分出了山东至江苏共九个地区。后者（30 页）的叙述篇幅是前者（12 页）的两倍半。顾颉刚曾经说到他对"横的层累"的忽然省悟："纵的方面的材料，是一个从春秋到现代的孟姜女故事的历史系统。我的眼光给这些材料围住了，以为只要搜出一个完全的历史系统就足以完成这个研究。这时看到了徐水县的古迹和河南的唱本，才觉悟这件故事还有地方性的不同，还有许多横的方面的材料可以搜集。于是我又在这个研究上开出了一个新境界了！"①因为地域性的差异是更加广泛地存在的，所以空间记异在操作上更加易得。实际上顾颉刚通过刊登"启事"而征集到的大量材料，主要是地方性的，这使他的研究工作猛然丰富起来，同时也使他"骑虎难下"，"孟姜女故事的转变"研究转变至此，"层累"变得无穷无尽，必然以不了了之而告结束了。

　　《考释》第一节，韩叔信第二稿结尾说："在以上几段中，我们须记着，舜的故事的根据地已有了三处。"（第 11 页。第三稿"根据地"作"出身地"，第 8 页）第二节，韩叔信第二稿开头就说："历山这个地方，有很多的说法。"（第 11 页）以下排列历山的四省七处异说。可见《考释》的研究方法，从一开始就是很有意地在空间记异方面展开。又如第二十七节，顾颉刚第三稿说："至于'涂山'这一地名的解释，各书不同。"（第 41 页）逐一记异之后，随之总结说道："一个有名人物，这般地给人抢来抢去，装点门面。"（第 41 页）

---

① 顾颉刚：《孟姜女故事研究的第二次开头》，第 95 页。

此语颇含贬义，寓含了层累和造伪的评论。[①]

在文献解释方面，如《考释》说："在《孟子》里，是没有商均这名的。"（第三稿第 67 页）"在《孟子》里，没有舜命禹的话。"（第三稿第 68 页）将没有的记载也放在异文排比之列。

又如顾颉刚说："《史记》之后，如皇甫谧的《帝王世纪》、刘恕的《通鉴外纪》、苏辙的《古史》、胡宏的《皇王大纪》、罗泌的《路史》，直到清初集其大成的马骕《绎史》"，全是"调和、整齐，成为一个有系统的记载"（第三稿第 81 页）。[②] 遇到不矛盾的记载，则称之为"调停"而加以批评[③]。

又如《考释》第二十三节"诛四凶"回目，顾氏第三稿重新排比《五帝德》《庄子》《韩非子》《淮南子》四种文献，又增引崔述、郝懿行之说而加以批评说："这样一讲，就说是舜诛除固可，说为尧诛亦无碍……何等地设想得圆满！""崔、郝两家的调停之论已算做的到家了。"（第 36 页）同时又增评论鲧治水一段，说道："可是鲧的'障'和禹的'疏'本是水利工程的一分为二的两种办法，不能举一而废一，殛鲧兴禹原是神话中的消除牴牾的一种幻想，在实际的历史上是解不通的。"（第 37 页）按：顾氏一向有鲧、禹皆是的观点[④]，但其观点是否为一种"调停"呢？

又如第二十节考释回目"八伯"，韩叔信第二稿说："宋先生这个回目中的'八伯'，想来就是指八元八恺而言吧？"（第 22 页）第三稿删此句，增多《尚书大传》郑玄注"八伯骧兜、共工、放齐、鲧四人而已，其余四人，无文可知"，批评郑注："这是一个极端主

---

① 孟姜女故事的地名变化更多，顾颉刚的评价则是"民众的真传说"。

② 清章学诚推崇《路史》说："罗氏《路氏》（宋罗泌）、邓氏《函史》（明邓元锡）之属，则自具别裁，成其家言者也。谯周《古史考》、苏辙《古史》、马骕《绎史》之属，皆采摭经传之书，与通史异。"见《文史通义·释通》。

③ 实际上现代学术中已完全失去历史记载（史官史馆）的功能，而几乎所有的通史著作都已成为在某一史观之下的调和之作。

④ 见《顾颉刚读书笔记》中"鲧禹俱湮洪水""鲧禹治水非截然不同""壅防与疏浚同为不可偏废之治水术"等条。

观主义的解释……这真可谓理屈辞穷了。"而在第二十三节，又批评皇甫谧："这位生在晋代的古史学家最会说谎话……把五帝的年岁和他们在位的年数说得十分确定，便可知道他是怎样的一个大言不惭的人。"（第34页）按：皇甫谧确切则称"大言不惭"，郑玄不确切则称"理屈辞穷"，此非史笔，只可谓是"这人说这样，那人说那样"的小说笔法了。

古书所载史事发生的前后次序，顾氏理解多误。

如第十三节，《考释》谓《孟子》未言访贤，到《尸子》"访贤的故事才找到了证据"（第22页）。按：尸子当在孟子之前，顾氏颠倒其排序。

又如第三十二节"遍巡方岳"回目，《考释》谓出于《尧典》，认为："这种制度，是秦汉时代儒者的想象中的宗教和政治的统一，是合于阴阳五行的支配的。"（第三稿第46页）"分明是西汉《尚书》学家臆造出来的制度。"（第三稿第47页）但是又说："《史记·五帝本纪》本于《尧典》，它所记的都与《尧典》相同。"（第三稿第46页，第二稿有此句）按：如谓《尧典》为汉人伪造，则《史记》反在其前，不得谓《史记》本于《尧典》。第三稿又说："所谓四岳，《尧典》里确定的只有东岳泰山。"（第47页）按：既然《尧典》出于伪造，又为何不将五岳一起造齐？

又如第三十三节"避河南，丹朱失政"，顾氏举《论语》载尧生前之言"尧曰'咨尔舜，天之历数在尔躬'"，认为禅让是尧所定。举《孟子》及《左传》载尧死后之事"尧崩，三年之丧毕，舜避尧之子于河南"，"尧崩而天下如一，同心戴舜以为天子"，认为禅让是人民和诸侯所拥戴。批评说："生出了怎样多大的矛盾！"认为《尧典》的记载与《孟子》不同："舜在登庸后三年即已受尧之禅……尧死后他就稳稳当当地登上了帝位……又哪会有'避河南，丹朱失政'的事情呢？"批评说"这是两千多年来的儒者圆不过来的谎话……蒙蔽了人民的眼睛两千多年"。又批评《史记》历叙舜摄政、尧禅让、避河南为掩盖矛盾（第三稿第48—49页）。按：各书所载，有先有后，绝不矛盾。先受尧禅，后受诸侯拥戴，或已受禅让，而又退避，均不违事理。《庄子》甚至说舜"三徙成都"，成玄英疏谓即"舜避丹朱"以后之事，是则有三次退避。况且《孟子》所载，同出《尚书》，东汉赵岐早已言之。[①]

此节顾氏又举《史记》所载"尧知子丹朱之不肖……授舜则天下得其利"，和《尚书大传》所载"尧知丹朱之不肖，必将坏其宗庙，灭其社稷"，认为又有矛盾，批评说："《史记》是说为了有利于天子人民才把天子让给舜的，他的心地何等光明正大；而这里则是为了保存唐家的宗庙和社稷而把天子授给舜的，心地就褊狭了。"（第49页）在顾氏看来，似乎利天下与存宗庙不可两立，然古人向有齐家治天下之说，《汉书·刘向传》亦明言："兴国显家可法则，及孽嬖乱亡者，序次为《列女传》。"

顾氏对于文献性质，四部不加甄别，甚或有意混淆。

顾颉刚在文献分析上，始终都有打破经、史、子、集的主张，按四部分类表面上看，只是平均库藏，其实亦寓含性质鉴别之义，亦即寓含可信性的判断在内。四部来源各有不同，故其文献可信度亦不同。经、史为官书，制度体例严整（史书也有私修的，则情况不同）。子书为私家言，以立意为宗。集之本义为"杂"，小说之本义为"小道"，后往往单为说部。就《考释》一文而言，实际上虞舜及二女事迹，主要记载于经、史、子三部书。[②] 这与孟姜女故事大量记载于说部，在文献来源上有很大不同。（详见《虞初小说回目考释》列举文献分类表。[③]）

---

① 《孟子·万章上》汉赵岐注："孟子时，《尚书》凡百二十篇，逸《书》有《舜典》之《叙》，亡失其文。孟子诸所言舜事，皆《舜典》逸《书》所载。"

② 清姚振宗曰："梁武帝作《通史》时，凡不经之说为《通史》所不取者，皆令殷芸别集为《小说》。"见姚振宗：《隋书经籍志考证》卷三十二。

③ 表中少量说部书，主要是顾颉刚用以比对的作品。实际上关于虞舜、二女的历代纪咏，自《楚辞·九歌》以下亦不为少，屈原近乎诸子，而《楚辞》汉人诗赋类实开集部。宋氏最后一目题为"屈原入梦"，将以明其寄托之意，诗人自有途径，顾氏不取也。

如第四节考释"陶、渔"，顾氏引史部、子部书《墨子》《孟子》《管子》《吕氏春秋》《史记》《淮南子》《韩非子》，与《三国演义》《施公案》《西游记》三种说部（已改编为戏剧）的故事演变方式做比较，说："我们看到刘备本是割据时代的一个英雄，只因他的聪明全送与诸葛亮了，所以他在戏剧中只能退为成一个庸懦的人。施公也是这样，为了他手下有了智勇双全的黄天霸，他也只得成了'施不全'了……"（第15页）

第十七节考释"焚廪掩井"回目，说："要不是象的活见鬼，便是舜不是人，颇有点像《封神榜》上的土行孙了。"（第二稿第20页，第三稿略同）

第二十八节考释"降怪物，淮水安澜"回目，据《路史》淮涡水神名无支祈，第三稿增多评论说："明代住在淮安的吴承恩作《西游记演义》，即把这个跳来跳去、力大于象的无支祈送给孙行者了。"（第42页）

第三十五节《考释》举《孟子》"齐东野人之语也"之文，而称有歧异者为"齐西圣人"，说："可是照齐西圣人的说法……"（第二稿第33页，第三稿第55页同）

第四十八节顾氏说："这一个回目是《虞初小说》的结穴，大似《西厢记》的《草桥惊梦》的布局，可以在读者的脑筋中起着云烟飘渺的感觉。"（第三稿第84页）

也有实为文本校勘问题的，顾氏亦理解为层累和造伪。

如第四十三节，韩叔信第二稿末有一段说："《高士传》所言，《绎史》及《御览》皆称引，但在文字上二者多异，且皆与汪士汉校本不全同。不过在内容方面，都是没有什么大差别的。"（第39页）按：此段纯为校勘语，顾颉刚第三稿全删。

又如第十三节考释尧有"九子"与"十子"之异文，评论说："其实，数目的多少，不必一定解释得一样，因为一个故事的演变，常是多方面的，这人说是这样，那人也可以说是那样，在我们看来，他们在传说中所占的地位都是相等的。"按："九子"出《尸子》《孟子》《淮南子》，"十子"出《吕氏春秋》。此一字之异，或为传本之误，校勘所常见。顾氏类比于故事，以见其随便说、皆不可信。以此证伪，可谓相差绝远。[①]

又如第四十四节考释"耽歌舞，义均就国"回目，出《山海经·海内经》："帝俊有子八人，是始为歌舞。帝俊生三身，三身生义均。"顾氏第三稿说："然而《山海经》是巫书，非常杂乱，只该当作一堆未经整理的神话看待。"（第66页）又说："而且照《海内经》所说，舜是有八个儿子始为歌舞的，义均算是有去处了，还有七人怎么办呢？"（第67页）按：此问甚不合理（经史无此体例，即说部亦无此体例）。前引赵岐注《孟子》帝尧"使其子九男二女"，已曾揭示其例，注云："《尧典》曰'厘降二女'，不见九男……孟子诸所言舜事，皆《舜典》逸书所载。独丹朱以胤嗣之子，臣下以距尧求禅，其余八庶无事，故不见于《尧典》。犹晋献公之子九人，五人以事见于《春秋》，其余四子亦不复见于经。"

《考释》中于宋氏原文，亦有失考错考之处。

如第三节考释"纯孝格天"回目，不引《尚书·说命下》"俾厥后惟尧舜……佑我烈祖，格于皇天"，而引《二十四孝》。又考释"灵通鸟象"回目，认为"虽是灵通于鸟了……依然解决不了'格天'这个问题"。按：鸟、象即天，本无须另求一孤独具体之天。

又如第六节"辟商途，傅墟救败"回目，《考释》谓出《尸子》。按：又见《帝王世纪》："贩于顿丘，债于傅虚。"

又如第八节"洪水"回目，《考释》谓出《孟子》"当尧之时……洪水横流"，批评说："宋氏这个回目，不依照《孟子》《淮南》两书的洪水在尧前已有的说法。"（第18页）按：《孟子》"当尧之时"，不能解为"在尧前"。

又如第十五节"妒采地，傲象谋夺嫡"回目，《考释》谓不知

---

① 即顾氏自己亦以修改文稿为习，如《考释》有三四稿、《大诰译证序》有十二稿之类，故类似的异文亦无处不在。

道何所本。按：《孟子》曰"帝使其子九男二女，百官牛羊仓廪备"，牛羊仓廪，即采地之谓，赵岐注："舜有牛羊仓廪之奉，故谓之君。"《孟子》又曰"舜不知象之将杀己"，此"将杀己"即"谋夺嫡"。顾氏拘泥文字而反失考。①

又如第十九节"五臣启四代"回目，据《论语》可知原义为虞舜有此五臣而天下成治，而开启虞、夏、商、周之盛，非谓五人为四代始祖。《考释》知《论语·泰伯》"舜有臣五人而天下治"为回目所本，而不用孔安国注"禹、稷、契、皋陶、伯益"（孔颖达《正义》同），谓五臣应是"舜、禹、稷、契、皋陶"，而反复考辨其不合，可谓"自说自辨"。

又如第三十四节，宋氏回目有"岭表"，顾氏第三稿说："到了宋氏定下这回目，又说象受封的地点在'岭表'（五岭之外，即今广东），那就比湖南更远了。"（第54页）按："岭表"是文章笔法。九疑山在五岭中，岭北坡有湖南道州，岭南坡有广西梧州，南坡北坡，固相毗邻，未可截然分隔。顾氏以"比湖南更远""即今广东"解之，倾向夸张。

此节宋氏回目有"回心"，顾氏唯考释封象，而于"回心"失考。按：王充《论衡》及《皇览》引传曰："舜葬于苍梧，象为之耕。"《墨子》佚文亦云："舜葬苍梧之野，象为之耕。""为之耕"即"回心"也。

此节顾氏第三稿增封丹朱一段，按：此段应在上节"丹朱失政"回目中。

又如第三十六节"建宗庙，七祖生天"回目，《考释》唯举《礼记·祭法》"有虞氏禘黄帝而郊喾，祖颛顼而宗尧"。按：《史记·五帝本纪》又有"七世"之说："重华父曰瞽叟，瞽叟父曰桥牛，桥牛

---

① 《史记·吴太伯世家》载伍子胥曰："少康奔有虞，有虞思夏德，于是妻之以二女而邑之于纶，有田一成，有众一旅。"南朝宋裴骃《集解》引汉贾逵曰："有虞，帝舜之后。"姐妹妻媵之制，前者行之于陶唐，后者行之于有虞，其有田有众当无大异。

父曰句望，句望父曰敬康，敬康父曰穷蝉，穷蝉父曰帝颛顼，颛顼父曰昌意，以至舜七世矣。"清王顼龄《书经传说汇纂·书传图》亦载虞世系自瞽瞍以前为黄帝、昌意、颛顼、穷蝉、敬康、句芒、桥牛，共七世。又按："生天"不词，当作"升天"，顾氏亦失考。

又如第四十一节"成地平天，大功归帝力"回目，《考释》谓出《尚书·大禹谟》："地平天成……时乃功。"第三稿增多一句评论："可是这原本是舜美禹功，而不是'归帝力'的'大功'。"（第64页）按：回目"大功"出自"时乃功"之"功"，而"帝力"一语则出古《击壤歌》。《礼记·经解》孔颖达《正义》引《尚书传》："民击壤而歌，凿井而饮，耕田而食，帝有何力。"《群书治要》引《帝王世纪》："日出而作，日入而息，凿井而饮，耕田而食，帝力何有于我哉？"《艺文类聚》引作"帝何力于我哉"。《初学记》载："史曰：尧时有老父者，击壤而嬉于路，言曰：'我凿井而饮，耕田而食，帝力何有于我哉？'"顾氏失考，因又错解。

亦有顾氏将文字改错者。如第十三节第二稿引《尸子》："舜一徙成邑，再徙成都，三徙成国，其致四方之士。尧闻其贤，征之草茅之中。"（第18页）第三稿改作"舜闻其贤"（第22页），改错一字。

九　故事的演变与研究的演变：《考释》第三稿关于二妃死事的辨伪取向

半回目四十六《九疑遗蜕，湘水共登仙》，在《考释》第三稿中是篇幅最长的一节（第10页）。

韩叔信的第二稿只是依照体例，辨析舜的死葬地和二妃死葬地的异说。提出舜的死葬地有三说：

1. 鸣条：《孟子》。

2. 苍梧：《山海经》、《楚辞·离骚》、《大戴礼记·五帝德》、《礼记·檀弓》、《国语·鲁语》韦昭注、《淮南子》、《史记》、《论衡》、《越绝书》、《列女传》。

3.南己、纪市:《墨子》《吕氏春秋》。

二妃死葬地有二说:

1.湘水:《楚辞·九歌》《山海经》。

2.渭水:《今本竹书纪年》。

顾颉刚的第三稿在很大程度上脱离第二稿,也脱离考释的本来体例,重点不是列举异说,而是直接反驳、否定相关所有记载,认为舜的死葬地点"充满着小说的传奇性"和"戏剧性的趣味"。同时增多大段有关疑古辨伪的观念说明,以及有关70年代政治背景的表白。所以,第三稿此节实际上是一篇颇具现代感的相对独立的论说性文章。

文章首先论述东夷鸟图腾。引《孟子》说:"舜生于诸冯,迁于负夏,卒于鸣条,东夷之人也。"又引明义士藏甲骨文"王来征夷方,于攸侯",攸是条(條)的省文,作印证。认为商人和秦人的始祖卵生神话"用了现代历史唯物主义的眼光来看却是古代民族所真实崇奉的图腾"(第72页)。

顾氏的"图腾"概念实际上是神性、神话的代名词,但是如第一回目所讨论过的,舜虽可说是在东夷的概念之内,却不是卵生,所以此处考释在推论上是有断裂的。

文章提出回目最早见于《史记》所载秦始皇和博士关于湘君的问答,而加质疑说:"怎么这位尧的公主、舜的皇后会得死了葬到今湖南湘阴县的湘山上去,做了那里的山川之神呢?"(第73页)认为这项记载体现了封建帝王的暴虐、任性胡为。

文章认为《山海经》的记载是南方神话,其发展趋向是日神和月神。说道:"既生了太阳,又生出月亮,成为宇宙中最伟大的神灵。"(第75页)"舜的故事早已由楚国的巫师流传到了南方。"(第74页)"可以说它荒谬到了绝伦的程度,但在那些逞口乱谈的巫师口中,这正是当时人们五体投地的崇拜对象。"(第75页)认为《山海经》所说的"帝俊"就是"帝舜",而"生十日"的"羲和"就是帝俊妻"娥皇",而"生十月"的"常羲"则"即羲和的倒转,是一个女神的分化"（第 75 页）。

按：顾氏举"羲"与"娥"同从"我"声，是对的，清张澍已谓"常仪作占月"，"'仪'（儀）古音与'我'同，后世遂有嫦娥之说"①。但尚不能说"常羲"即"羲和"即"娥皇"。并且，顾氏的考释一向是将文字的异写视为矛盾与造伪的痕迹的，此处将异说合并，其实与他自己的方法相矛盾。

文章认为《楚辞·九歌》的两篇记载，"实则湘君是湘水中的男性主神，湘夫人乃是湘君的配偶，他们本是洞庭区域里的夫妇神，和河济流域的尧舜神根本不生关系；只因受了巫师的拉拢，并合在一起"。而《礼记·檀弓》和《尚书·尧典》的有关记载，是北方儒者"只得承认"的结果。

按：此意南宋薛季宣（艮斋）先已言之，曰："《记》曰：'舜葬苍梧之野，二妃未之从也。'今二妃墓在蒲坂……按《九歌》有云中君，而云中夫人、湘夫人为之配，皆水神耳，非二妃。"②

对于《博物志》和《述异记》中"斑竹"的记载，顾氏拿《红楼梦》中的"潇湘馆"做类比，认为"可以说是这个故事的最高成就"（第 76 页）③。然后又拿李白的《远别离》诗做类比，认为故事不只是登仙、喜剧、哀艳，其实是"写出了君臣篡夺的惨酷"，"可说极人间的惨酷"（第 77 页）。

按：近代以来较早从文学角度分析二妃、斑竹故事的为儿岛献吉郎，所著《中国文学通论》肯定此一故事为"为古今恋爱之祖"，在"追慕文学"与"以女性为诗题的人物"二节，都有这样的论断。

---

① （清）张澍：《世本补注》。

② （宋）薛季宣：《书古文训》，《续修四库全书》本。

③ 此语顾颉刚有具体解释："从此以后，凡有斑点文的竹子就被人们唤作'湘妃竹'。直到清曹雪芹作《红楼梦》，把大观园里最会啼哭的女子林黛玉所住的一所植了竹子的院子题为'潇湘馆'，又替她起了一个笔名叫做'潇湘妃子'。"语含鄙薄之意。按：顾氏不喜黛玉一类型，曾说："慕愚性格，备具男性的勇敢与女性的温存，故有坚决的意志与浓厚的同情心"，"其人格直如晶莹之宝石，有良心，有志气，有魄力，洵为超群轶伦之材"。见《顾颉刚日记》第二卷，第 498 页。

所著《中国文学》在"感情文学"一章中，也有"中国之恋爱文学，发端于帝舜时代"的论断。顾氏显然并不真正关心此一方面。

文章又举《史通·疑古篇》为佐证，说明"舜死苍梧由于禹发动了一次剧烈的宫廷政变"（第 77 页）。但刘知几所做的毕竟是史学考证，这与顾氏的神话学解释其实又是矛盾的。[①]

文章又举韩愈《黄陵碑记》和徐文靖《竹书纪年统笺》，认为洞庭湖君山上的二妃墓"只是后人用来装点名胜的一个所谓'古迹'"（第 78 页）。顾氏对"古迹"的揭露颇多[②]，按："古迹"的作用并不在于保存先人的枯骨，而在于"祭如在"的话外之音，基本上不能纳入"造伪"与"辨伪"的范畴。

以下文章举《墨子》《吕氏春秋》的异说，但增多了一大段"辨伪学史"的解释，从康有为《孔子改制考》说起。认为"康氏著这书的动机是政治性的，他的议论极多主观武断之处，但他著书所依据的资料多数是历史性的文献，先秦诸子的托古改制的长期秘密却被他揭破了"（第 79 页）。然后，文章依照康有为之说加以申论："孔子是主张改制的，孔子开了这个风气之后，先秦诸子也都跟着主张改制……第一个起来提倡改制并改造古代历史以适应时代需求的人，便是墨子。"（第 79 页）

按：此二语自相矛盾。

顾颉刚说：墨子"这个学说的实质原为创造一个美好的将来，而在它的形式上则尽在叙述过去历史的荣耀，这就造成了'尧舜不胜其美，桀纣不胜其恶'的中国上古史"（第 80 页）。又认为孟子的不同观点是因为："当时百家争鸣，谁都可以想出花样，套在古人的

[①] 《考释》第四节亦及崔述之说，谓："崔述以为'虞乃冀州境，舜不应耕稼陶渔于二千里外'。他原不知道这是故事，本不是历史。"（第 15 页）不用崔说，犹能自知守其本位。

[②] "产奇胎，涂山化石"回目，第二稿考释涂山所在，第三稿增多评论说："一个有名人物，这般地给人抢来抢去，装点门面，可见古迹的不可信到了什么程度。"（第 41 页）与此略同。

头上。你说这是'盛世'，我就说这是'衰世'。你说这是'喜剧'，我偏说这是'悲剧'。"（第80页）

这种"纵论"是无据无信的。

文章结尾，顾颉刚说道："在党和人民政府领导之下，各地都在发展考古工作，这才是我国建立真古史的曙光，我们正在等待一部真的《中国古代史》的出现，那些旧式古史已渐渐地化为废纸了。"（第81页）

按：此一段殊不类考据文。且不说顾氏疑古辨伪之初，决不能预期新的人民政府的出现，即他关于新旧史著的判断，也过于简单化了。当然，这些话语用来考察顾氏的治学取向还是有效的，实际上，为了在政治上创造一个美好愿望而编制神话故事的，正是顾颉刚自己。

十　《虞初小说回目考释》列举文献分类表

分类表共六类。五经为一类。《逸周书》与《尚书》同一性质，亦入经部。传记单为一类。《大戴礼记》与《礼记》同一性质，入传记。群经注疏亦入传记。《说文》为解经之书，入传记类。纬书单为一类。《山海经》为官书，姑入史部。《论语》《孟子》入子部。《国语》为《春秋》外传，姑入史部。集部、说部合为一类。《楚辞》古为诗赋类，屈原则实近诸子，姑入集部。

表6-1 《虞初小说回目考释》列举文献分类表

序　号	半回目	经　部	传　记	纬　书
1	沴沴流虹，握登符圣瑞	尚书尧典		河图纬稽命征
2	历山争畔，瞽瞍信谗言		尚书大禹谟郑玄曰/尚书孔传	
3	纯孝格天，灵通象鸟	尚书尧典	礼记	

续表一

序　号	半回目	经　部	传　记	纬　书
4	至诚动物，化及陶渔			
5	兴工艺，负夏就时		尚书大传/韩诗外传	
6	辟商途，傅墟就败			
7	鹿豕谐游，深山闻至道			
8	龙蛇并出，洪水告奇灾	尚书皋陶谟/诗经商颂长发		
9	雍圣明，共骓互称荐	尚书尧典		
10	轻天下，巢许并逃名			
11	盗息壤，共鲧堙鸿水	尚书洪范、尧典		
12	举都君，岳牧荐鳏夫	尚书尧典		
13	为国访贤，皇子就农学			
14	馆甥贰室，二女降民家	尚书尧典		
15	妒采地，傲象谋夺嫡	（无考）		
16	解鸩毒，敤首护同胞		说文	
17	焚廪掩井，二女解重围			
18	纳揆宾门，重华历诸职	尚书尧典、孔传		

续表二

序　号	半回目	经　部	传　记	纬　书
19	圣贤相逢， 五臣启四代	尚书皋陶谟		
20	元恺并举， 八伯庆同朝		尚书大传 / 郑玄注	
21	告封禅， 雷雨示休征	尚书尧典	尚书大传	
22	窥神器， 干戈萌异志			
23	诛四凶， 重修刑律	尚书尧典	服虔曰 / 贾逵曰 / 大 戴礼记	
24	辑五瑞， 更定朝仪	尚书尧典	孔传 / 孔颖达疏 / 蔡 传	
25	神禹治水， 宛委梦玄夷			
26	伯益焚山， 疏属刑贰负	尚书尧典、皋陶谟		
27	产奇胎， 涂山化石	尚书皋陶谟		
28	降怪物， 淮水安澜			
29	教稼明伦， 功垂万世	尚书尧典 / 诗经		
30	阜财解愠， 利普群生		韩诗外传	
31	璿玑齐七政， 肇建明堂	尚书尧典	孔颖达疏 / 郑玄曰 / 礼记明堂位	
32	玉帛贡九州， 遍巡方岳	尚书尧典	尚书大传	
33	避河南， 丹朱失政	尚书尧典、皋陶谟	尚书大传	

序　号	半回目	经　部	传　记	纬　书
34	封岭表，象傲回心			
35	朝太公，万方受养			
36	建宗庙，七祖生天		礼记祭法／大戴礼记	
37	西母献图，四夷齐向化		大戴礼记	尚书帝命验／洛书灵准听
38	南蛮逆命，群后大兴师	尚书大禹谟		
39	显神异，黄能化羽渊	逸周书		
40	听箫韶，有苗奔印度	尚书大禹谟	白虎通义	
41	成地平天，大功归帝力	尚书大禹谟		
42	凤仪兽舞，文运表中天	尚书皋陶谟		洛书灵准听
43	甘隐遁，善卷入山			
44	耽歌舞，义均就国			
45	万国来王，涂山再受禅	尚书大禹谟		
46	九疑遗蜕，湘水共登仙	尚书尧典	大戴礼记五帝德／礼记檀弓	
47	明伦教，孔子删书		尚书纬璇玑钤	
48	爱国心，屈原入梦			

表6-2　《虞初小说回目考释》列举文献分类表续

序　号	半回目	史　部	子　部	集部／说部
1	沩汭流虹，握登符圣瑞	帝王世纪／今本竹书纪年／宋书符瑞志／水经注／史记五帝本纪／括地志	焦循孟子正义	
2	历山争畔，瞽瞍信谗言	丁锡田山东县名溯原／括地志／水经注／史记正义／史记五帝本纪	韩非子	
3	纯孝格天，灵通象鸟	越绝书／帝王世纪	庄子／吕氏春秋／孟子／荀子／王充论衡／抱朴子	蔡邕琴操／二十四孝
4	至诚动物，化及陶渔	史记五帝本纪／史记集解／崔述唐虞考信录／括地志／水经注	墨子／孟子／管子／吕氏春秋／淮南子／韩非子	
5	兴工艺，负夏就时	史记索隐／史记集解	孟子	
6	辟商途，傅墟就败		尸子	
7	鹿豕谐游，深山闻至道		孟子	
8	龙蛇并出，洪水告奇灾		孟子／淮南子	
9	雍圣明，共骧互称荐	史记五帝本纪		
10	轻天下，巢许并逃名	高士传／战国策	扬子法言／庄子／荀子／淮南子	
11	盗息壤，共鲧堙鸿水	山海经／国语	淮南子	
12	举都君，岳牧荐鲧夫			

续表一

序　号	半回目	史　部	子　部	集部 / 说部
13	为国访贤，皇子就农学		孟 子 / 尸 子 / 淮 南子 / 吕氏春秋	
14	馆甥贰室，二女降民家	史记	孟子 / 淮南子	
15	妒采地，傲象谋夺嫡			
16	解鸩毒，骰首护同胞	汉书古今人表 / 列女传		封神榜
17	焚廪掩井，二女解重围	史记 / 列女传 / 梁武帝通史 / 宋书符瑞志 / 山海经郭璞注	孟子 / 王充论衡	
18	纳揆宾门，重华历诸职	史记		
19	圣贤相逢，五臣启四代	左传 / 国语 / 史记	论语 / 孟子	
20	元恺并举，八伯庆同朝	左传		
21	告封禅，雷雨示休征	风俗通义 / 史记封禅书		
22	窥神器，干戈萌异志	博物志	韩非子 / 吕氏春秋	
23	诛四凶，重修刑律	左 传 / 史记 / 崔述唐虞考信录	孟子 / 庄子 / 韩非子 / 淮南子	
24	辑五瑞，更定朝仪			
25	神禹治水，宛委梦玄夷	吴越春秋		
26	伯益焚山，疏属刑贰负	崔述唐虞考信录	孟子	

续表二

序　号	半回目	史　部	子　部	集部/说部
27	产奇胎，涂山化石	列女传/吴越春秋/汉书武帝纪、应劭注/左传杜注/清一统志/会稽志	吕氏春秋/淮南子佚文	
28	降怪物，淮水安澜	路史引集仙录		西游记演义
29	教稼明伦，功垂万世	史记五帝本纪/吴越春秋/宋书符瑞志	孟子	
30	阜财解愠，利普群生	史记乐书索隐/越绝书/风俗通义	尸子/孔子家语/韩非子/淮南子/陆贾新语	
31	璿玑齐七政，肇建明堂		论语/尸子	
32	玉帛贡九州，遍巡方岳	史记五帝本纪	文中子	
33	避河南，丹朱失政	史记五帝本纪/山海经	孟子/论语	
34	封岭表，象傲回心	帝王世纪/古本竹书纪年/范汪荆州记/括地志/水经注/后汉书、李贤注/阎若璩四书释地续/顾炎武日知录	庄子、崔注/孟子/韩非子/荀子	楚辞、王逸注/宋类苑
35	朝太公，万方受养	史记	孟子	
36	建宗庙，七祖生天		孔子家语	

续表三

序　号	半回目	史　部	子　部	集部 / 说部
37	西母献图，四夷齐向化	山海经 / 风俗通义 / 晋书律历志 / 宋书乐志、符瑞志 / 今本竹书纪年 / 徐文靖竹书纪年统笺 / 史记五帝本纪 / 说苑 / 新序 / 拾遗记 / 中西交通史料汇编	列子 / 徐幹中论	
38	南蛮逆命，群后大兴师	今本竹书纪年 / 战国策	墨子 / 荀子 / 淮南子 / 韩非子 / 吕氏春秋	
39	显神异，黄能化羽渊	左传 / 山海经 / 国语 / 吴越春秋 / 述异记		楚辞天问
40	听箫韶，有苗奔印度	博物志	贾谊新书 / 淮南子	
41	成地平天，大功归帝力	左传		
42	凤仪兽舞，文运表中天	宋书符瑞志 / 今本竹书纪年		
43	甘隐遁，善卷入山	高士传	庄子	
44	耽歌舞，义均就国	山海经 / 史记五帝本纪 / 路史 / 今本竹书纪年		
45	万国来王，涂山再受禅	左传 / 史记夏本纪 / 吴越春秋 / 宋书符瑞志 / 今本竹书纪年	论语 / 淮南子 / 孟子	

续表四

序　号	半回目	史　部	子　部	集部 / 说部
46	九疑遗蜕，湘水共登仙	山海经 / 国语鲁语 / 史记 / 越绝书 / 列女传 / 今本竹书纪年 / 徐文靖竹书纪年统笺 / 史通疑古篇 / 博物志 / 述异记 / 帝王世纪 / 康有为孔子改制考	淮南子 / 王充论衡 / 孟子 / 墨子 / 吕氏春秋	楚辞离骚、九歌 / 红楼梦 / 李白远别离诗 / 韩愈黄陵庙碑
47	明伦教，孔子删书	史记 / 康有为孔子改制考		
48	爱国心，屈原入梦			楚辞离骚 / 西厢记

第七章 《九歌·山鬼》祀主为九嶷山神[*]

一 山鬼为小神说

屈子《九歌》，传本实为 11 篇，历朝学者核较其篇数，有摈《山鬼》而称其祀主为"小神"者。

> 明钱澄之《庄屈合诂》曰："《山鬼》涉于妖邪，不宜祀。"
>
> 清王夫之《楚辞通释》曰："《山鬼》与日星山川同列祀典，而篇中道其乔媚依人之情，盖贱之也。"
>
> 近人闻一多《什么是九歌》曰："尤其《湘君》《湘夫人》等章的猥亵性的内容（此其所以为淫辞）已充分暴露了这些神道的原始性和幼稚性。"[1]
>
> 张寿平《九歌研究》曰："《九歌·山鬼》一篇所奉祀者，为一般山神……其在《九歌》所祀诸神中，地位最卑。"[2]

按：《尚书·舜典》："肆类于上帝，禋于六宗，望于山川，遍于群神。"《礼记·曲礼下》："天子祭天地，祭四方，祭山川，祭五祀，岁遍。诸侯方祀，祭山川，祭五祀，岁遍。大夫祭五祀，岁遍。士祭其先。凡祭，有其废之莫敢举也，有其举之莫敢废也。非其所祭而祭之，名曰淫祀，淫祀无福。"屈子其时楚已称王，故《楚辞·九

---

* 本章原刊于《船山学刊》2010 年第 3 期，题为《论〈九歌·山鬼〉祀主为九嶷山神》。

[1] 闻一多：《什么是九歌》，《神话与诗》，古籍出版社 1956 年版，第 270 页。

[2] 张寿平：《九歌研究》，（台北）广文书局 1970 年版，第 67—68 页。

歌》所祀兼王者与诸侯之职。

宋洪兴祖《楚辞补注》引五臣云："每篇之目皆楚之神名。"此亦当谓楚国称王时而言。至汉高祖即位，置祠祀官，有秦、晋、梁、荆之巫。《史记·封禅书》："荆巫，祠堂下、巫先、司命、施糜之属。"（《汉书·郊祀志》同）此则纯为诸侯之小巫，唐杜佑《通典》卷五十五《礼十五·沿革十五》列为"诸杂祠"，与《九歌》之世不同。

《九歌》篇章，自《东皇太一》至《山鬼》，凡九事，皆为物，诸神皆天地山川之物神。太一、大司命、少司命，星名。云中君，云名。[①] 湘、河，水名。东君，日名。山鬼，因山而名。

《国殇》非常祀，故与《礼魂》列于九篇之后，其为附属甚明。

楚俗虽好鬼，但观于《九歌》，无不与上古天地四方、五祀六宗、山川群神之祀典相合，尚不得谓为末世淫祀，亦不得视为"民间"之事。

游国恩《论九歌山川之神》已将山川之神四篇合为一类，得其仿佛，而曰"《九歌》之第九篇曰《山鬼》，亦楚人淫祠之一"[②]，是为断绝经典之臆解。按：祀歌出于典礼，即所谓"淫祠"，亦相对于不守典礼而言。

清林云铭《楚辞灯》曰："余考《九歌》诸神，悉天地云日山川正神，国家之所常祀。"

南朝时，采《山鬼》一篇入乐府相和曲，题为《楚词钞·今有人》，见沈约《宋书·乐志三》。《楚辞》入乐府者仅此一篇。按：后世之乐府，其渊源即上古采诗之官。

故《九歌》皆渊源典礼，出入五经，虽为祀歌，而体制严整，

---

① 宋洪兴祖《补注》："云神丰隆也，一曰屏翳。《汉书·郊祀志》有'云中君'。"按：《庄子·在宥》又有"云将"，唐陆德明《释文》引李颐云"云将，云主帅也"，清郭庆藩《集释》引晋司马彪云"云将，云之主帅"，唐成玄英疏"云将，云主将也"。

② 游国恩：《论九歌山川之神·论山鬼》，《楚辞论文集》，古典文学出版社 1957 年版，第 140 页。

《国语·楚语》观射父谓巫觋"是使制神之处位次主，而能知山川之号"，《汉书·高帝纪》唐颜师古注引文颖曰"巫，掌神之位次者也"，斯为得之。

二 山鬼名夔说

唯九篇之中，湘、河均为专名，山则是类名，未知所指。

马茂元《楚辞注释》云：要理解本篇的真实内容，首先我们可以弄清它究竟指的哪座山。[1]金开诚、董洪利、高路明《屈原集校注》云："是某座名山的某个具体神灵，但因材料不足，难以确考。"[2]其思路颇是。

唐沈亚之《屈原外传》云："[屈]原因栖玉笥山，作《九歌》以风谏。至《山鬼》篇成，四山忽啾啾，若啼啸，声闻十里外，草木莫不萎死。"玉笥山在湘阴，见《水经注》卷三十八汨水，《通典》卷一百八十三《州郡典十三·巴陵郡湘阴》，以及《太平御览》卷六十五汨水。

按：《九歌·山鬼》洪兴祖补注引《庄子》曰："山有夔。"《庄子·达生》本解"然则有鬼乎"之问，是知山鬼有名夔之一说。清赵翼《陔馀丛考》卷十五"四夔"条引明冯智舒《质实》云："夔，兽名，又山鬼。"亦以山鬼名夔。

《国语·鲁语下》仲尼曰："木石之怪曰夔，水之怪曰龙，罔象。"三国吴韦昭注："木石，谓山也。"是知山怪有名夔之一说。

唐孔颖达《左传正义》引汉贾逵《鲁语》注云："罔两，罔象，有夔龙之形，而无实体。"是知夔又称为夔龙。

夔似龙，故可称夔龙。其字小篆作"夔"。《说文·夂部》："夔，神魖也。如龙，一足，从夂；象有角、手、人面之形。"清段玉裁注引孟康曰："夔神如龙，有角，人面。"引薛综曰："木石之怪，如

---

① 马茂元：《楚辞注释》，湖北人民出版社1985年版，第181页。
② 金开诚、董洪利、高路明：《屈原集校注》，中华书局1996年版，第274页。

龙，有角。"段注曰："按从'夂'者，象其一足。云'如龙'，则有角可知。故'丌'象有角。又'止''巳'象其似人手，'页'象其似人面。"

《汉书·马融传》载《广成颂》："左挈夔龙，右提蛟鼍。"汉张衡《南都赋》："追水豹兮鞭魍魎，惮夔龙兮怖蛟螭。"已称夔为夔龙。

《尚书·舜典》：夔典乐，龙作纳言。汉孔安国传："夔、龙，二臣名。"后世并称"夔龙"，此为舜臣（亦为诸侯）之名，与鬼怪之夔龙不同。

三　夔龙在九嶷一证

而古人有以为夔龙在九嶷者。

《汉书·礼乐志》载《郊祀歌》十九章，第十五《华烨烨》云："九疑宾，夔龙舞。"九疑当解为九疑山神，即夔龙。九疑、夔龙同义而重叠反复言之。

唐颜师古注引如淳曰："九疑，舜所葬，言以舜为宾客也。夔典乐，龙管纳言，皆随舜而来，舞以乐神。"按：其说非是。《华烨烨》，清王先谦《汉书补注》谓："此礼后土，祠毕，济汾阴作。"后土包山川，《白虎通义·封公侯》云"天虽至神，必因日月之光；地虽至灵，必有山川之化"，故此九疑当解为山神。虽然帝舜葬于九疑，而帝舜自是帝舜，九疑自是山神，此歌与帝舜君臣并无直接关联，必无祭祀后土而可以随时招来古帝之理。

《郊祀歌》其他各章：《练时日》，陆侃如《乐府古辞考》曰"此系迎神之词"；《帝临》，清王先谦曰"此祀中央黄帝歌"；《青阳》《朱明》《西颢》《玄冥》，祀春夏秋冬四神；《惟泰元》《天地》，陆侃如曰"二篇均祀太一之词"；《日出入》，祀日；《天马》《景星》《齐房》《朝陇首》《象载瑜》，颂瑞；《天门》，祠蓬莱；《后皇》，亦祀后土；《五神》，祀太一之佐五常；《赤蛟》，陆侃如曰"盖送神之词"。[①]

---

① 陆侃如：《乐府古辞考》，（上海）商务印书馆1927年版，第25页。

可知十九章均为天地山川，与古帝王无关。

唐杜佑《通典》卷五十三《礼十三·沿革十三》所载，自汉、后汉、魏、东晋、后魏、隋至大唐，皆有"祀先代帝王"之礼。载汉以春祠黄帝，后汉祠帝尧于济阴。又载后魏祀黄帝于桥山，祀帝尧于平阳，祀虞舜于广宁，祀夏禹于安邑，祀周文公于洛阳。又载隋制祀帝尧于平阳，帝舜于河东，夏禹于安邑，商汤于汾阴，文王、武王于沣渭之郊，汉帝于长陵。唐制，三皇置一庙，五帝置一庙，有司以时祭飨。明郎瑛《七修类稿》卷十二《国事类》载："帝王功臣庙：洪武初，建帝王庙于南京鸡鸣山之阳，以祀三皇五帝、三王、汉高祖、光武、唐太宗、宋太祖、元世祖。又诏以历代名臣从祀，风后、力牧、皋陶、夔、龙、伯夷、伯益……"其祀礼皆与天地山川不一类。

四 夔龙在九嶷二证

《梁书·张缵传》载《南征赋》："延帝子于三后，降夔龙于九疑，腾河灵之水驾，下太一之灵旗。"

"延"当作"诞"，与"降"同义。"三后"，犹言三王、三代，包帝舜而言。《左传·昭公三十二年》"三后之姓于今为庶"，晋杜预注："三后，虞、夏、商。"

"延帝子于三后"，用《二湘》之典；"腾河灵之水驾"，用《河伯》典；"下太一之灵旗"，用《东皇太一》典；而"降夔龙于九疑"一句，正用《山鬼》典故。若以《尚书·舜典》舜臣夔、龙解之，则显然不符。南朝梁张缵《南征赋》此四句皆出典于《九歌》，可知南朝有以《山鬼》为九疑山神、其名为夔龙者。

五 二湘与山鬼连言并论

潇湘源出九疑，舜葬零陵与二妃死于江、湘之间为同一事，故历朝诗家亦有以《二湘》与《山鬼》连言并论者。

唐杜甫《祠南夕望》诗："山鬼迷春竹，湘娥倚暮花。"

唐李商隐《和郑愚赠汝阳王孙家筝妓二十韵》："回首苍梧深，女萝闭山鬼。"

唐李商隐《赛舜庙文》："使东皇太乙，兼预于灵游；俾山鬼江斐，无藏于沴气。"

唐宋之问《谒二妃庙》诗："江鼋啸风雨，山鬼泣朝昏。"

宋李纲《自蒲圻临湘趋岳阳道中作》十首之九："山鬼含颦乘赤豹，湘灵解佩鼓云和。"

宋舒岳祥《阆风集》卷三《石莲花》诗："不入江妃笑，只令山鬼怜。芙蓉生木末，可证楚人篇。"

元沈梦麟《花溪集》卷二《狼山》诗："丹光山鬼护，眉黛江妃染。"

明杨慎《丹铅余录》卷十七："予既得禹碑刻作禹碑歌，其辞曰……湘娥遗佩冷斑竹，山鬼结旗零翠衾。"

明李梦阳《奉送大司马刘公归东山草堂歌》："湘娥含笑倚竹立，山鬼窈窕堂之侧。"

明万历《九疑山志》卷八载明邓云霄《谒舜祠》四首之四："山鬼幽篁里，鹧鸪秋雨中。峰头帝子泪，又洒在丹枫。"

清陈邦彦等《御定历代题画诗类》卷七十五载明王佐《画竹》诗："潇湘绿玉昆仑石……曲终日暮山鬼啼。"

清王士禛《分甘余话》卷二："门人殷彦来寄其亡友夏生任远遗诗……其《秋夜读九歌》云：湘皇泪雨滋丛竹，山鬼悲风带女萝。"

清光绪《宁远县志》卷三载清李星沅《斑管》诗："苍梧云惨蛾眉绿，湘灵夜傍秋阴哭……青林风雨山鬼呼，昨梦逢君九疑麓。"

可知历朝文人多有视《二湘》与《山鬼》为一类者。

六　九嶷之山神犹帝舜之故臣

《九歌·湘夫人》"九嶷缤兮并迎，灵之来兮如云"一语，汉王逸注："九嶷，山名，舜所葬也。言舜使九嶷之山神，缤然来迎二女。"

又《离骚》曰:"百神翳其备降兮,九疑缤其并迎。"汉王逸注:"九疑,舜所葬也。舜又使九疑之神,纷然来迎,知己之志也。"《远游》亦曰:"吾将往乎南疑。"王逸注:"过衡山而观九疑也。"[①]

汉王逸解"九嶷"为"九嶷之山神",是也。九嶷山之山神,犹帝舜之臣,故舜可遣之来迎。王氏唯未明言"九嶷之山神"即《山鬼》之祀主耳。

七 二妃为湘神而帝舜不当为湘君

自王逸后,学者多以尧女舜妃解湘神。

王逸于《湘君》"帝子"下注云:"帝子,谓尧女也。言尧二女娥皇、女英,随舜不反,没于湘水之渚,因为湘夫人。"

宋洪兴祖《补注》引汉刘向《列女传》:"舜陟方死于苍梧,二妃死于江、湘之间,俗谓之湘君。"引《史记·秦始皇本纪》:"上问博士曰:'湘君何神?'博士对曰:'闻之,尧女,舜之妻,而葬此。'"洪氏曰:"刘向、郑玄亦皆以二妃为湘君。"

但《离骚》《九歌》既有湘君,又有湘夫人,二神而涉三人,以致匹配不一,异说纷起。自唐司马贞《史记索隐》已谓:"楚词《九歌》有湘君、湘夫人。夫人是尧女,则湘君当是舜。"宋洪兴祖又曰:"王逸以为湘君者自其水神,而谓湘夫人乃二妃也。郭璞疑二女者帝舜之后,不当降小水为其夫人,因以二女为天帝之女。以余考之,璞与王逸俱失也。尧之长女娥皇,为舜正妃,故曰君。其二女女英,自宜降曰夫人也。故《九歌》词谓娥皇为君,谓女英帝子,各以其盛者,推言之也。礼有小君、君母,明其正,自得称君也。"

按:古之"后妃"亦得称君,"后"解为"君",洪说是也。

尤重要者,帝舜为古帝王,死后不得配为山川之神。

《礼记·祭法》:"夫圣王之制祭祀也……皆有功烈于民者也。及夫日、月、星辰,民所瞻仰也;山林、川谷、丘陵,民所取财用也。

---

① 宋洪兴祖《补注》:"嶷,一作疑。"又曰:"疑,一作嶷。"

非此族也，不在祀典。"汉郑玄注："此所谓大神也，《春秋传》曰：
'封为上公，祀为大神。'"所载厉山氏之子曰农，即神农，与周弃
皆为"后稷"[1]。共工氏子孙世为后土之官，故始祖为社神。契为司徒
之官，冥为玄冥之官，即水正，鲧亦为水官，亦同。

后土、水正等，古称"五行之官"，同属"物官"。《左传·昭
公二十九年》蔡墨曰："故有五行之官，是谓五官。"又曰："夫物，
物有其官。"而帝喾、帝尧、帝舜、帝禹、黄帝、帝颛顼、商汤王、
周文王、周武王，皆古帝王，不在"物官"之列。古有专祀，见于
诸史。

《祭法》载帝舜"勤众事而野死"，亦为大神，而未言帝舜为
水神。

古礼最重名分，以古礼言之，帝舜决不当为湘水之君，亦不当
为九疑山神。

八　九嶷宾迎帝舜而非帝舜作为宾客

《湘夫人》"九嶷缤兮并迎，灵之来兮如云"，语谓来则如云，迎
则缤然，句本无碍。

闻一多《九歌解诂》据《尚书·益稷》"虞宾在位"，《大传》"舜
为宾客，而禹为主人"，以及《郊祀歌》如淳注，认为"凡随舜自九
疑而来者皆曰九嶷宾"，故解"缤兮并迎"之"缤"为"宾客"之
"宾"。[2]

按：其说非是。"缤兮"解为"缤然"本通，即便将"缤"解
为"宾"，亦不当作宾客之义。《郊祀歌》"九疑宾"是"宾迎"之
"宾"，故九疑为主人。如《舜典》"宾于四门，四门穆穆"，汉孔安
国传"四方诸侯来朝者，舜宾迎之"，即舜是主人。而《大传》"舜

---

[1] 《左传·昭公二十九年》："稷，田正也。有烈山氏之子曰柱为稷，自夏以上祀
之。周弃亦为稷，自商以来祀之。"

[2] 闻一多：《九歌解诂·九章解诂》，上海古籍出版社1985年版，第37页。

为宾客"则是"禹为主人",舜受其宾迎。"九嶷缤兮并迎"当是九疑为主人以迎湘夫人,而非九疑来为宾客。况且九疑由舜所遣,舜迎夫人不可称"宾"也。《后汉书》庞公"夫妻相敬如宾",《三国志》注引《魏略》常林与妻"相敬如宾",《晋书》庾衮与前妻、继妻"俱相敬如宾",明非常典也。

朱季海《楚辞解故》亦取《郊祀歌》"九疑宾,夔龙舞"互证,曰:"楚俗降神,盖有使巫饰为九疑之神,以宾迎尊者;夔龙舞,亦巫饰之尔。"[1]其说稍为近之。

九 九嶷山神其数当有九

《湘夫人》曰"缤兮并迎",曰"如云",汉王逸注:"则百神侍送,众多如云也。"金开诚等《屈原集校注》引清吴世尚《楚辞疏》亦云:"如云,言侍从者众。"今学者多解此篇为诸神、群神、众神。

按:《史记·五帝本纪》舜"南巡狩,崩于苍梧之野,葬于江南九疑,是为零陵",南朝宋裴骃《集解》引《皇览》曰:"舜冢在零陵营浦县,其山九溪皆相似,故曰九疑。"颇疑九嶷山神其数有九,即《山鬼》祀主有九也。

十 山者阳精,故山神当为男神

古礼,事物有阴阳,鬼神有阴阳,巫觋有男女,而阳物为阳神,阴物为阴神。

《隋书·五行下》引刘向《洪范五行传》曰:"山者,君之象。水者,阴之表。"

《公羊传·成公五年》:"梁山崩,壅河,三日不流。"汉何休注:"山者,阳精,德泽所由生,君之象。河者,四渎,所以通道中国。"清苏舆《翼教丛编》引作:"山者阳精,河者阴精。"

《史记·封禅书》:"名川四:水曰河,祠临晋;沔,祠汉中;湫

---

① 朱季海:《楚辞解故》,上海古籍出版社 1963 年版,第 101 页。

渊，祠朝毵①；江水，祠蜀。"唐司马贞《索隐》引《龙鱼河图》云：
"河伯姓吕，名公子，夫人姓冯名夷。"引乐产云："汉女，汉神也。"
引《广雅》云："江神谓之奇相。"又引《江记》云："帝女也，卒为
江神。"②

　　清戴震《屈原赋注·九歌·湘君》云："《周官》：凡以神仕者，
在男曰觋，在女曰巫。巫亦通称也。男巫事阳神，女巫事阴神。湘
君、湘夫人亦阴神，用女巫明矣。"

　　山为阳，故山神当为男神；水为阴，故水神当为女神。今学者
多以山鬼为女神，如游国恩《论九歌山川群神·论山鬼》云："山鬼
似为女鬼而非男鬼，故有含睇宜笑，善窈窕，及怨公子、思公子之
言。"姜亮夫《楚辞今绎讲录》云："河伯本应是阴性，山鬼本应是
阳性，但自东汉以来，河伯一直为男性，山鬼一直为女性，这是个
颠倒。"③ 殊无此理④。

　　按：《山鬼》祀主为男神女神，屈子并无明文。《淮南子·泛论
训》："山出枭阳，水生罔象。"枭阳，一作噪阳，一作枭杨，一作枭
羊。汉高诱注："枭阳，山精也。人形，长大，面黑色，身有毛，足
反踵，见人而笑。"宋洪兴祖《山鬼补注》引之，曰："楚人所祠，
岂此类乎？"

　　枭阳"见人而笑"，疑即《山鬼》"既含睇兮又宜笑"所本。今
学者以为凡言笑者皆为女性，则未必也。

　　"公子"，谓山神。清胡文英《屈骚指掌》卷二《山鬼》："盖
有德位之人，死而主此山之祀者。故一则称之曰'若有人'，再则

---

① 《汉书·郊祀志》作"祠朝那"。
② 见顾颉刚：《顾颉刚读书笔记》第六册"水神多女性"条，第4148页。
③ 姜亮夫：《楚辞今绎讲录》，北京出版社1981年版，第83页。
④ 今学者又多以河伯为男神，又多称《高唐赋》"巫山之女"为巫山女神。按："巫山之女"疑其本为巫水（又称巫溪水）之水神。顾颉刚引宋盛如梓《庶斋老学丛谈》曰："巫山神女庙两庑碑文皆言神助禹开峡有功，是以庙而祀之。"见顾颉刚：《顾颉刚读书笔记》第六册"巫山神女助禹开峡"条，第4193页。

曰'子'，三则曰'灵修'，四则曰'公子'。"又曰："皆借神以喻君也。"

十一 "山鬼"当正名为"山神"

古语鬼、神不同，然亦通用。

古人以为万物之精则有神。"不测之谓神。"神即造化之妙。《说文》："神，天神，引出万物者也。从示、申。"申即"引申""屈申"之"申"，今作"伸"，俗字。

天阳而地阴，魂阳而魄阴，神阳而鬼阴。鬼与神同类，而专指人鬼。《说文》："人所归为鬼。从人，象鬼头。"而其魂魄，亦属不测。《礼运》："魂气归于天，形魄归于地。"《郊特牲》："魂气归于天，形魄归于地。"《韩诗外传》："人死曰鬼，鬼者归也。精气归于天，肉归于土。"

由此可知，"山鬼"其正名本当称为"山神"。称"鬼"，用其泛称。

言"神"，谓其不可见。言"鬼"，则约略可见矣，《说文》所谓"象鬼头"也。屈子题为《山鬼》，欲其隐约可见，所谓"若有人"也。王夫之《楚辞通释》："以其疑有疑无，谓之鬼耳。"

十二 "女神"之媚世歧说

清顾成天《楚辞九歌解》解《山鬼》为巫山神女，曰："楚襄王游云梦，梦一妇人，名曰瑶姬。通篇辞意，似指此事。"《四库提要》斥其"穿凿附会"，曰："屈原本旨，岂其然乎！"

而孙作云《九歌山鬼考》发挥其说[1]，闻一多、马茂元、陈子展、姜亮夫等赞成之，郭沫若《屈原赋今译》且提出《山鬼》"采三秀兮于山间"，"于"（繁体作"於"）读作"巫山"之"巫"[2]。

---

[1] 孙作云：《九歌山鬼考》，《清华学报》1936年第11卷第4期。

[2] 郭沫若：《屈原赋今译》，人民文学出版社1953年版，第32页。

按：闻一多《怎样读九歌·九歌兮字代释略说》云："'兮'可代'于'字作用，'于'字可省。"此由语法而言诚是也，由辞章之学而言，则兮、于可连文。汉王逸《九思》"愍余命兮遭六极，委玉质兮于泥涂"，"虎兕争兮于廷中，豺狼斗兮我之隅"，"鸿鸬兮振翅，归雁兮于征"，皆是其例。

且巫山之名，频见经史，无须假借。故郭氏所言，并无必然之根据。

今人解山鬼为巫山女神，又解河伯、山鬼为夫妻神，湘君、湘夫人亦为夫妻神。一则由于不信上古典礼，一则追逐现代男女情爱，以媚世俗，实皆别有处心之歧说。

游国恩《楚辞概论》将《九歌》"言祭及言情的诗歌分作两组"，"第一组为祭歌，即《东皇太一》《云中君》《东君》《国殇》《礼魂》五篇"，"第二组为情歌，即《湘君》《湘夫人》《大司命》《少司命》《河伯》和《山鬼》六篇"。[1]

苏雪林以为："它们所歌咏的是人与神的恋爱……看看《山鬼》中的情辞……它们表达了所求不得的相思之苦，可见《山鬼》是极为凄恻感人之情歌。"[2]

马茂元《楚辞注》说："山鬼即山中之神。称之为鬼，因为不是正神。楚人祭山鬼，当然是一种'淫祠'之风的表现。但寻绎文义，篇中所说的是一位缠绵多情的山中女神。"[3]

姜亮夫《楚辞今绎讲录》云："《九歌》里的《云中君》是月神，《东君》是日神，日月配对，配成夫妇神。《大司命》和《少司命》配成夫妇神，《湘君》和《湘夫人》配成夫妇神，《山鬼》和《河伯》配成夫妇神。"

① 游国恩：《楚辞概论》，（上海）商务印书馆 1933 年版，第 81、85 页。

② 苏雪林：《〈楚辞·九歌〉与河神祭典的关系》，《现代评论》1928 年第 8 卷第 204—206 期，后改题《九歌中人神恋爱问题》，收入《蠹鱼集》，（上海）商务印书馆 1938 年版，又收入《九歌中人神恋爱问题》，（台北）文星出版社 1967 年版。

③ 马茂元：《楚辞注》，人民文学出版社 1958 年版，第 104 页。

按："淫"字本义为久雨，引申为过度。《说文》："浸淫随理也。从水，㢆声。一曰久雨为淫。"南唐徐锴注："随其脉理而浸渍也。"《左传·庄公十一年》："秋，宋大水。公使吊焉，曰：'天作淫雨，害于粢盛。'"《礼记·月令》："季春行秋令，则天多沉阴，淫雨蚤降。"汉郑玄注："淫，霖也。雨三日以上为霖。"情色之"淫"当从"女"，作"婬"。清王夫之《说文广义》卷一曰："'淫'本训'浸淫'也，'一曰久雨为淫'。婬色、婬奔，从女从淫省，唯佛书犹存此字。"今人责《九歌》为淫祠，而训解率归于婬色，可谓两失。抑之则曰淫祠，扬之则曰爱情，殆只是今世一种心理写照。终使古人歌篇丧失理性，屈子《楚辞》沦为不可信之学。

十三　古代舜陵祀礼之重

《国语·吴语》载申胥（伍子胥）曰："昔楚灵王……筑台于章华之上，阙为石郭，陂汉，以象帝舜。"此之"帝舜"为地名，谓舜陵，即零陵。三国吴韦昭注："舜葬九疑，其山体水旋其丘，故壅汉水使旋石郭，以象之也。"可知春秋时，楚人颇知九疑舜陵之事。

1973 年长沙马王堆三号汉墓出土帛绘古地图，其下限为汉文帝十二年（前 168），自发掘简报公布以来命名为《地形图》与《驻军图》。今观其帝舜、九疑、深水原所处地图中心位置，可以推测《地形图》实当为指示舜陵祭祀的行程路线图，《驻军图》则当是舜陵祭祀的警跸图，二图可能都与春秋战国至汉初的九疑山舜陵祭祀有关。①

近年九疑山玉琯岩祭祀陵庙遗址的考古发掘，亦在宋、唐建筑基址之上，发现东汉与西汉的古建筑遗迹。

帝舜祀礼之重，可以推见。

---

① 见张京华：《马王堆汉墓〈地形图〉〈驻军图〉再探讨》，《湖南省博物馆馆刊》第六辑，岳麓书社 2010 年版。

十四　山川群神本为山川诸侯

上古"山川群神"一语，本指山川诸侯，与社稷诸侯同为王公。

《国语·鲁语下》仲尼曰："山川之灵，足以纪纲天下者，其守为神，社稷之守者，为公侯，皆属于王者。"三国吴韦昭注："群神，谓主山川之君，为群神之主，故谓之神也。足以纲纪天下，谓名山大川能兴云致雨，以利天下也。""仲尼曰"又见《史记·孔子世家》，南朝宋裴骃《集解》引晋王肃曰："守山川之祀者为神，谓诸侯也。"[1]

明胡应麟《少室山房笔丛》云："河伯非水神也，乃当时诸侯耳。"

清来集之《倘湖樵书》云："费昌问于冯夷曰：'何者为殷？何者为夏？'冯夷曰：'西夏，东殷。'于是费昌徙族归殷。则冯夷为诸侯之名，此亦一证也。"

上古已有"山出云"的知识，上古实行的"山川诸侯"制度实际上具有自然保护的功能。[2]

《礼记·祭法》："山林、川谷、丘陵，能出云，为风雨，见怪物，皆曰神。"

《礼记·孔子闲居》："开降时雨，山川出云。"

《尚书大传》卷一："五岳皆触石而出云，肤寸而合，不崇朝而雨天下。"

《尚书大传》卷三："夫山，草木生焉，鸟兽蕃焉，财用殖焉，生财用而无私为焉，四方皆代焉，每无私予焉。出云风以通乎天地之间，阴阳和合，雨露之泽，万物以成，百姓以飨。"

---

[1]　见顾颉刚：《顾颉刚读书笔记》第六卷"古诸侯有守山川与守社稷二类"条；张京华：《"山川群神"新探》，《湘潭大学学报（哲学社会科学版）》2007 年第 6 期。

[2]　见张京华：《古文献所记山川诸侯与自然保护制度》，洛阳大学东方文化研究院主编：《疑古思潮回顾与前瞻》论文集，京华出版社 2003 年版。

《韩诗外传》卷三:"夫山者,万民之所瞻仰也。草木生焉,万物植焉,飞鸟集焉,走兽休焉,四方益取与焉。出云道风,炭乎天地之间。天地以成,国家以宁。"

《白虎通义·性情》:"山亦有金石累积,亦有孔穴,出云布雨以润天下。"

自从山川诸侯瓦解,礼法制度宗教化,山川群神之幸存者多沦为淫祠,而山神、水神渐被视为小神,转成"民间信仰",自然保护的功能亦荡然殆尽。

十五 《九歌》亦诸子辅经所为作

《尧典》《舜典》居《书经》之首,《曲礼》居《礼记》之首,《九歌》所言与之同始终。宋王铚《雪溪集》卷一《题洛神赋图诗并序》云:"风雅颂为文章之正,至屈原《离骚》兼文章正变而言之,《湘君》《湘夫人》《山鬼》多及帝舜英皇,以系恨千古。"

自近代以来,贬经学而扬诸子,损《诗经》而张《楚辞》,薄中夏而尚地域,于是截断上古礼制而论说祀典,"山川群神"皆成"神话"。

昔章太炎主讲《国学概论》,在"国学的本体"题目中,共讲三个问题,其一曰"经史非神话",其二曰"经典诸子非宗教",其三曰"历史非小说传奇"。章太炎云:"经史并非神话。"又云:"经典诸子中有说及道德的,有说及哲学的,却没曾说及宗教……中国自古即薄于宗教思想,此因中国人都重视政治。"又云:"古书原多可疑的地方,但并非像小说那样的虚构。"[①]

章氏之见在于今日,尤其具有儆醒学人的价值。

---

① 章太炎:《国学概论》,上海古籍出版社1997年版,第3—6页。

第八章 湘妃、洛嫔、河伯的综合考察

从湖南的本土神庙崇拜出发，通过对比相类的河伯与洛嫔两种记载，可以推测在湘妃的神偶祭祀表象背后，隐藏着山川诸侯的古史真相。湘妃可能曾经是上古分封的一个侯国，因之湘妃祭祀的本义亦应由侯国分封制度加以引申。

一 湘妃庙的沿革

（一）现存清代湘妃庙的实存

坐落在永州零陵潇湘二水交汇处、湘水东岸的潇湘庙，是迄今所存极少的湘妃庙宇之一。

庙宇为砖木结构，建筑主体完整，但规模较小，天井处顶瓦已全部坠落。现存文物以 19 通碑刻最为珍贵，均镶嵌在庙宇墙壁上，保存完好。庙宇建于清末，承自清初。

据道光年间碑文记载，庙宇创建的时间在"大明隆武年间"。隆武为南明年号，相当于顺治初（1645—1647），已入清。

现存最早的庙碑《建立潇湘圣庙》刻于乾隆四十年（1775），距今近 250 年。最晚的碑刻是光绪二十四年（1898），另外墙壁上有"光绪廿七年"的题名墨迹。庙宇当于此时重建，距今 120 余年。

据庙碑记载，此庙宇为当地居民"四旗"共同捐资修建，有田地等庙产，设有"掌庙第（弟）子"及管理流水账簿的"总簿"。

中华人民共和国成立之初，庙宇被没收，分配给本地居民。1953 年零陵县颁发"土地所有证"给何姓人家，1962 年再次颁发"社员土地使用房产所有证"。今由何国华老人（1938 年出生）继承，房屋已废弃，无人居住。

2003 年，潇湘庙被定为市级文物保护单位，但无专人管理。

2005 年，笔者曾带领湖南科技学院学生数次前往考察。以上情况参见考察报告。

这一"湘妃"庙宇实存，是本项研究的第一个基础。

（二）潇湘庙的名称和祀主

"潇湘庙"是湘妃庙的专称，同时也是主庙之称。

自唐以前建有"潇湘二川庙"，又称"潇湘庙"，实即湘妃庙。沿湘水上下多有湘妃庙，而永州之庙建于潇湘之会，故可独获此称。

今湖南永州为潇湘二水交会处，旧称"湘口"。其中有岛，今称蘋岛，古称蘋洲、白蘋洲。岛及两岸旧有潇湘楼、潇湘馆、湘口驿。

"潇湘"一语，出自《山海经》。

> 《山海经·中次十二经》云："又东南一百十里，曰洞庭之山……帝之二女居之，是常游于江渊。澧沅之风，交潇湘之渊，是在九江之间，出入必以飘风暴雨，是多怪神，状如人而载蛇。"

"潇湘之渊"一节，各书引文略有不同。《水经注·湘水》引作"神游洞庭之渊，出入潇湘之浦"，《文选》汉张衡《思玄赋》注引作"常游汉川澧沅之侧，交游潇湘之渊"，《文选》南朝齐谢朓《新亭渚别范零陵诗》注引作"常游于汉渊澧沅，风交潇湘之川"，《初学记》引作"澧沅之交，潇湘之渊"。

晋郭璞注云："天帝之二女，而处江为神也。"

清汪绂《山海经存》云："帝之二女，谓尧之二女以妻舜者，娥皇、女英也。相传谓舜南巡狩，崩于苍梧，二妃奔赴哭之，陨于湘江，遂为湘水之神。屈原《九歌》所称湘君、湘夫人是也。"

《山海经·海内北经》又云："舜妻登比氏生宵明、烛光，处河大泽，二女之灵能照此所方百里。一曰登北氏。"

宋罗泌《路史·后纪十一》云："宵明、烛光，处河大泽，灵照百里，是为湘之神。"姓名虽不同，事迹则仍相类似。

永州/零陵"潇湘庙"的地理位置不仅与《山海经》"潇湘之渊"相对应，而且与古代文献记载中帝舜的葬地苍梧/九疑山邻近。九疑山正是古人认为的潇水的发源地。

> 《山海经·海内东经》："湘水出舜葬东南陬，西环之，入洞庭下。"

潇水上游古称"深水"，见汉许慎《说文》及《水经注》卷三十九《深水》。九疑山为"深水源"，见马王堆出土《古地图》。因此可以认为，潇湘庙是湘妃庙的主庙。

（三）明代潇湘庙祀主的增置

潇湘庙的祀主为合祀。今潇湘庙塑像不存。据碑文自称为"潇湘圣庙""潇湘神祠"，祀主称为"两川之神"。同治十二年（1873）《重建正殿碑》又有明言："潇湘者，娥皇、女英之灵也。"似乎祀主为湘妃姐妹。

但祀主又称为"二圣皇爷"。笔者前文解释为"二圣"和"皇爷"："称帝舜为'皇爷'，称湘妃为'二圣'。"推测塑像是二尊女神、一尊男神形象。

又据"起造龙龛"等语，推测塑像有龙形的造型因素。

碑文又记载祀像前有"左右站相四尊"，又有"左丞右相"，身份不明。

这一状况与明代并祀大舜的记载相符。

明代祁阳县城外临湘水处，因祁江入湘，"似潇湘之合流"，建有潇湘庙。至近代，1936年改建，现称"潇湘楼"。

> 徐霞客《楚游日记》云："祁江从北至此，南向入湘；而

甘泉活水，又绕学前，透出南胁，而东向入湘。乃三交会之中，故桥曰潇湘桥，亭曰潇湘亭，庙曰潇湘庙，谓似潇湘之合流也。庙祀大舜像，谓巡守由此，然隘陋不称。"

可知明代，潇湘庙的祀主除了湘妃姐妹二神，还有帝舜，共为三神。下及清代，这一状况得以延续。

（四）唐代的祀主

由明代向上追溯，唐代潇湘庙的祀主为二神。唐刘禹锡有《潇湘神二曲》诗，柳宗元有《湘源二妃庙碑铭并序》，韩愈有《潭州湘阴黄陵庙碑》。

> 柳宗元云："元和九年八月二十日，湘源二妃庙灾。司功掾守令彭城刘知刚，主簿安邑卫之武，告于州刺史御史中丞清河崔公能。祇栗厥戒，会群吏泊众工，发开元诏书，惧废守祀。搜考赢羡，均节委积。咸执牍聿，至于祠下。稽度既备，佣役惟时。斩木于上游，陶埴于水涯，乃桴乃载，工逸事遂。作貌显严，粲然而威。十有一月庚辰，陈奠荐辞，立石于庙门之宇下。惟父子夫妇，人道之大。大哉二神，咸极其会。为子而父尧，为妇而夫舜。"

文中只说到"湘源二妃"。所云"为子而父尧"是说二人为帝尧之子（女），"为妇而夫舜"是说二人为帝舜之妻。文中并未直接说到帝舜。

韩愈更明确说道："湘旁有庙曰黄陵，自前古以祠尧之二女，舜二妃者。"

黄陵庙与潇湘庙不在一地。《韩昌黎集》旧注引曾子开曰："湘水出全，潇水出道，二水至永合而为一，以入洞庭。黄陵庙在潇湘之尾，洞庭之口。"

可知二庙虽不在一地，却同在一江之源尾（原委），故可同祀二神。

（五）秦代至汉代的祀主

韩愈的文章还说道：

> 庭有石碑，断裂分散在地，其文剥缺，考《图记》言："汉荆州牧刘表景升之立。"题曰："湘夫人碑。"今验其文，乃晋太康九年。又其额曰"虞帝二妃之碑"，非景升立者。

刘表，字景升，东汉末为荆州刺史。韩愈亲见之庙碑虽非刘表所建，但由其引见的《图记》（当是《旧唐书·经籍志》著录之《湘州图记》，《隋书》《新唐书》著录之《湘州记》），当可追溯至汉代。

接着韩愈便说到司马迁在《史记》中的著名记载。韩愈云："秦博士对始皇帝云：'湘君者，尧之二女，舜妃者也。'"事见《史记·秦始皇本纪》。

《史记·秦始皇本纪》载，始皇渡淮水，之衡山、南郡，浮江，至湘山祠。唐人称湘山为青草山，改称其祠为黄陵庙。唐张守节《史记正义》："按：湘山者，乃青草山。山近湘水，庙在山南，故言湘山祠。"《括地志》："黄陵庙在岳州湘阴县北五十七里，舜二妃之神。"

那么可以说，湘妃庙的沿革自秦迄今，大体上没有中断。作为源于上古的地方神，湘妃庙是一个难得而有趣的案例。

二　潇湘庙的神灵祭祀

（一）明清潇湘庙的祭祀功能

明清两代，湘妃庙具有显著的宗教功能。

明弘治《永州府志》卷三载："潇湘二川庙，旧在潇湘滩西岸，唐贞元九年三月水至城下，文武官民祷而有感，至于水落，漕运艰阻，未有祷而不应，自是凡旱干水溢，民辄叩焉。后徙庙于潇湘东岸。至正十三年癸巳，庙遭兵燹，遂移置于潇湘门内。洪武十五年壬戌，知县曹恭增置殿宇。洪武四年，本朝敕封为潇湘二川之神。"

康熙《永州府志》卷九称"潇湘二川庙"为"潇湘庙"，而记事略同。

其中说到了文武官民祷而有应。

在清代江昱的笔记《潇湘听雨录》中，提到洞庭中的"湖神"，记载非常生动。

> 洞庭湖中九月水落，往有大船遇浅不能行，水渐归槽，则船在高岸矣。上人谓之"守洲船"，以为湖神所为。必至次年春夏水发始行，利市百倍。尝有一人性傲，不信此说，遭浅即拆卸复造入湖，复浅如故。终不信，举火焚之，其人因而贫窘以死，亦殊可怪。

江昱还提到"水神"，云："湘楚往往有水神丁三郎庙，不详其始末。《衡湘稽古》所言极明……"

至今在即将坍塌的永州潇湘庙，仍不时可见居民燃烧香烛，祈祷发愿。

（二）唐代潇湘庙的教化与祭祀

前揭柳宗元文云："齐圣并明，弼成授受。内若嚚瞽。上承辉光。克艰以乂，德罔不至。帝既野死，神亦不返。食于兹川，古有常典。"

从"史源学"而言，其叙述源于《尚书》《礼记》。

韩愈云："二妃既曰：以谋语舜，脱舜之厄，成舜之圣；尧死而舜有天下为天子，二妃之力。宜常为神，食民之祭。今之渡湘江者，莫敢不进礼庙下。"

"湘江"之"湘"，或作"潇"，或作"湖"。

从"史源学"而言，其叙述源于《列女传》。

唐代永州/零陵还没有系统的州府县志，也少有乡土文人的笔记札记，而柳宗元、韩愈的文章可能是被"雅化"了（二人均崇尚"古文"）。所以，其叙述均围绕经史展开，而归结于德行教化。虽然如此，韩愈仍然提到了"渡湘江"必须祭祀湘妃二人的禁忌。

（三）秦代湘妃庙的宗教禁忌

唐代、明清湘妃庙的祭祀功能，仍然可以追溯到秦代。

《史记·秦始皇本纪》云："至湘山祠。逢大风，几不得渡。上问博士曰：'湘君何神？'博士对曰：'闻之，尧女，舜之妻，而葬此。'于是始皇大怒，使刑徒三千人皆伐湘山树，赭其山。"

这段记载，至宋代被《太平御览》选入"神鬼部"，被《艺文类聚》选入"灵异部"。

秦始皇"赭其山"，同样出于一种宗教行为。《史记》下文便记载到，他"行至云梦，望祀虞舜于九疑山"。

唐张守节《正义》引《括地志》云："九疑山在永州唐兴县东南一百里。"引《皇览·冢墓记》云："舜冢在零陵郡营浦县九疑山。"又按："言始皇至云梦，望祭虞舜于九疑山也。"

（四）战国间的山鬼祭祀

《史记·秦始皇本纪》下文又记载，秦始皇"夜过华阴"，遇到江神，而称之为"山鬼"。

"山鬼"在后世往往被解为淫祠小神。在已知文献中，"山鬼"最早见于战国时期楚国屈原《九歌》，为篇名。

《九歌》为战国时楚地祭祀乐歌。

汉王逸《章句》云："昔楚国南郢之邑，沅湘之间，其俗信鬼而好祠，其词必作歌乐舞鼓，以乐诸神。"

《九歌》中还有两篇著名的乐歌，即《湘君》《湘夫人》。联系到这数篇乐歌同为一系，"湘君""湘夫人"当为湘妃姐妹，而"山鬼"应当是九疑山的山神。

这一推测有《汉书·礼乐志》及《梁书·张缵传》两种文献的薄证。

此外，《国语·吴语》记载：楚灵王"筑台于章华之上，阙为石郭，陂汉，以象帝舜"。三国吴韦昭注："舜葬九疑，其山体水旋其丘，故壅汉水使旋石郭，以象之也。"马王堆古地图在九柱形山体处注出"帝舜"二字，而近年在九疑山的考古发掘也已勘探出西汉时期的祭祀建筑遗迹。由此推测马王堆汉墓帛书古地图，其中《地形图》应当是指示舜陵祭祀的行程路线图，《驻军图》应当是舜陵祭祀的警跸图[1]。

此外，《孟子》云："象至不仁，封之有庳。"《水经注》"溱水"条："水侧有鼻天子城，鼻天子，所未闻也。"《史记·五帝本纪》"封弟象为诸侯"，唐张守节《正义》引《括地志》云："鼻亭神在营道县北六十里。故老传云，舜葬九疑，象来至此，后人立祠，名为鼻亭神。"清屈大均《广东新语·坟语》有"鼻天子冢"条，辨析较详。

山鬼、鼻神亦为与湘妃庙相关联的祀主。

由此，可以将湘妃庙及其相关的九疑山神等宗教祭祀的行为，追溯到战国时代。

三　古代巫觋的几个层面

（一）神偶的迷信层面与巫觋的理性层面

与上述神偶的"迷信"层面不同，巫觋体现了祭祀的"理性"一面。

汉王充《论衡·奇怪篇》曾评论夏、商、周三代的男性始祖的

---

[1]　见张京华：《马王堆汉墓〈地形图〉〈驻军图〉再探讨》，《湖南省博物馆馆刊》第六辑。

诞生神话，说道："儒者称圣人之生，不因人气，更禀精于天。禹母吞薏苡而生禹，故夏姓曰姒。卨母吞燕卵而生卨，故殷姓曰子。后稷母履大人迹而生后稷，故周姓曰姬……世儒学者莫谓不然，如实论之，虚妄言也……且夫薏苡，草也。燕卵，鸟也。大人迹，土也。三者皆形，非气也，安能生人？说圣者以为禀天精微之气，故其为有殊绝之知。今三家之生，以草、以鸟、以土，可谓精微乎……今燕之身不过五寸，薏苡之茎不过数尺，二女吞其卵实，安能成七尺之形乎？"

王充的评论是对的。无论在古代或现代，吞薏苡、吞鸟卵、践足迹可以使人怀孕，都不可信，学者不可以为此等传说而辩护。但问题是，历史传说可能是以"神道设教"为原则加以记载的，可能有意无意地回避了事实的真相，而并不认可"打通后壁""幕后花絮"的做法。对此，学者却不可不加理解。

（二）巫觋的没落：河伯娶妇的故事

20 世纪五六十年代，出版过不止一种《河伯娶妇》的故事书，有些还是剧本。[①] 其中文字的讽刺批评风格，出场人物角色从女巫到乡里小吏的贪鄙形象的刻画，贯穿其间的钱财交易等，都使人联想到中华人民共和国成立之初的特殊政治背景，但是仔细比较，这些情节与历史原型《史记·滑稽列传》的记载竟然几乎完全相同。

> 《史记·滑稽列传》云："邺三老、廷掾常岁赋敛百姓，收取其钱得数百万，用其二三十万为河伯娶妇，与祝巫共分其余钱持归。当其时，巫行视小家女好者，云是当为河伯妇，即娉取。"

中华人民共和国成立之初的多种《河伯娶妇》故事书，大体上

---

① 笔者所见有 1963 年文化部艺术事业管理局印内部交流京剧《河伯娶妇》，编剧翁偶虹、王颉竹。

都不违背西汉的史家记载。这当然不表明"封建迷信""阶级斗争"在战国时已经出现，但却可以反映出，夷陵到战国时期，巫觋传统已经很严重地遭到破坏，已经丧失了其职业原则。换言之，河伯娶妇故事中的女巫只代表巫觋的没落，而不代表真正的巫觋精神。

（三）巫觋的理性精神："其圣能光远宣朗"

《国语·楚语下》观射父对楚昭王一大段对问，可以视为春秋人对于巫觋精神的典型看法。

观射父先说到巫觋这样一种人物："民之精爽不携贰者，而又能齐肃衷正，其智能上下比义，其圣能光远宣朗，其明能光照之，其聪能听彻之，如是则明神降之，在男曰觋，在女曰巫。"

然后说到巫觋这种职业："是使制神之处位次主，而为之牲器时服，而后使先圣之后之有光烈，而能知山川之号、高祖之主、宗庙之事、昭穆之世、齐敬之勤、礼节之宜、威仪之则、容貌之崇、忠信之质、禋絜之服，而敬恭明神者，以为之祝。使名姓之后，能知四时之生、牺牲之物、玉帛之类、采服之仪、彝器之量、次主之度、屏摄之位、坛场之所、上下之神、氏姓之出，而心率旧典者为之宗。"

然后再说到巫觋的意义："于是乎有天地神民类物之官，是谓五官，各司其序，不相乱也。民是以能有忠信，神是以能有明德，民神异业，敬而不渎，故神降之嘉生，民以物享，祸灾不至，求用不匮。"

巫觋的职守，固然是以"神灵"为主，但是也包括"名姓之后""氏姓之出"，这些近乎本纪、世家、《系本》、《帝王世纪》的内容，具有史官的性质。

而《左传·昭公十二年》恰好记载了楚国一位"良史"左史倚相，楚灵王说："是能读《三坟》《五典》《八索》《九丘》。"

唐孔颖达引汉张衡之说，以《三坟》为三礼，"三礼，天、地、人之礼也"。

又引汉马融之说："《三坟》，三气，阴阳始生，天、地、人之气也。《五典》，五行也。《八索》，八卦。《九丘》，九州之数也。"

如此，则左史倚相之职掌，亦兼巫觋的性质。

今人追溯历史学、思想史的起源，往往习用"巫史"一词。似乎以为"史"之前是"巫"，"史"清晰而"巫"含混，以此叙述一种较为原始的半清晰半混沌状态。实际上，无论巫、史，都必须具备理性的精神，史官以"实录"为原则不必说，而巫觋要求"光远宣朗"，甚至更重视理性。其中如果具有"神秘"的因素，原因多出在"不可言说"上。此种神秘不等同于蒙昧。

朱子晚年所作《斋居感兴》二十首，其一云："昆仑大无外，磅礴下深广。阴阳无停机，寒暑互来往。皇羲古神圣，妙契一俯仰。不待窥马图，人文已宣朗。浑然一理贯，昭晰非象罔。珍重无极翁，为我重指掌。"（见《程史》卷十三"晦庵感兴诗"）"宣朗"一语典出《国语》巫觋之文，而用以称道"人文"，可见了充满"义理"意蕴。

（四）上古的"物官"制度

《左传·昭公二十九年》载蔡墨对魏献子问云："夫物，物有其官，官修其方……故有五行之官，是谓五官。实列受氏姓，封为上公，祀为贵神。社稷五祀，是尊是奉。木正曰句芒，火正曰祝融，金正曰蓐收，水正曰玄冥，土正曰后土。"

蔡墨本针对豢龙氏而言，故前文所言之"物"，指重要事物。唐孔颖达疏云："物谓龙也。夫物物各有其官，当谓如龙之辈，盖言凤皇、麒麟、白虎、玄龟之属，每物各有其官主掌之也。"后文的"五行"不是具体事物，而是五个大类，但也属于物官所职守。

"物有其官"，此可称之为"物官"。

《国语》径称为"物官"。

《国语·楚语上》载申叔时论教太子："教之《春秋》，而为之耸善而抑恶焉，以戒劝其心；教之《世》，而为之昭明德而废幽昏焉，以休惧其动；教之《诗》，而为之导广显德，以耀明其志；教之

《礼》，使知上下之则；教之《乐》，以疏其秽而镇其浮；教之《令》，使访物官；教之《语》，使明其德，而知先王之务用明德于民也；教之《故志》，使知废兴者而戒惧焉；教之《训典》，使知族类，行比义焉。"

《荀子·解蔽》："农精于田而不可以为田师，贾精于市而不可以为贾师，工精于器而不可以为器师。有人也，不能此三技而可使治三官，曰：精于道者也，精于物者也。精于物者以物物，精于道者兼物物。故君子壹于道而以赞稽物。壹于道则正，以赞稽物则察，以正志行察论，则万物官矣……故好书者众矣，而仓颉独传者，壹也；好稼者众矣，而后稷独传者，壹也；好乐者众矣，而夔独传者，壹也；好义者众矣，而舜独传者，壹也。倕作弓，浮游作矢，而羿精于射；奚仲作车，乘杜作乘马，而造父精于御。"

"物官"，三国吴韦昭注："物，事也。"

"官修其方"，晋杜预注："方，法术。"

"万物官矣"，"官"读为"管"，谓居其官而管其事。

"物官"这种类称，后世不见，较为远古，但由文献所举各例而言，其实最接近于现代的"技术官"。（秦汉以后退缩为少府官、工部官，事迹多见于《畴人传》，故不显。）

"物官"在中央为天子所属，同时皆有封邑，即同时皆为诸侯。上古凡赐姓赐氏，皆为诸侯。古书如《周礼·考工记》所称之"某氏""某人"，以及上文所引之"豢龙氏"之类，皆有封。而五行之官因其重要，独称"五官"，更是"列受氏姓，封为上公"。

此类封国与专为土地而封土地、专为民人而封民人之"社稷诸侯"，有所不同。

蔡墨，晋太史，又称史墨、史黯、蔡史墨、晋史墨、赵史墨。所说豢龙氏等物官"朝夕思之，其物乃至。若泯弃之，物乃坻伏，郁湮不育"，与观射父所云之"精爽不携贰""齐肃衷正"实有相通之处。

四　山川群神与山川诸侯

（一）上古时代的"山川诸侯"

《史记·孔子世家》有关于"山川群神"的记载，云："仲尼曰：
'禹致群神于会稽山……山川之神足以纲纪天下，其守为神，社稷为
公侯，皆属于王者。'"《夏本纪》也说："于是天下皆宗禹之明度数
声乐，为山川神主。"

南朝宋裴骃《集解》引晋王肃曰："守山川之祀者为神，谓诸侯
也。但守社稷无山川之祀者，直为公侯而已。"又引三国吴韦昭曰：
"群神，谓主山川之君，为群神之主，故谓之神也。足以纲纪天下，
谓名山大川能兴云致雨，以利天下也。"

按：《国语·鲁语下》"孔丘论大骨"条，三国吴韦昭原注还有
"山川之守主，为山川设者也"一句。

至现代，章太炎从诸侯分封的数量方面，论及"山川群神"，
《太炎文录初编》云："《鲁语》曰：山川之灵，足以纪纲天下者，其
守为神，社稷之守者为公侯，皆属于王者。昔禹致群神于会稽之山，
防风氏后至，禹杀而戮之，其骨节专车。防风，汪芒氏之君，守封
嵎之山者也。于周亦有任、宿、须句、颛臾，实祀有济。盖此诸侯，
类比者众，不守社稷，而亦不设兵卫。何以知其然也，周时千八百
诸侯……故知神国无兵，而草牢亦不选具。封嵎小山也，禹时尚有
守者，然名川三百，合以群望，周之守者亦多矣。《春秋》所见财
一百四十余国，自幽、平以上灭宗黜地者虽时有，虑不过十去二三，
非十三而亡十二也。以神守之国，营于禨祥，不务农战，亦尠与公
侯好聘，故方策不能具，及其见并，盖亦摧枯拉朽之势已！"

而顾颉刚则从诸侯分封的性质方面，明确提出诸侯分封有"社
稷诸侯"与"山川诸侯"两种。《顾颉刚读书随笔》中有"古诸侯有
守山川与守社稷二类"一条，云："按如此说，是古代诸侯有二种，
其一为守山川者，又其一为守社稷者。"

顾颉刚汇集了古书中有关"山川群神"的记载，共计三条：

（1）《穆天子传》之"河宗氏"。（2）《国语·郑语》"主芣、騩而食溱、洧"，三国吴韦昭注："芣、騩，山名，为之神主。"（3）《论语·季氏》："夫颛臾，昔者先王以为东蒙主。"

据章太炎、顾颉刚的解释，"山川群神"亦即"山川诸侯"。称之为"群神""神主"，含义难免于虚缥缈；而称之为"诸侯"，其制度、性质便十分明了了。[①]

（二）封君之生前与死后

《左传》载蔡墨云："封为上公，祀为贵神。"可知此所言之"神"，并非怪异离奇难明之物，而即是生前之封君。此为"神"之一义。"人死为鬼"，"神"即尊奉祭祀之鬼（"鬼"亦非怪异离奇难明之物，而即是生前之人）。

祭祀人鬼，除宗教意义外，尚有重要的政治意义。

《礼记·祭法》："夫圣王之制祭祀也：法施于民则祀之，以死勤事则祀之，以劳定国则祀之，能御大灾则祀之，能捍大患则祀之。是故厉山氏之有天下也，其子曰农，能殖百谷；夏之衰也，周弃继之，故祀以为稷。共工氏之霸九州也，其子曰后土，能平九州，故祀之以为社。帝喾能序星辰以著众，尧能赏均刑法以义终，舜勤众事而野死。鲧障洪水而殛死，禹能修鲧之功。黄帝正名百物，以明民共财，颛顼能修之。契为司徒而民成，冥勤其官而水死。汤以宽治民而除其虐，文王以文治，武王以武功去民之灾。此皆有功烈于民者也。"

此所言厉山氏、共工氏等，与蔡墨所论"社稷五祀"（社稷及五行之官）颇能对应。

"政者，正也。""政治"一语，谓治之使正。封神之义，既在纪念、表彰"有功烈于民者"，其政治功能至为明显。

---

① 　见张京华：《"山川群神"新探》，《湘潭大学学报（哲学社会科学版）》2007年第6期。

（三）事物之神与配享之神

《礼记·祭法》云："山林、川谷、丘陵，能出云，为风雨，见怪物，皆曰神。"又云："及夫日月星辰，民所瞻仰也，山林、川谷、丘陵，民所取材用也。非此族也，不在祀典。"

此为"神"之又一义。

古人以天地万物，皆有神明。其中重要者，如《大戴礼记》云："无天地焉生？"故以天地为"性之本"（《礼三本》篇）。"性之本"即"生之本"，故最为重要。又如所谓"民所取材用"，亦甚重要无疑。

以事物之重要而设为专官，而所居官之人即最能精通此一事物之人。由此世官世畴，"官宿其业"。"一日失职，则死及之。"其守职敬业之谨严有如此者。

尊重事物而以为有神明，此谓之"物神"；物神为祭祀之主，谓之"神主"。

物不能言，封君主持祭祀而代言，故亦得称之为"神主"。（实际上由封君祭祀，"尸"代言。）

职守事物之君，有功者，死后尊奉为配神，受配享。配神亦得视同神主。

故实际上"物神""尸神""配神"本非一事，而同为一体，往往无须加以分别，而称谓亦易相混。

如蔡墨所云"社稷五祀"，即为社稷、五行之事物，又为社稷之封君与五行之守官。称谓可通用，而实为二事。

晋杜预云："五官之君长能修其业者，死皆配食于五行之神，为王者所尊奉。"

唐孔颖达疏："如祭，配食于五行之神，即下重、该、修、熙、犁是也。王者祭木、火、土、金、水之神，而以此人之神配之耳，非专祭此人也……句芒、祝融、玄冥、后土之徒，皆是木、火、水、土之神名，非所配人之神名也。虽本非配人之名，而配者与之同食，亦得取彼神名以为配者神名。犹社本土神之名，稷本谷神之名，配者亦得称社稷也。此五行之官，配食五行之神，天子制礼使祀焉，是为王者所尊奉也。"

可据列表如下：

表 8-1　事物之神名与官名、封君之名对应表

事物之神名	稷	句芒	祝融	社、句龙	蓐收	玄冥
官　　名	田正、后稷	正官	火正	土正、后土	金正	
封君之名	炎帝柱	重	犁	共工	该	修、熙
	周弃					

正，官长也。后土、后稷，后者，君也。社，本为祭土之祭名。《说文》："社，地主也。从示、土。"《左传》："共工氏有子曰句龙，为后土。"按："共工"当为诸侯名，"句龙"当为神名，与"句芒"义近。

列表所示，官名非一，职守则同。封君亦非一，所谓"失官不食"也。

事物名称、事物之神名、官名、封君之名，四者皆得通称。故表中凡纵向排列者，皆得通称。

清俞樾《群经平议》甚至提出："《国语·鲁语》：'昔禹致群神于会稽之山。'然则神之名不必据死后而称之也。"

（四）湘君、湘灵的多重身份

娥皇、女英姐妹二人，合称湘妃，又称湘夫人、湘君、湘灵、湘女、江妃、二女、二妃，种种甚多。其中，"湘妃"似指其姐妹本人。"湘灵"似为神名，"湘君"则似乎封君之名，而"潇湘庙"之"潇湘"自为物名。此一多种称谓的通用，可能掩盖了湘妃生前死后的不同身份。

前引《礼记·祭法》："山林、川谷、丘陵，能出云，为风雨。"

又《孔子闲居》云："山川出云。"

《论衡·祭意篇》云："山出云雨润万物。"《顺鼓篇》云："山先出云，云积为雨，雨流为水。"

古人早有"山出云雨"之常识，推测《山海经》"常游于江渊，出入必以飘风暴雨"一语，并非仅为浪漫之辞，实亦含有"民取材用"的理性目的。推测湘妃之出入潇湘，实为上古山川诸侯之一国。

《列女传》称："尧试舜百方，每事常谋于二女。"以此功烈而言，足以封君。死后尊奉为神，则可配享潇湘。祀主与配神相混，民间遂径称为湘神。湘神是实，但追溯其最初来源，推测本为封于潇湘二水的一个山川诸侯，即一个真实的封国。

五　河伯与洛嫔

（一）河伯为真实封君，主河水之祭祀，遂混同为河神

就目前资料，以湘妃为封国，还没有文献上和考古学上的证据。其原因是上古关于山川诸侯的记载极少，大概山川诸侯与世官世畴的文献另有传承系统，而一般史官的职守不针对这一部分。

以湘妃为封国，目前最有力的支持原于河伯这一旁证。

河伯为真实封君，对河水（黄河）的水文负有责任。主河水之祭祀，遂混同为河神。

除了《史记》所载河伯娶妇故事以外，《庄子·秋水》中有河伯望洋向若而叹的著名寓言。

唐成玄英疏："河伯，河神也，姓冯，名夷，华阴潼堤乡人，得水仙之道。河既旷大，故欣然欢喜，谓天下荣华盛美，尽在己身。"

唐陆德明《经典释文》云：河伯，姓冯，名夷，一名冰夷，一名冯迟，已见《大宗师》篇。一云：姓吕，名公子，冯夷是公子之妻。

清郭庆藩《集释》："《文选》枚乘《七发》，注引许慎曰：'冯迟，河伯也。'《释文》云：'河伯，姓冯，名夷，一名冯迟。'迟、夷二字古通用也。《淮南·齐俗训》'冯夷得道，以潜大川'，许注：

'冯夷，河伯也，华阴潼乡堤首里人，服八石，得水仙。'高注《淮南·原道篇》：'冯夷，或曰冯迟，古之得道能御阴阳者也。'"

在汉晋之世，颇有以河伯为神仙的种种传说。如：

《博物志》曰："冯夷，华阴人，得道水仙，为河伯。"

《初学记》引《太公伏符·阴谋》："南海神名祝融，北海神名玄冥，东海神名勾芒，西海神名蓐收，河伯名冯修。"

《太平御览》引《圣贤记》曰："冯夷，弘农潼乡堤首里人，服八石得道，为水仙河伯。又一说，华阴人，八月上庚日渡河溺死，天帝署为河伯。"

《太平御览》引《神异经》曰："西海上有人焉，乘白马朱鬣，白衣素冠，从十二童子，驰马西海上如飞，名曰河伯使者。其所至之国，雨水滂沱。"

更早的记载，亦见于《楚辞·天问》《九歌》等战国文献。

并且，就文献所见，春秋晋、齐、楚各国都有祭祀河水的记载。有时甚至有以人献祭的记载。

《晏子春秋》云："齐景公时旱，欲祀灵山及河伯。"

《邺县图经》曰："浊漳水在县西，水东北津有永乐浦，浦西五里俗谓之紫陌，河北处即俗巫为河伯娶妇处也。"有学者考证，其地即《礼记·礼器》"晋人将有事于河，必先有事于恶池"之地，今称滹沱河，古与河水相通。

值得注意的是，晋代出土的汲冢书中，《竹书纪年》和《穆天子传》都有关于河伯的记载。其文献的特殊性，连带出了河伯身份的特殊性。《穆天子传》云："甲辰，天子猎于渗泽，于是得白狐玄貉焉，以祭于河宗。""戊寅，天子西征，鹜行至于阳纡之山，河伯无夷之所都居，是惟河宗氏。河宗柏夭逆天子燕然之山。"

"河宗"一语，与《史记·赵世家》同，而不见于他书，足见珍贵。

顾炎武《日知录》卷二十五"河伯"条，对河伯详加考证，引用文献包括《竹书纪年》《穆天子传》《九歌》《天问》《远游》《淮南子》《庄子》和《山海经》。这些文献与《博物志》等神仙传奇书，性质不同。

特别是顾炎武还论及《魏书》。该书记载高句丽先祖朱蒙，母为河伯女，自称为河伯外孙。

> 《后魏书》曰："夫余之臣以朱蒙善射，欲杀之。朱蒙母以告，朱蒙与乌引、乌连二人弃夫余东南走。遇一大水，欲济无梁，蒙告水曰：'我是日子、河伯外孙，今逃，追兵垂及，如何？'是鱼鳖并浮，为成桥，朱蒙得渡，追骑不得渡。蒙至绝升骨城，遂居焉。"

清赵翼《陔馀丛考》卷二"帝武元鸟"条，引用了《北史》中的相同记载（其事亦见《隋书》）。

其事亦见于保存至今的吉林集安的高句丽《好大王碑》，碑刻说道："惟昔始祖邹牟王之创基也，出自北夫余，天帝之子，母河伯女郎，剖卵降出。"

此处所关联的"河伯"显然不能单纯视为神话人物，当是古代诸侯之国。

故《四库提要》论《穆天子传》亦云："所谓西王母者，不过西方一国君。所谓县圃者，不过飞鸟百兽之所饮食，为大荒之圃泽，无所谓神仙怪异之事。所谓河宗氏者，亦仅国名，无所谓鱼龙变见之说，较《山海经》《淮南子》犹为近实。"

至近现代，王国维在其著名的殷商先公先王考的研究中，据甲骨文印证与"王亥"有所交往的河伯为历史事实，而王氏所依据的文献，则以《竹书纪年》和《山海经》两种最为重要。其研究不仅增加了甲骨文这一迄今最早的出土文献为证据，并且进而涉及《山海经》其书的性质。实际上，《古本竹书纪年》的佚文正是通过《山海经》郭璞注得以保存的。故顾颉刚称，王氏的研究"救活了一部《山海经》"。可知《山海经》亦非不"近实"之书。而《山海经》一书的重新审视势必导致对"中国神话学"的重估。

> 《山海经·大荒东经》："有困民国，勾姓而食。有人曰王亥，两手操鸟，方食其头。王亥托于有易、河伯仆牛。有易杀王亥，取仆牛。河念有易，有易潜出，为国于兽，方食之，名曰摇民。"
>
> 郭璞注引《竹书纪年》："殷王子亥，宾于有易而淫焉。有易之君緜臣杀而放之，是故殷主甲微假师于河伯以伐有易，灭之，遂杀其君緜臣也。"

如此记载，具有极强的史官特点。而"河宗"一名，则显然为诸侯国名。^①

令人惊奇的是，清华大学于 2008 年入藏的战国竹简中，最先公布的《保训》一篇再次出现了"河"这一人物。其中说道："昔微假中于河，以复有易，有易服厥罪。微无害，乃归中于河。"其叙事与《竹书纪年》《山海经》十分接近。

（二）洛伯又称洛嫔，为女性封君

由"河伯娶妇"故事可知，神偶层面的河伯盖是一男性。但此事亦有不同记载。

《太平御览》引《龙鱼河图》云："河伯姓公名子，夫人姓冯名夷君。"

上古时期女性在宗族中的地位较高，男性若为封君，则其女性配偶得以称君，而部分诸侯的始封者即为女性，亦不无可能。

推测河伯一类封君为女性，最重要的依据则为洛伯（又作"雒

---

① 见张京华：《由先商王亥史事论顾颉刚先生的古史建设》，《史学月刊》2003 年第 6 期。

伯"）。洛伯又称洛嫔，又称宓妃，显然为女性君主。

《水经注》"洛水"条引《竹书纪年》："洛伯用与河伯冯夷斗，盖洛水之神也。"清雷学淇《义证》云："河、洛二国名，即西河'有洛'之类，《周礼》所谓'泽国'也。'用'与'冯夷'，二君名。"

"有洛"见《尚书·五子之歌》："畋于有洛之表。"又见《逸周书·史记解》："昔者有洛氏宫室无常，池囿大，工功日进，以后更前，民不得休，农失其时，饥馑无食，成商伐之，有洛以亡。"

"泽国"，《周礼·地官》"掌节"及《秋官》"小行人"均谓有山国，有土国，有泽国。

其他文献，则《初学记》引《归藏易》曰："昔者，河伯筮与洛伯战。"

又《楚辞·天问》："胡羿夫河伯，而妻彼雒嫔？"汉王逸《章句》云："雒嫔，水神，谓宓妃也。"

洛水为河水支流，河洛相邻。就文献所见洛伯记载而言，其事迹、性质颇类似于河伯。

在文学作品方面，晋郭璞有《冯夷赞》，宋苟伦有《与河伯笺》，而曹植则有著名的《洛神赋》。此后，文人学士对洛神宓妃吟咏之凄艳哀感而不绝，较之对于湘妃的吟咏，其风格与意蕴之相似，堪称南北意象中的双子星。

（三）山川之阴阳与诸侯之性别

山川诸侯中的封君，当有更多的女性比例。

古人以山为阳性，水为阴性。阳性则为阳神，阴性则为阴神。

《公羊传·成公五年》："梁山崩，壅河，三日不流。"何休注："山者，阳精，德泽所由生，君之象。河者，四渎，所以通道中国，与王道同。记山崩壅河者，此象诸侯失势，王道绝，大夫擅恣，为海内害，自是之后，六十年之中，弑君十四，亡国三十二，故湨梁之盟，遍刺天下之大夫。"晚清《翼教丛编》引作："山者阳精，河者阴精。"

《隋书·五行下》引刘向《洪范五行传》曰："山者，君之象。水者，阴之表。"

《顾颉刚读书笔记》第五卷"巫山神女"条，谓风雨之神为女性，水神为女性。

江河为阴性，故祭祀亦以阴性。由此推测，河神祭祀如用人祭，当用女人，后世讹传为河伯娶妇，盖出于此。

祀神如此，封国或亦如此。山川诸侯中，凡大山，诸侯为男性；大川，则诸侯为女性。

（四）女性诸侯之血缘继承与出没江湘的浪漫传奇

女性封君，最大的问题在于血缘继承。面临君位继承的重要现实，女性封君势必要留守门庭，而至四方采择配偶。推测上古、中古多有"江妃""汉女""游女"等浪漫传奇，虽与主流礼俗不合，亦有其不得不然之女系婚姻制度依据。

《列仙传·江妃》："郑交甫游汉江，见二女，皆丽服华妆，佩两明珠，大如荆鸡之卵。交甫见而悦之，不知为神人也。谓其仆曰：'我欲下请其佩。'仆曰：'此地士女皆习于辞，不得佩，恐罹悔。'交甫不听，遂下与之言曰：'二女劳矣。'二女曰：'子有劳，妾何劳焉！'交甫曰：'愿请子佩。'二女遂解佩以与交甫，交甫受而怀之。既趋而去，行数十步，视之空怀无珠，二女忽不见。"

《云溪友议》："李群玉既解天禄之任，而归澧阳，经二妃庙，题诗二首曰：'小孤洲北浦云边，二女明妆尚俨然。野庙向江春寂寂，古碑无字草芊芊。东风近墓吹芳芷，落日深山哭杜鹃。犹似含颦望巡狩，九疑如黛隔湘川。'又曰：'黄陵庙前莎草春，黄陵女儿茜裙新。轻舟小楫唱歌去，水远山长愁杀人。'后又题曰：'黄陵庙前春已空，子规滴血啼松风。不知精爽落何处，疑是行云秋色中。'李自以第二篇，春空便到秋色，踟蹰欲改之，乃有二女郎见曰：'儿是娥皇、女英也，二年后，当与郎君为云雨之游。'李乃志其所陈，俄而影灭，遂礼其神像而去。重涉湖岭，至于浔阳。太守段成式素与李为诗酒之友，具述此事。段因戏之曰：'不知足下是虞舜之辟阳侯也。'群玉题诗后二年，乃逝于洪州。"

郑交甫为汉代人，所遇江妃，或以为即湘妃。李群玉为唐人，亦称所遇为湘妃。

《文选·高唐赋》注引《襄阳耆旧传》云："赤帝（炎帝）女曰瑶姬，未行而卒，葬于巫山之阳，故曰巫山之女。楚怀王游于高唐，昼寝，梦见与神遇，王因幸之。遂为置观于巫山之南，号为朝云。后至襄王时，复游高唐。"

《别赋》注引《高唐赋》（今本无）记瑶姬之言云："我帝之季女，名曰瑶姬，未行而亡，封于巫山之台，精魂为草，实曰灵芝。"

宋玉之名篇《高唐赋》即其本事。赋中仍云"妾，巫山之女""妾在巫山之阳"，均不明言为巫山之神。按：巫山下即巫水，山水相连，其女的真实身份当是巫水之封君。

《孝顺事实》云："董永，千乘人，东汉末奉其父避兵居安陆，父亡无以葬，从里人裴氏赁钱，约以身为奴偿之，得钱五千。葬父毕，往为奴，于路忽逢一妇人，求为永妻。永曰：'今贫若是，身复为奴，不敢屈辱。'妇曰：'不耻贫贱。永与俱往。'钱主曰：'本言一人，今乃有二。'永曰：'言一得二，有何乖乎?'主问永妇何能，妇曰:'能织。'主曰:'为我织绢三百匹，即放汝归。'索丝，一月之内织毕。主惊，遂放夫妇归。行旧相逢处，妇谓永曰:'我，天之织女。感君至孝，天遣为君妻偿债。君事毕，不得久停。'语讫，云雾四起，腾空而去。"

按:董永故事，后世均以天女、天汉解之，其实恐亦本于江水之支流汉水，自《诗经·汉广》已称"汉有游女"矣。

依古宗法制度而言，凡二妃既为潇湘之封君，则其后代，世世可称湘君。如秦君世称"秦仲"、赵君世称"赵孟"之例。则帝舜之二妃已死，而其后世固尚得传承其位，历有年所也。

六　简短的结论

1. 由潇湘庙这一基点开始考察，可知潇湘—湘妃的宗教祭祀渊源悠久，确有一种神偶—崇拜的社会层面存在。

2. 但潇湘—湘妃的宗教祭祀其最初阶段为国家的名山大川祭祀，为王者所专有，属于官学礼文的一部分。

3. 这一国家祭祀的更早源头，可能与诸侯林立的上古分封制度有关。联系河伯—洛嫔而综合考察，推测湘妃应当也是远古时代的山川诸侯。

4. 祀主与配享为同一过程导致事物之神名与封君之名混合不分，"山川群神"与"山川诸侯"一而二、二而一，为一事之两面。

5. 河伯—洛嫔—湘君这一系大川诸侯，推测其性质应当是以阴守阴，事物、神祇均为阴性，而侯国世守之君为女性。

6. 后世"江妃""汉女""游女""高唐神女"等浪漫传奇与女系继承制的婚姻形式有关。

7. 国家祭祀具有政治意义，同时也必然连带出"自然环境保护"的生态问题，而沉江、人祭、河伯娶妇等故事亦未尝没有"神道设教"、儆示民众的意义。

8. 历史发生的顺序影响着问题的性质。由湘妃、洛嫔、河伯的综合考察，可知封国的事实在先，而国家祭祀中的清醒理性表明上古先民对于自然的天命"无能为力"之说（如傅斯年）值得反思，因之"中国哲学"开始于怀疑天命与人的觉醒，也有重新思考的必要。

9. 诗文作品的浪漫传奇最为后起，学者对此的态度或者当揭示其本来真相，或者当使其高雅化、文明化（王逸称屈原"出见俗人祭祀，其词鄙陋，为作《九歌》之曲"），而体现"移风易俗"的原则，切不宜顺遂世俗情欲，向民众、青年做"自由恋爱"等解释（如苏雪林）。

第九章　永州潇湘庙的初步考察 *

唐尧和虞舜是我国上古时期"五帝"中的人物。湘妃又称湘夫人、湘君、湘灵、湘女、二妃，即娥皇、女英姐妹二人，是唐尧的女儿，虞舜的妻子。虞舜死后，她们追寻虞舜到达湖南，死在湘江，被后人追认为湘江的女神。

湘妃和虞舜的感情传说是我国最早的一个爱情故事。这个故事反映在今传最古老和最经典的著作里，主要是《尚书》《山海经》《孟子》《楚辞》《史记》《列女传》六大系文献中。从最初的记载开始，湘妃故事就包含曲折复杂的情节结构，具有明显的爱情因素，作为两性关系的正面典范，在我国的文化中具有正史和儒家正统的重要地位。在西汉时期汇编的《列女传》中，湘妃故事被列在100余篇传记的首位，称为"元始二妃"，在发生的时间和记载、汇编的时间上都是最早的。

从屈原开始，湘妃故事频繁出现在包括诗词、散文、音乐、绘画等古典文艺中，与之有关的事物如湘水、潇水、九嶷山、君山、九嶷白云、潇湘水云、斑竹、湘妃泪、湘妃怨、潇湘楼、潇湘馆、潇湘八景等，由于被反复歌咏，因而成为古典文艺中的固定意象，在士大夫阶层中具有重要的影响。

流传至今的湘妃遗迹主要分布在湖南的湘江沿岸，包括湘江末端的湘阴和湘江上游（潇湘二水交会之处）的永州。洞庭湖君山岛上的湘妃庙和湘妃墓在秦以前已见于记载，目前是国家级风景

---

　*　本章原刊于《湖南科技学院学报》2007年第5期，题为《中国最早的爱情故事——永州潇湘庙的初步考察》。

区的一部分。坐落在蘋岛（又称蘋洲、白蘋洲，其得名当出自《九歌·湘君》"白蘋兮骋望，与佳期兮夕张"，"白蘋"一作"白蘋"）。附近湘口上的湘妃庙，其沿革据记载至少可以追溯到唐代，目前是永州市文物保护单位。

永州潇湘庙与坐落在永州宁远境内的九嶷山舜陵长相辉映。

一　湘岸唯一的明清陈迹

湘妃庙宇，沿江多有，见于书志。

秦代已有湘山祠，祀二妃。《史记·秦始皇本纪》载，始皇渡淮水，之衡山、南郡，浮江，至湘山祠。唐人称湘山为青草山、黄陵山，称其祠为黄陵庙。唐张守节《史记正义》："按：湘山者，乃青草山。山近湘水，庙在山南，故言湘山祠。"《括地志》："黄陵庙在岳州湘阴县北五十七里，舜二妃之神。"《永乐大典》卷之二千二百六十引《岳阳志》旧图云："汉荆州牧刘表题云湘夫人碑。庭有断碑，晋大康九年立额，题曰虞舜二妃之碑。元和十四年，韩退之过而祷焉。"

永州之有湘妃庙宇，见于记载者有三处。一在州属湘源县，始建于唐代以前。柳宗元有《湘源二妃庙碑并序》，《通典》载唐永州零陵郡属三县：零陵、湘源、祁阳。一在祁阳，始建于明代以前。明徐霞客《楚游日记》载："祁江从北至此，南向入湘；而甘泉活水，又绕学前，透出南胁，而东向入湘。乃三交会之中，故桥曰潇湘桥，亭曰潇湘亭，庙曰潇湘庙，谓似潇湘之合流也。庙祀大舜像，谓巡守由此，然隘陋不称。"今祁阳县城外有潇湘庙，为清代建筑，现为省级文物保护单位。一在湘口，亦始建于唐代以前。明弘治《永州府志》卷三载："潇湘二川庙，旧在潇湘滩西岸，唐贞元九年三月水至城下，文武官民祷而有感，至于水落，漕运艰阻，未有祷而不应，自是凡旱干水溢，民辄叩焉。后徙庙于潇湘东岸。至正癸巳（十三年），庙遭兵燹，遂移置于潇湘门内。洪武壬戌（十五年），知县曹恭增置殿宇。洪武四年，本朝敕封为潇湘二川之神。"（康熙

《永州府志》卷九称"潇湘庙"，记事略同。）唐刘禹锡《潇湘神二曲》诗云"君问二妃何处所，零陵香草露中秋"，"楚客欲听瑶瑟怨，潇湘深夜月明时"，当是吟咏湘口庙宇之作。

永州湘口的湘妃庙宇称为"潇湘庙"或"潇湘二川庙"，实即"湘妃庙"，祀二妃。因庙宇建于潇湘交汇处，故可独获此称。唐至明代的潇湘庙现已难觅踪迹，现存有遗物可考的是清代迁徙至潇湘东岸的潇湘庙。

此庙是潇湘沿江迄今罕存的湘妃庙之一，建于潇湘东岸浅山上，潇湘交汇处，与蘋洲相望。2003 年被定为市级文物保护单位。据方志所载，此段江岸上旧设潇湘镇或潇湘津（在城北十里潇湘会流之地），又有潇湘关、潇湘门、潇湘楼（在城西，潇湘二水合流于前），有望江楼在城北俯瞰蘋洲，有潇湘馆及湘口驿（在城北十里），往日繁华可想而知，惜皆不存。

2005 年 7 月 29 日、9 月 23 日、10 月 3 日，笔者带领湖南科技学院学生数次前往潇湘庙考察。此庙坐东向西，面向江水。房屋样式院落与一般住家无异。建筑为二进规模，门厅部分被当作前殿，正厅部分被当作正殿。房屋为砖土相间，中霤（天井）顶部已塌陷，但整体结构尚在。正殿地面有尺许高的石台，上有残存彩绘，早先当有神像及祭台。后墙正中有门，已封死，当可通往后院，推测早先当有后殿，现已不存。

碑刻有重建庙碑、捐献功德碑、福田碑及界碑等几类，大多砌在墙壁内，门厅左右厢房所嵌 9 通，天井左右两壁所嵌 7 通，前院便间所嵌 2 通，另有前院阶北埋没残碑 1 通，山后路旁、田间、井泉等处散乱残碑 4 通，共计 23 通。

碑刻以天井南 3 通碑年代最早，《建立潇湘圣庙》碑刻于乾隆四十年（1775），西凤九坊和九嶷坊的功德碑字迹磨泐严重，估计年代与《建立潇湘圣庙》相近。天井北 4 通碑《重建二圣像龛碑》及刘姓、向姓、周姓功德碑均刻于道光十一年（1831）。门厅（前殿）北厢房 5 通碑按年代早晚自东向西依次排列，计有《重建神像卷棚碑》(嘉庆十三年，1808)、《西岸重装》碑（嘉庆十三年）、《流芳百世》碑（道光十一年）、《重修潇湘圣庙碑》(同治四年) 和《重建正殿碑》(同治十三年)。门厅（前殿）南厢房4通碑也是按年代早晚自东向西依次排列，但较北厢房为晚，主要刻于光绪年间，计有《重修正殿碑》(?)、《通天庙捐神相树》碑（光绪二十一年，1895)、《永垂不朽》碑（光绪二十四年）和《福主田碑》碑（光绪二十四年）。前院阶北土中埋没的是《重建潇湘庙碑》，石残，有叙述文字，无年月。前院北侧便间墙壁中砌有两通界碑和禁碑。

碑刻称庙祠为"潇湘圣庙""潇湘神祠"，称帝舜为"皇爷"，称湘妃为"二圣"。相传此庙原在西岸，又有记载称此庙曾在潇湘交汇处的浮洲之上，康熙《永州府志》卷八："潇湘神祠原在浮洲上，有司以春水泛滥，艰于涉祀，迁之东岸。至今秋水澄碧，尚见甬道也。"今碑刻多砌于墙内，推断应是迁址时所为。

据庙中嘉庆十三年（1808)《总领会首》碑，载"西岸重装二圣皇爷金身新塑"，推断此庙此时仍在西岸。

据道光十一年（1831)《重建二圣像龛碑》载"潇湘圣庙迁上五十余年，创修兼备"，则此庙在 1771 年以前曾经有一次迁移。而庙中现存乾隆四十年（1775)《建立潇湘圣庙》碑，推断迁移时间即在乾隆四十年。下至道光十一年，尚有增修。

乾隆四十年《建立潇湘圣庙》碑又载"……两川之神于湘之口而祭之，论者德配禹皋，明（名）重千古，余（于）今本庙修撤（?)百年……"，推断潇湘庙在西岸当始建于 1675 年即康熙十四年以前。庙中现存道光十一年《流芳百世》碑，载"圣庙系古祠也，始自大明隆武年间"，隆武元年为 1645 年，推断西岸建庙当始于1646—1675 年之间。

庙中现存同治四年（1865)《重修潇湘圣庙碑》及同治十三年《重建正殿碑》，推断此时潇湘庙在西岸尚保留有若干年。庙宇最后迁址到东岸，当在光绪中期。此庙正殿墙壁上，尚存留有少量彩绘痕迹，以及"光绪廿七年"题名墨迹、"公元一九五〇年解放第一道院"题名墨迹等。据说此庙曾被当作茶油加工厂及粮食干校职工住房，迄今墙壁及石碑上仍有熏烧的痕迹。要之，此庙历经 100 余年，兀然尚存，亦称难得。在我们考察期间，庙中仍见有些许祭祀香烛。

二　潇湘庙碑文选录

（一）乾隆《建立潇湘圣庙》碑

碑文云：

皇清乾隆肆拾年拾望五日会薄公捐银　伍拾肆两陆钱仲冬月吉旦

古祠水滤于九疑之源，曰消水，襟带芝城，去十里许，北望而与湘滩沙泂漾潴，烟波上下，不可名状。古（下缺）两川之神于湘之口而祭之，论者德配禹皋，明重千古。余今本庙修撖百年，殿宇朽腐，本坊香户，各备己财，并叩化诸士（下缺）自后功缘成就，将名勒碑，慨施所费，建立千古，福修攸归。

（总领会首、姓氏、钱款从略）

尝稽潇之源发于九嶷，湘之源出于桂林，逶迤曲折，不□□几千里，至是而合流焉。水色天光，远映洞庭之胜岸（下缺）祠立潇湘（下缺）有疑其故者，余因臆度之曰：潇湘合流，当年随刊之绩，□□江汉间者，或者禹皋其合谟乎？客曰：不然，昔者禹（下缺）者其于水神又何（下缺）天地，二圣仁泽润乎生民，府事治而想乎成，黎民怀而思迈种，禹之功固远矣！惟皋有同德焉，故（下缺）论古哉？客于是拱揖而退。但是祠之立，未知创自何年，重修至再，殿次其下历年既久，胜地宏开（下缺）盖在是矣（下缺）豪俊不卜可知也。爰是都人士，欢欣踊跃，解囊捐金，慨然乐施。爰宅于兹，重建新祠。得见金玉其像（下缺）竣之时，实以昭人心。感戴之意，敬勒诸石，以垂不朽云尔。

（总领会首、姓名、钱款从略）

此碑为庙中所见年代最早者，年月署于右侧起首处。有叙述文字及捐助姓氏各两段，而书法风格一致，当是同时所刻。叙述文字右侧3行，左侧6行，惜全碑下部约有半数磨泐，仅存些许字迹，知有锲刻而已。

右侧3行，"滤于九疑"，"滤"字难识，疑为"滤"，读作"发抒"之"抒"（繁体作"摅"或"攄"）。"九疑之源曰消水"，"消水"即潇水，原刻如此。"湘滩沙洄漾潴"，"滩"字难识，句意难解，6字均从水旁，但"洄漾"与"潴"皆为奔流、汇聚之意，当不作水名解，"潴"又为单字，则又疑有误刻。"明重千古"，"明"当作"名"。"余今"，当作"于今"。"修擞百年"，"擞"字不解，原刻如此，其字从手旁一简体"数"字，如解为"数百年"，则与庙宇年数相差较远。

左侧6行，"几千里"之"几"，写作"几"上两点，为"幾"字的草写，"几千里"即几乎而不足千里。

"禹皋其合谟"，"合谟"意为合谋，《说文》："谟，议谋也。"《尚书·虞书》有《大禹谟》《皋陶谟》。孔传："谟，谋也。大禹谋九功，皋陶谋九德。"庙中碑刻往往论及夏禹，又与皋陶并提，而自来言夏禹治水者，均着意于北方，所谓导九河，"禹迹大抵在中原"（《四库全书总目提要·总序》）。《山海经》一书旧题夏禹及伯益（又作伯翳）撰，刘秀（刘歆）《上〈山海经〉表》谓出于唐虞之际，禹治洪水，伯翳主驱禽兽，命山川，类草木，别水土，类物善恶，著《山海经》，"其事质明有信"，而其中言虞舜、湘妃、九嶷最早。检《吴越春秋·越王无余外传》，复言夏禹曾至九疑山甚详："禹伤父功不成，循江，溯河，尽济，甄淮，乃劳身焦思以行，七年，闻乐不听，过门不入，冠挂不顾，履遗不蹑。功未及成，愁然沉思。乃案黄帝中经历，盖圣人所记曰：'在于九疑山东南天柱，号曰宛委，赤帝在阙。其岩之巅，承以文玉，覆以磐石，其书金简，青玉为字，编以白银，皆瑑其文。'禹乃东巡，登衡岳，血白马以祭，不幸所求。禹乃登山仰天而啸，因梦见赤绣衣男子，自称玄夷苍水使者，

闻帝使文命于斯，故来候之。'非厥岁月，将告以期，无为戏吟。'
故倚歌覆釜之山，东顾谓禹曰：'欲得我山神书者，斋于黄帝岩岳之
下三月，庚子登山发石，金简之书存矣。'禹退又斋三月，庚子登宛
委山，发金简之书。案金简玉字，得通水之理。复返归岳，乘四载
以行川，始于霍山，徊集五岳。《诗》云：'信彼南山，惟禹甸之。'
遂巡行四渎。与益、夔共谋，行到名山大泽，召其神而问之山川脉
理、金玉所有、鸟兽昆虫之类，及八方之民俗、殊国异域、土地里
数。使益疏而记之，故名之曰《山海经》。""在于九疑山东南天柱号
曰宛委"一句，有本作"在于九山东南天柱号曰宛委"。一说宛委山
为会稽之玉笥山，但会稽无"九山"，玉笥山最高点海拔 278 米，不
得称"天柱"。《艺文类聚》卷第十一《帝王部·帝禹夏后氏》引作
"在于九疑山东南天柱，号曰宛委"，与"登衡岳"相合。或者帝舜
君臣若禹、皋陶、益、夔诸人均与九嶷有关，亦未可知。

"府事"，即六府三事。《尚书·大禹谟》："火、水、金、木、
土、谷，惟修；正德、利用、厚生，惟和……六府三事允治，万世永
赖。"唐孔颖达《正义》："六者民之所资，民非此不生，故言'养民
之本在先修六府'也。'府'者藏财之处，六者货财所聚，故称'六
府'。""'正德'者，自正其德，居上位者正己以治民，故所以率下
人。'利用'者，谓在上节俭，不为縻费，以利而用，使财物殷阜，
利民之用，为民兴利除害，使不匮乏，故所以阜财。'厚生'谓薄征
徭，轻赋税，不夺农时，令民生计温厚，衣食丰足，故所以养民也。"

"黎民怀而思迈种"，"怀"字右似"丕"，当是"怀"之俗体。
《尚书·大禹谟》："皋陶迈种德。""迈"通"励"。旧注："言皋陶勇
往力行，以布其德也。"

（二）嘉庆《重建神像卷棚碑》

碑文云：

盖闻莫为之前，虽美弗彰；莫为之后，虽盛弗传。潇湘神祠

之盛于前也，岂顾问哉！但多历年所，神像已旧，庙宇莫新。而且殿前之左丞右相促狭，檐外之疾风甚雨飘摇，斯尤有所未□者，苟不随时修整，安能永安神灵乎？示我士庶，沐泽既久，而昭格维殷。爰解金囊，共成美举。由是神光有赫，灵爽式凭。神相移而殿前有恢宏之象，卷棚设而檐外免风雨之漂。堂上堂下，焕然维新，庶几盛于前者彰于后，而无疆之福亦偕湘水俱长矣。

（会首、姓氏、钱款从略）

嘉庆十三年仲秋下浣吉日公立

"盖闻莫为之前"二句，韩愈《与于襄阳书》："莫为之前，虽美而不彰；莫为之后，虽盛而不传。""永安神灵乎"二句，"安""示"二字磨泐不清，"安"或系"妥"。"神相移"，"神相"当作"神像"如前文。"庶几"之"几"写作"几"上两点，为"幾"字的草写，如前康熙碑。

（三）嘉庆《西岸重装》碑

碑文云：

　　二圣皇爷金身新塑，左右站相四尊，并装诸神金身，共建造正殿前邮亭一座，所捐艮两数目列左，碑记永远。

（总领会首、姓名、钱款从略）

嘉庆十三年季冬月　穀旦

"站相"当作"站像"。"邮亭"，康熙《永州府志》卷三《邮传》载"湘口驿"一所，有水夫十名，此亭当为民间所建避风雨之所，因在邮传左近故名邮亭。"艮两"即"银两"。

（四）道光《重建二圣像龛碑》

碑文云：

　　义和旗记。李、贺、钟、刘、杨五姓拾余分买田积公。

　　潇湘圣庙迁上五十余年，当时创修兼备，而今应处无□。□者不过，谓殿狭尫朴，在所宜更。□知湿甚蚁生，潜伤□□，因启祠之，群觉颜泚，亵渎至此，□不与尫殿谋新，即各立捐□。百工因能任事，数月告成。尫殿有金銮之势，圣□□裳之容。自此陟降庭止，锡福无疆。

　　义和士不与三旗同功也。

　　（首事姓氏、钱款从略）

　　大清道光十一年六月　吉旦立，□□□书

此碑书法清逸瘦硬，惜书者姓名已泐。

（五）道光《流芳百世》碑

碑文云：

　　潇湘圣庙系古祠也，始自大明隆武年间，创前继后，迄今历有年矣。但历年久远，圣像虫蚁入身，龙尫尘灰盖面。是以四旗合众，发心捐化银钱，新装圣像，起造龙尫。满堂彩画，诸神光扬。功成告竣，刊碑泐石，以为万古不朽云尔。信生周光裕撰。

　　芝城大庙十八坊，公捐钱拾陆仟文，红彩壹匹。

　　乌船三旗，公捐钱拾仟文。

　　樟树脚、黄泥塘、大路边、蚂蝗塘林姓，捐钱伍仟文。

　　祠下四旗，每旗出钱伍拾仟文，合共出钱贰百仟文整。

　　总共钱贰伯三十壹仟文。

　　掌庙第子向法茂，其总簿周沛龙收

　　大清道光拾一年六月吉日四旗同立，珠江周步月敬书

此碑书法有体，敦厚润拙，耐观可喜。与上道光《重建二圣像尫碑》为同时所刻。"第子"当作"弟子"。"向法茂"之"向"从

"人"似"内"，亦为俗体。

隆武为南明年号，其元年即清顺治二年（1645），道光碑不署清代年号而称隆武，又称"大明"，尤可留意。

（六）同治《重修潇湘圣庙碑》

碑文云：

> 遗来潇湘圣庙各旗香火，同宗高客，耸笠有来，龙息波，襟带西东，四民依归，在此千秋。俎豆荐崇隆，鼎新革故告成功，娱目骋怀沐恩荣。皇恩诚浩荡，圣德真峥嵘，四民沾惠泽，芳名泐碑中。
> 同治四年冬月立
> （姓名、钱款从略）

"耸笠"之"笠"磨泐不清，句意难解。此碑下段皆用韵，自"俎豆荐崇隆"以下，或五言，或七言，亦可留意。

（七）《福主田碑》

碑文云：

> 昔晋文封绵上之田，以旌善人，报功德也。我庙二圣皇爷，保障一方，福庇万姓，其功其德，不永宜俎豆馨香之报哉？奈积无公帑，祭祀之费有缺，余等怅然久之。同治八年，砍伐庙前枯松数株，卖钱肆串。后有远乡李对廷者，于庙前路旁迁葬一冢，乐捐香油钱贰串。于是将此二项，积成公帑。初，公举经理首士贺德朝、向仕蛟二公，秉公无私，经管数载，本息渐多。又约西河刘天云、周生宏，一同管理，迄今卅余年，积累数百金，置买净契田亩，立有流水簿四本。年深月远，虑有遗失，因勒石为记，详载田名□田粮，并多寡之数，与契注流水簿相符，俾后之人一览便知，庶无遗失之患也，岂不休欤！是为序。

净契田名列后。

"田名"后空一格，未审空格抑或缺字，"列后"之"后"如字，通"後"，然亦从俗也。

"净契田名列后"，当在碑之背面，今已嵌于墙壁，故不见。

此碑未署年月，由碑文中"同治八年""迄今卅余年"推断，同治八年（1869）后30年为光绪二十五年（1899）。又由厢房石碑排列及书法推断，也当刻于光绪年。碑文中称"净契田名列后"，此碑未见，而此碑东侧另有一碑，题为《永垂不朽》，上列田产12共契，光绪廿四年腊月四旗公立，信士贺月樵撰书，字体略小而书法相近。二碑所刻当为一事，故定为光绪二十四年。

（八）界碑

碑文云：

> 本庙地基一所，东至庙后田坡，西至河坡，南至东义和山漕基，北上至东义和山，北下至钟姓地基。四至分明，立碑为界。左坡遗有古坟数冢，以后不许进葬，永远为据。
>
> 四旗公具

此碑在前院北便间墙壁，无题，无年月。

（九）禁碑

碑文云：

> 禁止庙前上下左右不许挖刨，如违重罚。
>
> 四旗公具

此碑与前界碑同在前院北便间墙壁，无题，无年月。

第十章　湘妃故事问卷分析 *

一　潇湘与潇湘意象

"潇湘"本为地名、水名。潇水为湘水支流,"潇湘"为二水的合称,但单称湘水也可包潇水,合称潇湘也可包合流以下水域。古人所称的"潇湘八景",潇湘夜雨、山市晴岚、远浦归帆、烟寺晚钟、渔村夕照、洞庭秋月、平沙落雁、江天暮雪,起永州,经衡阳,至湘阴、湘潭、桃源、岳阳,终长沙。这一区域宋代又称"湖湘",湖为洞庭湖,湘为湘江,如朱熹即称胡宏为"湖湘学者"。"潇湘"与"湖湘"在地域上大致吻合。

从地域上说,"潇湘"仍在楚地的范围之内。楚人的祖先是颛顼的后裔。至季连时,得芈姓,是为楚祖。至鬻熊时,事周文王。至熊绎时,事周成王,封为楚子,是为楚国的始封国君。东周时期楚国发展很快,拥有长江中下游的广大地区,当时有东楚、西楚、南楚之称。"楚"之得名与"潇湘"相似。楚又称荆,荆为山名。荆山在荆州,荆州以荆山为名,本为禹九州之一。《尚书·禹贡》:"荆及衡阳惟荆州。"旧传:"北据荆山,南及衡山之阳。"《左传》载楚右尹子革曰:"昔我先王熊绎辟在荆山,筚路蓝缕以处草莽,跋涉山林以事天子。"

但"潇湘"也是一文化术语,是以地域为限的地方文化。今湖南、湖北两省,宋代为荆湖南路、荆湖北路,合称"两湖",元设湖

---

　　* 本章原刊于《湖南科技学院学报》2008 年第 1 期,题为《中国最早的爱情故事——湘妃故事问卷分析》。

广行省，简称"湖广"，追溯两湖的风土民俗、文化特质，均奠定于先秦的楚国。所以大而言之，湖南、湖北两省人称楚人，地称楚地，文化称为"楚文化"，是不错的。"潇湘文化"应是"楚文化"的一个支流。

"潇湘"在文学和艺术上，包括诗、词、散文、古歌、古曲、绘画乃至建筑名称上，都有集中的体现，早已凝成"潇湘意象"。地方文化亦即内容、风格独具特色的文化。文化上的"潇湘意象"，无非两大主题：一为渔父，二为湘妃。渔父是一古老的文化主题，远自先秦屈原、庄周已有同题名篇传世，其文化内涵与儒家出处进退之说、道家上善若水之说有关，为本民族最优秀的文化遗产无疑。但渔父主题尚有其普遍性，凡有江河处都可以有渔父，而湘妃主题则是唯一的。湘妃主题源出帝舜之二妃娥皇、女英，至晚周经过屈原的歌咏而大放异彩，但其史事则较之渔父更早。所以"潇湘"实际上即特指湘妃内涵的文学意象。

永州古称零陵，永州得名于永水，零陵得名于帝舜。先秦文献历载"舜勤民事而野死"（《国语·鲁语》），"舜……南征三苗，道死苍梧"（《淮南子·修务训》），"舜葬于苍梧之野"（《礼记·檀弓》）。苍梧山即九疑山，又作九嶷山，九疑之得名一说为九山相似，一说为九溪相似。唐杜佑《通典》："九疑山，其山九溪皆相似，故名之。"苍梧、九疑、零陵，均为湖南最早的一批地名，而帝舜南巡则是最早的一批文献典故。至明，学者纂成《九疑山志》，实即舜陵志，由此演绎出的一系话语，今称之为"舜文化"。

"潇湘意象"与"舜文化"同源。帝舜、湘妃本为夫妻，《尚书》明言帝尧将二女下嫁虞舜，以观其内德："厘降二女于妫汭，嫔于虞"，"观厥刑于二女"。帝舜死后，二妃寻至江间，亦死。《水经注》："大舜之陟方也，二妃从征，溺于湘江，神游洞庭之渊，出入潇湘之浦。"《山海经》："洞庭之山……帝之二女居之，是常游于江渊。澧沅之风，交潇湘之渊，是在九江之间，出入必以飘风暴雨。"故帝舜、湘妃夫妻故事本为一体。北魏温子升《舜庙碑》："疑山永逝，湘水长违；灵宫肃肃，神馆微微。"疑山、灵宫指帝舜，湘水、神馆指二妃。

古人又以为潇湘与九疑山之九溪相关。《唐才子传·秦韬玉传》："潇水出道州九疑山中，湘水出桂林海阳山中，经灵渠，至零陵与潇水合，谓之潇湘，为永州二水也。清泚一色，高秋八九月，才丈余，浅碧见底。过衡阳，抵长沙，入洞庭。"故九疑、潇湘其山其水亦相连相接。

湘妃与帝舜的故事，古书古史记述极多，概括言之则有《尚书》《山海经》《孟子》《九歌》《史记》《列女传》六大系统。《尚书》记载了帝舜与二妃的婚姻关系并赋予故事以"孝道"的重大主题；《山海经》记载了二妃的水神性质，反映出上古"神道设教"的观念，赋予二妃以神灵寄托的形式；《孟子》引用佚书记载夫妻及舜氏家族故事最详；《九歌》奠定了湘妃故事的文学、诗学上的凄清基调；《列女传》以二妃事迹列居百余妇女之首，以此创出古今列女传记一系文献。

刘向为汉代最具贡献的学者之一，所著《列女传》称娥皇、女英为"元始二妃"。王照圆补注："元，大也；始，初也。"儿岛献吉郎称湘妃故事"盖为古今恋爱者之祖""盖可谓古今恋爱之祖"。故湘妃与帝舜故事实为我国古代有记载有影响的最早的爱情故事。

帝舜的政治主线与湘妃的感情主线，本相关联。湘妃故事经过屈原的诠释，所谓"履忠被谮，忧悲愁思"，"或以述古，或以明世"，"善鸟香草，以配忠贞，灵修美人，以媲于君"，既是对政治传统的揭示，亦是对文学传统的开启。

上古封君，守土守民者承社稷称为诸侯，守山川者为山川之君称为群神。"群神谓主山川之君，为群神之主"，而"名山大川能兴云致雨，以利天下"，故"山川群神"实为上古一种自然生态保护制度。湘妃为湘神，而中原有洛妃，为洛神。《楚辞·天问》："帝降夷羿，革孽夏民，胡射夫河伯而妻彼雒嫔？"（"洛"字古借为"雒"）湘妃与洛妃一南一北恰相呼应，同为古制孑遗，文苑逸响。北魏温子升《常山公主碑》："奄辞身世，从宓妃于伊洛；遽捐馆舍，追帝子于潇湘。"已将二神并提。

自屈原以降，历代吟咏帝舜、湘妃的诗篇各数百首。汉张衡《四愁诗》之二："我所思兮在桂林，欲往从之湘水深，侧身南望涕沾襟。美人赠我金琅玕，何以报之双玉盘。"三国魏曹植《杂诗》："南国有佳人，容华若桃李。朝游江海岸，夕宿潇湘沚。"三国魏阮籍《咏怀诗》八十二首之二："二妃游江滨，逍遥顺风翔。交甫怀佩环，婉娈有芬芳。"是其较早而著名者。

但湘妃尚不仅见于诗文。《山海经》《天问》《列女传》古皆有图，《列女传》中二妃图像宋代尚存。元明以后，文人以潇湘、湘妃、湘君、湘夫人入画的，也往往而有。湘妃亦可入乐，所传诸曲有《潇湘水云》《二妃思舜》《湘妃怨》《湘妃泪》等。"潇湘意象"遍见于诗文、音乐、绘画各个方面。

二　问卷设计与分析统计

为了检验湘妃故事的文化传承与价值判断状况，探讨传统两性典范的古今流变和本土意义，笔者编制了题为《中国最早的爱情故事——湘妃传说》的问卷共计 3 份。问卷一：时间 2005 年 12 月 9 日，范围为湖南科技学院全校学生，回收数量 39 份。问卷二：时间 2005 年 10 月 11 日，范围为湖南科技学院中文系学生，回收数量 52 份。问卷三：时间 2005 年 10 月 17 日，范围为湖南科技学院中文系，回收数量 50 份。

问卷内容共五部分，计 47 问，分 AB 两份打印，交叉发放。问卷允许自由选择回答，不记名，但要求独立完成。考虑到问卷对象为高校大学生，所以题量稍大，内容也较广泛。

关于被问卷人的主体状况，设计为第二部分。共 4 问，AB 卷均答。（1）请问你的专业、性别、籍贯。（2）请问你最早在什么情况下了解到了湘妃故事？（3）请问你在学校的学习过程中接触过有关湘妃的内容吗？（4）请问你在学校中和同学议论过湘妃的故事吗？

问题（2）的回答有：儿时 / 初中 / 高中 / 课文上 / 听老人说 / 小时听外婆说过 / 故事书 / 神话故事中 / 课堂上 / 初中时学校发的一些杂书上 / 湘妃竹故事中 / 舜的传说中 / 湘妃竹 / 游舜皇山时 / 旅游时 / 看电视 / 读《中国通史》时 /《中华上下五千年》/ 乡土历史 /《史记》/《湘夫人》/ 读《史记》/《五帝本纪》/ 屈原《离骚》/ 曹植《洛神赋》/ 从李商隐《锦瑟》/《水经注》/《山海经》/ 辞典上有"湘妃竹"。

问题（3）的回答有：很少 / 基本是课外的 / 古代文学中接触过。

问题（4）的回答有：没有 / 有 / 很小 / 议论过一点，觉得故事太美 / 不曾有过，对中国文化影响不大的缘故吧！

关于相关典籍的知悉状况，设计为第五部分。AB卷分别答，各4问，共8问。（1）请问你了解《书经》吗？它是怎样的一部书？（2）请问《尚书》中的《虞夏书》有哪几篇？（3）你知道《史记》中记载虞舜和湘妃史实的是哪一篇吗？（4）你了解《列女传》和它的编纂者吗？（5）你熟悉《楚辞》中的《九歌》吗？能写出其中的若干诗句吗？（6）你认为《山海经》是什么性质的著作？（7）请问你有没有读过钱穆先生民国时期的文章《说苍梧九疑零陵》？（8）请问你有没有读过王树民先生近年的文章《夏、商、周之前还有个虞朝》？

问题（1）的回答有：儒家经典著作之一 / 是先秦各地民歌的诗歌总集 / 是记录舜前后期君臣政绩的书 / 是中国最早的一部史书 / 不了解。

问题（2）的回答有：不知道 /《尧典》《舜典》/《舜典》《益稷》/《大禹谟》《皋陶谟》/ 空白。

问题（3）的回答有：《五帝·舜本纪》/ 第三篇 / 不知道。

问题（4）的回答有：不清楚 / 鲁迅编 / 班昭编 / 讲中国古代那些三从四德典范的女性 / 关于古代有德、有节、有才的女子 / 原义是教导后宫妃子，后为妇女行为典范 / 记录妇女的专史 / 封建时代对妇女的残害都体现在这本书里了 / 无外是一些女子如何忠于丈夫，是束缚后代女子的"逆书"。

问题（6）的回答有：古代神话传说／地理著作／志怪小说／文学作品／医学、地理方面的科学作品／神话、史实的综合性著作／民间故事／记录中华民族早期神话传说／佛学／传奇／名不见经传的鬼神故事，不屑品尝。

问题（7）的回答有：没有／不知道／没有，钱穆是谁？／空白。

问题（8）的回答有：没有／读过／空白。

关于湘妃传说，设计为第一部分。AB卷分别答，各7问，共14问。（1）你能写出二位湘妃的名字吗？她们是？（2）你能说出二妃的身世吗？（3）你能区别湘妃和香妃吗？（4）你认为湘君、湘夫人是指的谁？（5）传说中的虞舜一家有什么人物？（6）虞舜的父亲、母亲、兄弟是怎样的人？（7）你知道虞舜的弟弟的名字叫什么？他被分封在什么地方？（8）你知道虞舜的母亲是嫡亲还是后母？（9）请问你知道苍梧、九嶷、零陵的地名所指和它们的较早出处吗？（10）虞舜的出生地大概在哪一地区？（11）你认为虞舜是怎么死的？（12）你知道或到过本地的湘妃庙吗？（13）你知道国内或省内的湘妃庙有几处吗？（14）你知道我校的《湖南科技学院学报》中有关女性研究的常设专栏吗？

问题（2）的回答有：尧的女儿／两姐妹／舜帝的女儿／传说是尧将自己的女儿嫁给舜帝以观其贤，故称"二妃"。

问题（3），大多数人回答湘妃是舜的两位妃子，香妃是清乾隆的妃子。有回答说：香妃是香的／香妃是少数民族的，身上有一种特殊的味道／地位次于皇后、贵妃。

问题（4）的回答有：娥皇、女英／湘君是舜帝／屈原／一条河的神／好像是八仙之一吧。

问题（5），大多数人认为有后母、父亲、弟弟（后母所生）、舜、两个妃子（娥皇、女英）。有人回答除了后母还有嫡亲母亲。

问题（6）的回答有：不知道／父亲是妻管严，母亲是母老虎，兄弟是狼／贪财之人／凶残、狠毒／狭隘、歹毒／阴险、狡诈／心狠手辣／心术不正／不义、不善、不仁、冷酷无情／自私、愚昧贪婪／都不喜欢舜／父顽母嚚、父号瞽叟、弟曰象／具有大智慧的人／很好的人。

问题（7），大多数为空白。也有人回答：分封在河南，名字是象／分封在道县（有庙）。

问题（8）的回答有：后母／嫡亲／不知道／反正不是亲母，因为世上只有妈妈好，而此母却虐待虞舜。

问题（9）的回答有：零陵在三国时已有／出自《史记》／《汉书》／《三国志》／《山海经》／《史记·五帝本纪》／《列女传》。

问题（10）的回答有：永州／湘江沿岸／南方／黄河流域／江南／湖南／中原地区／不知道。

问题（11）的回答有：病死／累死／思念二位妃子而死／营养不良／饿死／被杀死。

问题（12），绝大部分回答：不知道，也没去过。也有人回答：知道，没去过／盼着去。

问题（13）的回答有：二处（岳阳、永州）／三处（岳阳、永州、祁阳）。

问题（14）的回答有：不知道／知道／女书协会。

有关价值判断如爱情观、传统观的问题，设计为第三部分。A卷9问，B卷6问，1问交叉，共14问。（1）二妃为什么被评价为有"智德"？她们在什么方面帮助了虞舜？（2）你认为二妃和虞舜的故事中具有爱情因素吗？（3）你认为二妃的爱情故事中有哪些情节要素？（4）你认为湘妃故事在流传到今天还重要吗？（5）你认为湘妃故事最具有价值的是：［A］旅游·经济；［B］文化·学术；［C］文学·创作；［D］性别·爱情。（6）请问你知道虞舜的妻子为什么是两位吗？（7）请问你知道虞舜的妻子是：［A］姐妹；［B］不是姐妹。（8）请问你了解虞舜与他父母的关系是：［A］和睦；［B］不和睦。（9）请问你了解虞舜和他的两位妻子的关系是：［A］和睦；［B］不和睦。（10）你喜欢湘妃故事的风格意境吗？（11）永州湘庙的石碑上说建庙是为了"以旌善人报功德"，你理解这句话的意思是？（12）你认为历史上湘妃和湘水有关系吗？（13）人死后为什么会被传说当作水神？你怎样理解水神的神话呢？（14）你认为神话、传说、故事这三个概念有差别吗？

问题（1）的回答有：辅助治理朝政／治国方面建议颇多／帮舜帝建国立业，处理生活问题／管理国家事务，处理人际关系／有德行，有智慧，帮助虞舜安抚百姓／帮舜逃过了父母及弟弟的几次毒害／几次挽救舜的生命／人品好、对爱情执着、识大体、贤内助，相处融洽／生活节俭、辛勤劳动，不骄傲／帮助舜出谋划策，谦谦恭俭思尽妇道，在生活事业上帮助舜／为舜出谋划策，使舜幸免于难，得到尧的认可／文化炒作，只是一对比较负责的妻子而已。

问题（2）的回答有：有／没有／没有，但婚后有／有，不过那个时候开始就有很多妃子了／我认为有，而且很美／没有，现在的"爱情论"是否与弗洛伊德的"泛性论"有承继性啊？什么都扯在一起，爱情固然重要，但有时文学中的事（爱情）只可能是一种有意而为之。

问题（3）的回答有：结合原因，感情升华，君逝思君／出谋划策，随舜南下，斑竹情／忠贞／寻夫，闻丧，殉夫／千里寻夫，后悲伤而死，泪染斑竹／坚贞，大胆，敢于牺牲奉献／二妃在等待舜的归来。

问题（4）的回答有：重要／不重要／重要啊，至少二妃对舜帝的那份感情就对我们很有感触／不现实／对于历史，我们不能忘记；对于神话，我们不能膜拜／异常重要，时代缺失／流传下来的东西是我们曾经信赖的东西，在一定程度上讲它是一种文化，支撑着民族文化的过去／被经济利用了／重要却丧失了其艺术价值，充满了浓厚的商业味道。

问题（6）的回答有：古时候有姐妹同嫁的习俗／尧将二女一起许给了舜／因为是姐妹，她们不想分开／姐妹都喜欢虞舜，他无法选择其中一个／因为他喜欢二位／两位妻子德才兼备，温柔贤淑，舜拥有她们两个已足够了／辅佐之用／一夫多妻制或原始一夫二妻制／舜帝太优秀有德行／二姊妹同时爱上了一个英雄／生育概率大。

问题（10）的回答有：喜欢／不喜欢／凄美／喜欢落叶纷纷带来的静美的感觉。

问题（11）的回答有：表扬做善事的人，宣扬他们的功德／嘉奖好人好事／纪念湘妃／也就是希望众人多行善，而上天也会报答人们的，这是一种好的劝告，但毕竟是迷信。欲行善，又何求上天报功德呢？

问题（12）的回答有：有，湘妃投江而死／有，湘妃思君站在湘水边／湘妃在湘水边思君，湘水因湘妃而得名／有关系，湘妃好像是湘河之神的女儿／没有。

问题（13）的回答有：水是哀怨，一般作为悲剧主题／传说湘妃死后化为江神，人们为了纪念她们／因二妃的故事与潇水有关，被传说当了水神是因人们的美好愿望，也源于国人的大团圆情结／因为水神在生前为人们做了很多好事，所以死后被传为水神／人们对希望的一种寄托／对爱情生活的憧憬，对人生的留恋／人对自然界的赞美或恐惧的一种精神寄托／古时有洪水，人们除了对天的恐惧，还有对水的恐惧，水神可由人死后接任，反映人们的美好愿望／这只是人们的希望，渴望这个爱情有个完美的结果而已；也就是为了满足人们对圆满、对好人、对爱情等永恒的虚幻的寄托。

问题（14）的回答有：有，三者的真实程度不同／有区别，神话是人们对一些不能解开之谜或大自然的一种假想，传说是人们对不确定的事的一种解释，故事是有其事只是有所改编／有区别，神话无根据，传说似乎有根据，故事有的有根据，有的无根据／有区别，神话的神秘色彩最浓，想象力发挥得很多，传说可能是有一定的事发生，经过人们发挥想象，一传再传形成的，故事是事实，用以教育人的／从几个方面来区别：真实性、有无根据；来源与创作的基础；作用与影响不同；从虚幻、神秘色彩想象的发挥程度。

有关的文学类问题，设计为第四部分。A卷3问，B卷4问，共7问。（1）你认为文学作品中歌咏潇湘就一定是歌咏湘妃吗？（2）你认为屈原作品中一系列女性形象，如宓妃、有娀之佚女、有虞之二姚，是写实还是另有寄托？（3）岑参的诗："洞房昨夜春风起，遥忆美人湘江水。枕上片时春梦中，行尽江南三千里。"你读后有何感想？（4）张衡的诗："我所思兮在桂林，欲往从之湘水深，侧身南望涕沾襟。美人赠我琴琅玕，何以报之双玉盘。"你读后有何感想？（5）柳宗元的诗："破额山前碧玉流，骚人遥驻木兰舟。春风无限潇湘意，欲采蘋花不自由。"你读后有何感想？（6）朱熹说《九歌·湘君》"此篇盖为男主事阴神之词，故其情意曲折犹多，皆以阴寓忠爱于君之意"。你怎样理解这一观点？（7）戴震说"屈原为歌辞，托意于神既不来，巫尤竭诚尽忠思之，用输写其事君之幽思如是也"，请问你的理解？

问题（1）的回答有：不一定是／不是／是／不一定，有的是描绘潇湘的美好山水／是，潇湘是因为湘妃而出名的／有的是，有的却是借这些抒发自己的情感／另有寄托，屈原借此寄托他的政治抱负／另有寄托，寄托屈原的理想。

问题（2）的回答有：对美德、贤惠女性的尊重与渴求，并希望在仕途上有人帮助他／"湘水"让我想到湘妃以及她们的爱情，亦有"涕沾襟"的冲动／纯粹写实。

问题（3）的回答有：似乎有对江南的思念之情，同时也有对爱情的描写／爱情离别的痛楚和希望的闪亮／寄托诗人对妻子的相思／对江南的思念之情和神往之意，特别是对湘江水的留恋／思美人，梦美人，美好时光易逝／对爱情的憧憬／岑参是边塞诗人，心胸宽广，不应该会在儿女私情中下功夫吧。

问题（4）的回答有：借传说表爱情／理想与现实矛盾／思乡的情愫／以前和现在不能比，诗过时了。

问题（5）的回答有：此诗里的潇湘并没有那种爱情，而是诗人被贬后对重新任用、重用的一种期盼／体现诗人被贬后的无奈心情和身不由己的感慨／很美丽，说一幅春江图／风景秀美，江山多娇，引我辈竞折腰，更有潇湘神韵忆起／借湘妃的思念之苦，表现自己仕途不得志的怨闷，友人别后不得再见的惆怅。

问题（6）的回答有：有点偏颇，只从政治角度来评估／应当从社会、人文、历史方面来理解／描写的是英雄人物曲折的爱情故事／用于祭祀的祭文。

问题（7）的回答有：屈原作歌辞骚赋，借的是神仙传说，但事实上没有。他想尽办法表达他的忠君爱国思想，唯有借助神仙来表达他对君王的忠诚，借情抒情／屈原为歌辞并不一定是书写对于其君之思，要看作品分期／屈原作歌辞竭诚思神，而神仍不来，以表达其奉君如对神的幽思一样忠诚／屈原将自己的"长叹息以掩涕息"，寄托于自己文章中的神／屈原写歌赋寄寓鬼神，表达自己尽忠之情／屈原借代的手法，希望自己被楚王任命／借情抒情。

以上问卷，被问卷人主体（第二部分）包括中文系、教育系、美术系、法律系、英语系、生化系、计算机系、数学系学生。理科学生的问卷多数只有选择部分，文科学生的答卷比较详尽。分布虽以湖南居多，但也南北方俱有，整体上答卷最为合理的是永州本地的学生。关于湘妃故事的知悉程度很高，而来源则十分多样，其中由"斑竹"而了解湘妃故事的比例最大。

相关典籍（第五部分）检测被问卷人对于文化经典与学术前沿的知悉状况，多数学生的答卷比较简单，反映出学生基本不曾亲见典籍、与典籍的隔绝、对典籍真伪缺乏了解、对典籍性质缺乏思考的现状。这种情况其实已在预料之中。

湘妃传说（第一部分）检测被问卷人对相关基本知识的了解程度。多数学生知道湘妃（二妃）的名字及虞舜的母亲是后母，少数学生知道虞舜一家人物角色，但几乎没有人知道或到过永州潇湘庙。

爱情观、传统观等价值判断（第三部分）预期调查被问卷人的价值判断，是本问卷中最有价值的部分。多数学生肯定湘妃故事中具有爱情因素，能够写出其中的情节要素，也能够理解水神神话。但回答普遍较为空泛，基本上只能说出"政治""治国"或"善良""贤淑"等观念，而对湘妃故事本身的核心要素如"焚廪""浚井"等无所了解，反映出猜测、推测、以今人语境自以为当如此的状况。

文学类的问题（第四部分）在检测被问卷人对相关古典诗文的了解程度的同时，更在于检验被问卷人对于文学本性、政治本性的认识。这部分答卷比较充实，特别是文科学生往往能做较多阐释与发挥，也有学生明确了解后代男性诗人歌咏湘妃并非是对爱情故事的描写，而是有其政治原因。但对于古典文学以政治为核心、因政治而发达，以及男女爱情与政治情感的互通，则完全不能指出。

我国现代学术的建立已有近百年之久，照理说，现代学术所标榜的科学研究与学术进步，应当能够对古代历史、故事传说予以积极、合理的包容和阐新，但实际上学界往往一面尽力寻找新史料，一面割断正统典籍；一面以自由解放宽容自己，一面以极端批判对待传统；一面急于挖掘经济增长点，一面漠然破坏文化资源。大学教育正处于极高极快的量化指标与隔绝淡化的历史文化之间，本问卷的考察结果基本上反映了这一倾向。

第十一章　永州湘口馆遗址考述[*]

《史记·夏本纪》言："陆行乘车，水行乘船，泥行乘橇，山行乘檋。"湖南交通今以陆路为主，古以水路为主。湘水贯通今湖南省南北两端，进而南接南岭，北通长江。其历时之悠久，可以上溯至《史》《汉》所载秦始皇征百越及汉初帛书古地图所载之水路，甚至上溯至《书经》所载舜帝之南巡，绵延数千年。永州设置于隋唐，位于潇湘二水交汇处。"永"字义为"水长"，为"水之正流"，永州"以二水名"，故其最大地理特征在于潇湘二水交汇，永州亦因此而成为湘江上游的水路重镇。永州的官方码头称为湘口馆，又称湘口关、湘口站、湘口驿、湘口步、湘口渡、湘口津、湘口镇。湘口馆遗址，在潇水与湘水合流处，江水东岸，与古城同一侧。从永州古城出潇湘门，沿江有青石板铺建的官道与湘口馆相连，中经怀素塔、潇湘庙（禹皋庙），至贞吉亭，今亭尚存。湘口馆有渡船至对岸，今存古街，俗称老埠头，有石板路北通衡阳。埠头即码头，永州古城官码头本在东岸，今水路久废，乃讹称西岸之残存古街为老埠头。

一　唐宋湘口馆的设置

湘口馆的名称，最晚始于唐代。

"馆"为驿馆之意，又称邮驿，即官府设立的驿站。

《旧唐书·职官志二》：尚书礼部有驾部郎中一人、员外郎一人，掌邦国舆辇、车乘、传驿、厩牧、官私马牛杂畜簿籍，辨其出入，司其名数。凡三十里一驿，天下驿凡一千六百三十九。

---

* 本章原刊于《湖南科技学院学报》2016 年第 1 期，题为《永州湘口馆遗址考述》。

《新唐书·百官志一》：尚书礼部有驾部郎中、员外郎各一人，掌舆辇、车乘、传驿、厩牧马牛杂畜之籍。凡给马者，一品八匹，二品六匹，三品五匹，四品、五品四匹，六品三匹，七品以下二匹；给传乘者，一品十马，二品九马，三品八马，四品、五品四马，六品、七品二马，八品、九品一马；三品以上敕召者给四马，五品三马，六品以上有差。凡驿马，给地四顷，莳以苜蓿。凡三十里有驿，驿有长，举天下四方之所达，为驿千六百三十九；阻险无水草镇戍者，视路要隙置官马。水驿有舟。凡传驿马驴，每岁上其死损、肥瘠之数。

《通典》卷二十三《职官五》：尚书礼部，驾部郎中一人，掌舆辇、车乘、邮驿、厩牧，司牛马驴骡，阑遗杂畜。

湘口馆见于记载，始于唐柳宗元诗。

《唐柳先生集》卷四十三《湘口馆潇湘二水所会》，又题《湘口馆望九疑》，写道："九疑浚倾奔，临源委萦回。会合属空旷，泓澄停风雷。高馆轩霞表，危楼临山隈。兹辰始澄霁，纤云尽褰开。天秋日正中，水碧无尘埃。杳杳渔父吟，叫叫羁鸿哀。境胜岂不豫，虑分固难裁。升高欲自舒，弥使远念来。归流驶且广，泛舟绝沿洄。"

宋廖莹中辑注："九疑、临源，二山名，俱在永州，潇湘所出。会合，谓合流于湘口馆也。"

明蒋之翘辑注："九疑，山名，在永州界。临源，岭名。九疑、临源，潇湘所出。会合，谓合流于湘口馆也。"

柳宗元这首诗的重要之处，一则指出了永州位于潇湘二水会合之处的自然地理特色，二则指出了永州介于湘口蘋洲与九疑山之间的人文地理特色。

"潇湘"二水合称由来已久，《山海经》已有"潇湘之渊"、《淮南子》已有"弋钓潇湘"的记载，唐人更加明确了潇湘与永州的关联。隋唐改称零陵为永州，正因此地为潇湘二水交汇之故，因此"永州"之"永"仍暗指潇湘而言。即如宋祝穆《方舆胜览》卷二十五所说："永州，二水。柳宗元《湘口馆》记潇湘二水所会也，州因二水而名永。"元熊忠《古今韵会举要》亦云："永，州名，唐置，以二水名。""永"为会意字。汉许慎《说文》："永，水长也。象水巠理之长。"引《诗经·周南·汉广》曰："江之永矣。"清段玉裁注："巠者，水脉。理者，水文。""永"字小篆作𣲙，像主流分出支流，又像下流上溯到上源，所谓有原有委，故意会为水长。"永"又解为正流，迮鹤寿《蛾术编》校按云："派字注：别水也，从水辰。鹤寿案：永，水长也。反永为辰。凡水之正流或长或短，而其别流则必短于正流。"

"州因二水而名永"之说，较之"县西南百里有永山，永水之所出，州因得名"（道光《永州府志》）之说，更加合理。

柳宗元诗又题《湘口馆望九疑》，暗袭了屈原《九歌》《登白薠兮骋望》，寓意湘妃想望帝舜的意境。

继柳宗元之后，唐人李频《黎岳诗集》有《湘口送友人》一首："中流欲暮见湘烟，苇岸无穷接楚田。去雁远冲云梦雪，离人独上洞庭船。风波尽日依山转，星汉通宵向水连。零落梅花过残腊，故园归醉及新年。"戴叔伦有《泊湘口》一首："湘山千岭树，桂水九秋波。露重猿声绝，风清月色多。"也都吟咏湘口馆。

唐人范摅《云溪友议》卷中记载，蔡京出任邕州刺史，曾受到永州刺史郑史的接待，接待的地点即是湘口馆。"道经湘口，零陵郑太守史，与京同年，远以酒乐相迟。"蔡京还观览了浯溪元结的摩崖石刻，"行泊《中兴颂》所，偭勉不前，题篇久之，似有怅怅之意"。

唐末五代时，马殷建立南楚，都长沙，控制潭、衡、永、道、郴、邵等24州。马楚时，湖南境内相对稳定，商旅活跃，湘口馆一带发展扩大为湘口镇，又称潇湘镇，有居民数百家。明清学者关于湘口镇的记载，大多追述自五代马楚时期。

到了宋代，宋人诗歌中的吟咏，仍然称为湘口馆。

宋沈辽《云巢编》卷四《泛舟上湘口馆》诗："潇水漫南来，湘川趣东下。二水始相会，清豪不相藉。山回石濑出，木老修烟架。泛泛白蘋洲，林风媚如画。宿昔感骚愤，幽兴遥相借。不谓重老年，孤穷羁山舍。潮来刺舟去，孤月临清夜。安得跨鲸鱼，不复人间化。"

宋范成大《石湖居士诗集》卷十五《湘口夜泊》诗，题下自注："南去零陵十里矣，营水来自营道，过零陵下；湘水自桂林之海阳至此，与营会合为一江。"其诗云："我从清湘发源来，直送湘流入营水。故人亭前合江处，暮夜樯竿蠹沙尾。却从湘口望湘南，城郭山川恍难纪。万壑千岩诗不偏，惟有苍苔痕屐齿。三年瘴雾亦奇绝，浮世登临如此几？湖南山色夹江来，无复瑶私有篸插天起。坡陀狠石蹲清涨，淡荡光风浮白芷。骚人魂散若为招，伤心极目春千里。我亦江南转蓬客，白鸟愁烟思故垒。远游虽好不如归，一声鹧鸪花如洗。"

宋杨万里《诚斋集》卷一《泊冷水浦》诗："前夕放船湘口步，约到衡州来日午。五程一减作三程，谢渠江涨半篙清。今日雨来三四五，又闭疏篷听暮雨。长年商量泊船所，雨外青山更青处。"

"湘口步"犹言"湘口埠"，因湘口馆实为水路码头而有此称。

二　元明湘口站、湘口驿的设置

元代"湘口馆"改称"湘口站"，"站"为"站赤"之意，为蒙古语"驿站"的译语。

《元史·兵志四》："元制'站赤'者，'驿传'之译名也。盖以通达边情，布宣号令，古人所谓置邮而传命，未有重于此者焉。凡站，陆则以马以牛，或以驴，或以车，而水则以舟。"

《永乐大典》卷一万九千四百二十三载："永州路所辖站一十一处。马站五处，马二百匹。水站六处，船五十四只。""湘口站，船一十只，正户一十户，贴户七十户。"

到了明代，湘口馆、湘口站改称湘口驿，又称湘口递运所，设有湘口关、湘口渡，湘口渡又称湘口津。其地称为湘口镇，又称潇湘镇。

《明史·地理志五》永州府零陵："北有湘水，经城西，潇水自南来合焉，谓之湘口，有湘口关。"

弘治《永州府志》卷一："湘口递运所，在府北十里。弘治七年知府姚昺出公帑羡余重修，视旧严整。""湘口驿，在县北十里，咸久倾圮，弘治六年知府姚昺出公帑羡余重建，规制可观。"

同书卷二："湘口关，在潇湘二水合流之处。""湘口渡，即湘口驿处。""潇湘镇，在县北一十里，潇湘会流之地。五代时，郡人数百家，皆镇司所辖。宋朝悉以隶镇，改曰津。今重立镇于其地，名曰潇湘关。"隆庆《永州府志》同。

湘口驿有官府的人员和银两配置。弘治《永州府志》卷一载："湘口驿，驿丞一员，未入流。"隆庆《永州府志》卷九载："湘口驿，支应六人，人三十六两，闰加三两。"

明代文献中，已经详载途经湘口驿的水路路程。

明佚名《寰宇通衢》载，京城至永州府其路有二："一路水驿，四十五驿，三千七百五十五里。龙江至临蒸驿，三十八驿，三千二百二十五里。临蒸驿至本府湘口驿，七驿，五百三十里。""一路水马驿，五十六驿，三千□百六十里。"

明黄福《安南水程日记》载，七月十九日："早至归阳驿，驿隶永州府祁阳县。申至三吾驿，驿亦隶祁阳县。此驿间至方激驿，有九十里，夜行如前。"二十日："卯至方激驿，驿隶永州府零陵县。是日申时至湘口驿，驿亦隶零陵县，去永州府城十里许。驿之东南，一水通道州驿之西北，一水通广西，二水至驿合流而北。是夜，泊舟于驿前。"二十一日："早行，未末至石期驿，驿隶永宁府（当作永州府）东安县。湖广地方界分于此，南至柳浦驿以往隶广西。"

由于湘口驿是水路码头，此时的湘口驿又往往称为"湘口水驿"。

三 清代湘口驿的兴废与吟咏

在清代，湘口驿的设置有所缩减，取消了"湘口递运所"，人员、银两有相应裁并，但湘口驿的建置仍在。方志中甚至还记载，湘口驿有官府添设的官船"红船"。

康熙九年（1670）《永州府志》卷三载："湘口驿司，旧在潇湘门外十里，今废。""湘口驿，在城北十里。额载本驿水夫十名，工食连闰六两一钱。编派宁远一名，东安一名，祁阳二名，零陵六名，奉准兼摄递运。红船内跟官水夫二名，在道抬箱。""湘口渡，在湘口驿前。"

同书卷十二《驿站》载："本府递运所红船二只。""湘口驿站，船夫六名，每名正闰银六两一钱，共三十六两六钱。""湘口驿，支应银一百二十两。""湘口驿丞一员，俸银每年三十一两五钱二分。书办一名，岁支工食银七两二钱。"

道光《永州府志》载："递运所，在湘口，今废。""湘口亭，在县东二十五里。""湘口渡，在湘口驿前。""湘口驿，在城北十里。康熙三十九年，移驿县治后，裁驿丞。"

同书卷十《古迹志·五代故关镇》又载："潇湘镇，在零陵县西北十里，潇湘会流之地。五代时置，一曰潇湘关。（《一统志》）亦名湘口关。（《县志》）《一统志》以潇湘湘口为二关，盖误。"《明故关镇》又载："零陵有湘口关。（《明史·地理志》）"

光绪《零陵县志》卷二也详细记载了湘口驿的兴废沿革，说道："湘口驿，城西北十里潇湘合流处，古名潇湘镇。五代时，有数百家，皆镇司辖之。宋时，悉以隶镇。明时，改湘口驿，设驿丞一员，书办一名，皂隶二名。康熙三十九年，奉裁，移驿县署后南司故址，俗呼'马号里'，县自经管。原设马五十匹，马夫二十五名，兽医一名。自康熙四十七年，迄乾隆五十年，节次奉文抽减。现设马十七匹，马夫八名半，每马日支草料银五分，药饵银二厘七毫零。马夫每名日支工食银二分，兽医日支工食银一分六厘。原设排扛夫七十名，节次奉文裁减。现设四十三名，每名日支工食银二分。"

宗绩辰于道光间曾经寓居永州13年，自称"十三年潇上寓客"。他所编纂的道光《永州府志》，专门设置了《古迹志·五代故关镇》一项，并有按语评论，说道："朱梁篡窃，楚已先属马氏，南汉又创霸於越。永州当楚粤之交，宜其增边防，固疆圉，关镇断为马氏所置，以旧经失传，混言五代。兹著之朱梁之荆，以明正统亡而割据盛，割据盛而厄隘烦也。"

道光《永州府志》还记载了明清间吟咏湘口驿的两首诗作："崇祯十六年，常州刘文毅公熙祚《题驿壁》诗云：'倥偬戎行已数年，室家迢递耗音悬。骷髅岭北俄成垒，宫殿湖南倏化烟。鹃血不沾无冢骨，乌啼偏集有狐田。死生迟速皆天定，留此丹心映楚天。'国朝王庭《题湘口诗》：'客愁不可穷，客路已千里。朝来散人怀，清见湘江水。水底尽白石，沿堤漾晴沙。青红乱山树，霜叶娇于花。冬暖欣多晴，向晚自烟雨。黯然江水深，孤月渺何许。'"

宗绩辰自己也撰写了一篇《江天风月楼记》，感慨湘口驿的古今变迁，特别追述了北宋范纯仁在湘口所建的"江天一馆"。

宗绩辰说："昔范忠宣（范纯仁）谪永州，游故人之亭，登潇湘之楼，而题曰'江天一馆'。馆在零陵城西北十里，其地曰湘口，自五代以来为驿。斯馆之题，盖在忠宣入境之初也。康熙间，驿迁置入城，而馆与楼遂无复存，惟长此江天，渺茫相与终古而已。绩辰至永，访忠宣遗迹，语及斯馆，鲜识者，窃心焉伤之。夫临江流而望远天，忠宣盖有不能自已于君父者，一馆何足计？馆存而忠宣忧国之意俱存，后之人独不少致惜乎哉！"

清代学者吟咏湘口驿的诗作，除了王庭之外，还有王夫之、王岱、李文藻、吴光、乔莱、蒋景祁、欧阳辂、杨明上等人。

王夫之《潇湘十景词（寄调蝶恋花）》其三《朝阳旭影》，自注："在零陵县潇水侧，去钴鉧潭、愚溪不远，北十里为湘口，是潇湘合处。"

王岱《了庵诗文集》卷十八《湘口潇湘二水合》云："水合潺湲乱石矶，轻船直下影如飞。游心正自贪山色，转眼层峦在落晖。"

李文藻《岭南诗集》卷三《湘口》云："潇湘欲合处，石壁排空高。巧作郡邑障，日夜当奔涛。上有特出峰，如人具笏袍。下有十间厦，劖刻非斧刀。湍急撼天地，位置何能牢。辟之有五丁，戴之有六鳌。"

吴光《南山草堂集》有《泊湘口二妃庙是潇湘二水会处》诗云："泛楫楚江曲，辍棹潇湘涘。天水互澄廓，矧逢秋清时。霜明沙渚净，露寒岸草滋。芳蘅被长薄，修筸映素漪。月华临夜空，青山窈多姿。帝子渺何许，婵娟远水湄。透迤回翠旌，仿佛骖文狸。苍梧白云去，洞庭丹枫衰。美人期不还，日落愁参差。眷彼湘竹吟，踌躇有余悲。"

乔莱《湘口》诗云："雁叫猿啼不可闻，零陵风雨正纷纷。三岩明灭潇湘合，二水潆洄楚粤分。纵目好看灵岳树，落帆犹带隐山云。探幽更向愚溪去，野性偏宜鸥鹭群。"

蒋景祁《磨崖三绝碑》诗云："我从湘源达湘口，放舟东流日初酉。维止摩挲诵刻文，飞崖插天字盈斗……"

《沅湘耆旧集》卷一百六十六载永州宁远人杨明上《月夜舟出湘口》云："棹舟乘月去，隔浦静生烟。何处吹长笛，空江霜满天。"

同书卷一百三十一载湖南善化人欧阳辂《湘口纪行》云："资阳归路绕湘衡，历历乡关望眼明。三十六湾秋色里，一帆风雨溯江行。"

值得注意的还有屈大均的《潇湘神》三首，自注"零陵作"，见于《翁山诗外》及《屈翁山诗集》。诗云："潇水流，湘水流，三闾愁接二妃愁。潇碧湘蓝难两色，鸳鸯总作一天秋。""潇水长，湘水长，三湘最苦是潇湘。无限泪痕斑竹上，幽兰更作二妃香。""潇水深，湘水深，双双流出逐臣心。潇水不如湘水好，将愁送去洞庭阴。"自注："潇湘二水相合，名鸳鸯水。"其咏潇湘二水，一唱三叹，回旋反复，只言二妃、三闾，而不及其他，回应了湘口馆从湘妃到屈原的人文主题。

第十二章　黎贵惇《潇湘百咏》校读*

　　新出《越南汉文燕行文献集成（越南所藏编）》^①第3册收录有18世纪越南使者黎贵惇所作咏潇湘绝句100首，在《桂堂诗汇选》中。

　　黎贵惇（1726—1784），字允厚，号桂堂，太平省神溪县延河乡人。越南后黎朝的著名学者。景兴十三年（清乾隆十七年，1752）壬申科一甲进士第二名（榜眼）及第，官至工部尚书。著作极富，据"越南汉喃文献目录数据库系统"检索，有34种之多。其中如经学著作《周易批注》《易肤丛说》《书经衍义》《四书约解》等，史学著作如《大越通史》《登科碑记录》《黎朝功臣列传》等，诗歌方面则有诗集（包括合集）《京行日程歌》《国音诗》《乂安诗集》《天南形胜明良遗墨录》《黎致仕诗集》《桂堂诗集》《故黎乐章附诗文杂录》等，并编有《全越诗录》。

　　黎贵惇于越南后黎景兴二十一年、清乾隆二十五年（1760），以翰林院侍读充越南国如清副使，归国后撰写了《北使通录》和《桂堂诗集》。

　　《北使通录》四卷，今存抄本两种，书中记有出使行程、使团成员、所携贡品、朝见礼仪、与清臣的交往等，另收录若干越中邦交的资料、清朝官员的诗文及作者与朝鲜使臣的唱和诗篇。

　　《桂堂诗集》二卷，又名《桂堂诗汇选全集》，今存抄本两种，

---

　　*　本章原刊于《湖南科技学院学报》2011年第10期，题为《黎贵惇〈潇湘百咏〉校读》。

　　①　复旦大学文史研究院、越南汉喃研究院合编：《越南汉文燕行文献集成（越南所藏编）》，复旦大学出版社2010年版。

收录黎贵惇出使中国时，与朝鲜使臣李徽中、洪启禧及中国友人之间的酬赠唱答诗，另载题咏名胜古迹诗、题扇诗、集句诗等，共计收诗 514 首。

刘玉珺据潘辉注《历朝宪章类志》卷四十四《文籍志》，提到黎贵惇有与清朝文士唱和的《尝心雅集》，与其他同行使者唱和为《珠联诗集》四卷。[①] 按："尝"当是"赏"之讹。《赏心雅集》为越南人出使中国时所作的诗文联集，书中包括莫挺之题扇诗、黎贵惇与中国文士和朝鲜使者的唱和诗等，见"越南汉喃文献目录数据库系统"。《珠联诗集》未见于该系统。

《集成》扫描版的《桂堂诗汇选》，署款"延河（黎）榜眼官著，后学天禄潘霖卿、濂江阮汤建辑订"（卷二有"黎"字，卷一无）。

咏潇湘绝句 100 首在《桂堂诗汇选》卷之贰题咏类，目录题"潇湘闲咏绝句一百首"（第 3 册，第 17 页），正文题"潇湘百咏"（第 155—189 页）。

刘玉珺引《文籍志》提要云：《珠联诗集》内，"'茫湘百咏'卷有朝鲜正使状元洪启禧序"[②]。按："茫湘"当是"潇湘"之讹。今《桂堂诗汇选》中不见洪序。

黎贵惇《北使通录·自序》："《潇湘百咏》东使为弁卷，并载于此，亦观风一佳话也。"此书抄本第二、三卷缺佚，高丽使者弁言已不见。

以"潇湘百咏"为题的组诗，（包括"潇湘八景"绝句各一首），在中国及日、韩均十分少见，其范围显然已超过"潇湘八景"，也超过"湘妃""渔父"等传统主题，非常难得而珍贵。以今地统计，"百咏"中永州 23 首，衡阳 14 首，株洲 6 首，湘潭 13 首，长沙 36 首（含潇湘八景 8 首）、岳阳 8 首。内容涵括潇湘八景，而吟咏山水

---

① 刘玉珺：《越南汉喃古籍的文献学研究》，扬州大学博士学位论文，2005 年，第 139 页；中华书局 2007 年版，第 299 页。

② 同上。

之际，又颇能瞩目贤哲，以及验看民情。

诗有自序、自注。偶有讹字、俗字、衍文，故此加以整理，并参照越南使者所绘华程图《燕台婴语》《燕轺万里集》等略做校释。讹字、衍文用圆括号标出，乙正之字用方括号标出，俗字径改为正字。

潇湘百咏

自永州抵长沙半月间，风日恬清，江山明霁，望中欢感俱生，信笔成绝句若干章，非（敬）[故]衔多，只因遣兴，但期适意，何用忘言。

今按：此为全诗自序。以下各首序号为笔者所加。

1. 湘口关头望永州，江风十里白蘋秋。溪山几处逢青眼，遥忆当年子厚游。

今按：此首咏柳宗元。柳宗元字子厚，曾为永州司马。永州旧有湘口驿，在城北 10 里。又有白蘋洲，今称蘋岛。均在潇湘二水交汇处。又有潇湘镇、潇湘津、潇湘关、潇湘馆、潇湘驿、潇湘门、潇湘楼。黎贵惇《北使通录》卷四载作者回程经永州云："又自此至永州多用恶钱不拣择。"十月"十七日早行六十里至祁阳县城驻。十八日仍驻。自湖以南地丰和暖，草木繁茂，野花山竹，隆冬不凋，风土景物，宛如我国"（第 4 册，第 245 页）。

2. 红蘅碧杜满芳香，翠竹青松（自）翠郁苍。穆穆庙庭千古祀，平成景仰禹皋皇。（潇湘江口有庙，祀敕封先德禹皇、齐德皋皇。）

今按：此首咏潇湘庙。永州旧有潇湘庙，或在潇湘东岸，或在西岸，或在蘋洲。清代在潇湘东岸，与蘋洲相对，迄今仍存。庙祀帝舜、娥皇女英二妃，因司潇湘二水，故或以为祀夏禹、皋陶。阮辉㑏《奉使燕京总歌并日记》云："三岐江口有潇湘古祠，敕封齐德禹皇、允德皋皇，内扁'威德显灵'，外扁'功在平成'。"（第5册，第72页）即此。潘辉注《华轺吟录》有《禹皋庙》诗，注："在江口右崖山上，敕封有德禹皇、元德（高）[皋]皇。"（第10册，第223页）

3. 七层宝塔峙江边，岩号朝阳景倍妍。拟借芳游看胜迹，却愁秋色动征船。（朝阳岩在潇湘江浒，昔贤多题咏在。）

今按：此首咏朝阳岩。朝阳岩在永州旧城南2里高崖上，隔江与旧城东西相望，故又称西岩。有朝阳洞，洞内有泉流出，故又称流香洞。唐代宗永泰间元结为道州刺史经此命名，并作《朝阳岩铭》《朝阳岩下歌》。今存历代题刻、诗刻约150通。由诗意可知，黎贵惇仅只远观，未及泊舟登崖，不免遗憾。

4. 共传老杜擅诗名，夔峡年年秀气生。点出零陵山水好，元和司马极才情。

今按：此首咏柳宗元在永州所作山水游记，即《永州八记》。

5. 令弟堂堂有庳封，时巡四觐万方同。粤南（极）尽辟由来久，谁谓秦时路始通。（零陵有庳墟，即舜封象地也。舜南巡登九疑山即此。）

今按：此首咏舜弟象、有庳庙。《孟子》云："象至不仁，封之有庳。"永州、道州间，旧有鼻墟、鼻亭，即象祠，俗称鼻天子。柳宗元《道州毁鼻亭神记》："鼻亭神，象祠也。"《括地志》："鼻亭神在营道县北六十里，故老传云，舜葬九疑，象来至此，后人立祠，名为鼻亭神。"《水经注》："溱水出桂阳临武县南……水侧有鼻天子城。"康熙《永州府志》道州："象祠在州西十五里滨江，地名江村，即鼻亭庙。"今为水库淹没。

6. 粤西山尽楚山多，远道迢遥望转赊。峭岸青排云外树，平原绿起雨中花。

今按：此首似咏蘋洲以下平阔处。盖自全州入湖南多山，至蘋洲忽然平阔，见得远树依依。

7. 轻风摧棹过横塘，冷水滩头趁晚凉。初月如钩微有影，渔灯数点蓼花旁。

今按：此首咏冷水滩渔火。冷水滩今为城区，旧为渔村，自古有夜间燃火打鱼的习俗，遂成为潇湘一景。明钱邦芑《潇湘赋》"或夜渔之方出，又火照而网张"，自注："湘中渔人每夜中用火照捕鱼。"

8. 江流东折色如蓝，舟子争言碧水庵。茅屋数椽和竹屋，酒家（日）风日正清酣。（坡诗："雨余风日酒清酣。"）

今按：苏轼诗题《西太一见王荆公旧诗偶次其韵二首》，六言，无"酒"字。碧水庵，疑为"绿天庵"，在永州旧城东门外 1 里，为唐僧怀素故居。黎贵惇《北使通录》卷四载作者回程云："上游湘潭而上，两边峰峦连亘，江路之玄，水势犹稍平。自管山塘以上多滩碛，如登峻阪，水流湍迅，青蓝彻底。"（第 4 册，第 245 页）

9. 满径苔花不上衣，山间野老采山薇。一般清适都无事，笑盼庭柯缓步归。

今按：此首咏山民。裴槤《燕台婴语》《如清图》衡阳、衡山之间江岸有山，绘有山民担柴及麋鹿等，亦山民景象，殆越南所无，故记之。

10. 窳土浇风未易量，椎猪渍米亦寻常。蝇头细利谁无觅，自昔东周已饮羊。（全、永二州民宰猪，槌软吹满令肥大。米借脱粟，以水渍之，重其斤两。）

今按：此首咏村民陋俗。《荀子·儒效》："仲尼将为司寇，沈犹氏不敢朝饮其羊。"《孔子家语·相鲁》："鲁之贩羊有沈犹氏者，常朝饮其羊以诈市人。"刘向《新序·杂事一》："鲁有沈犹氏者，旦饮羊饱之，以欺市人。"又见《杂事五》。

11. 浯溪小步倚瑶岑，坐数残碑思转深。镜石一方常朗彻，只应照见古人心。

今按：此首咏浯溪镜石。小步，谓小径。浯溪在永州祁阳，旁有山崖矗立，唐元结爱其山水，辞道州刺史职居此并命名，溪称浯溪，崖称峿台，亭称痦庼，合称"三吾"，各有铭。镜石在浯溪摩崖碑左，黑色而光洁，相传为元结遗迹，宋人《舆地纪胜》已载之，称"以水喂之，能鉴须眉"。越南使者至浯溪多咏镜石，今有阮辉僙《题石镜诗》石刻尚存，裴槤《燕台婴语》有注文（第25册，第64页），其诗亦见阮氏《奉使燕京总歌并日记》抄本（第5册，第73页）。

12. 乾元旧事已悠悠，静对寒山问道州。大笔（榆）[揄]扬谭盛业，诗中可是寓《春秋》？（唐元结，道州刺史，人称元道州。所作《大唐中兴颂》刻石，寓意微婉。）

今按：此首咏浯溪摩崖碑。元结刻《大唐中兴颂》于浯溪，颜真卿书。其颂末云："湘江东西，中直浯溪，石崖天齐。可磨可镌，刊此颂焉。"世称摩崖碑。寓意微婉，谓元结作颂，寓贬于褒，自宋以来多有此说，范成大《书浯溪中兴碑后有序》："今元子乃以鲁史笔法婉辞含讥，盖之而章，后来词人复发明呈露之。则夫摩崖之碑，乃一罪案，何颂之有？"

13. 山色溪光映碧川，由来胜地以人传。满岩题咏无空处，鉴赏于今九百年。

今按：此首咏浯溪碑林，今存唐以来石刻500余通。

14. 封部谁思抚字恩，元公德政旧碑存。琴堂水馆成榛莽，崖傍犹留昔罍樽。（唐文宗太和年间，江州司马韦词事修浯溪，记述元公仁政，碑今现存。岩一石，乃公凿为酒樽处。）

今按：此首咏浯溪。韦词《修浯溪亭记》有"封部歌吟""琴堂水斋"等语，石刻今存。罍樽在峿台上。元结在道州亦有罍樽，有铭。

15. 祁阳清夕倚（蓬）[篷]窗，秋满平山月满江。客路不谭牛女事，顺风乘夜泛征舠。

今按：此首咏祁阳。祁阳有三吾驿，当为越南使者住宿处。观诗意，其时适当七月七夕。

16. 绿叶黄花放嫩枝，群生葛树满江湄。织成缔绤浑容易，却（忆）想寒窗揉治时。（祁阳县产葛，织布充贡。）

今按：此首咏祁阳土产。唐《元和郡县志》已载永州产细葛。清姜绍湘《湘侨闻见偶记》云："祁阳葛极细泽者多幼女所织，号女儿葛，又名葛缎。"裴樾华程图《燕台婴语》注云："祁阳产葛布，上曰贡葛、云头葛，中曰京妆，下曰随葛。"（第25册，第64页）又见《奉使燕京总歌并日记》（第5册，第75页）。今永州人称土布、夏布。

17. 暑威初戢转凉飙，水面轻沤雨未消。最是山家生意足，沙杉浮下万千条。

今按：永、道二州盛产杉木，商人转运，旧由湘水漂浮而下，诗记其事。

18. 北抵归阳百里间，江流回折出沙滩。船头历历青山转，树杪翩翩夕鸟还。（归阳，县名。）

今按：此首咏祁阳。归阳当是集市名，今为镇名，划归衡阳市祁东县。《明史·地理志》：祁阳东有归阳市、东南有白水市、西北有水隆太平市三巡检司。《奉使燕京总歌并日记》称为"归阳塘"（第5册，第75页），疑为"归阳铺"之误。《燕台婴语》注文载："归阳产引针磁石。"（第25册，第66页）《奉使燕京总歌并日记》又载："归阳庸好卖好针，随人多置造，回程日取。"（第75页）阮辉僜《燕轺日程》作"归阳庸多卖好针"（第24册，第56页），"庸"即"铺"之俗写。

19. 雨过江天夜到明，绿蘋白芷一时生。无端耿耿撩秋思，细数敲（蓬）[篷]淅沥声。

今按：此诗咏湘江秋雨。

20. 川广荆湖四望通，轻舸巨舰往来中。纷悰名利无休歇，笑倒寒溪坐钓翁。

今按：此诗咏湘江舟船往来之盛。

21. 半亩园蔬不值钱，山民生计在山田。纵横界限如棋局，上下携（蓝）[篮]采木绵。

今按：此诗咏湘江岸上所见农事。

22. 嫩草茸茸绿满洲，牧童高卧放黄牛。起吟蘋叶芦花畔，一曲沧浪万顷秋。

今按：此诗咏湘江岸上所见牧牛。

23. 东江清夜泛轻槎，淡淡微风帖浪花。秋月（霜）横江霜满岸，灯光现处有人家。（东江近衡州府。）

今按：此诗仍咏永州，近衡阳。东江即小东江，即祁水。《清史稿·地理志》祁阳："湘水自零陵入，东纳浯溪，过县城南，合祁水。水一名小东江。"《明史·地理志》祁阳："城北有祁水，源出邵阳县，东北流入焉。"
以上 23 首咏永州。

24. 醽绿曾闻味最佳，《吴都》有赋共传来。无因辨得东湖水，浊酿聊同月下（新）杯。（衡阳东有湖水，绿色，酿酒甚佳。《文选·吴都赋》"飞琼觯而酌醽绿"即此。）

今按：此诗咏衡阳酃湖。宋本六臣注《文选·吴都赋》作"飞轻轩而酌绿酃"。注引《湘州记》曰："湘州临水县有酃湖，取水为

酒，名曰酃酒。"又《七命》注引盛弘之《荆州记》曰："渌水出豫
章康乐县，其间乌程乡，有酒官，取水为酒，酒极甘美，与湘东酃
湖酒，年常献之，世称酃渌酒。"湘州，晋怀帝分长沙、衡阳、湘
东、零陵、邵陵、桂阳及广州之始安、始兴、临贺九郡，置湘州，
至梁初不改。湘东，吴以长沙东部为湘东郡，西部为衡阳郡。

酃湖，茶陵尝隶衡州，酃县，有酃湖，《水经注》："县有酃湖，
湖中有洲，洲上民居，彼人资以给酿，酒甚醇美，谓之酃酒，岁常
贡之。"《清一统志》衡阳府："酃湖在清泉县东。"

25. 合江亭上草葳蕤，石鼓山前水渺弥。黯淡烟云常缥缈，
方民遥指武侯祠。

今按：此诗咏衡阳石鼓山。《水经注》载："县有石鼓，高六尺，
湘水所径，鼓鸣则土有兵革之事。"《清一统志》衡阳府："石鼓山在
清泉县北二里。叩之声闻数十里。合江亭在清泉县北。"引《舆地纪
胜》："在石鼓山后。"韩愈有《合江亭》诗，《昌黎集》旧注："此
亭在衡州负郭，今之石鼓头，即其地也。地形特异，岿然崛起于二
水之间，旁有朱陵洞，亦谓之朱陵仙府。唐人题刻，散满岩上。"武
侯祠亦在石鼓山。《清一统志》衡阳府："诸葛亮宅，在衡阳县北石
鼓山。"又云："诸葛武侯庙，在衡阳县北。"引《舆地纪胜》："在石
鼓山。"《全宋词》洪适《南歌子·寄景卢》："南浦山罗列，东湖水
渺弥。"

26. 衡山七十二高峰，翠壑丹崖几万重。欲访郴侯栖隐处，
茅庐渺渺白云封。

今按：此诗咏衡山。《衡阳县志》："衡山七十二峰，在衡阳境
者凡六：曰岣嵝、回雁、碧云、白玉、仙上、九岭。在长沙、湘乡、
湘潭、善化境者凡七，而在县境者凡五十九，其大者有六，曰祝融、

紫盖、天柱、石廪、芙蓉、云密。自此而外有五十三峰，合在别县者十三峰，共七十二峰。"《水经注》："衡山东南二面，临映湘川，自长沙至此，沿湘七百里中，有九向九背，故渔者歌曰：'帆随湘转，望衡九面。'"《燕台婴语》注文载："衡州以北皆土（大）山远岭秀郁。"（第69页）唐李泌，肃宗时以散官参枢密，权逾宰相，为宦官所忌，乞游衡山，优诏许之，给以三品禄俸，遂隐衡岳，绝粒栖神。事见两《唐书》本传。韩愈《送诸葛觉往随州读书》"邺侯家多书"，旧注："李泌封邺县侯。"

27. 袖却经纶返故山，常源岂是爱高官。十年宰相浑余事，怨鹤惊猿为懒残。（李泌居山，山傍有僧号懒残，诲曰："勿多言，领取宰相十年。"果如之仕。）

今按：此诗仍咏衡山及李泌。裴文裸等《燕轺万里集》注文云："烟霞峰在衡山县分，即故濑残（懒残）所苦（居），旁即李邺侯读书处。"（第25册，第202页）今烟霞峰下有懒残岩。李泌、懒残事见《齐东野语》引《李泌家传》及《甘泽谣》。

28. 邵阳来水合湘流，潦雾熏蒸散不收。为达仁波宣摊淤，又分一道下韶州。

今按：此诗咏衡阳烝水。古称承水，《水经注》："承水出衡阳重安县西邵陵县界邪姜山。"《清一统志》："烝水在衡阳县北二里，自宝庆府邵阳县流入。"引《舆地纪胜》曰："水气如烝，故名。"诗句"潦雾熏蒸"以此。"又分一道"，当指耒水，经郴州至韶州。水能分流，故称"仁波"。《燕台婴语》有图绘烝水、耒水入湘甚明，注文曰："水从耒阳县来，一说从广东梅岭来。"（第69页）《燕轺万里集》略同（第25册，第201页）。韶州即今韶关，梅岭即大庾岭。黎贵惇《北使通录》卷四载作者回程经衡州云：十月"十一日早行三十里至衡州城，前年夜发州城，不知形势。今年溯流而上，未至城约十里，右有一水颇阔，下（柳）[郴]州直至广东。过城东北有烝水，色赤，来自宝庆府至此。江口内石桥一座，（不）[下]开石窦七门通舟，其外名为石鼓山，有合江亭。城廓甚长，舟船多聚，鱼米大饶，芋储[诸]极贱"（第4册，第243—244页）。

29. 桃叶初丹梧叶飞，芦花欲白蓼花稀。秋风未睹鲈鱼鲙，却忆南乡稻蟹肥。

今按：此诗咏衡阳。南乡，镇名，在衡阳，清置清泉县。《燕台婴语》误作"青泉县"（第69页），阮辉偡《燕轺日程》不误（第24册，第59页）。

30. 山远天高野岸平，疏疏山树映江城。好如珥水三秋景，易动行人万里情。（府城西北风景宛如珥河。）

今按：此诗咏湘江秋景。府城，当指衡州府。珥河在越南。梁溪坐观老人《清代野记》："云南自普洱、临安东至开化各府，皆与越交界。万山重叠，路极崎岖，内有大河三：一由蒙化东南流历元江、临安至蒙自境入越界，名元江，下流名洮江，东流六百里，历越之宣光、兴化、山西各省至其东京；一由蒙化南流，名李仙江，又名把边江，历普洱、思茅南入越之兴化省，折而东流七百里，名陀江，亦至东京，北与洮江会；一由开化南流入安平，入越界下流，名宣江，历越之宣光山南流四百余里至东京。三江总汇，名为富良江，一名珥河。"

黎贵惇《北使通录》卷四云："珥河出自云南玉案山，来合洮、沱众水，经本国山西处绕城东下山南入海。"（第4册，第327页）

31. 褚家夕泛月漫漫，秋水连空浩渺间。鸭望塘前微听雨，清晨一棹到衡山。

今按：此诗咏衡阳。褚家，集市名，今名褚家湾。鸭望塘，地名。

　　32.朝霞初上曙光凝，山水葱茏秀气蒸。横岸小舟无管束，三三两两挂渔罾。

今按：此诗咏湘江渔舟。

　　33.轻帆泛泛挂西风，一艇横江下钓筒。更有傍山人骑马，宛然如在画图中。

今按：此诗咏湘江两岸风俗。《燕台婴语》绘有二人牵二牛（第71页），与人骑马相类，殆亦越南所无，故记之。

　　34.街坊爽垲静尘嚣，杨柳垂堤放远条。共道衡山贤令政，令人遥望想风标。

今按：此诗赞衡山县令，当时有应酬者。百咏中具酬答之意者唯此一首。

　　35.微微残照叶烟和，徐泛中流发棹歌。海国人看今古月，和风江转去来波。

今按：此诗咏湘江泛舟。

　　36.楚山楚水极奇观，秋月秋天更好看。美景良辰都入望，赏心应可遂清欢。

今按：此诗咏湘江秋色。

37. 连环排队下长川，万籁无声水鸟眠。夕自衡城乘月发，旦来已见抵龙船。（自衡县城至龙船塘相去一百十里。）

今按：此诗咏衡阳，自衡阳别去。龙船塘，今在株洲。
以上 14 首咏衡阳。

38. 茶陵渌口碧泱泱，源自江西到北方。纳尽东南多少水，五湖襟带数熊湘。

今按：此诗咏株洲。茶陵，唐属衡州，明清属长沙府，今属株洲。渌口，镇名，在渌水入湘处。渌水又名漉水，源出醴陵东漉山。唐有渌口戍，明有渌口巡检司，清有渌口镇巡司及渌口驿。熊湘，《史记·五帝本纪》：黄帝"南至于江，登熊湘"。湘谓湘水，熊谓熊山，又称湘山，《汉书·地理志》曰"在长沙益阳县"，《括地志》曰"在岳州巴陵南十八里"。此处为泛指。

39. 花石山前小舣舟，微波不动晓云收。红拖碧抹浑如昼，常照游人古渡头。（花石山三顶如锦屏，下有渡头。）

今按：此诗咏株洲。花石山在醴陵。

40. 衡湘沿岸总低山，土似朱砂石似丹。水道成文增秀气，古今多少妙词翰。

今按：此诗咏湘江江岸景色，在株洲、湘潭间。阮思佪《燕轺笔录·秋江晚眺》诗注："湖南诸山，土色皆如丹砂，连峰渥丹，间以绿树，望之如千里锦障。"（第 19 册，第 167 页）

41. 晚天新雨浴兼葭，著月塘前棹阁沙。十数蜗庐弯岸结，声声唤客买冬瓜。（著月、棹阁皆地名。）

今按：此诗咏株洲。记湘江两岸集市，著月、棹阁在渌口左近对岸，阮辉僙《燕轺日程》注文作"著日""姑沙洲"（第24册，第62页）。裴樻《如清图》作"禄口""姑州"。（第24册，第240页）

42. 稠峰叠嶂郁崔嵬，一石棱层傍水涯。巧自狡狯回首望，人言此是地仙台。

今按：此诗咏湘江景色，在株洲、湘潭间。阮辉僙《奉使燕京总歌并日记》："二十九日，经地仙台至湘潭县城。"（第78页）

43. 雨滴凉（蓬）[篷]密又疏，衾裯展转到更余。十年前事都忘却，揭起寒灯看古书。（唐诗："半夜灯前十年事，一时随雨到心头。"）

今按：此诗咏湘江夜雨，在株洲、湘潭间。诗为杜荀鹤《旅舍遇雨》。
以上6首咏株洲。

44. 夜发朱塘泛汛流，平明乍抵古沙洲。云连低岫青天近，水荡长滩大地浮。

今按：此诗咏湘潭。朱塘在湘潭。

45. 十里帆樯上下连，街头红烛散青烟。香粳早熟鲜鱼好，秋夜潮潭月正圆。

今按：此诗咏江岸集市，在湘潭。

46. 北方风俗重中元，锣钹喧阗远水村。前导僧徒齐忏祝，家家户户捧兰盆。

今按：此诗咏湘潭江岸渔村，时当七月十五日，佛教盂兰盆节。

47. 标致风流不让人，士衡真是晋名臣。锦湾游钓知何处，芳迹漫漫楚水滨。（湘潭有锦湾，乃晋士行钓处。）

今按：此诗咏湘潭。锦湾又称唐兴湾，在湘潭。陶侃，字士行，或作士衡。《燕台婴语》湘潭县注文有"陶公钓游处"（第73页），《燕轺万里集》注文作"陶侃游钓处"（第25册，第205页）。阮辉僙《燕轺日程》注文："县有锦湾者，俗传陶侃游钓处。"（第24册，第63页）又见裴楎《如清图》（第24册，第241页）。阮辉僙《奉使燕京总歌并日记》：湘潭县城"观湘门下街肆繁丽，县有锦湾者，俗传陶侃游钓处"（第78页）。

48. 齑盐况味不堪尝，七月芋羹忆旧乡。却爱此间新雪藕，沁人齿颊胜仙浆。（湘潭出莲实、莲藕。）

今按：此诗咏湘潭土产。

49. 天然玉骨又冰肌，清白心肠皎洁姿。应念并头依别恨，含情不断似游丝。（右咏莲藕。）

今按：此诗咏湘潭土产莲藕，主题同前，而比兴最为委婉妩媚，若无自注，几为艳体。

50. 脆茄淡菜味全无，桃（源）极肥甜藕极粗。讵独齐卿征枳橘，北南地气百般殊。（晏子曰："南方有橘，移（桂）[植]北方，则化为枳。"）

今按：此诗咏湘潭土产。注引"晏子曰"见《晏子春秋》卷六《内篇杂下》："橘生淮南则为橘，生于淮北则为枳，叶徒相似，其实味不同。所以然者何？水土异也。"

51. 晓发湘潭泛碧湍，连江风雨暗群山。城西隐隐文昌阁，光焰犹凌霄汉间。（杜诗："承露金茎霄汉间。"）

今按：此诗咏湘潭。文昌阁图见《燕台婴语》《燕轺万里集》《燕轺日程》《如清图》四种华程图。注引杜甫诗见《秋兴八首》之五。

52. 舟中小酌共潭心，扫尽乡依放旅吟。又恐秋风撩发起，凭窗静听二弦琴。

今按：此诗咏湘潭舟中秋意。

53. 萧飓红叶送秋声，野岑沙洲小艇横。秋气下严新衾冷，黄昏风雨到三更。

今按：此诗咏湘潭舟中秋意。

54. 照山佳气晓葱胧，万像尊严圣帝宫。来往人人凭福庇，风帆如戟乱流中。

今按：此诗咏湘潭昭山寺。"照山"当作"昭山"，图见《燕轺日程》《如清图》，《燕台婴语》误作"招山"，《燕轺万里集》误作"焦山"。

55. 湘江午后北风高，压浪轻轻一短篙。我语舟人须快棹，已将忠信涉波涛。

今按：此诗咏湘潭。当记轻舟摆渡。"忠信涉波涛"出唐高适《送柴司户充刘卿判官之岭外》诗。

56. 入船白雨下纷纷，拍岸洪涛彻夜闻。攲侧不堪横梦枕，起看江上卷秋云。（坡诗："白雨跳珠乱入船。"）

今按：此诗咏湘潭乘舟夜行。注引苏轼诗见《望湖楼醉书七绝》。以上咏 13 首咏湘潭。

57. 堂堂庙宇镇江壖，环挟风箱树数株。治迹不磨遗爱在，忠清千古说龙图。（包（令）[公]庙去省城二十五多里。）

今按：此诗咏长沙。包公庙，图见《燕轺日程》《如清图》《燕台婴语》,《燕轺万里集》及《奉使燕京总歌并日记》作"包爷庙"。

58. 衡山山麓郁嵯峨，路径如弓直复斜。晴日中流舒望眼，一行转盼到长沙。

今按：此诗咏长沙。"衡山山麓"当是"岳麓山"。

59. 湖海相逢眼便青，殷勤地谊送香（羰）[醽]。小西门（处）[外]初湾泊，高挂红灯结彩亭。

今按：此诗咏长沙。小西门即德润门，连接湘江码头，商旅荟集。

60. 湖南自古号通都，拱粤连滇更跨吴。粟米舟车交灌注，敖仓犹自溢供输。

今按：此诗咏长沙。

61. 碧雕红绘好夸妍，三只宣楼大座船。却忆珥河莲（辨）［瓣］样，北人亦道是精坚。（周粲《使交记》称我船以莲（辨）［瓣］颇精坚。）

今按：此诗咏长沙。"三只宣楼大座船"指长沙府配给越南使者的官船。《燕轺日程》注文："使舟至此，奉给宣楼船三只。"（第24册，第64页）《燕轺万里集》注文："道官例换给大红船二只，一总分注，如有呈文，抚道二位再行添给，有谢给船礼。"（第206页）阮辉俊《奉使燕京总歌并日记》："初十日，奉给宣楼船三只，船制长七十余尺，周十三尺，两边容人行走，内架楼分房，雕刻添饰，加以画彩，用松木为篙，大（经）径二三寸。"（第81页）

62. 摇橹撑（蒿）［篙］不用（浆）［桨］，凌风两竖大帆樯。官舱华整扛桥调，十里扬旌达武昌。

今按：此诗咏长沙宣楼船。

63. 官船任付管船人，月廪惟支十两银。胜似偏藏公（厩）［帑］上，一修为费倍千缗。

今按：此诗咏长沙宣楼船。

64. 楚南首郡树风声，千古流辉数字铭。节孝（碑）[牌]坊忠义庙，经道凭轼仰余馨。

今按：此诗咏长沙。据府志，长沙节孝祠，在儒学署右；忠义祠，在乡贤祠右。

65. 省城在在有禅林，时动钢钟响法音。交通道衢宣竟日，几人能自净尘心。（道间寺院联络，扁曰"六合禅林"，曰"福惠禅林"。钟磬纯钢，无用金石。）

今按：此诗咏长沙佛教庙宇，寓褒贬焉。"钢钟"，疑指铁钟。六合寺在长沙望城龙洞村庵梓山，今存，福惠禅林不详。又四种华程图均绘有铁佛寺。

66. 万寿仙宫瑞霭辉，岳峰相对共巍巍。来春帝座临江浙，轸野环观拱紫薇。（每省有万寿宫，为岳牧岁时庆祝之所，奉睹喻晓，言大驾来春巡幸江南、浙江。）

今按：此诗咏长沙。长沙万寿宫旧在万寿街，今五一路，已毁。

67. 船窗把酒对秋风，湘水烟波映远空。酃绿十瓶还悟（解）醉，坊头问取状元红。（抚院官送酒十瓶，淡不好，闻街上有好酒名状元红。王维诗："波澜动远空。"）

今按：此诗咏长沙。注引王维诗见《汉江临眺》。

68. 平生雅爱颂《新书》，不肖随人笑阔疏。摊节乍来依古迹，漫寻太傅旧时居。（贾太傅有《新书》百篇，长沙有故宅在焉。）

今按：此诗咏长沙贾谊。

69.议论文章一代英，端醇雅懿冠西京。君王何使临边远，只算才谋过贾生。

今按：此诗咏长沙贾谊。《奉使燕京总歌并日记》云："西门街有贾谊故宅，扁'忠谋远略'，后奉屈原像。"（第80页）

70.长沙还后不忘君，治策详明绝等伦。绛灌凋零谁复短，汉皇自负洛阳人。

今按：此诗咏长沙贾谊。

71.何事庸庸苦挤排，过湘一赋有余怀。当年名利生矛戟，亘古谁訾贾傅才。

今按：此诗咏长沙贾谊。

72.古来同道始为朋，意见差殊起爱憎。贾傅未知交绛灌，坡翁何不结金陵。

今按：此诗咏长沙贾谊，合上共五首。《史记·屈原贾生列传》："于是天子议以为贾生任公卿之位。绛、灌、东阳侯、冯敬之属尽害之。"金陵谓王安石。

73.为筑高台唤道乡，标题名迹自朱张。一时感事怀贤达，遂使千骑慕景行。（宋邹浩号道乡，后张南轩筑台，朱文公书额。）

今按：此诗咏长沙邹浩。邾同邹。《奉使燕京总歌并日记》作"宋辰邾浩"（第78页），《燕轺万里集》注文："又有道乡台，在岳麓山巅，乃宋邹浩（芳）字道乡谪衡州经此，守臣温益下逐客令，旅店不敢容，凡两夜。（度）[渡]湘江，山僧列炬迎之。张栻为浩筑台，朱子刻石曰'道乡台'。"（第207页）《燕轺日程》注文简略，云："邹浩贬官居此置书院，后张栻为公筑台，朱子书额曰'道（里）[乡]'。"（第64页）

74. 白鹿嵩阳与应天，洋洋弦诵世争传。湖南又是名书院，贲起人文仰时贤。（志称天下有四大书院。）

今按：此诗咏长沙岳麓书院。《奉使燕京总歌并日记》："理宗御扁曰'岳麓书院'，自卑亭抠衣而上，入成德堂，扁'超然太极'，最后为御书楼。登山一级是四箴石刻，程子视听言动箴及范氏《心箴》。"今岳麓书院为毁后重建。

75. 云漫岳麓不堪攀，想象秋阳跂望间。宁独连宵风雨隔，两重水又两重山。（船泊小西门，对岸岳麓书院，数日苦雨难行，又隔二沙洲二小山，进程匆匆，不果躬谒。）

今按：此诗咏长沙岳麓书院。

76. 对河竟日望黉宫，礼设书楼制度崇。蓁楛菁莪陶育处，千行草树正葱葱。

今按：此诗咏长沙岳麓书院。

77. 岣嵝山下锁烟云，夏后穹碑迹向新。三代以前书法绝，几人诠释得其真。

今按：此诗咏长沙岳麓山岣嵝碑。《燕轺日程》注文称"大禹碎字"（第 64 页）。

78. 泰和景象已寥寥，千古空思至治朝。关石和钧无可问，一碑犹自立山腰。

今按：此诗咏长沙岳麓山岣嵝碑。《尚书·五子之歌》："关石和钧，王府则有。"

79. 尚书旧隐在仓箧，云麓重开绿野堂。何处林亭凝远翠，宸奎亲笔写吹香。（志称钟尚书隐岳麓山苍箧谷，有吹香亭，宋理宗手题其额。）

今按：此诗咏长沙岳麓山，钟仙巢有箐箧谷遗迹。仓箧，当作箐箧。钟尚书，钟仙巢。《奉使燕京总歌并日记》：岳麓"山之最高处名岣嵝山，有大禹碑七十三字，下有苍谷，是尚书钟仙巢旧隐，上有吹香亭"（第 79 页）。

80. 衡锋云雾暗松扉，满径烟萝未可窥。名笔雅闻称二绝，问人刷取李邕碑。

今按：此诗咏长沙岳麓山，李邕有《麓山寺碑》。

81. 嘉（佑）祐芳踪半夏莱，游人凭眺独徘徊。云山烟水如畴昔，虚访先贤八景台。（府城西有潇湘八景台，宋嘉祐年所筑，今访无之。八景名曰潇湘夜雨、洞庭秋月、平沙落雁、渔村夕照、烟寺晚钟、远浦归帆、山市晴岚、江天暮雪。）

今按：此诗咏长沙八景台。《燕轺日程》注文："有八景：潇湘、洞庭秋月、远烟、晚钟、鱼梦、山市晴岚、江天暮雪。"（第 64 页）所记不全。

82. 寒江秋影雨中稀，沙岸芦花湿不飞，吹起西风催旅雁，一行作字报南归。（平沙落雁）

今按：此诗咏长沙。《燕轺万里集》江岸有注文："此处多平沙落雁。"（第206页）即八景台所在。

83. 渔舟来往蓼花村，濯足沧浪秋水浑。斜日漉鱼将唤酒，江湖随处有桃源。（渔村夕照）

84. 清秋未报雪飞花，连日朝云撒水涯。霜气通宵争月色，独留晚照让明霞。（江天暮雪）

85. 江天霜夕一声钟，敲散秋云绕客（蓬）[篷]。四望茫茫何处寺，山连烟树水浮空。（烟寺晚钟）

86. 客帆摇曳碧云间，向背东西各自还。极目长江秋意动，斜晖太半隐青山。（远浦归帆）

87. 林峦雨洗转新晴，嘈杂村墟贸易声。鱼菜生涯山景晚，野花溪水有人行。（山市晴岚）

88. 珠玑敲起楚天凉，错杂银壶滴漏长。此夜西风初定雁，有情吹雨过江乡。（潇湘夜雨）

89. 乾坤四望共澄鲜，明净当空月镜圆。蟾影蚌光交混漾，湘阴城外水如天。（谢灵运诗："空水共澄鲜。"志称洞庭湖有巨蚌，深夜展一壳如帆，吞吐明珠，与月争光。洞庭秋色）

今按：注引谢灵运诗见《登江中孤屿》。

90. 大江北走众山分，横岑高洲作要津。金碧辉煌崇庙宇，年年香火拜河神。（奉敕建河伯庙，在中洲，穷极壮丽。）

今按：此诗咏长沙。中洲即橘子洲，河伯庙即江神庙。

91. 虹梁霓栋镇中流，烟景漫漫拱极楼。云引（风）峰峦风引水，湖水即此是瀛洲。（洲头拱极楼高数层，与黄鹤、岳阳并称楚三名楼。）

今按：此诗咏长沙。拱极楼亦在橘子洲。《如清图》《燕台婴语》《燕轺万里集》均绘有橘子洲及"江神庙""拱极楼"图形。

92. 二日楼船驻水隈，沙头籁籁雨声来。痴云不放群峰岑，拟借刚风一扫开。（行至白沙洲遇雨。）

今按：此诗咏长沙。白沙洲在望城。
以上 36 首咏长沙，其中 8 首为潇湘八景诗。

93. 曦轮晨照霁秋霖，沿岸山山露玉簪。三十六湾才瞬息，扬舲一日到湘阴。

今按：此诗咏岳阳。作于自长沙至湘阴舟中。湘阴今属岳阳。华程图均绘有"三十六湾"图形，《如清图》《燕台婴语》云："江道屈曲（二）［三］十六湾，传是禹疏湘入湖故道。"（第 24 册，第 244 页；第 25 册，第 76 页）《燕轺万里集》云："小河屈曲三十六湾，人传是神禹凿疏湘水入湖故道。"（第 208 页）《奉使燕京总歌并日记》亦云："自湾河口塘入支河，转折屈曲，号三十六湾，人传是禹湘江入湖故道。湘阴铺舍亦广，临江有洞庭王庙，扁'熊湘灏气'。这是入湖口处。自永州二水合流，至此入洞庭湖，烟波浩渺，今古大观。"（第 81—82 页）

94. 顾瞻古庙对斜阳，遥忆忠臣恨转长。湘浦空怀哀郢国，楚宫一向梦高唐。

今按：此诗咏岳阳屈原。《燕轺日程》："湘江下流亦名汨罗……汨罗江，屈原（浴）[沉]于此，其故庙去江二三里。"（第66页）《如清图》《燕台婴语》云："湘江下流是名（湘）[汨]罗，楚屈原以五月[五日怀]石自投处，楚俗以是日泛舟普渡以吊……隔县城里许有三间大夫祠。"（第244页）

95.《离骚》遗调不堪（咱）[听]，长慨三间旧义馨。南楚山河非是昔，凄凉千古独醒亭。

今按：此诗咏岳阳屈原。

96. 南游帝子佩声飘，竹点成斑恨未消。惆怅黄陵遗庙在，九疑辇路去迢迢。

今按：此诗咏岳阳湘妃。《燕轺日程》："黄陵庙，祠（卢）[虞]帝及二妃。"（第67页）《燕轺万里集》："黄陵庙，祠虞帝二妃。"（第209页）《如清图》《燕台婴语》："君山十二峰，有湘君庙，祠（卢）[虞]帝二妃。"（第245页）

97. 风平浪帖庆无虞，唤起篙师驾舳舻。一瓣心香邀惠鉴，片帆稳过洞庭湖。

今按：此诗咏岳阳洞庭湖。

98. 洞庭水色接天边，青草湖旁一望连。闻说轩皇张乐处，山巅台址尚依然。（《史记》：黄帝登熊湘，张乐于洞庭之野。今君山上有轩辕台故址。）

今按：此诗咏岳阳洞庭湖。黄帝登熊湘，见《史记》；张乐于洞庭之野，见《庄子》。

《燕轺日程》：洞庭湖，"黄帝铸鼎炼丹湘君山，即其处"（第68页）。

99. 欲觅天台雁嘴尖（茶名），君山雀舌更清甜。照花不待湘江月，冰碗频频熟水余。（刘禹锡饮茶诗："今宵喜有湘江月，照尽霏霏洒碗花。"）

此诗咏岳阳洞庭湖君山。刘禹锡诗《全唐诗》作"今宵更有湘江月，照出菲菲满碗花"。"余"字疑误。《燕轺日程》云："君山有湘君祠，上产红橘、雀舌茶、玳瑁。"

100. 衡（阳）湘自昔有仙游，铁笛横吹海月秋。一剑凌风天万里，等闲三醉岳阳楼。（百咏毕。）

此诗咏岳阳岳阳楼。《燕轺日程》云："洞庭，楚之望，周回八百余里……吕仙翁诗云：'三醉岳阳人不识，朗吟飞过洞庭湖。'"（第68页）《如清图》："岳阳楼，滕王来重修，范仲淹作记，吕纯阳诗有'三醉岳阳'之语，今楼上有吕仙骑鹤像。"（第247页）《燕轺万里集》云："府城西岳阳门，门上有岳阳楼，三层。宋滕子京建，范希文为记。相传吕仙三醉处，今有奉祀，名吕仙骑鹤像。登楼纵观，云水浩渺，岩山浮动，真为楚大胜览。"（第211页）

以上8首咏岳阳。

第十三章 元程钜夫《题仲经家江贯道〈潇湘八景图〉八首》考述*

　　元程钜夫《题仲经家江贯道〈潇湘八景图〉八首》乃是题画所作。程氏喜观画、题画。《雪楼集》中甚多题画诗、题画跋，其他书帖、墨迹、诗卷之吟咏、题跋仍不少，亦偶有画论。收藏家武仲经或为湖北黄冈人，或曾担任淮西江北道肃政廉访司书史，升肃政廉访司知事。元人对江参画作特加珍爱，所作题画诗多见，可见元人对于文学、艺术之雅趣。

　　元程钜夫有《题仲经家江贯道〈潇湘八景图〉八首》：

平沙落雁
　　翩翩数行下，滩碛俯苍波。此处稻粱好，人间矰缴多。

烟寺晚钟
　　僧定钟声缓，依稀听不真。渡头风正急，唤醒未归人。

洞庭秋月
　　万顷玻璃上，辉辉玉一环。望中青似粟，约莫是君山。

潇湘夜雨
　　昏昏风浪里，瑟瑟打篷声。骚客千年恨，灵妃万古情。

---

　　* 本章原刊于《湖南科技学院学报》2017 年第 2 期，题为《元程钜夫〈题仲经家江贯道潇湘八景图八首〉考述》。

渔村夕照

落日寒潭静，西风黄叶鸣。鲈鱼新出网，分我一杯羹。

山市晴岚

旗亭新酒熟，下马试从容。颇胜老兵对，夕阳三两峰。

江天暮雪

六月三山底，城中似甑中。客来开短轴，乱雪舞江风。

远浦帆归

八景潇湘妙，归舟更色丝。招招烦小住，我赋式微诗。

见程氏《雪楼集》卷二十七，又见清张豫章《御选宋金元明四朝诗》卷六十六、清陈邦彦《御定历代题画诗类》卷二十九、清顾嗣立《元诗选》卷十七等。

诗与沈括《梦溪笔谈》记宋迪"八景"平沙雁落、远浦帆归、山市晴岚、江天暮雪、洞庭秋月、潇湘夜雨、烟寺晚钟、渔村落照，次序不同。

"潇湘夜雨"一景，用湘灵鼓瑟典故，而骚客显然指屈原作《九歌》之《湘君》《湘夫人》，吟咏之地为永州零陵。依照上湘、中湘、下湘的水流走向，宜居篇首。

此诗乃是题画所作。程钜夫似未尝亲至湖南，未见潇湘实景。《雪楼集》中有《武昌路记》《武昌路观音阁记》《岳州路三皇庙记》。又有《溥济庙记》言彭蠡泽云："延祐三年，诏封临江路中圣洲洞庭行祠，故焚修道师谢宗寿，为端惠灵济真人，赐号曰溥济之庙……南方之湖，洞庭为大；洞庭之神，君山为大。则湘君、湘夫人之神，今余不得而知之矣。彭蠡之逼而有洞庭之祠者，川行之人无所不畏敬，则无所不崇事也。"其所知潇湘、洞庭之事，仅此而已。

程钜夫，名文海，元世祖时为翰林修撰，迁集贤直学士，奏必参用南人。至元二十四年（1287），拜侍御史，行御史台事，奉诏求贤于江南，荐赵孟頫、余恁、万一鹗、张伯淳、胡梦魁、曾晞颜、孔洙、曾冲子、凌时中、包铸等 20 余人，皆擢置台宪及文学之职。吴澄居布水谷，亦起至京师。所居草屋数间，程钜夫题曰"草庐"，故学者称之为草庐先生。至元二十九年，召钜夫与胡祗遹、姚燧、王惮、雷膺、陈天祥、杨恭懿、高凝、陈俨、赵居信等 10 人赴阙赐对。至元三十年，为闽海道肃政廉访使。大德四年（1300），为江南湖北道肃政廉访使。大德十一年，为山南江北道肃政廉访使。至大四年（1311），为浙东海右道肃政廉访使。皇庆二年（1313），议行贡举法，建言"经学当主程颐、朱熹传注，文章宜革唐宋宿弊"。修《成宗实录》《武宗实录》。《元史》《新元史》均有传。

程氏喜观画题画。

《雪楼集》同卷题画诗有《题赵仲远所藏赵大年鹅鸭图》、《题仲经知事家藏钱舜举折枝》、《题仲经所藏马图》、《题归去来图》、《江天暮景图》、《题段郁文所藏钱舜举画二首》（梨花、白菊）、《题靖夫弟画屏折枝十二首》、《题廖克让所藏喜酸图啄木画卷二首》、《题张知事所藏王黄华墨竹姚雪斋诗卷二首》、《题傅雨岩所藏萧台二贤与鸡山赓和墨迹》、《题赵云趣梅图》、《为曹仲坚题渔父图》、《张萱唐宫捣练图》、《百蝶图》。

同书卷二十六题画诗有《题莲叶舟图》《题赵仲远伏生授书图》《题武仲经知事狮猫画卷》《武仲经知事携示寅夫登楼佳句》。

同书卷二十八题画诗有《家山飞云图》《题画屏折枝十二首》《少陵春游图》《乔达之画江山秋晚图三首》《石上三生图》《雪骑图》《题祁提点秋山图》《题高彦敬烟岚图》《三生图》《渔翁图》《宣和画马》《五王避暑图》《李仲元所藏画卷》《山水图》《宁山耆艾图诗二首》《题山水便面》。

同书卷二十九题画诗有《苏李相别图》《上赐潘司农龙眠拂麻妇女图》《赵际可天马图》《早行图》《禹柏图》《九歌图》《题雪景图五首》《舜举梅竹折枝》《雪楼探梅图》《题米元晖忘机图》《曹承旨掷双陆得画犬一卷索赋》《长江归棹图》《题归来图》《江皋雪霁图》《王梅

叟溪山对月图》《雪中行吟七贤图》。

同书卷三十题画诗有《萧山图》《四骏图》《题李宗师所藏李仲宾李雪庵赵子昂墨竹》《谪仙捉月图》《画马》《画牛》《钓台图》《桃江图》《山水图》《睡凫图》《滕王阁图》《萧御史取禊帖图》《韩滉牧牛图》《题龙眠二图》《云中四老图》《访友松竹居图》《周文矩画高僧试笔图》《白鹤图》《题赵子昂画罗司徒家双头牡丹并蒂芍药》《朱陵别馆图》《宋学士所藏五马图》《李仲宾为刘明远画竹》《南阳太守射虎图》《题晋宁申氏家庆图》《题吴闲闲拟剡图》《李伯时马》《折枝桃榴图二首》《谢安对弈图》《雪晴图》《夏珪山水》《韩滉田家移居图》。

同书卷二十四、二十五又有观画题跋，如《题赵仲远所藏韩幹三马》《跋虞子及家藏赵千里义鹘行图》《跋长江万里图》《跋雪拥蓝关图》。

其他书帖、墨迹、诗卷之吟咏、题跋仍不少。

程氏论画，主于神似。所作《姜清叟画格》云："画者以意而形其形，观者以形而意其意，善之善者也。"境界高爽，可见一斑。

"题仲经家江贯道《潇湘八景图》"，谓所观《潇湘八景图》乃江贯道所绘，而为武仲经家藏。

"仲经"即武仲经。由程氏诸诗可知，武仲经不仅家藏《潇湘八景图》，而且还有《马图》《折枝》《狮猫画卷》。由《仲经知事出平远亭途间遇雨之作》《武仲经知事携示寅夫登楼佳句》可知，武仲经不仅拥有家藏，并且能诗，与程钜夫有唱和。

武仲经或为湖北黄冈人，或曾担任淮西江北道肃政廉访司书史。

元刘敏中《中庵集》（《四库全书》本）卷一有《题武仲经平反卷，仲经为提刑书史，录安庆路因出狱成冤者一十二人》："尝闻隽不疑，治狱多平反。平反自喜多，第怨狱益繁。情伪渊海隔，孰能究其源。请观武黄冈，所出皆其冤。"（清抄本《中庵先生刘文简公文集》卷二十二题为《题武仲经平反卷》，作"平反苟喜多，第恐狱益繁"。）推知武仲经为黄冈人，故称"武黄冈"。

武仲经曾任"提刑书史"。元代设提刑按察司，后改称肃政廉访司。其"书史"称"提刑书史"，又称"提刑司书史"。

"提刑司书史"即通称"廉访司书吏"。各道廉访司书吏正九品，多由贡生选用。《元史·选举志三·铨法中》："凡书写、铨写、书吏、典吏转补……廉访司书吏，上名贡部，下名转察院，不尽者通九十月，除正九品。"《元史·文宗本纪一》：致和元年，诏谕御史台："今后监察御史、廉访司，凡有刺举，并著其实，无则勿妄以言。廉访司书吏，当以职官、教授、吏员、乡贡进士参用。"《元史·选举志三·铨法中》又云：至治二年，省准："各道廉访司书吏，先尽儒人，不敷者吏员内充贡，各历一考，依例试贡。"《元史·许有壬传》："授开宁路学正，升教授，未上，辟山北廉访司书吏。"《纳速剌丁传》："起身乡贡进士，补淮东廉访司书吏。"《新元史·王艮传》："由廉访司书吏，调卢州录事司判官，淮东宣慰使司辟为令史。"

安庆路，隶属于淮西江北道肃政廉访司，武仲经当是在此担任书史或书吏，职掌判理卷牍，故能平反冤狱。

《雪楼集》称武仲经为"仲经知事""武仲经知事"。元代中书省、行中书省等属官多有经历、知事、照磨。各道肃政廉访司亦设知事一员，正八品。武仲经在何处担任知事不详，推测或为肃政廉访司知事。

《永乐大典》载元张之翰《西岩集》中有《寄都下武仲经》诗云："萍梗他乡客，悠悠三十春。青云难力致，华发为谁新。破垒鸠巢拙，空斋鼠厌贫。几时耕白水，何处避黄尘。风雨一灯夜，江湖万里身。倚楼伤远目，闻雁忆佳宾。坐守儿童岁，难寻弟妹亲。荐章虚指鹗，点额苦伤鳞。白日催人老，青山入梦频。本无食肉相，强作看花人。旅食犹无地，还家未有因。龙门今咫尺，一语是通津。"

"都下"指元代京师大都，此时武仲经当已入京。观张之翰诗意，"萍梗他乡客，悠悠三十春"云云，皆是自陈坎坷。而最末"龙门今咫尺，一语是通津"，似为婉请武仲经举荐之。

　　嘉靖《广平府志》卷十二有张之翰传，云："张之翰，字周卿，号西岩，邯郸人。中统初任洺磁路知事，至元十三年选置真定总管府知事，历拜行台监察御史。按临福建行省，振举纪纲，多所建明。如兴学、养士、选举、钞法之类，言之甚力。以疾谢事，侨居高邮，扁所居曰'归州斋'，蓄书教授。台省交荐，起为户部郎中，升侍郎，累擢翰林侍讲学士。自请外补，除松江府知府兼劝农事。减汰虚数租米十万石，又创西湖书院，起先圣燕居楼，复贡举堂，建松江小学，立上海县学，作三贤祠，修筑社稷坛，百废俱兴，绰有古循吏风。年五十四卒于官。号西岩，平生所著有《西岩集》三十卷。句若《镜中灯》云'一池铅汞融真火，半夜金星犯太阴'，脍炙人口，人目为'张镜灯'。"

　　张之翰 54 岁卒，诗中云"悠悠三十春"，可知此诗是其早年所作。其时或在中统初年与至元十三年之间，张之翰任洺磁路知事与真定总管府知事之际。

　　江参，字贯道，宋代画家，长于山水。存世作品《千里江山图》藏台北故宫博物院，《百牛图》藏美国纽约大都会博物馆。

　　元夏文彦《图绘宝鉴》卷四："江参，字贯道，江南人。形貌清癯，嗜香茶以为生。居霅川，深得湖天之景，平远旷荡，尽在方寸。长于山水，师董源、巨然。赵叔问居三衢，治园筑馆，取《楚词》之言，名之曰'崇兰'。尝与陈简斋、程致道从容其中，命贯道为之图，及令画史各绘像其上，乃赋诗焉。"

　　明朱谋垔《画史会要》卷三："江参，字贯道，江南人。形貌清癯，嗜香茶以为生。居霅川，深得湖天之景，平远旷荡，尽在方寸。山水学董源，而豪放过之。赵叔问居三衢，治园筑馆，取《楚词》之言，名曰'崇兰'。尝与陈简斋、程致道从容其中，命贯道为之图，乃命画史各绘像其上，乃赋诗焉。曾被召至临安，即有旨，馆于府治，明当引见。是夕殂，信有命也。"

　　江参与陈与义为友。陈与义《简斋诗集》卷二十九《题崇兰图二首》，题下宋胡稚笺注："赵叔问居三衢，治园筑馆，取《楚词》

之言，名之曰'崇兰'。尝与先生及程致道从容其中，命江参贯道为之图，又令画史各绘像其上，乃赋诗焉。"同卷又有《题江参山水横轴画俞秀才所藏二首》（又作《题江参山水二首》《题山水二首》），宋胡稚笺注："江参，字贯道。俞秀才名恺，字羲仲。"

宋刘克庄《后村先生大全集》卷十三有《题江贯道山水十绝》。又同书卷一百二"题跋"有《江贯道山水》，云："故参与庄敏龚公家有江贯道山水一巨轴，用绢匹作，其布置疏密、点缀浓淡与竹溪此卷皆合，但巨轴之后有叶石林、陈简斋诗跋。龚画今在其外孙方君采处。贯道名参，衢人。其画因石林得名。南渡召至杭，未见，一夕卒。"

宋张纲《华阳集》卷三十三《跋江贯道画山水》云："老江画山水，造微入妙，一时好事者访求遗墨，几与隋珠赵璧争价。不知明仲安所得此，宜善藏之，无使通灵之物变化而去。"宋赵蕃《乾道稿》卷下有《题江贯道江行晚日图》，宋陈起《江湖后集》卷十录林希逸《题江贯道山水四言》。

元人对江参画作，特加珍爱，所作题画诗频见。

元王恽《秋涧先生大全文集》卷二十九有《江贯道画江山万里图》，袁桷《清容居士集》卷四十五有《江贯道烟雨图》，虞集《道园学古录》卷二十八有《江贯道江山平远图》，谢应芳《龟巢稿》卷四有《题孙彦学所藏江贯道清江泛月图》，仇远《金渊集》卷六有《题江贯道雨溪晚钓卷后》，又《山村杂著》有《题江贯道百牛图》，白珽《湛渊集》有《题江贯道百牛图》。虞集诗云："江参去世二百年，翰墨零落多无传。人间几人写山水，谁能意在挥毫前？"

又清顾嗣立《元诗选》、清张豫章《御选宋金元明四朝诗》、清陈邦彦《御定历代题画诗类》诸书录有汤炳龙《题江贯道百牛图》、郑东《题江贯道平远图》、黄观《题江贯道长江图》、邓文原《江参百牛图》等，可见元人对于文学、艺术之雅趣。

第十四章 "潇湘八景"，湖南永恒的文化地标[*]

　　"不到潇湘岂有诗"！千百年来，湖南从来以文源深、文脉广、文气足而著称于世。其中，"潇湘八景"更是名传遐迩、意象万千。那么，"潇湘八景"具体有哪些？它是实景？还是诗情？还是画意？它如何影响了中国乃至世界尤其是东亚地区人民对自然之美的描绘、发掘？2020年，《湖南日报》记者采访了地处潇湘源头的湖南科技学院国学院的院长张京华教授。

一 "潇湘八景"是一个覆盖湖南全省的实景概念

　　《湖南日报》：张教授好。说起"潇湘八景"，人们总是耳熟能详，但又有点语焉不详。它具体是哪八景？请您先介绍一下何为"潇湘八景"？

　　张京华：顾名思义，"潇湘八景"是潇湘沿岸的八景。因此，首先我们要明确，"潇湘八景"是一个覆盖湖南全省的实景概念。

　　我们知道，湘江上游，由两水相会于永州。其中湘水从阳海山来，潇水从九嶷山来。两水相会后，浩浩荡荡一路向北，直达洞庭，合流长江。沿途风景美不胜收，而最美则以沿流分布、纵贯全省的"八景"为代表。

　　我们不妨从源头而下，一览这"八景"之美：永州城东的潇湘

　　* 本章是张京华与《湖南日报》理论版主编奉清清的访谈对话，原刊于《湖南日报》2020年6月25日理论版，题为《潇湘八景，湖南永恒的文化地标——访湖南科技学院国学院院长张京华教授》。

夜雨、衡阳市回雁峰的平沙落雁、衡山县城北清凉寺的烟寺晚钟、湘潭与长沙接壤处昭山的山市晴岚、橘子洲的江天暮雪、湘阴县城江边的远浦归帆、洞庭湖的洞庭秋月，以及西洞庭桃源武陵溪的渔村夕照。

可以说，这"潇湘八景"，无一不是三湘大地的文化地标。

二 "潇湘八景"是绘画、题诗、书法、音乐的交集，是文学、史学、艺术的合成

《湖南日报》：既然"潇湘八景"是"文化地标"，那它蕴含的"文化"是什么？它是景？还是对景的赞美或者描摹？

张京华："不到潇湘岂有诗"，"潇湘八景"自然是"诗"。"西征忆南国，堂上画潇湘"，自然也是画。其实，我认为，"潇湘八景"是绘画、题诗、书法、音乐的交集，是文学、史学、艺术的合成。

当然，"潇湘八景"首先是湖南的实景，然后是"图"，而"图"通常是八幅一套的组图；然后是诗或词，同时诗词作为书法作品题写在画卷上；然后又可以表现为音乐，譬如琴曲《潇湘水云》《湘妃怨》《平沙落雁》，二弦曲《渔村夕照》。

从宋代以来，士大夫们依据湘江流域的自然风光，绘制出八幅一组的极富诗意的山水图画。以李成、宋迪、王洪、牧溪等人为滥觞，《潇湘八景图》以淡墨为主调，呈现出淡泊闲远的自然景象，建构起飘然脱俗的美学景象。

北宋沈括《梦溪笔谈》记载："度支员外郎宋迪工画，尤善为平远山水，其得意者有平沙雁落、远浦帆归、山市晴岚、江天暮雪、洞庭秋月、潇湘夜雨、烟寺晚钟、渔村落照，谓之'八景'。"

宋迪字复古，见到宋迪的作品，大诗人苏轼立即写了《宋复古画潇湘晚景图》三首，其一说道："西征忆南国，堂上画潇湘。照眼云山出，浮空野水长。旧游心自省，信手笔都忘。会有衡阳客，来看意渺茫。"

诗之佳者别称为"有声画"，画之佳者别称为"无声诗"。宋孙

绍远编录唐宋人题画诗，共 8 卷 26 门，名为《声画集》。以诗称画、以画称诗，这一样式始于宋释惠洪，《石门文字禅》说："宋迪作《八境》，绝妙，人谓之'无声句'。演上人戏余曰：道人能作'有声画'乎？"遂作"潇湘八景"诗 8 首。

三　清深、清慧是"潇湘八景"的灵魂，也是湖湘文化的早期风貌

《湖南日报》：湘楚文明，源远流深。三年前，我曾经就湘楚文化的源与流问题向您讨教。"潇湘八景"在湘楚文化中，应该也存在一个源与流的问题，能请您简单做个介绍吗？

张京华："潇湘"两字，出处极古。《山海经》载"潇湘之渊""潇湘之川""潇湘之浦"，《淮南子》佚文载"弋钓潇湘""钓射潇湘""躬钓潇湘"，桓谭《新论》佚文载"潇湘之乐"，王子年《拾遗记》载"潇湘洞庭之乐"。后来柳宗元的名句"独钓寒江雪"典故出于此。

东汉张衡的《四愁诗》，东南西北各一首，南方这一首说："我所思兮在桂林，欲往从之湘水深，侧身南望涕沾襟。"桂林与零陵都在南岭，一在岭南，一在岭北，可以统称苍梧。湘水与潇水都是江水支流，可以统称湘水或江水，而潇水的特征就是"清深"。《说文解字》说："潇，水名。"又说："滫，深清也。"《水经注》说："潇者，水清深也。"而潇水古代又称深水，马王堆出土《地形图》的中心位置，山体旁标出"帝舜"两字，一道泉源呈弯曲状从中央流出，旁注"深水原"三字。深水原即潇水源，徐霞客《楚游日记》称之为"潇源水"，又称"三分石水"。所以张衡《四愁诗》"湘水深"一语可谓对潇湘特征的最早吟咏，"湘水深"并非泛泛言之，而是依据字训而来的典型描写。后来陈子昂《感遇诗》说"箕山有高节，湘水有清源"，杜甫《祠南夕望》说"湖南清绝地，万古一长嗟"，典故均出于此。

晋罗含著《湘川记》，描述说："湘川清照五六丈，下见底石，

如橰蒲矢，五色鲜明，白沙如霜雪，赤岸若朝霞，是纳'潇湘'之名矣。"是对潇湘水文地质特征的细致考察。后来刘禹锡《海阳湖别浩初师并引》说，"潇湘间，无土山，无浊水，民乘是气，往往清慧而文"，是对潇湘清深的人文发挥。

自屈原《九歌》之《湘君》《湘夫人》而下，"潇湘"语料频繁出现在包括诗词、散文、音乐、绘画等古典文学艺术中，反复歌咏，久久不息，遂成为古典文学艺术中的风格基调和永恒意象。

到了宋代，中国古代的文治达到顶峰，出现了所谓的"文人画"，于是《潇湘八景图》就应运而生了。北宋仁宗时，宋迪本人曾经亲自到达永州，在零陵澹岩留下石刻，写道："嘉祐八年三月初八日，转运判官、尚书都官员外郎宋迪游。"宋迪所绘《潇湘八景图》已经失传，但此图应当作于嘉祐八年；也就是说，我们可以澹岩石刻为据，将《潇湘八景图》的诞生时间定为嘉祐八年，亦即公元 1063 年。

除了《潇湘八景图》的迷人，也有《潇湘八景诗》的惊艳。其中影响最大的当属米芾《潇湘八景图诗》，其书法《白云居碑帖》也流传至今。米芾在诗序中说道："潇湘之景可得闻乎？洞庭南来，浩渺沉碧，叠嶂层岩，绵衍千里，际以天宇之虚碧，杂以烟霞之吞吐，风帆沙鸟，出没往来，水竹云林，映带左右，朝昏之气不同，四时之候不一，此则潇湘之大观也。"

"潇湘八景"产生于湖南，它的风格是幽眇旷远，或说清旷平远，与这种风格对应的是湘江的清深与湘民的清慧。清深、清慧是"潇湘八景"的灵魂，也是湖湘文化的早期风貌。

四 "潇湘八景"是社会生活百态的包容

《湖南日报》：总书记深刻指出，文化自信是更基本、更深沉、更持久的力量。浸润"潇湘八景"之中的，有怎样的文化意境和生活意趣？

张京华："八景"的"八"有"多"的含义，"八景"作为完整的一组，蕴含着多元、多样、多姿多彩的精神，是士大夫文化、佛教文化、市井文化、农耕渔猎文化的融会。概言之，"潇湘八景"是社会生活百态的包容。

"潇湘夜雨"的主题又表现为"湘妃思舜""湘灵鼓瑟""江妃二女"，寄寓的是上古虞舜与娥皇、女英的故事。故事出现极早，见于《尚书》《孟子》《列女传》等书，是历代士大夫最严肃的吟咏主题。

"平沙落雁""洞庭秋月""江天暮雪"是四时之景的主题。"平沙落雁"讲来雁、归雁，和《月令》《夏小正》的记载吻合，范仲淹《渔家傲·秋思》说"衡阳雁去无留意"。"洞庭秋月"是洞庭湖的秋景，"江天暮雪"是长沙的冬景。

"远浦归帆"讲舟船中的行旅，去国怀乡，所谓"黯然销魂者，唯别而已矣"。陆龟蒙《木兰花诗》"洞庭波浪渺无津，日日征帆送远人"。

"渔村夕照"讲江岸的渔村，江南是鱼米之乡，司马迁早已说过，"楚越之地，饭稻羹鱼"。黄昏将临，渔舟归来，酒旗斜矗，是渔村最热闹的时候。

五 "潇湘八景"是"三湘"概念的美学表达，是湖湘文化的全覆盖，全国各地的"八景"都源于湖南"潇湘八景"

《湖南日报》：大江东去，无非湘水余波！我们知道，不仅湖南有"潇湘八景"，在全国很多地方，都有这样成组的景观出现。请问它们之间，有无内在的联系？

张京华：水石原本无情物，但一经人的品题，顿时就有了光辉和温度，流淌出文化与韵律。实景的八景由于文人墨客的歌咏描摹，就有了它与人类的唱和，产生了无尽的美学价值。"潇湘八景"这一概念出自两宋书画家之笔、诗人学者之口，关涉到东方审美思想中的大部分内容，含义宏深。

可以这样说，全国的"八景"，都是"潇湘八景"的时空放射。北京有燕京八景、圆明园四十景，南京有金陵八景、金陵四十景，西安有长安八景、关中八景，杭州有西湖十景、西湖十八景、西湖四十八景。

清乾隆御定的燕京八景为：太液秋风、琼岛春阴、金台夕照、蓟门烟树、西山晴雪、玉泉趵突、卢沟晓月、居庸叠翠。

万历《杭州府志》和康熙《浙江通志》记录的西湖十景为：苏堤春晓、柳浪闻莺、花港观鱼、曲院荷风、两峰插云、雷峰夕照、南屏晚钟、三潭印月、平湖秋月、断桥残雪。

各省各市各县，古代无不有八景。一山一水，一城一邑，甚至一村一院，也往往品题出八景。

"八景"的数目，最常见的是八个，多的有十景、十六景、四十景，少的也有四景。

总计全国见于史书方志记载的"八景"，如果建立完整的数据库，当在一万组以上。但"寻根问祖"，它们都是"潇湘八景"的投影。这种成组、对称的景观设计更具普及性，易于启发普通人的自然审美；也更具地方性，易于唤起小地方的乡愁。

六 "潇湘八景"是东亚八景的滥觞，是东亚美学的普世价值

《湖南日报》："潇湘八景"是全国八景之祖，也是东亚八景的滥觞。950 余年来，"潇湘八景"恰如升腾的斑斓烟花，在时间和空间中放射，具体路径是怎样的？

张京华：东亚八景都以"潇湘八景"为滥觞，"潇湘八景"是东亚各国"不在场"的美学准绳，也是东亚汉文化传播的最佳效果。

"潇湘八景"在北宋已经传到韩国。高丽时代，画院文臣李宁，书状官李仁老、陈澕，先后出使宋朝。到朝鲜时代，安平大君李瑢见到宋宁宗的潇湘八景诗书帖，想其景，赋其诗，画其图，取李仁老、陈澕所作八景诗，又命当世善诗者赋诗，最后将 19 人的题咏蝉联为一卷，称为《匪懈堂潇湘八景诗卷》。在李朝时代，以郑敾所绘《潇湘八景图》最为杰出。

日本在 13 世纪前后，由宋元僧人大休正念、一山一宁传入"潇湘八景"，诗僧们开始写作潇湘八景诗。此后收藏、绘画潇湘八景图蔚然成风，以潇湘八景为样板创意出新的八景，如"琶湖八景""近江八景""金泽八景"等数不胜数。

日本僧人元政《琶湖八景并序》说："世之言景者，必称'潇湘八景'，而孩提之儿亦能言之，盖'潇湘'其景之绝胜者乎！"人见竹洞《潇湘八景诗序》说："六曲之屏，八景之图，开则稳坐潇湘之云，迭则平铺洞庭之流。"本多忠统《僧法常画跋》写道："僧法常所画《潇湘八景》，潇湘、洞庭、远浦，御府所藏也，其余列侯藏之。晴岚、落雁、秋月三者，笔势极妙。"

日本画师高木文 1926 年出版了第一篇"潇湘八景"的研究论文《牧溪、玉涧潇湘八景图及其传来研究》，论文最后写道："历史变迁，兵燹人灾，几经乱世，承天佑，吾侪有幸尚能于五百年后之今日惠赏这些真迹，实感欣慰……这些真迹在中国已无存，我必须说存于我国依然是无价之宝。"（冉毅教授译文）日本根津美术馆、出光美术馆都有《潇湘八景图》特藏。根津美术馆 1962 年出版的《潇湘八景画集》写道："潇湘八景是源于中国湖南的从湘水和潇水二川合流到湘阴一带汇入洞庭湖地域的最佳风景，八幅风景反映了四季朝夕的不同变化。"

相传，日本幕府武将织田信长、丰臣秀吉、德川家康都曾千方百计收罗《潇湘八景图》。日本茶商松平治曾以天价 550 两黄金购藏玉涧所绘的《山市晴岚》。

"八景"的审美观在日本获得了新生。日本全国市町村教育委员会自 2000 年开始调查传统八景、派生八景、风行时代、八景绘画、照片及史料中的八景记载，编制东亚潇湘八景产生时代和地域分布图表，统计出全日本的实地八景共计 963 处，建成"日本八景数据库"。

在古代，朝鲜国王、日本幕府将军以及其他文人画家大都无缘亲临潇湘之地，但是他们借助于诗画而想象，用"神游潇湘"的方式根植各自的审美。

就一城一地而言，假如说，唐代的长安对日本影响最大，那么就宋代这一段来说，就是湖南的"潇湘八景"对日本的影响最大。

总之，"八景"的品题，表达了古代中国人对于自然景观的美好向往，反映了古代先民对于人居环境的审美追求。

"潇湘"有远意、无限意。"斜月沉沉藏海雾，碣石潇湘无限路"，"非是白蘋洲畔客，还将远意问潇湘"。说不尽的潇湘，永远的潇湘意。

第十五章 蘋洲书院品牌定位与文化设计 *

　　湖南永州蘋洲书院创始于清初，数十年来早成荒芜，笔者在对蘋洲书院历史沿革、地理特征、文化内涵进行客观研究的基础上，对其建筑格局、蘋洲八景等品牌定位与文化设计提出了一整套系统而新颖的人文规划。

一　蘋洲书院的历史沿革

　　蘋洲书院始建于清乾隆四年（1739），由零陵人、江苏桃源（今泗阳）县令眭文焕父子创建。光绪十三年（1887），湘军名将王德榜、席宝田重建，周崇傅为山长。近年第三次重建。自创建至今历时近300年之久。

　　蘋洲书院清代又称白蘋洲书院、白蘋书院，因建于蘋洲之上而得名。"蘋洲"因生长白蘋而得名。"白蘋洲""蘋洲"名称源于《楚辞》。

　　战国时期楚国屈原《九歌·湘夫人》："登白蘋兮骋望，与佳人期兮夕张。""白蘋"又作"白薠"，意义相同。清胡文英《屈骚指掌》云："薠草有青白二种，青薠草似香附，生楚北平地，白薠草似薦草，生楚南湖滨。"唐柳宗元《得卢衡州书因以诗寄》诗："非是白蘋洲畔客，还将远意问潇湘。"所说"白蘋洲"为永州实景，"潇湘"用湘妃典故，诗句全由演绎《九歌·湘夫人》而成。

---

　　* 本章是为2013年重建的蘋洲书院所做的规划方案，部分内容已采纳实施，原刊于《湖南城市学院学报》2014年第4期，题为《南国之极致，龙口之含珠——蘋洲书院品牌定位与文化设计》。

《尚书·尧典》记载帝尧将二女下嫁给帝舜，"厘降二女于妫汭，嫔于虞"。《史记》记载帝舜"南巡狩，崩于苍梧之野，葬于江南九疑"。《列女传》又载，帝舜为天子，娥皇为后，女英为妃。帝舜死于苍梧，"二妃死于江湘之间，俗谓之湘君"。《水经注》称，二妃常"神游洞庭之渊，出入潇湘之浦"。尧舜一代史迹揭开了中国文明史的第一页，而帝舜与湘妃的感情传说也成为中国最早的爱情故事。日本文学史家儿岛献吉郎称湘妃故事为"古今恋爱文学之祖"。

从屈原开始，湘妃故事频繁出现在包括诗词、散文、音乐、绘画等古典文艺中，与之有关的事物诸如湘水、潇水、潇湘、潇湘楼、潇湘馆、潇湘阁、潇湘门、潇湘驿、湘妃庙、湘妃、江妃、湘君、湘夫人、湘妃泪、湘妃怨、潇湘八景、潇湘水云等，由于被反复歌咏，早已成为古典文艺中凄清幽艳的风格基调和永恒意象。

二　潇湘之交的地理特征

蘋洲为潇湘之会，而潇水源于九嶷，《九歌·湘夫人》一篇描写湘妃出入潇湘之浦，登白蘋洲，望九嶷山，与蘋洲的地理形势完全吻合。

蘋洲位于潇水、湘水交汇处。水域开阔，四季澄碧，隔岸青山，旁生白鹭。明代徐霞客来访此地，称蘋洲在湘口之中，潇湘潆洄，恰如龙口之含珠。

光绪《零陵县志》记载："黄叶渡下有白蘋洲，广半里，长二里余，旧多白蘋，故名。今则古木丛生，柯叶翁蒨，夏日绿阴照水，估舟多系其下，望若画图。上有白蘋书院。"

湘水发源于湘源阳海山，潇水发源于营道九嶷山，其上游古称深水，深水源出九嶷山最高峰三分石，古称三分石水。

古文"潇"字又作"潚"，其字从水，为水名，即潇水的专名。《说文解字》云："潇，水名。"又云："潚，深清也。"《水经注》："潇者，水清深也。"古典诗文中有"雨潇潇""风萧萧"，如《诗经·郑风》"风雨潇潇"，谓风雨深密、凄清，即为"潇"字的引申义。

由此可见潇水古以深清得名，为古代第一清澈莹洁江川。汉张衡《四愁诗》："我所思兮在桂林，欲往从之湘水深。""湘水深"并非泛泛之语，而是依据文字训诂的典型描写。晋罗含《湘中记》称"湘川清照五六丈""是纳'潇湘'之名矣"，也是由文字训诂而立说。

"深"字亦从"水"，亦为水名，即深水的专名。《说文解字》："深，水，出桂阳南平，西入营道。"1973年长沙马王堆三号汉墓出土的帛绘古地图，九嶷山及发源于九嶷山的深水处于《地形图》的中心位置，山体旁边标出"帝舜"两字，一道泉源呈弯曲状从中流出，旁注"深水原"三字。

深水源即潇水源，明徐霞客《楚游日记》称之为"潇源水"，又称"三分石水"。古人有言："两山夹一川。"有山必有川，有川必有山，山水相连，密不可分。唐柳宗元《湘口馆潇湘二水所会》诗："九疑浚倾奔，临源委萦回。"

故古人言蘋洲必言潇湘，言潇湘必溯源九嶷山。潇湘与九嶷山山水相连，南北相望。

蘋洲书院位居南国灵秀之地，潇湘的核心地带，碧波平阔，二水萦绕，气象清淑，意境幽远。一石一木，皆足以感发人心，启迪良知。

三 奠定"潇湘"文化内涵的六大文献系统

（一）《尚书》二典：确定虞舜与二女的婚姻并赋予"至孝"的重大主题。《尧典》的下半篇记载了舜被推举给尧的史事，《舜典》的下半篇记载了舜即位以后的史事。《尚书》二典最早确定了虞舜与二女的婚姻并赋予"至孝"的重大主题。

（二）《山海经》：确定湘妃处江为神与神灵不死的主题。《山海经》最早记载了虞舜南巡的方位及葬地，记载了二妃奔赴哭之、陨于湘江、遂为湘神、俗称湘妃的内容，确定了神灵不死的主题。

（三）《孟子》：最早记载"完廪""浚井"的故事情节并确定夫

妻患难的治家典范。《孟子》最早记载了舜与二妃夫妻一致"历试诸难"的史事，特别是"完廪""浚井"的具体情节，确定了夫妻支持配合、患难与共的治家典范。

（四）《楚辞》：确定湘妃故事在文学中的歌咏形式与凄清幽艳的风格意象。《楚辞》最早将湘妃事迹形之于诗赋，开创了以文学形式歌咏湘妃的一条途径，而其风格情调凄清幽艳，亦早成为"潇湘意象"的永恒基调（也开出追慕文学、闺情文学、香奁文学、香艳文学一脉）。同时士人每当履忠被谮、遭时暗乱，亦往往转成诗人骚客，其忧悲愁思亦唯以诗文、古史为寄托，开创出古代仕与隐、政与文之移情、寄托、升华、转化一种模式。

（五）《史记》：确定了湘妃故事在史学中的正统地位。司马迁曾亲至潇湘、九嶷，"南游江淮，上会稽，探禹穴，窥九疑，浮于沅湘，北涉汶泗"。《史记》一书记载虞舜、湘妃事迹，取材最广，纪事最详。《史记》最早将湘妃事迹详尽收载于正史，确定了湘妃故事的正统地位。

（六）《列女传》：确定湘妃故事在古今列女传记专史中的"元始"地位。《列女传》一书，《汉志》著录题为《列女传颂图》，刘向撰。《列女传》实际上开创了古代妇女史传文献系统之先河。《列女传》以湘妃事迹列居书首，以此创出古今列女传记一系的专史文献。《列女传》肯定了湘妃在治家治国中的正面作用，也肯定了虞舜、湘妃故事中两性关系与爱情因素的正面作用，确定了湘妃作为两性关系与男女爱情的原型与典范，也确定了虞舜、湘妃的感情故事成为迄今有记载的最早的一个爱情故事。

四　蘋洲书院的建筑格局

蘋洲书院的建筑格局，中轴线自北向南，有奎星阁、讲堂、中门、大堂、大门、门庭、影壁和长廊。

奎星阁是书院的藏书之所。《孝经援神契》云："奎主文章，苍颉仿象。"张怀瓘《书断》云："古文者，黄帝史苍颉所造也。仰观奎星圜曲之势，俯察龟文鸟迹之象，博采众美，合而为字，是曰古文。"

讲堂为半开放式的大厅。

讲堂正面，为"十六字心传"楷书，即《尚书·大禹谟》所载舜告禹之言："人心惟危，道心惟微，惟精惟一，允执厥中。"为尧、舜、禹三圣心传，中国古代治道与学术的最高境界，莫过于此。朱子说道："'人心惟危，道心惟微，惟精惟一，允执厥中'，此便是尧、舜相传之道。""尧、舜、禹数圣人出治天下，是多多少少事，到末后相传之要，却只在这里。"王阳明说道："圣人之学，心学也。尧、舜、禹之相授受曰：'人心惟危，道心惟微，惟精惟一，允执厥中。'此心学之源也。"

讲堂侧面，为"礼义廉耻"四字榜书。《管子》说："国有四维，一维绝则倾，二维绝则危，三维绝则覆，四维绝则灭。""何谓四维？一曰礼，二曰义，三曰廉，四曰耻。""四维不张，国乃灭亡。"足见"礼义廉耻"四字是治国、治家、治学的根基所在。

讲堂内，有湖广总督张之洞所作楹联："至今破八百里浊浪洪涛，同读招魂呼屈子；亘古望卅六湾白云皦日，还思鼓瑟吊湘灵。"又有王田葵教授所作楹联："南风如水，承传天下为公，必知民生无小事；夜雨似琴，启奏湘灵鼓瑟，方觉世上有真情。"

中门在院落中央。院落中间有清代遗留的青石甬道，甬道两旁植有16株古桂，树龄两百余年，枝叶纷披，覆盖了整个院落。中门题有匾额，为"金桂天香"四字。宋之问诗："桂子月中落，天香云外飘。"中秋时节，16株桂树全部开放，香飘满天。

大堂内，有湘人王闿运所作楹联："吾道南来，原是濂溪一脉；大江东去，无非湘水余波。"又有张京华教授所作楹联："此脉接潇水接湘水接江水原原委委，其风本四时本二仪本太极有有无无。"濂溪为潇水支流，王闿运以濂溪、湘水、长江比喻学术的本源和流派，濂溪喻周敦颐，湘水喻湖湘学，长江喻理学，意谓全部理学皆发祥于周子。

大门匾额，题写"古潇湘"三字榜书，以最简洁、最朴拙的风格，体现出蘋洲书院恢宏、古雅的内涵。

大门两边的楹联："南风之熏兮草芊芊，妙有之音兮归清弦。"出自唐人《纂异记》逸文所载张生故事。进士张生，善鼓琴，好读孟子书。一夕宿庙中，梦见帝舜召见，取五弦琴为之歌《南风》，音韵清畅，爽朗心骨。歌词云："南风薰薰兮草芊芊，妙有之音兮归清弦。荡荡之教兮由自然，熙熙之化兮吾道全。"

门庭，命名为"箫韶庭"。为蘋洲书院嘉礼、宾礼、乐舞、闲适的场所。帝舜出身于音乐世家，其父瞽瞍为乐师，帝舜曾"弹五弦之琴，歌南风之诗"。《琴瑟中论》云："朱襄氏制为五弦之瑟，瞽瞍判为十五弦，舜益之为二十三。"舜帝的宫廷雅乐名为《箫韶》。《白虎通》云："尧乐曰《大章》，舜乐曰《箫韶》。"《尚书》云："《箫韶》九成，凤皇来仪。"

影壁，内面绘有九疑山主峰图，仿照国家一级文物《九疑山诗图》石刻创作。石刻上有"舜源峰""三分石""潇水源"字样，并有文字说明："九疑山左边诸界水为潇水，由江华、道州、宁远、永州、祁阳、白水。其右边诸界水由蓝山、嘉禾、桂阳。左右逢源，会合同出北方。此潇湘之所由来也。"图绘线条简洁，风格疏朗，价值珍稀。在地理上，体现出蘋洲与潇湘发源地的对应；在文化上，象征着湘妃与帝舜的亲密关系。

影壁外面，书写着《大戴礼记》中的一节文字："天地以合，四海以洽，日月以明，星辰以行，江河以流，万物以倡，好恶以节，喜怒以当。"四言八句韵文排比整齐，蝉联而下，自天地、日月，至万物、人心，体现出传统的天人秩序。

长廊内侧，绘画出《潇湘八景图》，共八幅。宋迪、马致远作《潇湘八景图》，描述湘江上下沿岸胜景，有潇湘夜雨、平沙落雁、烟寺晚钟、山市晴岚、远浦帆归、江天暮雪、洞庭秋月、渔村夕照，是为"潇湘八景"。

长廊外侧，书写着《尚书·帝典》，即《尧典》《舜典》两篇。

仿南宋雕版，共 16 叶。

《尚书》为五经之一，所载虞舜一代史事为中华文明史的开端，虞舜时代即中国古史的黄金时代，"虞舜之道""唐虞之道"即历朝治道的最高准则，政治、哲理、文学、史学、教育、孝道等均在此时滥觞。《尚书》开篇的《尧典》《舜典》，历叙二女下嫁有虞及帝舜南巡九疑，为记载帝舜、湘妃事迹的最早典籍。皮锡瑞《经学历史》云："有《尧典》，而《舜典》即在内，盖二帝合为一书，故《大学》称《帝典》。"《孔丛子》云："子夏问《书》大义，子曰：'吾于《帝典》，见尧舜之圣焉。'"

沿中轴线两边的建筑，有清淑堂、清慧堂、夷犹馆、北渚馆、上善馆、含珠馆、儒行斋、经义斋。

清淑堂在大堂左侧，清慧堂在大堂右侧，为蘋洲书院的文化馆。古人称山为地之形势，水为地之脉络，皆扶舆清淑之气所钟，和顺积中，英华发外。《说文》云："淑，清湛也。"《尔雅》云："淑，善也。"韩愈《送廖道士序》云："衡山之神既灵，而郴之为州，又当中州清淑之气，蜿蟺扶舆磅礴而郁积，其水土之所生，神气之所感……意必有魁奇、忠信、材德之民生其间。"刘禹锡《海阳湖别浩初师并引》云："潇湘间无土山，无浊水，民乘是气，往往清慧而文。"苏轼《杂花满山，有海棠一株，土人不知贵也》诗句云："雨中有泪亦凄怆，月下无人更清淑。"陆云《为顾彦先赠妇》诗句云："目想清慧姿，耳存淑媚音。"

夷犹馆在院落东南，为蘋洲书院的收藏博物馆。"夷犹"为留恋不舍之意，《九歌·湘君》云："君不行兮夷犹，蹇谁留兮中洲？"

北渚馆在院落西南，为蘋洲书院的艺术展览馆。"北渚"为仙人降临之所，《九歌·湘夫人》云："帝子降兮北渚，目眇眇兮愁予，嫋嫋兮秋风，洞庭波兮木叶下。"

上善馆在院落东北，为蘋洲书院的国学馆。上善、至善，为学术、人生乃至人类文明的最高准则。老子《道德经》云："上善若水。水善利万物，又不争，处众人之所恶，故几于道。"《礼记·大学》云："大学之道，在明明德，在亲民，在止于至善。"

含珠馆在院落西北，为蘋洲书院的书画馆。蘋洲为椭圆形，恰似潇湘之明珠，徐霞客《楚游日记》云："湘口之中，有沙碛中悬，丛木如山，湘流分两派潆之，若龙口之含珠。"

儒行斋，在讲堂东侧。命名出自《礼记》篇名，记儒者之德行，立标准17条。《礼记·儒行》："儒有席上之珍以待聘，夙夜强学以待问，怀忠信以待举，力行以待取。其自立有如此者。"

经义斋，在讲堂西侧。命名出自《礼记》篇名，记六艺政教之得失。《礼记·经解》："孔子曰：入其国，其教可知也。其为人也，温柔敦厚，《诗》教也。疏通知远，《书》教也。广博易良，《乐》教也。絜静精微，《易》教也。恭俭庄敬，《礼》教也。属辞比事，《春秋》教也。"

蘋洲书院的其他建筑，有山门，匾额"蘋洲书院"四字，用清代永州知府赵宜琛告示碑的楷书。赵宜琛告示碑建于光绪二十五年（1899），高2米，宽1米，形制宏大，书体端正，具有珍贵的文物价值。

山门两侧的楹联："洞庭有归客，潇湘逢故人。"出自南朝柳恽《江南曲》："汀洲采白蘋，日落江南春。洞庭有归客，潇湘逢故人。"为历代纪咏潇湘诗篇中最优美的诗句。蘋洲岸上旧有故人亭，光绪《零陵县志》"故人亭，在潇湘合流处湘口驿侧"，取名亦出于柳恽《江南曲》。洞庭与舜帝、湘妃有关，洞庭君山也有湘妃庙，《庄子》中说道："《咸池》《九韶》之乐，张之洞庭之野。"洞庭与潇湘同为南楚最具浪漫色彩的古地名。

风雨亭，在蘋洲登岸处。匾额一题"潇湘雨"。李商隐《与王郑二秀才听雨后梦作》诗："逡巡又过潇湘雨，雨打湘灵五十弦。"侯寘《青玉案》词："短篷孤棹，绿蓑青笠，稳泛潇湘雨。"一题"零雨其濛"。《诗经·豳风》云："我徂东山，慆慆不归。我来自东，零雨其濛。我东曰归，我心西悲。自我不见，于今三年。"

风雨亭内，有王田葵教授所作楹联："潇湘文波连四海，就此能悟，道在两仪太极；浮岛秋月映万川，于斯便知，学须理一分殊。"

天机堂，蘋洲书院的素食餐厅，仿古半山亭式建筑。命名出自《庄子》之语："其嗜欲深者，其天机浅。"二程曾经称赞庄子"此言最善""此语甚的当""此言却最是"。

五　蘋洲八景

蘋洲八景是蘋洲的自然景观，显示着蘋洲的天然之美与环境特色。蘋洲八景为：潇湘听雨、白蘋骋望、湘口观渔、潇湘之浦、南极潇湘、潇湘水云、清夺湘流、蘋洲金桂。

"潇湘听雨"，在风雨亭。元杨显之杂剧有《临江驿潇湘秋夜雨》。清周皜著有《潇湘听雨词》五卷，江昱著有《潇湘听雨录》八卷。零陵多雨，云雨祁祁，娴静以听，随遇而安。至风雨亭而听雨，亦一乐也。

"白蘋骋望"，在风雨亭下观景平台。对面青峦中有潇湘庙，右侧南望，远山高峻。屈原《九歌·湘夫人》云"登白薠兮骋望"，王逸注"'薠'或作'蘋'"，《昭明文选》引作"白蘋"。骋望，放眼远望，原意指湘妃望九疑山。

"湘口观渔"，在蘋洲南端，对面为犁头尖渔村。湘口为潇湘交汇处水道的别称，柳宗元有《湘口馆潇湘二水所会》诗。而零陵渔船夜晚打鱼，"潇湘渔火"为旧日一大景观。元结《欸乃曲》："零陵郡北湘水东，浯溪形胜满湘中。溪口石颠堪自逸，谁能相伴作渔翁？"邢恕《朝阳岩》诗："岩巅风雨落泉声，岩下江流见底清。夹岸松筠倒疏影，炊烟渔火近寒城。"钱邦芑《潇湘赋》云"或夜渔之方出，又火照而网张"，自注："湘中渔人每夜中用火照捕鱼。"

"潇湘之浦"，在蘋洲西侧江边。命名出自《山海经》。"潇湘"一语最早出现于《山海经》："洞庭之山……帝之二女居之，是常游于江渊。澧沅之风，交潇湘之渊，是在九江之间，出入必以飘风暴雨。"古书引文，有"潇湘之浦""潇湘之渊""潇湘之川""潇湘之源"诸说。浦，水濒也，有平缓、安和之意。

"南极潇湘"，在蘋洲西北角，北望衡山、岳麓、洞庭，连绵不绝。范仲淹《岳阳楼记》"北通巫峡，南极潇湘，迁客骚人，多会于此"，以潇湘之交为南国之极致。

"潇湘水云"，在蘋洲北端望江亭。命名出自郭沔的古琴曲《潇湘水云》。《潇湘水云》为古琴大曲。郭沔字楚望，南宋著名琴家。元兵南侵，移居南岳，眼望潇湘、九嶷，有家国将亡之感，因作此曲。朱权《神奇秘谱》解题云："先生每欲望九嶷，为潇湘之云所蔽，以寓惓惓之意也。然水云之为曲，有悠扬自得之趣，水光云影之兴，更有满头风雨、一蓑江表、扁舟五湖之志。"《潇湘水云》曲谱共分十段，各段标题为：洞庭烟雨、江汉舒清、天光云影、水接天隅、浪卷云飞、风起云涌、水天一碧、寒江月冷、万里澄波、影涵万象。

"清夺湘流"，在蘋洲东侧，碧梧桐下。命名出自《唐才子传·元结传》：《大唐中兴颂》一文，灿烂金石，清夺湘流。""潇"字本义为"清"，潇湘自古以"深清"著称。晋罗含《湘中记》："湘川清照五六丈，下见底石，如樗蒲矢，五色鲜明，白沙如霜雪，赤岸若朝霞，是纳'潇湘'之名矣。"可观潇湘之清，亦可想见古人忠孝廉节之大义。

"蘋洲金桂"，在蘋洲书院院落内。每逢中秋时节，桂花飘香，传布四野。月中之桂与人间之桂相应，人间之香与月中之香相应。可赏桂，可赏月，月圆之夜，读书论学，尤见雅致。

第十六章　潇湘水路历史文化旅游的精品线路 *

清钱邦芑《湘水考》云："湘源广西，自全州而下，至楚南永州与潇水合，曰潇湘；历祁阳合桂阳诸水，至衡州石鼓与烝水合，曰烝湘；其出武陵，会长沙诸水，经湘阴入洞庭者，曰沅湘。此所谓三湘也。"潇湘水路北入长江，南通两粤，自古为连接五岭南北最主要的交通孔道。加以地处江南，气候温润，有丹霞地貌，多林泉之美，自古有"清深"之目，故而有众多人文景观、人物典故，沉积荟萃。零陵古城三面环水，一面环山，潇湘二水在此处交汇，是为潇湘水路最具代表性的部分。潇湘丰沛清澈，碧绿见底，是天然而珍贵的地理资源，同时两岸历史文化元素分布密集，内涵高雅，尤其具有游览而兼教化的价值。梳理潇湘水路沿岸的历史文化元素，约有 46 项，自上游至下游，环绕零陵古城，构成了一条具有国学教育意义的潇湘水路历史文化旅游的精品线路。

一　入江

（一）人文之始：祝融为火正，羲叔宅交阯

潇湘历史悠久，依照其文明主题的演进，宜分为五期：上古先楚文明时期上（唐虞前）、上古先楚文明时期下（唐虞）、上古楚文明时期（商周）、中古汉晋南朝隋唐时期、近古宋元明清民国时期。

　＊　本章原刊于《湖南科技学院学报》2016 年第 11、12 期，题为《潇湘水路历史文化旅游的精品线路》（上）（下）。

苟详近而不知远，虑失根本也。

最早进入记载的先楚人物，是四岳之一的祝融氏，核心居住区为南岳，控制着以"南"为概念的广大区域，其实际影响北面辐射到洞庭，南面辐射到交阯。四岳出现的时间极早，到尧舜时仍然在位，即《尚书·尧典》"历象日月星辰"的羲和四子。《帝王世纪》云："命羲和四子，羲仲、羲叔、和仲、和叔，分掌四时方岳之职，故名曰四岳也。"其中，居于南岳衡山、侧重观测夏时的，其官名为"火正"，别号为"祝融"。任其职者，尧舜时期为羲和四子之一的羲叔，此前颛顼时期则为重黎。羲叔"宅南交"，即交阯，今越南之河内，潇湘为其必经之地。

（二）早期开辟：虞舜时代苍梧南北的开拓

上古时期今湖南境内，有两个突出而神秘的地方，一为"云梦之野"，一为"苍梧之野"。中间一条湘水，将两地连贯起来。苍梧以北，沿着湘水，经过衡岳，就到达了云梦。苍梧以南，沿着漓水，就到达了梧州。

"苍梧"有三义。其一为山名，指九疑山。其二为山区名，南岭古称五岭，即大庾岭、骑田岭、都庞岭、萌渚岭、越城岭，其西古称苍梧。第三为地区名，即古所谓"苍梧之野"，涵盖较广。文献所载苍梧之名，以《山海经》最详，有"苍梧山""苍梧丘""苍梧之渊"和"苍梧之野"。

唐虞之际，不仅舜帝南巡狩，死于苍梧，葬于九疑，并且舜帝二妃亦死于潇湘之浦，舜帝之弟象封于有庳，在九疑山下，舜帝之子叔均亦葬于九疑山，尧帝之子丹朱葬于苍梧之北，大禹治水曾至九疑山，所谓"东南天柱"，皋陶陪祀于潇湘庙，甚至驩兜、浑敦亦流放南方。尧舜君臣在苍梧南北有一异常活跃的表现，隐约显现出上古文明在南岭区域的一次大开发。

（三）尧舜之道、唐虞之道：中国古代政治理想最高典范

中华文明兴起于伏羲时代，兴盛于炎黄时代，鼎盛于虞、夏、

商、周，并且在人类文明的许多阶段，犹如一盏明灯，独自闪耀。中国的编年史是整个世界发展的标尺。

虞舜一朝距今 4000 余年。有虞氏的世系，共计幕、穷蝉、敬康、句芒、蟜牛、瞽瞍、舜、商均、虞思、箕伯、直柄、虞遂、伯戏、虞阏父、胡公满十五世。相关文献记载，最重要者为《尚书》中《尧典》《舜典》二篇。《孔丛子》载孔子曰："吾于《帝典》，见尧舜之圣焉。"《帝典》即《尧典》《舜典》，今文、古文传本内容大抵皆同，即以最具怀疑精神的崔述和阎若璩而言，均明确认定"唐虞之事，惟《尧典》诸篇为得其实"，"凡晚出之古文所为精诣之语，皆无一字无来处"。

虞舜居二十四孝之首，二妃居列女传之首。长久以来，虞舜及二妃的人格典范在社会伦理与民风教化中，都居于最高地位，称为"人伦之至"。虞舜的异母妹妹敤手，因为"护兄"，被后世列为"二十四娣"之首。"尧舜之道"或"唐虞之道"，在古文献上是先秦以来的固定词组，是中国古代政治理想与道德伦理的最高典范。

（四）《四愁诗》与《湘川记》：第一清澈莹洁江川

古文"潇"字又作"潚"，其字从"水"，为水名，即潇水的专名。《说文》云："潇，水名。"又云："潚，深清也。"《水经注》："潇者，水清深也。"

"深"字亦从"水"，亦为水名，即深水的专名。《说文》云："深，水，出桂阳南平，西入营道。"马王堆出土《地形图》的中心位置，山体旁标出"帝舜"二字，一道泉源呈弯曲状从中央流出，旁注"深水原"三字。深水原即潇水源，明徐霞客《楚游日记》称之为"潇源水"，又称"三分石水"。

可知潇水古以深清得名，为古代第一清澈莹洁江川。汉张衡《四愁诗》："我所思兮在桂林，欲往从之湘水深。""湘水深"并非泛泛言之，而是依据字训的典型描写，是为纪咏潇湘之最早者。晋罗含《湘川记》（又题《湘州记》《湘中记》《湘中山水记》）称"湘川清照五六丈"，"是纳'潇湘'之名矣"，唐陈子昂《感遇诗》"箕山有高节，湘水有清源"，均由字训而立说。

二　香零山—息景岩—百家渡—诸葛庙—群玉山

（一）零陵香草露中秋：水中孤耸的香零山

香零山在城东潇水中。

清蒋本厚《零陵山水记》："方春流汤汤，如贴水芙蓉，与波明灭。至秋高水落，亭亭孤峙，明月东来，江水莹白，独坐揽袂，觉草木皆有香气。"

明曹能始《零陵名胜志》："香零山在城东五里，郡以此名。地产香草，其叶如罗勒，香闻数十步。唐世上供，郡人苦之，刺史韦宙奏罢。"

《新唐书》："永州零陵郡，土贡：葛、笱、零陵香、石蜜、石燕。"

《唐六典》：右藏署，"掌邦国宝货之事"。"安西于阗之玉，饶、道、宣、永、安南、邕等州之银，杨、广等州之苏木、象牙，永州之零陵香。"

柳宗元曾至此处，作诗《登蒲洲石矶，望横江口，潭岛深迥，斜对香零山》。

唐刘禹锡《潇湘神二曲》："湘水流，湘水流，九疑云物至今愁。君问二妃何处所，零陵香草露中秋。"

唐刘禹锡《贺韩十五曹长，时韩牧永州》："零陵香草满郊坰，洞穴雏飞入翠屏。孝若归来成画赞，孟阳别后有山铭。兰陵旧地花才结，桂树新枝色更青。为报儒林丈人道，如今从此鬓星星。"

（二）息景岩：仅存残痕的小朝阳岩

息景岩，又作息影岩，又称新岩，俗称小朝阳岩、赛阳岩。在永州城东三里，东向临水，幽峭隐秀，故与朝阳岩齐名。咸丰八年（1858）至同治三年（1864），杨翰任永州知府，更名为"息影岩"，并建清晖阁、澹虑亭于其上。

杨翰，字伯飞，一字海琴，别号息柯居士，所居名为"息园"，取义陶渊明《停云》诗"翩翩飞鸟，息我庭柯"，作《息园记》云："盖'息'者，举得失、荣辱、机械、趋避一扫而空之。"又取义谢灵运《游南亭》诗"逝将候秋水，息景堰旧崖"，作《息景岩铭》云："潇东有岩，惟石逋峭。古洞寂寥，游屐罕到。云出岩腹，泉漱山根。"

黄佳色《息景岩记》称："由袁家渴溯流而上即新岩，岩临潇水，与朝阳相仿佛。然朝阳敞，新岩僻；朝阳光豁百里，新岩幽隐一潭。朝阳如李青莲醉赋《清平》，神采焕发；新岩如班婕妤独吟《长信》，意态绰约。"

"文革"中息景岩被炸毁，仅存残痕。

（三）百家渡与诸葛庙：诗人杖屦徜徉之地

零陵古城有7座城门，东门、北门临山，其余5门临水。5个临水城门对着4个渡口，分别是南津渡、太平渡、黄叶渡、潇湘渡。

弘治《永州府志》：平政桥：在正西门外。愚溪桥：在城西愚溪。接履桥：在城北20里，相传唐仙堕履之所。竹筥桥：在城东北20里。乌墩桥：在城西30里。芜江桥：在城东4里，俗名茅江桥。沙江桥：在城西50里。月桥：在城西20里。大桥：在城北60里。东乡桥：在城西60里。临湘桥：在潇湘门外5里湘水之浒。湘口渡：在湘口间处。黄叶渡：即平政桥。太平渡：在太平门外。保安渡：在正南门外。百家渡：在南门2里外。南津渡：在南门外5里。矮子渡：在县南20里。高溪渡：在县北70里。

百家渡又称百家濑，青石码头至今犹存，石阶数十级，码头呈扇形，是潇湘两岸诸多渡头、码头中保存最佳者。诸葛庙今存路亭，但高墙已向江心倾斜。旁有香樟，至今荫翳不减。

唐柳宗元《袁家渴记》：袁家渴"上与南馆高嶂合，下与百家濑合。其中重洲小溪，澄潭浅渚，间厕曲折。平者深墨，峻者沸白。舟行若穷，忽又无际。有小山出水中，山皆美石，上生青丛，冬夏常蔚然。其旁多岩洞，其下多白砾。其树多枫柟石楠，楩槠樟柚。草则兰芷，又有异卉，类合欢而蔓生，翏轇水石。每风自四山而下，振动大木，掩苒众草，纷红骇绿，蓊葧香气"。

宋汪藻《永州柳先生祠堂记》称："其谓之钴鉧潭、西小丘、小石潭者，循愚溪而出也。其谓之南涧、朝阳岩、袁家渴、芜江、百家濑者，溯潇水而上也，皆在愚溪数里间，为先生杖屦徜徉之地。"

康熙《零陵县志》："诸葛庙在城南三里百家渡。易三接曰：不知侯何年入零陵郡？零陵人祠之至今不衰。祠制甚朴，有古意。庭堂楹桷，不雕不饰。祠在樟树下，树枝叶扶疏，荫可数亩，而一枝远出，舞如龙状。"

光绪《零陵县志》："河西诸葛庙有古樟，枝干脱落，形状磊砢，远望如石峰孤峙。相传为雷所击毙者。高仅三丈，大约十余围，中空，可容七八人坐而对饮，殆开辟以来物也。其中空处又生冬青树三，大各尺余围，枝叶冒出其上。盖自雷击后，又不知几百年矣，而不颠不朽，群以为神。"

宋苏轼《百家渡》诗："百家渡西日欲落，青山上下猿鸟乐。欲因秋月望吴云，遥看北斗挂南岳。一梦惝惝四十秋，古人不死终未休。草舍萧条谁可语，香风吹过白蘋洲。"

宋杨万里《过百家渡四绝句》："出得城来事事幽，涉湘半济值渔舟。也知渔父趁鱼急，翻着春衫不裹头。""园花落尽路花开，白白红红各自媒。莫道早行奇绝处，四方八面野香来。""柳子祠前春已残，新晴特地著春寒。疏篱不与花为护，只为蜘蛛作网竿。""一晴一雨路干湿，半淡半浓山叠重。远草坪中见牛背，新秧疏处有人踪。"

（四）群玉山与群玉书院：清慧而文固宜名贤挺生

永州一带遍地石灰岩，经过雨淋，石中的碳酸钙被雨水中的二氧化碳溶解，历久就成为垂直立体的岩石，大者可以称为"石林"，小者自可称之为"群玉"。这些石灰岩不仅个个矗立，而且颜色洁白。它们生在山巅上，再加绿竹的掩映，颇能动人。

沿潇水而下，过百家渡，西岸有群玉山。群玉山高耸江岸，峰顶岩石向江心倾斜，可供船只躲避风雨。山上有宅仙岩、火星岩，又有香炉峰、芝岩、翠岩，并多绿竹，同时又多唐宋名家石刻。宋代尹瞻、柳拱辰游群玉山，二人有《暮春游火星岩联句》。董居谊有《群玉山游记》，田山玉有《德星岩记》，王金掌有《群玉山樵诗草》诗集。

宋祝穆《方舆胜览》："群玉山在州西江外，地胜景清，为零陵最奇绝处。"

弘治《永州府志》："群玉山在县西，巨竹清修，古木樛曲，怪石万状，地势清景，一郡之奇观也。宋嘉定间侍郎董居谊谪居于此。""火星岩在县西，即群玉山之岩，石壁所镌先贤题识，高下跻次，穷日之力乃能尽阅。"

康熙九年（1670）《永州府志》："火星岩在朝阳岩之上，众石林立，白云杂之，生人隐思矣。石上多镌宋人题识。"

嘉庆《大清一统志》："群玉山在零陵县西南。山石皆白，故名。有岩曰'德星'，洞曰'宅仙'。"

光绪《零陵县志》所说："由零虚山后西南过小岗，白石累累，罗布岗下，曰群玉山。"

清田山玉《德星岩记》："零虚山后西南行半里，上高冈，西望见青石攒簇，如菡萏舒萼，四面散布于山坡草树间，负土出没，如鸟兽、器物空漏凸凹者，殆不可数，即群玉山也。""石壁上刻'群玉山'三字，字大二尺余，为宋朝人书。"

类似"群玉"的命名，还有"万石山""石角山"。《大明一统志》："万石山在府城北，多怪石，下瞰岩沼。""石角山在府城东北一十里，连属十余小石峰，奇峭如画。"明陈正谊《石角山小记》："山石甚众，远望之如淡烟，如积霭，近即之或林立，或峭露。"清王元弼《零陵名胜记》:"石如有意排列,令人可坐可卧,兼多灵秀气象……群石攒立,日光照耀时,如群玉之在渊,浮动荡漾。"

"群玉"一语还有上古掌故。《穆天子传》云:"辛卯,天子北征,东还,乃循黑水。癸巳,至于群玉之山,容成氏之所守,先王之所谓'策府'。"又云:"自群玉之山以西,至于西王母之邦三千里。"

宋董居谊《群玉山》诗五首,其一云:"顷年曾入道山来,天上图书不受埃。今日有怀群玉府,又从人世得蓬莱。"即咏其意。

因此,"群玉"又成为永州古代一座书院之名。

光绪《零陵县志》:"群玉书院在南门内,县治之左,黄溪庙前。乾隆三十四年,知县陈三恪集绅士捐赀买入营中废地创建。广二里许,门南向,正对群玉山,故名。"

清陈三恪《创建群玉书院记》:"永州为濂溪周子故乡,零陵其首邑也。广袤数百里,山水奇秀。纪风土者,谓'民秉是气,往往清慧而文',固宜名贤挺生矣。第一堂额曰'大雅',次为'敏德堂'。两堂左右,建学舍共二十二楹。讲堂在敏德堂后,其东轩馆师居之,西则额以'景贤',以祀先后之有政迹于斯者。最后为文昌阁,俾诸生朔望瞻谒,以时习礼。阁枕高阜,与城外之南冈遥相对峙。南冈者,邑人所谓'群玉山'也。山形如玉屏矗立,潇水绕其麓。登大雅堂,倚槛眺望,则峰峦拱向,朝霞暮霭,合形辅势,若专为书院而设者,因名曰'群玉书院'。"

永州群玉书院创自清代,宗霈、宗绩辰父子曾主其事,宗霈撰《群玉书院课学序》,宗绩辰撰《群玉书院学规》,林学易撰《群玉书院学说》,总兵鲍友智撰《群玉书院捐膏火资记》,零陵知县陈三恪撰《群玉书院志》。

1969 年因架设东风大桥采石材、烧石灰,火星岩、群玉山全毁,今废窑犹在,宋人题识已荡然无存。

群玉书院清末改为群玉小学,民国初改为零陵县立中学,现为永州市第三中学。

三　朝阳岩

（一）水石文化：元结寓湘及其贡献

元结是永州摩崖石刻的开创者。铭颂大多刻石，遂开辟为摩崖石刻景群，阳华岩、寒亭暖谷、朝阳岩、浯溪碑林，是其大者。

元结，字次山，河南鲁山人。唐代宗广德、永泰、大历间，元结两任道州刺史，辞官后寓居浯溪，在今永州境内活动前后10年，著述约70篇，其中最值得注意者有"十九铭一颂"。《大唐中兴颂》一篇，号称"灿烂金石，清夺湘流"。元结在道、永二州所游历，则有三溪、三岩、二崖、一谷。

十九铭：《阳华岩铭》、《寁樽铭》、《朝阳岩铭》、《丹崖翁宅铭》、《七泉铭》七篇、《五如石铭》、《浯溪铭》、《峿台铭》、《庼颜铭》、《东崖铭》、《寒泉铭》、《右堂铭》、《中堂铭》。

一颂：《大唐中兴颂》。

三溪：洄溪、右溪、浯溪。

三岩：阳华岩、朝阳岩、九疑山无为洞。

二崖：丹崖、东崖。

一谷：寒亭暖谷。

元结在永州，时间久，创作多。其诗文开拓景地及命名景地最多，其文体以铭最多，其书体以篆最多，其新造景地名义最多，其作品刻石最多。其影响于后世，形成摩崖石刻景区最多。在永州历史文化资源中，元结留下了最多的"不动产"。

元王荣忠《重修笑岘亭记》："次山爱君忧国，不以进退生死累其心，乃撰立《大唐中兴颂》，鲁国公颜真卿为之书，雄文健笔，焕耀今古。发明君臣父子之义，千载不磨。"

柯昌泗《语石异同评》："湖湘间唐碑，宋人著录本不为少，惜皆湮逸。巨擘推麓山寺碑，宋代即已重剜……余则元次山诸刻。海内求次山之迹者，必于永、道间，亦湘中石刻之特异者也。"

《朝阳岩铭》云："欲零陵水石，世人有知。"《丹崖翁宅铭》又云："爱其水石，为之作铭。"故元结所开创的文化主题可称为"水石文化"。而水石之真义又不在自然，乃在人文。"真乐不在岩，只在吾渊衷。"摩崖石刻历唐、宋、元、明、清而盛传不息，皆本于诸贤之道德与才情，或纪咏，或品题，遂使一片荒寂，充溢灵光。

（二）烟光石气，激射成采：永州八景之"朝阳旭日"

朝阳岩在城外西南二里潇江之浒，岩口东向。"当朝暾初升，烟光石气，激射成采，秀横苍立，郁为奇观。岩中有洞名流香，石淙源源自群玉山，伏流出岩腹，色如雪，声如琴，气如兰蕙，冬夏不涸，从石上奔入绿潭而去。"后人之叹美如此。

《徐霞客游记·楚游日记》云："余从桥西，仍过愚溪桥，溯潇西崖南行……逾其上，俯而东入石关，其内飞石浮空，下瞰潇水，即朝阳岩矣。其岩后通前豁，上覆重崖，下临绝壑，中可憩可倚，云帆远近，纵送其前。"

秦骐《游朝阳岩记》："春陵之有月岩也，以迎月而得名，月影有盈亏，而岩影之圆缺分焉。零陵之有朝阳岩也，以受日而得名，日光有朝暮，而岩光之昏明辨焉。"

孙望《元次山年谱》："余于民国二十七年冬十一月十一日离长沙到零陵，留居零陵凡五月，曾数游朝阳岩。岩在潇水南岸，又傍西山麓。山下乱石间有洞穴焉。拾级而下，洞黑不见五指，有泉汩汩流其中，燃火种始得前。摸索东行十余丈，渐有光。自前入，再行若干步，豁然开朗，则洞口也。洞口临潇水，不旁通。买舟游岩下，始见巨崖壁立江浒，岩石作丹紫黄白色，藤萝缘之，与碧流相应，回荡生声，信大观也。洞口岩壁题刻至多，余求元公遗迹，得于岩壁上，然仅题名而已，《朝阳岩铭》则久索而未得，诚憾事也。"

朝阳岩迄今尚存唐宋以下石刻150通。其中以大历十三年（778）张舟《题朝阳岩伤故元中丞》诗刻最具文献价值，以治平三年（1066）周敦颐题刻最具义理价值，以崇宁三年（1104）黄庭坚题刻最具书法价值，可谓并称朝阳岩"三宝"。

（三）永州摩崖石刻：石刻上的文学史

"就其山而凿之，曰摩崖。"永州位于湖广湘漓一线，自古为荆楚至岭南的水路通道，加以水石清秀，流寓者多，因此摩崖石刻最为密集，粲然萃聚，海内无两。

湖南永州的摩崖石刻呈现着清晰的阶段性，即唐代创始，宋代流衍，明代追慕，清及近代研究。

摩崖最突出之处在于文学、诗学，可谓"石刻上的文学史"。但文学的内在核心，又为哲学、理学。题名与诗、赋、赞、颂所依托的，无非是石灰岩的冰冷死体，而在它的表象背后，却是文人群体的有生命的创造，体现着"从水石到人文"的创新转化。

永州的摩崖石刻，遗存完整，成线成片。这些摩崖景地，各具特色。

浯溪以"大唐中兴"为主题，兼及后人对元结的纪念。《大唐中兴颂》自唐人皇甫湜已有品题，宋人黄庭坚、范成大、洪迈、岳珂、米芾、李清照以下，各有诗文议论。

阳华岩以元结《阳华岩铭》为主题，铭文仿《正始石经》，以大篆、小篆、隶书三体书写，最为复古。

朝阳岩由《诗经·大雅·卷阿》"凤凰鸣矣，于彼高冈。梧桐生矣，于彼朝阳"得名，元结又作《朝阳岩下歌》云"荒芜自古人不见，零陵徒有《先贤传》"，追慕汉魏先贤，后人遂以先贤、寓贤为主题。

月岩在道州，近濂溪故里，故其主题为周敦颐、理学、《太极图说》。今存摩崖石刻63通，以南宋淳熙赵汝谊题刻为最早。旧称穿岩，后别称太极岩，石刻榜书有"广寒深处""清虚洞""风月长新""如月之中""浑然太极""豁然贯通""道在其中""理学渊源""参悟道真""悟道先迹""乾坤别境""浑涵造化""鸿濛一窍""先天道体""上弦月""下弦月""望月""月岩""太极岩"等。

澹岩有巨型溶洞与山体天坑相连，背山面河，气势恢宏，景致幽邃，又有周贞实避秦乱遁居之说，故主题为叹美奇景与栖隐。宋黄庭坚有《题澹山岩二首》诗刻，称"阆州城南果何似，永州澹岩天下稀"。宋祝穆《方舆胜览》称："澹岩石壁削成万仞，旁有石窍，古今莫测其远近，目之者有长往之意。"道光《永州府志》称："去城南二十五里，有岩奇奥，为永州冠。"清卢崇耀《游澹岩记》称："永州多山水游观之美，而澹岩尤为奇绝。"

玉琯岩在九疑山，有南宋方信孺"九疑山"大字榜书，以及复刻汉代蔡邕《九疑山铭》，故其主题为纪咏帝舜。

（四）先贤与后贤：重德教而轻刑罚

"先贤"是后人追述已故前代贤人的尊称。先秦已有此称，汉代尤为流行。

《礼记·祭义》："祀乎明堂，所以教诸侯之孝也。食三老五更于大学，所以教诸侯之弟也。祀先贤于西学，所以教诸侯之德也；耕藉，所以教诸侯之养也；朝觐，所以教诸侯之臣也。五者，天下之大教也。"

《春秋繁露·楚庄王》："圣人异治同理，古今通达，先贤传其法于后世。"

《后汉书·张王种陈列传》："昔先贤既没，有加赠之典；周礼盛德，有铭诔之文。"

《隋书·经籍志》著录《零陵先贤传》《海内先贤传》《兖州先贤传》《徐州先贤传》《交州先贤传》《鲁国先贤传》《楚国先贤传》《汝南先贤传》《济北先贤传》《会稽先贤传》《吴先贤传》，以及《诸国清贤传》《陈留先贤像赞》《庐江七贤传》《桂阳先贤画赞》《武昌先贤志》。

汉人重吏治，古有"楚国先贤""零陵先贤""长沙耆旧"诸说，都称颂循吏。《零陵先贤传》一卷，传为晋司马彪撰，记载东汉人物六人，李融和郑产均为循吏。有循吏，有法吏。奉职循理，不用威严，亦可以为治，"民各得其所便，皆乐其生"，如此则称为循吏，别称"恺悌循良之吏""仁厚循良之吏"，乃是地方吏治之极致。

唐元结维舟潇湘，作《朝阳岩下歌》，谓"荒芜自古人不见，零陵徒有《先贤传》"，深有慨于此道。宋沈辽又作《零陵先贤赞》，述及唐人及宋初人，实以后贤接先贤。

（五）圣贤足迹：宋代周敦颐命名濂溪

如果说，鬻熊、屈原代表了湖南、湖北"楚文化"的共同元素，炎帝、舜帝、贾谊、柳宗元代表了湖湘文化中的"寓贤"元素，那么，周敦颐、王夫之、曾国藩则是真正本土的古代湖南文化中最优秀、最典型的代表。

濂溪为潇水上游的支流。"濂溪"之名，出于周敦颐。

清末叶德辉说道："湘学肇于鬻熊，成于三闾。宋则濂溪为道学之宗，明则船山抱高蹈之节。"民国间黄光焘说道："楚骚起辞赋之宗风，濂学导性理之先路。"

吴博夫《湖南民性》说道："湖南文化，周之末，即有灵均出于其间，《离骚》诸篇，上追《诗雅》。及宋之世，又有茂叔，作《太极图说》《通书》，为赵宋理学开山之祖。两氏所作，炳炳烨烨，哀然为后世所宗。"

周敦颐，字茂叔，学者尊称濂溪先生，为湖南永州道县人，宋为道州营道县营乐里，世称濂溪故里。南宋嘉定间王象之纂《舆地纪胜》，已有"濂溪""周濂溪祠堂"条目。

元儒侯克中云："千年伊洛渊源盛，总是濂溪一脉功。"

明儒黄文焰纂辑诸儒列传 200 余人，为《道南一脉》二十二卷。

当两宋时，程珦父子、潘兴嗣、蒲宗孟、度正、黄庭坚、朱熹、吕祖谦、魏了翁、胡宏、张栻等人，都对濂溪学术加以推崇，以为理学道统之开山，上承孔孟，得圣贤不传之学，即为孔孟之后第三位圣人。给一个时代带来思想的光明的人，称为"圣人"。濂溪以此为东亚所共尊。

圣人是传统文明的开创者，贤人是传统文明的继承者。"圣贤"就是用自己的发明创造和深邃思想照亮人类进程的人。由于这些人的不懈努力，以死勤事，以劳定国，孜孜矻矻，鞠躬尽瘁，使得人群在比较长久的一个时期之内，点亮思想的明灯，这些明灯照亮了人群的前途，施之于民，能捍大患，能御大灾，使得人类的文化事业"博也厚也，高也明也，悠也久也"，经久不息，传之久远，古代称之为"圣贤之道"。

四　浮桥—紫岩井—柳子庙—节孝亭

（一）紫岩井：张浚、张栻父子故居

紫岩井在零陵城中文星街，为张浚、张栻父子故居。

零陵城内有九井：紫岩井、吕虎井、发珍井、惠爱井、智泉井、春泉井、朝京井、扬清井、撒珠井，以紫岩井居其首。

弘治《永州府志》："紫岩井在文昌宫前，紫岩张相国所浚，后人因名之也。"

道光《永州府志》："郡城今文昌祠前有古井，名紫岩井。相传此地为魏公移永时寓宅，井上故有题刻。"

张浚，字德远，世称紫岩先生。为程颐、苏轼再传弟子。进士，历枢密院编修官、侍御史、知枢密院事、川陕宣抚处置使、尚书右仆射兼知枢密院事。著有《紫岩易传》等。为抗金名将、名相。《宋史》有传。

张栻，张浚长子，字钦夫，号南轩，学者称南轩先生。胡宏弟子。曾讲学岳麓书院、城南书院。与朱熹、吕祖谦齐名，时称"东南三贤"。著有《南轩集》。《宋史》有传。

《大清一统志·永州府·流寓》："张浚，绵竹人。绍兴二十年，徙居永州。浚去国几二十载，天下士无贤不肖，莫不倾心慕之。"

《大明一统志·永州府》云："思贤堂，在府学，宋建，绘周濂溪、范纯仁、范祖禹、邹浩、张浚像，共为一堂。"

明戴浩《紫岩仙井》诗："紫岩佳景擅潇湘，产此灵泉独异常。长日彩云腾瑞气，四时玉液带天香。色同仙掌三秋露，味若宫壶九酝浆。尤恐夸娥爱奇绝，一宵移入帝王乡。"

紫岩井至今尚存，井壁上有天启六年（1626）石刻"紫岩仙井"。

（二）大西门与平政桥：亲水之情倍生感触

平政桥东连大西门，西连柳子街区，直通全桂，是零陵古城最繁庶热闹之地，而渡口浮桥的修建也最为古老。

光绪《零陵县志》："西过平政桥，沿愚溪行。左路经西山之下，循东安大路，三十里至宝坊寺，为东安界。右路由枫木铺、黄田铺，至东乡桥六十里，又三十里至枣木岭，而接全州界。"

平政桥创始于元代，明代万历十七年（1589）、四十八年屡经重修，清代同治八年（1869）再经续修。

弘治《永州府志》："平政桥，在正西门外，旧名济川桥，即古之黄叶渡也。元时造舟为梁，取君子平其政之意，今设舟以渡。"

康熙九年（1670）《永州府志》："万历辛卯五月，复驾舟为桥，名曰浮桥。桥有记，勒石于正西门左，后因火石毁。"

光绪《零陵县志》："平政桥在大西门外，即古黄叶渡。元时舣舟为浮桥，名平政，后废。明万历十七年，复为浮桥，设桥夫七名，每名给银三两，闰银五分。渡夫八名，每名给银二两，闰银三分三厘三毫。"

光绪《零陵县志》："咸丰中迭经寇乱，桥船日敝。同治八年，知府黄文琛重修船筏，并以桥工余钱一千缗发商生息，岁取一百一十千子钱为缮补费。"

万历四十八年，永州知府叶万景、通判张守刚、别驾胡文衢重修平政桥，"为船三十余只，区分而胪列之。两岸竖为石表，造铁练，钩连以系之。铺以木板而如砥，列以栏楯而如楹。设夫四名，岁饩之，以为扫除启闭之役"。

明周希圣撰《西河平政桥碑》："永当南楚之极，与两粤画疆而居，境内之贸易往来，熙熙攘攘之众，惟西门为最伙。一水护城，深阔若天限然。曩舣舟十数，日争渡而不给。尤为西粤之孔道，冠盖使者络绎相望于途。至夜半犹有呼'余皇'，而操缓声，应者如之何？且潇水自九疑，百折而入于郡，历郡之右臂，十里余而始合湘水，奔流以去。说者谓宜于上流为桥以镇之，不惟涉者便，而于风气、人文、吏治皆有藉焉。"("余皇"句，康熙九年《永州府志》作："至夜半犹有呼'余皇'，而操缓声应者如之何？"道光《永州府志》作："至夜半犹有呼'余皇'，而竞济者其若之何？"光绪《零陵县志》作："至夜半犹有呼舟子而竞济者，其若之何？"按：《左传》原文云："使长鬣者三人，潜伏于舟侧，曰：'我呼余皇，则对。'师夜从之。""操缓声"，典出《左传·哀公二十一年》："秋八月，公及齐侯、邾子盟于顾，齐人责稽首，因歌之曰：'鲁人之皋，数年不觉，使我高蹈。'"孔颖达疏："皋者，缓声，而长引之，是皋为缓也。"杜预注："言鲁人皋缓，数年不知答齐稽首，故使我高蹈来为此会。"）

至今每当晨昏风凉，潇水深静，木板踏踏，行步同游，烟水蒙蒙，逼近江面，其亲水之情倍生感触。

（三）民国间的潇湘水路：徐桢立《营道日记》与李茵《永州旧事》

徐桢立，湖南长沙人，民国间学者、书画家、词人。抗战中避居永州宁远，挈家拼船，溯湘江而上，著《营道纪行》。其称泷泊云："两岸人家皆悬楼，可入画。四山回合，青翠倚霄，中汇澄潭，荡漾山影，停舟四望，不知舟自何路来，明当循何路去。盖入泷以来，景色皆佳，此为最胜矣。"潇湘水路经行两千载，往来舟船过客多矣，而能作日记者极鲜。

"永州有七条城门"，"大西门是一个水旱码头，它靠在去河西的浮桥边。它又是一个搭船的大站。早上，凡要去冷水滩、蔡家铺、曲河的都要到大西门来坐船去。要去衡阳、长沙的坐大船。要去河西买糙米的，也要过浮桥去。那浮桥一天繁忙得很，总是走得轰隆轰隆的响"。李茵《永州旧事》如是写道。书为近著，而写民国旧事最具本色。

（四）愚溪与柳子庙：瑰奇绝特者皆居零陵时所作

永州自宋代已建柳宗元祠，在愚溪。南宋王象之《舆地纪胜》

卷五十六《永州》已载"柳先生祠堂"。明清两代称柳先生祠、柳司马祠、柳侯祠、柳子祠，今称柳子庙。

愚溪本名冉溪，又名染溪，柳宗元更名愚溪，作《愚溪对》《愚溪诗》。

《愚溪诗序》："灌水之阳有溪，东流入潇水，名冉溪。余谪潇水上，改之为愚溪……愚溪之上，买小丘为愚丘。自愚丘东北行六十步，得泉焉，又买居之为愚泉。愚泉凡六穴，皆出山下平地，盖上出也，合流屈曲而南，为愚沟。遂负土累石，塞其隘为愚池。愚池之东为愚堂，其南为愚亭，池之中为愚岛。"总计八愚，故《愚溪诗》又名《八愚诗》。

柳子庙始建于北宋仁宗至和三年（1056），由永州知州柳拱辰创建。

柳拱辰《柳子厚祠堂记》："子厚谪永十余年，永之山水亭榭题咏固多矣。韩退之谓衡湘以南为进士者皆以子厚为师，其经承子厚口讲指画为文词者，悉有法度可观，今建州学，成立子厚祠堂于学舍，东偏录在永所著词章，漆于堂壁，俾学者朝夕见之，其无思乎！至和三年丙申二月二日，尚书职方员外郎、知永州柳拱辰记。"

柳拱辰建祠于郡学傍，后移至愚溪。

柳拱辰，字昭昭，湖南武陵人。仁宗天圣八年（1030）进士，至和二年（1055）任永州知州。

其弟柳应辰，字明明，仁宗宝元元年（1038）进士，熙宁七年（1074）任永州通判。兄弟二人前后相隔20年，皆来永州。

兄弟二人皆工书，字甚遒逸，端雅大字，足见一代右文气象。柳拱辰在朝阳岩、浯溪、澹山岩、华严岩均有石刻。

柳应辰亦曾游朝阳岩、澹山岩、浯溪，在浯溪有诗刻，其一云："浯溪石上大江边，心记闲将此地镌。自有后来人屈指，四千六百甲寅年。"其二云："不能歌，不能吟，潇湘江头千古心。"又有巨型"夬"字，俗称"押字"，实出《易经·夬卦》。

柳氏精于《易经》与《春秋》。柳拱辰父柳中，弟柳应辰，子柳平、柳猷，一门五人皆登榜，人号"武陵五柳"。

柳拱辰又著有《永州风土记》（一作《永州土风记》）。

柳拱辰创建柳宗元祠堂，大概也与他和柳宗元同姓有关。

柳拱辰之后，南宋高宗绍兴十四年（1144），汪藻谪居永州，撰《柳先生祠堂记》。记中说道："零陵一泉石、一草木，经先生品题者，莫不为后世所慕，想见其风流。而先生之文载集中，凡瑰奇绝特者，皆居零陵时所作。"

柳宗元在永州的活动，主要表现为一位才人、文人，其文学成就巨大，至明代被尊崇为"唐宋八大家"之一，而与理学家所称道的韩愈并列，影响及于域外的朝鲜、日本、越南、琉球。关于柳宗元，可以研究其诗文的文学性、艺术性（朱子称"柳子厚较精密""柳子厚看得文字精"），小品山水游记的兴起和流变，柳宗元诗文作品与永州古今地理的对应（朱子称"柳子厚却得永州力也"），乃至柳宗元的作家心态（朱子称"文之最难晓者，无如柳子厚"），以此为主体。

（五）《永州八记》：唐代柳宗元的山水游记

元结之后约 40 年，柳宗元被贬为永州司马。"既窜斥，地又荒疠，因自放山泽间，其埋厄感郁，一寓诸文。""品题山水成《八记》，遂以胜迹名天下。"

柳宗元寓湘 10 年，作《永州八记》，多在潇湘及其支流愚溪之畔。《钴鉧潭记》《钴鉧潭西小丘记》《至小丘西小石潭记》在愚溪上，《袁家渴记》《石渠记》《石涧记》在潇水上。连同《始得西山宴游记》《小石城山记》，共八记。愚溪今存"钴鉧潭"榜书石刻，石涧迄今仍在，上横石桥两座。"流若织文，响若操琴。""诡石怪木，奇卉美箭，可列坐而庥焉。"

《唐宋文醇》："宗元《永州八记》虽非一时所成，而若断若续，令读者如陆务观诗所云'山重水复疑无路，柳暗花明又一村'也。"

《四六丛话》："天地间山水林麓奇伟秀丽之致，赖文人之笔以陶写之。""柳子《永州八记》笔力高绝，万古云霄一羽毛，非诸家所敢望尔。"

柳宗元为唐宋八大家之一。"唐宋八大家"之说，始于明人。记作为文体，实由骈赋之小序蔓衍而出，变骈为散，变大雅为小品。虽然，柳氏亦难能矣。《四六丛话》又云："自唐以后，记始大鸣。柳子《永州八记》追蹑化工，独开生面，大放厥词，昌黎所叹。其实撷骚辨之英华，陶班张之丽制，自选学中来也。"

日本赖山阳曰："《永州八记》自《山海经》《水经注》来，带有晋宋间人风气，是柳独创。后人无数游记，无不沾此残香剩馥。"

（六）节孝亭：建长亭以利行人，施茶水以解渴烦

节孝亭在柳子街西口，湘桂古驿道上，朝阳乡古木塘村。亭为砖木结构，上有"节孝亭"、"奉旨旌表"大字。亭内有四根八棱石柱，石柱上刻楹联两幅："憩片时，沿堤寻柳迹；饮一勺，放步到枫林。""古井流香，人怀六峒；圣泉此浩，地纪零陵。"

此亭本是敕封节母熊张氏的节孝亭，但熊张氏却将它建成了一座茶亭，供应过往行人饮水歇脚。熊张氏或许是年轻丧夫，守寡抚育幼子熊学礼，其后熊学礼长大成人，读书论学，成为翰林院待诏。于是熊学礼为了孝养母亲，传布她的懿行，就为母亲操办建亭，而熊张氏认为，与其传布一点虚名，不如做些实际的义举。母子之间有一番讨论，最终决定修建茶亭。而熊学礼顺便将母子的讨论写成一篇《奉节母命鼎建茶亭碑记》，刻石亭中。熊学礼这篇字迹，中正阔大，丰腴圆润，而又楷中有行，不失灵动，特别吻合表彰其母节孝施善之情。石刻虽然晚出，却自有其珍罕之处。

《奉节母命鼎建茶亭碑记》："戊寅秋，节母熊张氏，流火月三日，寿古稀开一，儿欲制锦以侑觞。入告，母曰：'否，制锦壮观耳，于我失实，于人无济。'继请曾膺旌典，即树坊。母亦否，曰：'建坊，扬名耳，荣于我，何利于人？儿善谋之。'余无对，既而母自谓曰：'某为河西张富公季女，自幼生长其地，有以茶亭名庵者，果何谓也哉？'儿于是揆母之意矣，母迫欲建长亭以利行人，施茶水以解渴烦乎！遂觅愚溪旋水湾，通粤西官途，前行数里方有亭，行者每苦之。亟为购地鸠工，采木选石，附亭枕流，并建茶舍。其间树竹阴翳，山水回环，饶有画图幽趣。告成日，迎舆请观之，母大忻然，曰：'儿可谓善体吾意矣！'遂援笔书由，以毕母命。时在光绪四年冬，男翰林院待诏学礼谨撰并书。"

五　白蘋洲—文昌塔

（一）香风吹过，绿柳万株：黄叶渡下白蘋洲

白蘋洲在永州城大西门外黄叶渡下潇水中，因生长香草白蘋而得名，又为永州人文之源，明代始建学校，清代建有白蘋书院，永州相传有"白蘋洲接状元归"的谚语。

光绪《零陵县志》载："黄叶渡下有白蘋洲，广半里，长二里余，旧多白蘋，故名。今则古木丛生，柯叶翁葧，夏日绿阴照水，估舟多系其下，望若画图。上有白蘋书院。"白蘋书院于清乾隆四年（1739），由零陵人眭文焕父子创建。

宋苏轼《百家渡》诗云："草舍萧条谁可语，香风吹过白蘋洲。"明易三接《山水纪》云："洲初不过浮一叶耳，后人植柳于上，补而阔之，有如数丈长桥。潇水至此入湘，二水争涵，流映无际。春帆细雨，天际归舟，孤棹浮来，落叶秋老。"明陈正谊《白蘋洲记》云："白蘋一片洲耳，漾于湘波杳霭中，白花黄叶点缀其间，潇之幽益其幽，洲之野助其野矣。"清王元弼《名胜记》云："白蘋洲在城西潇水之中，洲长数十丈，洲上植绿柳万株，有春雨欲来、烟凝天半景状。"

民国间顾巡《零陵小记》载白蘋洲在民国间仍多树木。"水心那一大片沙洲，被茂密的树林掩覆着，有时有几头牛在吃草，每次眺望时，总觉得是一个神秘的所在，一定想去看个究竟。这幼稚的好奇心终于有满足的时候。夏天江水下落，我从对岸找到浅水处涉过去，钻到林中，绿荫使夏日的热力一点透不进来。抬起头，树梢高

不可及，各种鸟雀的鸣声杂乱，而且有空洞的回声，真像走进了一个大庙堂一样，令人盘桓不忍离去。我奇怪柳子厚和徐霞客的笔下竟没有好好提到它一下。"

（二）颠张醉素：释怀素的草书艺术

释怀素，字藏真，俗姓钱，唐永州零陵人。擅草书，与张旭齐名，世称"颠张醉素"。传世作品有《自叙帖》《论书帖》《千字文》等。唐吕总《读书评》云："怀素草书，援毫掣电，随手万变。"宋米芾《海岳书评》云："怀素如壮士拔剑，神采动人，而回旋进退，莫不中节。"颜真卿盛赞其为"僧中之英，气概通疏，性灵豁畅，精心草圣，积有岁时，江岭之间，其名大著"。与一时诗人多有交往，李白有《草书歌行》，王邕、窦冀、鲁收、朱遥、苏涣、任华、戴叔伦、马云奇、裴说、贯休，各有《怀素上人草歌》。

永州旧有怀素洗砚池、墨池、笔冢、绿天庵、怀素塔，方志载怀素结庵于此，种蕉学书。

康熙九年（1670）《永州府志》："书堂寺在城北二十里，唐僧怀素故居，中有怀素遗像。向有碑石，后因愚民残毁道傍。"

清代越南使者所绘地图《燕轺日程》《燕轺万里集》中，江岸尚有"唐僧怀素塔"。

至清代，又有何绍基，字子贞，号东洲，道州人。工于书法，融行、草、篆、隶于一炉，世称"何体"。

六　蘋洲—潇湘庙

（一）虞舜与湘妃：中国最早的爱情故事

湘妃和虞舜的感情传说是我国最早的爱情故事。

《史记》记载帝舜"南巡狩，崩于苍梧之野，葬于江南九疑"。《列女传》又载，帝舜为天子，娥皇为后，女英为妃。帝舜死于苍梧，"二妃死于江湘之间，俗谓之湘君"。《水经注》称，二妃常"神游洞庭之渊，出入潇湘之浦"。尧舜一代史迹揭开了中国文明史的第一页，而帝舜与湘妃的感情传说也成为中国最早的爱情故事。

其中在西汉时期汇编的《列女传》中，湘妃故事被列在100余篇传记的首位，称为"元始二妃"，在发生的时间和编载的时间上都是最早的。

日本学者儿岛献吉郎分析虞舜、二妃、斑竹故事，即肯定其为"古今恋爱之祖"，有"中国之恋爱文学，发端于帝舜时代"的论断。

（二）从《尚书》到《列女传》：记载湘妃故事的六大文献

虞舜与湘妃的爱情故事，反映在迄今传世的最古老经典《尚书》《山海经》《孟子》《楚辞》《史记》《列女传》六大文献中。

《尚书》二典确定了虞舜与二女的婚姻并赋予"至孝"的重大主题。《尧典》的下半篇记载了舜被推举给尧的史事，《舜典》的下半篇记载了舜即位以后的史事。《尚书》二典最早确定了虞舜与二女的婚姻并赋予"至孝"的重大主题。

《山海经》确定了湘妃处江为神与神灵不死的主题。《山海经》最早记载了虞舜南巡的方位及葬地，记载了二妃奔赴哭之、陨于湘江、遂为湘神、俗称湘妃的内容，确定了神灵不死的主题。

《孟子》最早记载了"完廪""浚井"的故事情节并确定夫妻患难的治家典范。《孟子》最早记载了舜与二妃夫妻一致"历试诸难"的史事，特别是"完廪""浚井"的具体情节，确定了夫妻支持配合、患难与共的治家典范。

《楚辞》确定了湘妃故事在文学中的歌咏形式与凄清幽艳的风格意象。《楚辞》最早将湘妃事迹形之于诗赋，开创了以文学形式歌咏湘妃的一条途径，而其风格情调凄清幽艳，亦早成为"潇湘意象"的永恒基调，也开出追慕文学、闺情文学、香奁文学、香艳文学一脉。同时士人每当履忠被谮、遭时暗乱，亦往往转成诗人骚客，其忧悲愁思亦唯以诗文、古史为寄托，开创出古代仕与隐、政与文之移情、寄托、升华、转化一种模式。

《史记》确定了湘妃故事在史学中的正统地位。司马迁曾亲至潇湘、九嶷，"南游江淮，上会稽，探禹穴，窥九疑，浮于沅湘，北涉汶泗"。《史记》一书记载虞舜、湘妃事迹，取材最广，记事最详。《史记》最早将湘妃事迹详尽收载于正史，确定了湘妃故事的正统地位。

《列女传》确定了湘妃故事在古今列女传记专史中的"元始"地位。《列女传》一书，《汉志》著录题为《列女传颂图》，刘向撰。《列女传》实际上开创了古代妇女史传文献系统之先河。《列女传》以湘妃事迹列居书首，肯定了湘妃在治家治国中的正面作用，也肯定了虞舜、湘妃故事中两性关系与爱情因素的正面作用，确定了湘妃作为两性关系于男女爱情的原型与典范。

（三）奠立潇湘意象：屈原《九歌》与白蘋洲

商周时代，祝融的后裔鬻熊崛起，为周文王、武王、成王三代的老师，其后分封于楚，开创了楚文明。春秋时楚灵王建章华台，仍有"以象帝舜"的遗规。战国时屈原流放，也常寄意于潇湘、九疑。

《九歌》中《湘君》《湘夫人》两篇，咏娥皇、女英，即所谓"死于江湘之间，俗谓之湘君"。而《山鬼》所咏为九疑山神，即舜陵之守护者。

《湘夫人》"登白蘋兮骋望，与佳人期兮夕张"，"白蘋"又作"白蘋"，潇湘二水交会处有白蘋洲，即其地。柳宗元诗："非是白蘋洲畔客，还将远意问潇湘。"

蘋洲为潇湘之会，而潇水源于九疑，《湘夫人》一篇描写湘妃出入潇湘之浦，登白蘋洲，望九疑山，所咏皆为地理实景。

娥皇、女英姐妹二人，史称湘妃，又称湘夫人、湘君、湘灵、湘女、江妃、二女、二妃，为唐尧之女，虞舜之妻。虞舜勤政而死，葬九嶷山，她们追寻到达湖南，死于湘江，受封为湘江之神。这一故事在后世积淀为"潇湘意象"，成为潇湘文化的主题。

书生有诗云："潇湘浦上说湘妃，独步江间月色微。两岸巉岩斑竹密，清川五丈见石玑。迩来千载谁家子，觑得蠓首与娥眉。翠袖婷婷方玉立，苍山点点一白衣。百里每闻飘风雨，出入有时会无期。白蘋洲上曾无语，云水波涛归不归。"

（四）山鬼：从潇湘遥望九疑山

《九歌·山鬼》祀主为九疑山神。

《汉书·礼乐志》载《郊祀歌》"九疑宾，夔龙舞"。九疑当解为九疑山神，即夔、龙二臣。生为二臣，死后配为山川之神。

《梁书·张缵传》载《南征赋》："延帝子于三后，降夔龙于九疑，腾河灵之水驾，下太一之灵旗。"

"延"当作"诞"，与"降"同义。"三后"，犹言三王、三代，包帝舜而言。《左传·昭公三十二年》"三后之姓于今为庶"，杜预注："三后，虞、夏、商。"

"延帝子于三后"，用《二湘》之典；"腾河灵之水驾"，用《河伯》典；"下太一之灵旗"，用《东皇太一》典；而"降夔龙于九疑"一句，正用《山鬼》典故。张缵《南征赋》此四句皆出典于《九歌》，可知南朝有以《山鬼》为九疑山神、其名为夔龙者。旧以山鬼为小神、一般山神，是误解。

据《汉书·礼乐志》及《梁书·张缵传》两种文献所示，推测《山鬼》篇之祀主当为九疑山之山神。《湘夫人》"九嶷缤兮并迎，灵之来兮如云"一语，王逸注："九嶷，山名，舜所葬也。言舜使九嶷之山神，缤然来迎二女。"

"登白蘋兮骋望"，意为湘君、湘夫人从潇湘合流处遥望九疑山，望九疑山即望帝舜、望夫君。

周中行《元结祠堂记》："背负九疑，面傃潇湘。"（蘋洲可谓"背负潇湘，面傃九疑"。）

掌禹锡《鼓角楼记》："湘水导其前，疑山盘乎险。"

古人言蘋洲必言潇湘，言潇湘必溯源九嶷山。潇湘与九嶷山山水相连，南北相望。

（五）潇湘庙：敕封潇湘二川之神

坐落在永州零陵潇湘二水交汇处、湘水东岸的潇湘庙，是迄今所存极少的湘妃庙宇之一。

潇湘庙又称湘源二妃庙、潇湘二川庙、潇湘二妃庙，祭祀舜帝及二妃娥皇、女英。潇湘庙建于潇湘汇合之处的东岸浅山上，潇湘交汇处，与蘋洲相望。唐代以前即已营建，柳宗元有《湘源二妃庙碑并序》。原在潇湘西岸，后迁至蘋洲上，又迁至潇湘东岸。明清两代，春秋官祭。"其庙士民相继修葺，规模壮丽。"此庙是潇湘沿江迄今罕存的湘妃庙之一。据方志所载，此段江岸上旧设潇湘镇、潇湘津、潇湘驿，又有潇湘关、潇湘门、潇湘楼，有望江楼、故人亭，往日繁华可想而知。弘治《永州府志》载："潇湘二川庙，旧在潇湘滩西岸，唐贞元九年三月水至城下，文武官民祷而有感，至于水落，漕运艰阻，未有祷而不应，自是凡旱干水溢，民辄叩焉。后徙庙于潇湘东岸。至正癸巳，庙遭兵燹，遂移置于潇湘门内。洪武壬戌，知县曹恭增置殿宇。洪武四年，本朝敕封为潇湘二川之神。"

庙宇为砖木结构，建筑主体完整。目前庙宇中雷顶部已塌陷，顶瓦全部坠落。正殿地面有尺许高的石台，上有残存彩绘。墙壁镶嵌碑刻，今存重建庙碑、捐献功德碑、福田碑及界碑等19通，另有院阶、路旁、田间、井泉等处散乱残碑，共计23通。

（六）故人亭下听雨：潇湘八景之"潇湘夜雨"

蘋洲岸上旧有故人亭，取名出于柳恽《江南曲》。光绪《零陵县志》："故人亭，在潇湘合流处湘口驿侧。"

南朝梁柳恽《江南曲》："汀州采白蘋，日落江南春。洞庭有归客，潇湘逢故人。"

唐顾况《游子吟》："客从洞庭来，婉娈潇湘深。橘柚在南国，鸿雁遗秋音。"

《九歌》之下，此二首为最美。

宋杨万里《浯溪赋》："予自二妃祠之下，故人亭之旁，招招渔舟，薄游三湘。"

宋赵师侠《菩萨蛮·永州故人亭和圣徒季行韵》："故人话别情难已，故人此别何时会。江上驻危亭，离怀牵故情。　悠悠东去水，簇簇渔村市。应记合江滨，潇湘别故人。"

八景之第一景"潇湘夜雨"在永州潇湘合流处。

元杨显之《临江驿潇湘秋夜雨》，又名《潇湘雨》。剧中张天觉唱道："皆因我日暮年高，梦断魂劳。精神惨惨，客馆寥寥。又值深秋天道，景物萧条。江城夜永，刁斗声焦。感人凄切，数种煎熬。寒蛩唧唧，塞雁叨叨。金风淅淅，疏雨潇潇。我正是闷似湘江水，涓涓不断流。又如秋夜雨，一点一声愁。"

清钱邦芑《潇湘赋》："潇湘夜雨，首称清白。沥沥疏疏，萧萧泄泄。点轻波而泠泠，洒篷窗而切切。木叶引溜而霏珠，修篁淋滴而注决。幽响流入乎丝桐，清韵隐叶乎金石。忽惊风而飘萧，忽带泉而鸣咽。忽拨剌而刀剑鸣，忽迸散而缯帛裂。骚人侧听而幽兴倍增，游子牵怀而乡思欲绝。非风景之殊观，实悲欢之各适。"

书生有诗云："潇湘上，竹万竿。青峰杳，木桥闲。白蘋洲，一畹兰。故人亭，傍江干。帆樯远，骤雨旋。云霞落，月出山。幽人至，悦素绢。风波静，宿西岩。"

（七）诗画与想象：宋代以后的"潇湘八景"诗画创作

从屈原开始，湘妃故事频繁出现在包括诗词、散文、音乐、绘画等古典文学艺术中，与之有关的事物诸如湘水、潇水、潇湘、潇湘楼、潇湘馆、潇湘阁、潇湘门、潇湘驿、湘妃庙、湘妃、江妃、湘君、湘夫人、湘妃泪、湘妃怨、潇湘八景、潇湘水云等，由于反复歌咏，遂成为古典文学艺术中凄清幽艳的风格基调和永恒意象。

宋宋迪作《潇湘八景图》，描述湘江上下沿岸胜景，有潇湘夜雨、平沙落雁、烟寺晚钟、山市晴岚、远浦帆归、江天暮雪、洞庭秋月、渔村夕照，是为"潇湘八景"。

宋沈括《梦溪笔谈》："度支员外郎宋迪工画，尤善为平远山水，其得意者有平沙雁落、远浦帆归、山市晴岚、江天暮雪、洞庭秋月、萧湘夜雨、烟寺晚钟、渔村落照，谓之'八景'，好事者多传之。"

宋迪曾至永州，游历澹山岩，有石刻题名："嘉祐八年三月初八日，转运判官、尚书都官员外郎宋迪游。"

后世往往有潇湘八景诗、潇湘八景词、潇湘八景图，久已成为东亚各国所共同的文学艺术想象。

（八）烟拖杨柳，雨亚芙蓉：永州八景之"蘋洲春涨"

"蘋洲春涨"为永州八景之一。

蘋洲位于潇水、湘水交汇处。水域开阔，四季澄碧，隔岸青山，旁生白鹭。

"蘋洲"因生长白蘋而得名。"白蘋洲""蘋洲"名称源于《楚辞》。战国时期楚国屈原《九歌·湘夫人》："登白蘋兮骋望，与佳人期兮夕张。""白蘋"又作"白薠"，意义相同。

蘋洲为潇湘之会，而潇水源于九嶷，《九歌·湘夫人》一篇描写湘妃出入潇湘之浦，登白蘋洲，望九嶷山，与蘋洲的地理形势完全吻合。唐柳宗元《得卢衡州书因以诗寄》诗："非是白蘋洲畔客，还将远意问潇湘。"所说"白蘋洲"为永州实景。

蘋洲又称浮洲。清黄佳色《浮洲记》云："湘流于左，潇合于右，浮洲于中。洲上旧多古树，烟拖杨柳，雨亚芙蓉，春媚秋娟，尤为特胜。或趺石以望，江水远来，飘飘然有天际之想。迎帝子，吊湘君，白云落日，尚在其中否？"

北魏王元弼《名胜记》云："浮洲即潇湘合潴处，有潇湘祠在焉。洲上竹木花卉无一不有，经春望之，洲容若云髻然。"

明代徐霞客来访此地，称蘋洲在湘口之中，潇湘漾洄，恰如龙口之含珠。

光绪十三年（1887），湘军名将王德榜、席宝田创建蘋洲书院，礼聘周崇傅为首任山长。

唐李益《柳杨送客》："青枫江畔白蘋洲，楚客伤离不待秋。"

南朝宋皎然《白蘋洲送洛阳李丞使还》："蘋洲北望楚山重，千里回辂止一封。"

唐陈翊《送别萧二》："橘花香覆白蘋洲，江引轻帆入远游。"

（九）蘋洲书院：南国之极致，龙口之含珠

蘋洲书院清代又称白蘋洲书院、白蘋书院，因建于蘋洲之上而得名。"蘋洲"因生长白蘋而得名。"白蘋洲""蘋洲"名称源于《楚辞》。

蘋洲书院始建于清乾隆四年（1739），由零陵人、江苏桃源（今泗阳）县令眭文焕父子创建。光绪十三年（1887），湘军名将王德榜、席宝田重建，周崇傅为山长。近年第三次重建。自创建至今历时284年之久。

蘋洲书院位居南国灵秀之地，潇湘的核心地带，碧波平阔，二水萦绕，气象清淑，意境幽远。一石一木，皆足以感发人心，启迪良知。

蘋洲书院登岸为风雨亭，又称故人亭。王田葵先生有联语："潇湘文波连四海，就此能悟道在两仪太极；浮岛秋月映万川，于斯便知学须理一分殊。"

蘋洲书院正门匾额"古潇湘"。正门楹联"洞庭有归客，潇湘逢故人"，出柳恽《江南曲》。

广场名"箫韶庭"，《尚书·益稷》："《箫韶》九成，凤皇来仪。"

影壁正面，放大《九疑山诗图册》主峰潇水源石刻，影壁背面书《大戴礼记》："天地以合，四海以洽。日月以明，星辰以行。江河以流，万物以昌。好恶以节，喜怒以当。"

回廊正面为潇湘八景，回廊背面复制南宋雕版《尚书·帝典》16幅。《尧典》《舜典》合称"二典"，《大学》称"帝典"，子曰："吾于帝典，见尧舜之圣焉。"

大门两边的楹联："南风之熏兮草芊芊，妙有之音兮归清弦。"出自唐人《纂异记》逸文所载张生故事。进士张生，善鼓琴，好读《孟子》书。一夕宿庙中，梦见帝舜召见，取五弦琴为之歌《南风》。

大堂左侧为清淑堂，右侧为清慧堂。唐韩愈《送廖道士序》："衡山之神既灵，而郴之为州，又当中州清淑之气，蜿蟺扶舆磅礴而郁积，其水土之所生，神气之所感……意必有魁奇、忠信、材德之民生其间。"唐刘禹锡《海阳湖别浩初师并引》："潇湘间无土山，无浊水，民乘是气，往往清慧而文。"

院落东南为夷犹馆，院落西南为北渚馆，院落东北为上善馆，院落西北为含珠馆。

讲堂东侧为儒行斋。《礼记》有《儒行》篇，记儒者之德行。讲堂西侧为经义斋。《礼记》有《经义》篇，记六艺政教之得失。

大堂内，有湘人王闿运所作楹联："吾道南来，原是濂溪一脉；大江东去，无非湘水余波。"又有书生所作楹联："此脉接潇水接湘水接江水原原委委，其风本四时本二仪本太极有有无无。"以濂溪、湘水、长江比喻学术的本源和流派，濂溪喻周敦颐，湘水喻湖湘学，长江喻理学，意谓全部理学皆发祥于周子。

讲堂为半开放式的大厅。讲堂正面，为"十六字心传"楷书，即《尚书·大禹谟》所载舜告禹之言："人心惟危，道心惟微，惟精惟一，允执厥中。"

（十）蘋洲八景：自然景观与人文内涵之交萃

蘋洲八景为：潇湘夜雨、白蘋骋望、湘口观渔、潇湘之浦、南极潇湘、潇湘水云、清夺湘流、蘋洲金桂。

"潇湘夜雨"，在风雨亭。元杨显之杂剧有《临江驿潇湘秋夜雨》。清周皑著有《潇湘听雨词》五卷，江昱著有《潇湘听雨录》八卷。零陵多雨，云雨祁祁，娴静以听，随遇而安。至风雨亭而听雨，亦一乐也。

"白蘋骋望"，在风雨亭下观景平台。对面青峦中有潇湘庙，右侧南望，远山高峻。战国时期楚国屈原《九歌·湘夫人》云"登白蘋兮骋望"，王逸注"'蘋'或作'蘋'"，《昭明文选》引作"白蘋"。骋望，放眼远望，原意指湘妃望九疑山。

"湘口观渔"，在蘋洲南端，对面为犁头尖渔村。湘口为潇湘交汇处水道的别称，唐柳宗元有《湘口馆潇湘二水所会》诗。而零陵渔船夜晚打鱼，"潇湘渔火"为旧日一大景观。唐元结《欸乃曲》："零陵郡北湘水东，浯溪形胜满湘中。溪口石颠堪自逸，谁能相伴作渔翁？"宋邢恕《朝阳岩》诗："岩巅风雨落泉声，岩下江流见底清。夹岸松筠倒疏影，炊烟渔火近寒城。"钱邦芑《潇湘赋》云"或夜渔之方出，又火照而网张"，自注"湘中渔人每夜中用火照捕鱼"。

"潇湘之浦"，在蘋洲西侧江边。命名出自《山海经》。"潇湘"一语最早出现于《山海经》："洞庭之山……帝之二女居之，是常游于江渊。澧沅之风，交潇湘之渊，是在九江之间，出入必以飘风暴雨。"古书引文，有"潇湘之浦""潇湘之渊""潇湘之川""潇湘之源"诸说。浦，水濒也，有平缓、安和之意。

"南极潇湘"，在蘋洲西北角，北望衡山、岳麓、洞庭，连绵不绝。宋范仲淹《岳阳楼记》"北通巫峡，南极潇湘，迁客骚人，多会于此"，以潇湘之交为南国之极致。

"潇湘水云"，在蘋洲北端望江亭。命名出自郭沔的古琴曲《潇湘水云》。《潇湘水云》为古琴大曲。郭沔，字楚望，南宋著名琴家。元兵南侵，移居南岳，眼望潇湘、九嶷，有家国将亡之感，因作此曲。明朱权《神奇秘谱》解题云："先生每欲望九嶷，为潇湘之云所蔽，以寓惓惓之意也。然水云之为曲，有悠扬自得之趣，水光云影之兴，更有满头风雨、一蓑江表、扁舟五湖之志。"《潇湘水云》曲谱共分十段，各段标题为：洞庭烟雨、江汉舒清、天光云影、水接天隅、浪卷云飞、风起云涌、水天一碧、寒江月冷、万里澄波、影涵万象。民国间，宁远人杨宗稷创立九疑琴派，著《舞胎仙馆琴学丛书》四十三卷，被称为民国古琴第一人。

"清夺湘流"，在蘋洲东侧，碧梧桐下。命名出自《唐才子传·元结传》:《大唐中兴颂》一文，灿烂金石，清夺湘流。""潇"字本义为"清"，潇湘自古以"深清"著称。晋罗含《湘中记》云:"湘川清照五六丈，下见底石，如樗蒲矢，五色鲜明，白沙如霜雪，赤岸若朝霞，是纳'潇湘'之名矣。"于此可观潇湘之清，亦可想见古人忠孝廉节之大义。

"蘋洲金桂"，在蘋洲书院院落内。每逢中秋时节，16株古木桂花飘香，传布四野。月中之桂与人间之桂相应，人间之香与月中之香相应。可赏桂，可赏月，月圆之夜，读书论学，尤见雅致。

（十一）音韵清畅，爽朗心骨:《南风歌》的三种文本

帝舜出身于音乐世家，其父瞽叟为乐师，帝舜曾"弹五弦之琴，歌南风之诗"。舜帝的宫廷雅乐名为《箫韶》。《琴瑟中论》:"朱襄氏制为五弦之瑟，瞽叟判为十五弦，舜益之为二十三。"

上古南风有其专有名称，称为"俊风""凯风"。《大戴礼记·夏小正》:"时有俊风。俊者，大也。大风，南风也。何大于南风也?曰:合冰必于南风，解冰必于南风;生必于南风，收必于南风，故大之也。"

而南风的"出入"，在古人的气象观测中也有其专门的地点。《山海经·南山经》:"旄山之尾，其南有谷，曰育遗，多怪鸟，凯风自是出。"

甲骨卜辞中有"南方风""四方风"的记载，并且可以与传世文献《尧典》《山海经》对应。

传世的《南风歌》共有三种文本。

文本一:

"南风之薰兮，可以解吾民之愠兮。南风之时兮，可以阜吾民之财兮。"出自《孔子家语》。

文本二:

"反彼三山兮商岳嵯峨，天降五老兮迎我来歌。有黄龙兮自出

于河，负书图兮委蛇罗沙。案图观谶兮闵天嗟嗟，击石拊韶兮沦幽洞微。鸟兽跄跄兮凤皇来仪，凯风自南兮喟其增叹。"出自《乐府诗集》。

文本三：

"南风薰薰兮草芊芊，妙有之音兮归清弦。荡荡之教兮由自然，熙熙之化兮吾道全。薰薰兮思何传。"出自《纂异记》。言进士张生，善鼓琴，好读孟轲书。下第游浦关，入舜城，日将暮，宿庙中，梦遇舜帝。舜帝鼓琴为《南风弄》，音韵清畅，爽朗心骨。

（十二）贤水上有何仙观：灵异而博学工诗的仙人

潇水支流贤水上进贤乡有何仙观，古有灵仙观、西山观、何仙观、东林观、福兴观、诸仙观、福仙观、天神观，八观相连，又有内四庙、外四庙之称。

何仙，又称进贤女真，俗称何仙姑。

进贤乡与澹山岩邻近，北宋士人记述，曾与何仙姑同游，见于澹山岩石刻。

清王昶《金石萃编》载澹山岩题名，记高杰、许师严等人与何仙姑同游。"元祐辛未岁九月，因捡潦田，楚人高公杰子发，吴人许师严希道，自贤女庙下，宿何氏仙姑家。翌日，涉江游龙宅，览仙始得道处，因宿僧舍。明日，遂入归德、福田等乡。沙门文真、男敢同来。子发书。"

又载陆诜题名，也与何仙姑同游。"圣宋嘉祐辛丑岁六月三日，转运使、尚书刑部员外郎、直集贤院陆诜介夫，按部游此，携家人与仙姑同至。"

清瞿中溶《古泉山馆金石文编》："陆诜澹山岩题名中之仙姑，当即元祐辛未高公杰题名所云何仙姑也。""今传奇中以何仙姑列于八洞神仙中，其来有自也。"

宋代以来，文献盛传夏钧见何仙姑故事。

宋魏泰《东轩笔录》："潭州士人夏钧罢官过永州，谒何仙姑而问曰：'世人多言吕先生，今安在？'何笑曰：'今日在潭州兴化寺设斋。'钧专记之，到潭日，首于兴化寺取斋历视之，其日果有华州回客设供。顷年滕宗亮谪守巴陵郡，有华州回道士上谒，风骨耸秀，神气清迈，滕知其异人，口占一诗赠之曰：'华州回道士，来到岳阳城。别我游何处，秋空一剑横。'回闻之，怃然大笑而别，莫知所之。"《苕溪渔隐丛话》《五代诗话》《宋朝事实类苑》《类说》《永乐大典》诸书多引之。

雍正《湖广通志·仙释志》："何仙姑，《明一统志》：零陵人，幼遇异人，与桃食之，遂不饥，能逆知人祸福。宋《类苑》云：潭州夏钧过永州，问何曰：'世多言吕先生，今安在？'何笑曰：'今日在潭州兴化寺设斋。'钧到潭日，取寺中斋历视之，其日有华州回客设供。"隆庆《永州府志》、康熙九年（1670）《永州府志》、道光《永州府志》、康熙《零陵县志》、乾隆《祁阳县志》、嘉庆《长沙县志》、《楚宝》诸方志多同。

夏钧，字播之，潭州人。嘉祐四年（1059）任零陵知县，在朝阳岩有题刻。

魏泰，字道甫，襄阳人。崇宁三年（1104）曾至永州，在朝阳岩有诗刻。

宋沈辽《零陵先贤赞》中的人物共15位，有进贤女真，即何仙姑。

沈辽，字睿达，钱塘人。熙宁间任太常寺奉礼郎，夺官流永州。

宋刘斧《摭遗小说》："洪州袁夏秀才侍亲过永州，因见何仙姑，曰：'吾乡有故人亭，永亦有之。此是则彼非，此非则彼是，幸仙决之也。'仙曰：'此亭名因选诗而得之也。'选诗曰：洞庭值归客，潇湘逢故人。夫洞庭之水与潇湘之流一源耳，今永之境，湘水出其左，潇水会其右，以二水所出，故为永字。今永创此亭，得其实也，彼则非也。因赠诗曰：'全永从来称旧郡，潇湘源上构轩新。门前自古有流水，亭上如今无故人。风细日斜南楚晚，鸟啼花落东湘春。因公问我昔日事，江左亭名不是真。'"（《道藏》陈葆光《三洞群仙录》卷九"何姑故人"条。《诗话总龟》载"袁夏过永"。"潇湘逢故人",潇湘是永州,所以故人在永州。)

宋阮阅《诗话总龟》、清厉鹗《宋诗纪事》、清李调元《全五代诗》、清邓显鹤《沅湘耆旧集》均收录何仙姑这首《题永州故人亭》。

七　湘口—老埠头

(一)"永州"的得名:二水交汇是永州的最大地理特征

"永州"得名于潇湘二水。

"永"为会意字。汉许慎《说文解字》:"永,水长也。象水巠理之长。""永"字小篆作𣱼,像主流分出支流,又像下流上溯到上源,所谓有原有委,故意会为水长。"永"又解为正流,连鹤寿《蛾术编》校按云:"派字注:别水也,从水辰。鹤寿案:永,水长也。反永为辰。凡水之正流或长或短,而其别流则必短于正流。"

宋祝穆《方舆胜览》:"永州,二水。柳宗元《湘口馆》记潇湘二水所会也,州因二水而名永。"

元熊忠《古今韵会举要》:"永,州名,唐置,以二水名。"

清瞿中溶《古泉山馆金石文编》:"虞珏永州学释奠诗'珏假守二水,秋丁释奠'。二水,或以楷书'永'字折开言之,或因后人谓潇湘二水至永州湘口合流言之。"

"永州"因二水而得名,故二水即永州的最大地理特征。元辛文房《唐才子传》:"潇水出道州九疑山中,湘水出桂林海阳山中,经灵渠,至零陵与潇水合,谓之潇湘,为永州二水也。清泚一色,高秋八九月,才丈余,浅碧见底。过衡阳,抵长沙,入洞庭。"

旧说"永州"得名于"永山永水"。宋王象之《舆地纪胜》:"永山,《寰宇记》:在零陵县南九十里,州因山为名。""永水,在零陵县南九十五里,出永山,流入湘江。"道光《永州府志》:"县西南百里有永山,永水之所出,州因得名。"但"永山永水"偏远而无名,以"永山永水"解释"永州",释义循环重复而无效,故不可取。

（二）"湖南"的得名：文明致治的首善之区

"湖南"名称的出现，始于中古、唐代，此处的"南"是方位词。但在"湖南"名称出现之前，已有"南"的地名出现，其核心在衡山，即南岳，地理位置大体与后世所说的"中湘"吻合。

上古时期，古文献中已有关于南、南方、南极、南土、南国、南邦、南风等记载，以及羲和、重黎、祝融的官守和族群，其最早的时间当在唐虞之前，而到唐虞时代仍然活跃。

甲骨文有"东方""西方""南方""北方"等复合词。古代典籍中有"南土""南乡""南国""南邦"的名称。"南极""南方之极"的记载应当与上古天文观测有关。其中不仅记录了"南方"的南端极限、幅员范围，也记录了执掌这项观测的民族，即火正祝融。

上古时期的重要观念，有五行、五方，以及五音、五色、五味、五兵、五刑、五礼、五帝。其最基本、最客观部分应当是"五方"，而最综合、最概括的部分应当是"五行"。"行"就是"道"，五行即是五道，"东""西""北""南""中"各得"道"之一体。"南方之行"即"南方之道"，意为道在南方之时。

"文明""人文""文化"这三个复合词，都见于五经，表明它们是汉语中最早出现的核心词汇。这三个词语分别从不同的侧面述说着中国上古社会的整体特征。

说"文明"，是言其高明、高雅、亮洁，而不是通俗的、世俗的；古典主义的，而不是自然主义的。

说"人文"，是言其发端由人，开创由人，自人而兴起，而不是出于宗教、神意，或者巫术。

说"文化"，是要表明应当由此推行教化，人类天性是善的，但是人类不能自动为善，如果不施以教育，则无别于禽兽，而教育是一个逐渐变化的过程，是效法与觉悟的过程，而与行政、法令的强制性不同。

而"文明""人文""文化"三个词语的逻辑来源和理性依据都来自上古天文学，并且非常凝练地萃集在《易经·贲卦》之中。《易经·贲卦》之所以具有"人文""文化""文明"之义，是由于《贲卦》中包含了《离卦》。《离》为目、《离》为火，《离》为日，《离》为南方。火为南方，《离》为火，故《离卦》亦为南方之象。《说文》："火，南方之行。炎而上，象形。"

"生其地者，其人类足智而多文，固日月之精华所吐噏而成者。"寓意着湖南应当率先成为文明致治的首善之区。

（三）湘口馆遗址：去雁远冲云梦雪，离人独上洞庭船

永州的官方码头称为湘口馆，又称湘口关、湘口站、湘口驿、湘口步、湘口渡、湘口津、湘口镇。

湘口馆遗址，在潇水与湘水合流处，江水东岸。从永州郡城出潇湘门，沿江有青石板铺建的官道与湘口馆相连。湘口馆的对岸为老埠头。

从永州古城出潇湘门，沿江有青石板铺建的官道与湘口馆相连，中经怀素塔、潇湘庙（又名禹皋庙），至贞吉亭，今亭尚存。湘口馆有渡船至对岸，今存古街，俗称老埠头。

"馆"为驿馆之意，又称邮驿，即官府设立的驿站。柳宗元有诗《湘口馆潇湘二水所会》，又题《湘口馆望九疑》。李频有诗《湘口送友人》："中流欲暮见湘烟，苇岸无穷接楚田。去雁远冲云梦雪，离人独上洞庭船。风波尽日依山转，星汉通宵向水连。零落梅花过残腊，故园归醉及新年。"戴叔伦有诗《泊湘口》："湘山千岭树，桂水九秋波。露重猿声绝，风清月色多。"

唐末五代时，马殷建立南楚，都长沙，控制潭、衡、永、道、郴、邵等24州。马楚时，湖南境内相对稳定，商旅活跃，湘口馆一带发展扩大为湘口镇，又称潇湘镇，有居民数百家。

到了宋代，宋人诗歌中的吟咏，仍然称为湘口馆。沈辽有诗《泛舟上湘口馆》。范成大有诗《湘口夜泊》，题下自注："南去零陵十里矣，营水来自营道，过零陵下；湘水自桂林之海阳至此，与营会合为一江。"

到了明代，湘口馆、湘口站改称湘口驿，又称湘口递运所，设有湘口关、湘口渡，湘口渡又称湘口津。其地称为湘口镇，又称潇湘镇。湘口驿有官府的人员和银两配置。

在清代，湘口驿的设置有所缩减，取消了"湘口递运所"，人员、银两有相应裁并，但湘口驿的建置仍在。方志中甚至还记载，湘口驿有官府添设的官船"红船"。

（四）凄美绝色之寄托：《石头记》与潇湘馆

曹雪芹《石头记》描摹人世间最凄美之绝色，而又必配以最凄清之地，厥为潇湘妃子之潇湘馆。

"我心里想着潇湘馆好，爱那几竿竹子隐着一道曲栏，比别处更觉幽静。"

当日娥皇、女英洒泪在竹上成斑，故今斑竹又名湘妃竹。如今她住的是潇湘馆，她又爱哭，以后都叫她作"潇湘妃子"。

有清第一大言情小说，其寄托与想象必如此。

（五）秋霜傲尽：越南使者所见潇湘金菊

潇湘两岸旷野间有金菊，清同治七年（1868）越南使者经潇湘水路往返燕京，意外见之，遂有吟咏。《岩腰石上古松旁，偶见金菊数丛，烂然盛开，感而赋之》："百卉丛中正色难，千岩紫翠独黄冠。秋霜傲尽无人采，只合苍髯共岁寒。"见阮思僩《燕轺诗文集》。

百花正色难，菊则黄色难。唯独岩菊得正色，故堪与松、竹、梅三友为同列。苏轼云："菊当以黄为正，余可鄙也。"

阮思僩，字恂叔，号石农，进士，越南阮朝嗣德二十一年（1868）出使，任甲副使。阮思僩谙熟中国历史，曾著《史论》一册，评论中国历代帝业，包括辽代三帝、金代九帝、明代十帝等。全部作品编为《石农全集》六册十二卷，内有《观河集》《云林诗草》《云麓诗草》《燕轺诗草》《燕轺集》《燕轺笔录》《雪樵吟草》《南行诗草》《小雪诗类》《东征集》《小雪山房诗集》《对联集》《石农文集》等。也有单行的《石农诗集》《阮洵叔诗集》和《石农文集》抄本。

此次出使，三位使者黎峻、阮思侗、黄并合著有《如清日记》，阮思侗独著有《燕轺笔录》，记事极详。有进清帝表、致广西巡抚告知使节名单书、告知出使日程及所携贡品书、清廷就接待事谕沿途各地方文；笔记记有来回的旅程、谒见清帝的礼仪、与朝鲜使节的交往、清帝赐嗣德的敕封、使节归国的路程等。

又记经过东安，辨诸葛武侯藏兵岩悬棺，至永州记潇湘庙牌位，记潇湘两岸多石，记浯溪王有光诗刻，至湖南省城贽见巡抚刘崑等，回程于洞庭湖上见西洋火轮船，至湖南见刘崑及布政使王文韶，见何子贞，访浯溪夜闻鼓琴等，又与湖南士人崔㼋笔谈夷夏之辨，多可观。

《燕轺诗文集》内有在湖南所作诗 86 首，如《楚南书怀》《十月望潇湘夜泊》《江天晚睡》《潇湘对月》《舟次偶兴》《游浯溪》《归阳夜泊》等。

书生有诗云："安南人自水路来，尝于涯上见野菊。溯游从之未能至，想往之。秋风其寥，秋水其湛。宁乎孤零，不染纤尘。春植一本，秋见其花。坐看孤零，傲尽天涯。"

八　湘水—拙岩

（一）拙岩：还原一部明代诗集

拙岩位于湖南永州零陵㵲滩沈家村，面临湘江，沉隐于天地间，与世久违。明正德七年（1512），沈良臣偕僮仆漫步于㵲滩江畔，得群石昂露于下，中有一窟隐隐空通，首尾影映，然荆棘藤萝，芄然四塞，遂命僮仆匍匐而入，薙草伐木，掘去湮塞，扫涤布席，命其窟为"拙岩"。

道光《永州府志》："县西十余里㵲滩，临江有巨窟。明正德壬申岁，征士沈良臣尧夫始辟之，号拙岩，以拟柳氏之愚岛，有诗记刻石，多剥落不能尽辨，皆前志所未列于名胜者也。"

沈良臣《拙岩成偶书》诗："开辟乾坤古，清幽绝世尘。坐疑身在梦，景逼句通神。九夏凉无暑，三冬暖若春。华阳茅洞主，相与结芳邻。"

沈良臣，字尧夫，号西庄。结诗社，往来吟咏。著有《拙岩集》《纤尘弄影集》，久佚。拙岩有其诗刻、词刻 10 余首，不啻已将《拙岩集》部分还原于世。

拙岩由明清两代乡贤开辟，其文学性最为突出，在永州摩崖石刻景群中独树一帜，可谓"文学之岩"。

而沈良臣之弟沈良佐，字尧卿，弘治初举人，正德三年（1508）进士，官至广西左参政，与王阳明为同僚。归栖拙岩，以诗文送老，拙岩亦有其诗刻。可知拙岩诗文的主题仍与理学关系密切。

（二）乡贤：理学对于地方风教之维系

乡贤是本地出生的士人、官员，而又具有德行功业的人。

明清两代盛行乡贤祀典，州县均设乡贤祠，祭祀历代乡贤人物，附于学宫，春秋致祭。乡贤的选拔严格，要经过公选，形成文书上报，经过朝廷批准。而先贤祠的祭祀也由时任地方长官支持，典礼隆重。乡贤既是地方最高荣誉，同时也发挥着巨大的教化功能。

明沈德符《万历野获编》说："学宫祀乡贤，最为重典。"

清赵翼《陔馀丛考》将忠义祠与先贤祠并称，说道："近日忠义祠内增入刘忠毅熙祚、马文肃世奇、王节愍章、金忠洁铉，皆明末死国难者。刘巡按湖南，死于永州……永州当亦有刘忠毅祠，若本郡则宜入乡贤。"

明人朱衮、沈良臣，清人王日照、何绍基，民国李馥，是潇湘乡贤中的佼佼者。

朱衮，字子文，号石北。"为人朴茂，善谈论，如涌泉悬河，浩洌澎湃。其为文，飙回云结，崒嵂崎嶬，其所蕴，人莫能测。"著有《白房集》七卷。

何绍基，字子贞，号东洲，晚号蝯叟，道州人。通经史，精律算。据《大戴记》考证礼经，又为《水经注》勘误。考订《说文》尤深。嗜金石，精书法。咸同以来以书名者，何绍基、张裕钊、翁同龢三家最著。论诗以厚人伦、理性情、扶风化为主。其为诗，天才俊逸，奇趣横生，一归于温柔敦厚之旨。尤精金石碑版文字，遍临汉魏各碑至百十过。运肘敛指，心摹手追，遂自成一家，世皆重之。草书尤为一代之冠，海内求书者门如市，京师为之纸贵。著《东洲草堂诗文集》四十卷。

李馥，一名方端，字子正，号稻人，祁阳人。王闿运讲学于长沙船山书院，馥往就读，得公羊学之传。后又肄业蘋洲书院。谭嗣同设湘学会于长沙，李馥认为康梁"曲学阿世，将乱天下"，亲往长沙辩正。著《大学中庸蠡言》《论语训释》《孟子文演》。

明清两代，永州的乡贤人物众多，事迹文章可观可采的比比皆是，可以视为一种地方历史文化中特别具有本土化色彩的一条主线。

（三）寓贤：素位而行，顺受其正

"寓贤"的狭义解释为谪宦，而谪宦者往往为理学名臣、儒学名宦。

隆庆《永州府志·流寓传》："永僻处遐壤，非轮蹄辐辏之会。彼贤哲者胡为乎来哉？然或以迁谪，或以游遨，作宾兹土，绵历岁时。芳声遐躅，耿耿如在，高山仰止，俎豆馨香者，盖未艾也。"

明人于朝阳岩建寓贤祠，祀元结、黄庭坚、苏轼、苏辙、邹浩、范纯仁、范祖禹、张浚、胡铨、蔡元定十贤。自元结以下，或为两宋贬谪之臣，或为理学中人物，又皆为党争中人物。

此外又别有元结祠（元刺史祠、元次山祠）、颜真卿祠（在颜元祠内）、柳宗元祠（柳先生祠、柳司马祠、柳侯祠、柳子祠）、周敦颐祠（濂溪祠、元公祠）、汪藻祠（浮溪祠）、杨万里祠（杨公祠）、胡寅祠（在三贤祠内）、蔡元定祠（蔡公祠）、王政祠（褒忠祠）、岳飞祠（精忠祠）等。

弘治《永州府志·流寓传》："素位而行，顺受其正，君子之道也。永为荆楚之极，自昔名贤，后或道与时违，而徙置于此者不无其人，亦不害其为君子。"

（四）大规模水利致用：史禄开通灵渠

灵渠是潇湘水路的源头。

元辛文房《唐才子传》云："潇水出道州九疑山中，湘水出桂林海阳山中，经灵渠，至零陵与潇水合，谓之潇湘。"

秦始皇时史禄开凿，连通南北。西汉以归义越侯为戈船将军，出零陵，下离水，东汉伏波将军马援南征，都经由灵渠。唐宋以后，通漕通商，官私往来，千年不废。灵渠于十八里内置三十六斗门，逐级蓄水而行，为水路交通史上第一奇观。

（五）回归帝舜主题：西汉帛书中的古地图

马王堆汉墓出土帛书古地图，《地形图》应当是指示舜陵祭祀的行程路线图，《驻军图》应当是舜陵祭祀的警跸图，图中的军队可能是舜陵祭祀的警跸军队。二图都与九嶷山舜陵的祭祀有关。

《地形图》的河流部分十分突出，旧以为图中的河流是标绘水系，是个误解。"九疑之南，陆事寡而水事多"，图中河流所反映的不是水系，而是水道，此图的作用在于指示行进路线。

九疑山及发源于九疑山的深水是《地形图》的中心，一望而知。所以"深水原"的标志几乎可以认作"九疑山"的同义语，而九疑山亦即是帝舜、舜陵、零陵的同义语。

以往称二图为《地形图》《驻军图》，又称《西汉初期长沙国深平防区图》《长沙国南部舆地图》，又称《箭道封域图》《守备图》，多扦格。高祖、吕后及文帝时期长沙国与南越国之间没有严重的战争对峙，《地形图》并非通常的舆地图、水系图，而是舜陵祭祀的专图。明清时期北京十三陵有图，与此性质相近。

（六）搜寻摹写，历遍山川：徐霞客著《楚游日记》

徐弘祖，号霞客，明江阴人。少负奇气，年30出游，自吴越之闽之楚，北历齐鲁、燕冀、嵩雒，登华山而归。旋复由闽之粤，又由终南背走峨眉，访恒山。又南过大渡河，至黎雅寻金沙江，从澜沧北寻盘江，复出石门关数千里，穷星宿海而还。

　　徐弘祖著《徐霞客游记》十二卷，内有《游楚日记》，自勒子树下往茶陵州、攸县，过衡山县至衡州，下永州船。复返衡州，由常宁县、祁阳县历永州至道州，抵江华县。再自衡州入永，仍过祁阳。对于潇湘上游山川记载尤详，"锐于搜寻，尤工于摹写"，"于山川脉络，剖析详明，尤为有资考证"。

（七）域外看潇湘：明清越南使节的诗赋歌咏

　　《越南汉文燕行文献集成》近年出版，收录元至清代越南使者53人共计79部著作，多为稿本、抄本，是难得的东亚文化交流史文献。当时潇湘水路未废，使者往来多由越南至梧州，过灵渠，沿湘江直下，穿越湖南全境，其途程犹是秦汉旧况。

　　《集成》中所见湖南纪咏极多，诗作总量近千首。咏屈原、咏贾谊、咏元结、咏柳宗元、咏周濂溪，皆可读。景物则咏浯溪、衡山、君山、洞庭，名胜则咏石鼓书院、岳麓书院、拱极楼、岳阳楼。黎贵惇有《潇湘百咏》绝句百首，即在华人，亦所罕见。而潘辉注《华轺吟录·自序》如是说道："使华一路，水陆共八千余里，楚粤山川之奇，冀豫关河之壮，固历历见诸记载，周览而赋咏之，自是读书人分事……凡梧江桂岭之苍幽，湘水灵山之秀峭，与夫荆湖江汉胜景之无涯，河朔燕云壮观之攸萃，随地游瞩，眼思豁如，盖十余年来按图卧游之兴，今得以亲履其境，目阔神怡，淋漓壮浪，自不觉发为诗歌赋咏，随所见而描写之。"

　　《集成》中收录有4种从越南到燕京的水陆全程彩色手绘地图《燕轺日程》《如清图》《燕台婴语》《燕轺万里集》，标有路线、山川、驿馆、村庄、城市、名胜、风俗、沿革等，可粘连成全长30—40米的长卷，尤其珍贵。

（八）近代新地理学：近代日本学者的地理记述

　　1900年前后，大批日本学者来到中国，通过撰写日记、散文、诗歌、小说、志书等形式，对中国进行着较为全面的记录。其中，安井正太郎的《湖南》、东亚同文会的《支那省别全志·湖南省》、芥川龙之介的《中国游记》等文献，对湖南近代的山川地理、人情风貌、经济贸易及交通运输等各方面均有详细的记载，是了解近代湖南文化、经济状况不可多得的特殊资料。

《支那省别全志·湖南省》侧重地理、经济、物产、交通等方面的情报收集。在交通运输方面，水路依然占据重要位置。水路运输分为民船、汽船两种，其中汽船运营主要分布在长沙、岳州等经济较为发达的地区，其他地区仍以民船为主。书中附有《湘江的民船》《湘潭码头》等黑白版图照片，还绘有民船式样图，如邵阳地区的宝庆船、倒扒船，衡阳地区的衡州小驳、衡州稍窝船、衡州驳船，永州地区的永州客船、祁阳船，形式各不相同。当时仅民船就有如此丰富的外观造型，可见湘江水系对本土居民日常生活影响之大。

第十七章　蘋洲书院展陈大纲 *

一　蘋洲书院总体设计

（一）蘋洲书院的性质

1. 蘋洲书院为传统书院样式的社会教育平台。

2. 蘋洲书院兼有文保单位、人文景观、自然景观的性质。

3. 蘋洲书院具有研究、传播、展示"潇湘文化"的独特功能和文化使命。

4. 蘋洲书院具有带动整个潇湘文化旅游休闲度假区的经济建设和文化建设的作用。

5. 蘋洲书院的运营模式应当取法岳麓书院。

我国有始建于唐宋的千年书院四座，并称"四大书院"（河南商丘应天书院、湖南长沙岳麓书院、江西九江白鹿洞书院、河南登封嵩阳书院）。目前全国有各类书院 2000 余所，或名实不符，或运营困难。目前最佳运营模式是湖南大学岳麓书院。

（二）蘋洲书院大景区概念

一区：蘋洲书院

二区：重华岛

三区：潇湘庙

四区：薰风小镇（可延展到农科所八一农场）

五区：潇湘无尘（湘口水上表演区）

---

* 本章是 2021 年为零陵区所做的研究课题"潇湘古镇的历史探研"和展陈设计"蘋洲书院文化展示设计方案"。

六区：湘水南岸沙滩区

七区：红石山半岛区

八区：老埠头区

（三）蘋洲书院关联景群概念

蘋洲书院不宜独立运营，宜以蘋洲书院为中心，辐射周围的主要景群。换言之，零陵区沿潇湘二水分布的主要景群，均以蘋洲书院为"眼睛"。蘋洲书院的设计运营具有"画龙点睛"的意义。

潇湘丰沛清澈，碧绿见底，是天然而珍贵的地理资源，同时两岸历史文化元素分布密集，内涵高雅，尤其具有游览兼教化的价值。梳理潇湘水路沿岸的历史文化元素，约有 46 项，自上游至下游，环绕零陵古城，构成了一条具有优秀传统教育意义的潇湘水路历史文化旅游的精品线路。

蘋洲书院关联景群呈四方放射状态，分为四路：

1. 南路：回龙塔、思柳桥、浮桥、愚溪、柳子庙、朝阳岩、澹岩、百家濑、香炉山（误名"香零山"）。

2. 北路：老埠头、巴洲岛。

3. 西路：潇湘庙、贞吉亭、"潇湘夜雨"景观标志点、潇湘古镇、西瓜岭。

4. 东路：拙岩、八一农场、常应寺、书堂寺。

（四）重华岛景区规划（800 亩湿地）

1. 命名：重华岛（舜帝名重华；双关中华民族复兴）。

2. 划分五区，命名为：舜襟、舜衽、舜裳、舜袂、舜裾。

3. 鹭桥：在书院和重华岛之间修建小拱桥，命名为"鹭桥"（以白鹭代表湿地中的 100 余种野禽）。

4. 沿衣缝衣褶修栈道，不修大型建筑，不影响航拍图（注意汛期水位）。

5. 栈道上修建小型吊脚楼，以《九歌》中香草命名：荷盖、荪壁、紫坛、芳椒、桂栋、兰橑、辛夷、薛荔、蕙櫋、杜若（共计10座）。

（五）潇湘无尘艺术表演（大型水上表演，用唯美风格演绎永州10个历史文化资源）

1. 福岩洞古人类遗址与中国人类史。
2. 玉蟾岩古稻作遗址与新石器文化史。
3. 虞舜古史与中华文明的起源。
4. 濂溪理学与传统文化的中兴。
5. 摩崖石刻与中华文明的灿烂成就。
6. 草书艺术与盛唐气象。
7. 永州八记与山水游记。
8. 潇湘八景与人居环境。
9. 江永女书与女性社会。
10. 九疑琴派与潇湘雅乐。

（六）潇湘庙规划设计

1. 潇湘庙主体建筑——仿古，扩大，完全重建，但尽量多保留原旧建材。
2. 碑林——搜集古碑23通。
3. 湘妃纪念馆——湘妃文化主题体验馆。
4. 斑竹林——人工栽种斑竹及斑竹保护措施。

（七）薰风小镇

犁头尖原化工厂改建为食宿休闲娱乐区，命名为"薰风小镇"。

舜帝《南风歌》："南风之薰兮，可以解吾民之愠兮。南风之时兮，可以阜吾民之财兮。"

（八）蘋洲书院的外围设计

1. 拉直烟厂以北沿江公路，开通蘋洲大桥地道桥。

2. 开通"蘋洲书院"公交站。

3. 开通犁头尖至蘋洲书院至潇湘庙的公交船（在犁头尖售票，腾出售票亭为故人亭）。

4. 修缮蘋洲书院登岸码头（仍用旧有石基码头）。

二 蘋洲书院文化主题设计

说明：本设计适用于：1. 蘋洲书院展陈大纲。2. 蘋洲书院宣传册。3. 蘋洲书院宣传片。4. 蘋洲书院网页。5. 潇湘文化研究指南。

（一）蘋洲书院的文化主题定位：虞舜文化 + 湘妃文化

1. 虞舜文化

中华文明起源的重要阶段——三皇·五帝·三王·五霸

中国上古文明的高峰——大道之行·天下为公

中国古代政治最高典范——尧舜之道·唐虞之道

中国古代伦理的开端——齐家·至孝

2. 湘妃文化

《列女传》之首

潇湘二川之神

中国古代最早的爱情故事

（二）蘋洲书院的地理主题定位

白蘋——自西周时代以来用以祭祖礼神的洁白而带有香气的茅草。

蘋洲——"龙口之含珠"；《九歌·湘夫人》"登白蘋兮骋望"的实景所在地。

潇——清深；深清；"湘川清照五六丈，下见底石"。

湘——乘舟行于水上，观光树木，观光邦国。

潇湘——中国古代最清澈江川。

零陵——舜帝陵的专名，得名于九嶷山。

永州——潇湘二水之会；二水为永；"二水"即永州的别称。

永州古城的地理格局——一地二名；一山二水；一山二水拥一城；中国古代最宜居环境。

"洲"字本作"州"，会意，水渚也。小篆作 〰〰〰 甲骨文作 〰〰〰 。《说文解字》："水中可居曰州。"《尔雅·释水》："水中可居曰洲。"

海中有山为"岛"，"萍岛"为俗称，正式名称不宜用。

"两山夹一水"是现代零陵城区格局，不足以表达古代人居环境观念。"潇湘源"是相对于"三湘"的概念，不足以体现永州的文化主题。

（可配愚溪桥下正月晨景图）

（三）自然与人文的契合

九嶷——对应——舜帝

湘水——对应——娥皇

潇水——对应——女英

山鬼——对应——夒龙

蘋洲——对应——屈原

《中庸》言"赞天地之化育"，管子言"参天地之吉纲"。

"潇湘"的自然含义是清深、清幽、清淑、清慧、真诚、自然、初心、纯粹、无尘、干净。

"潇湘"的人文内涵是湘妃姐妹的爱情、仁孝、贤明、凄艳、浪漫、贞洁、神秘。

潇湘是虞舜文化，更是湘妃文化。

永州是舜帝、湘妃德泽过化之地。

蘋洲是舜帝化身俯临祺祥之地。

永州是自然与人文双美的吉祥福地。

（可配潇湘夜雨实拍图）

（四）奠定"潇湘"文化内涵的六大文献系统

1.《尚书》二典——确定虞舜与二女的婚姻并赋予"至孝"的重大主题。

《尧典》的下半篇记载了舜被推举给尧的史事，《舜典》的下半篇记载了舜即位以后的史事。《尚书》二典最早确定了虞舜与二女的婚姻并赋予"至孝"的重大主题。

2.《山海经》——确定湘妃处江为神与神灵不死的主题。

《山海经》最早记载了虞舜南巡的方位及葬地，记载了二妃奔赴哭之、陨于湘江、遂为湘神、俗称湘妃的内容，确定了神灵不死的主题。

3.《孟子》——最早记载"完廪""浚井"的故事情节并确定夫妻患难的治家典范。

《孟子》最早记载了舜与二妃夫妻一致"历试诸难"的史事，特别是"完廪""浚井"的具体情节，确定了夫妻支持配合、患难与共的治家典范。

4.《楚辞·九歌·二湘》——确定湘妃故事在文学中的歌咏形式与凄清幽艳的风格意象。

《楚辞》最早将湘妃事迹形之于诗赋，开创了以文学形式歌咏湘妃的一条途径，而其风格情调凄清幽艳，亦早成为"潇湘意象"的永恒基调（也开出追慕文学、闺情文学、香奁文学、香艳文学一脉）。同时士人每当履忠被谮、遭时暗乱，亦往往转成诗人骚客，其忧悲愁思亦唯以诗文、古史为寄托，开创出古代仕与隐、政与文之移情、寄托、升华、转化一种模式。

5.《史记》——确定了湘妃故事在史学中的正统地位。

司马迁曾亲至潇湘、九嶷，"南游江淮，上会稽，探禹穴，窥九疑，浮于沅湘，北涉汶泗"。《史记》一书记载虞舜、湘妃事迹，取材最广，纪事最详。《史记》最早将湘妃事迹详尽收载于正史，确定了湘妃故事的正统地位。

6.《列女传》——确定湘妃故事在古今列女传记专史中的"元始"地位。

《列女传》一书，《汉志》著录题为《列女传颂图》，刘向撰。《列女传》实际上开创了古代妇女史传文献系统之先河。《列女传》

以湘妃事迹列居书首，以此创出古今列女传记一系的专史文献。《列女传》肯定了湘妃在治家治国中的正面作用，也肯定了虞舜、湘妃故事中两性关系与爱情因素的正面作用，确定了湘妃作为两性关系于男女爱情的原型与典范，也确定了虞舜、湘妃的感情故事成为迄今有记载的最早的一个爱情故事。

（五）"潇湘"文化内涵的四大基因

1. 高古

以《九歌》为代表的高古意象。

白蘋洲，零陵香，故人亭，幽篁里——唤起乡愁、留住乡愁。

潇湘水石，潇湘水云，潇湘无极，潇湘无尘——天人之际、神人之间。

（可配文徵明《九歌图》）

2. 凄艳

以《列女传》为代表的凄艳意象。

潇湘馆，潇湘妃子；香艳，香奁，江妃，斑竹——中国最早爱情故事。

（可配北魏大同司马墓出土《列女传图》屏风）

3. 纯美

以《潇湘八景图》为代表的纯美意象。

夜雨，晴岚，归帆，落雁，秋月、暮雪、晚钟、夕照——东方经典审美体系。

含珠，汭位，清深，清照——古代第一宜居环境。

（可配日本狩野探幽《潇湘夜雨图》）

4. 清深

以《楚辞·渔父》《庄子·渔父》为代表的深清意象。

清淑，清慧，无土，无尘——天下第一清澈江川。

四大基因由历史积淀而成。

四大基因由美学形式显现。

四大基因在现代无限复制。

（六）蘋洲书院历史还原

1. 白蘋洲书院时期

始建于清乾隆四年（1739），约300年。创办人为眭文焕、眭日培父子，维护者有陈三恪、赵宜琛。

2. 蘋洲书院时期

重建于光绪十三年（1887），重建者为王德榜、席宝田，首任山长为周崇傅。

3. 蘋洲中学时期

光绪二十九年（1903）改为永州官立中学堂，民国元年（1912）改为永州公立中学堂，次年改为湖南省第六联合中学校，1932年改为永郡联立蘋洲初级中学校，1943年改为永郡联立蘋洲中学校。杰出校长有宾步程等。毕业生有李馥、李达、谭丕模、吕旃蒙、石峻等。

三　蘋洲书院300年（蘋洲书院的历史沿革）

（一）白蘋洲书院时期

白蘋洲在今东风大桥下游的狭长沙洲上，北与潇湘门、潇湘渡相对。自宋、明、清代至民国年间，沙洲之上林木茂密，登上门楼，俯视白蘋洲，绿树葱郁，如在画中。

光绪《零陵县志》写道："黄叶渡下有白蘋洲，广半里，长二里余，旧多白蘋，故名。今则古木丛生，柯叶蓊荪，夏日绿阴照水，估舟多系其下，望若画图。"

北宋沈辽已将白蘋洲咏入诗中，在永州有《百家渡》诗二首，云：

> 百家渡西日欲落，青山上下猿鸟乐。欲因新月望吴云，遥看北斗挂南岳。

一梦惜惜已十秋，古人不死终未休。草舍萧条谁可语，清香吹过白蘋洲。

（可配《沈氏三先生文集》书影）

蘋洲书院始建于乾隆四年（1739），称为白蘋洲书院，又称白蘋书院。

道光《永州府志·学校志》记载："白蘋洲书院在县西洲中，邑人眭文焕创建。"

光绪《零陵县志·学校志》记载："白蘋书院在白蘋洲上，乾隆四年邑绅眭文焕、子日培创建，十九年为巨浸所没。后邑令陈三恪培植林木，禁止诛伐，而书院不复修矣。"

1992年版《零陵县志》记载："白蘋书院，书院是乾隆四年（1739）邑绅眭日培创建。乾隆十九年，为洪水浸没，后遂废。院址在今东风大桥附近潇水河中之白蘋洲上，书院以此取名。如今岛上仍有书院屋基痕迹。"

白蘋洲书院建筑呈圆形，用巨石围砌，有高起的多层台阶、密闭的山门和门楼，书院内是二进的两座建筑以及天井。这座精巧别致的书院屹立在潇水中央，惜被洪水冲毁。

（可配白蘋洲书院木雕图）

乾隆三十三年（1768），陈三恪任零陵知县，加意培植白蘋洲林木。光绪《零陵县志·循良传》记载：陈三恪"创立群玉书院，置田养士，并培植白蘋洲，倡修考棚"。

眭文焕，号朴庵，人称旻山先生，永州零陵人。长沙湖湘书院肄业，雍正元年（1723）拔贡，雍正六年举孝友端方。雍正至乾隆年，任江苏桃源（民国改泗阳）知县9年，江苏嘉定知县3年。创建桃源县儒学大成殿明伦堂，修葺三台阁，修筑六塘河土堰，重建城楼，修造舟楫桥梁，善政显著。读书日数万言，为文刻晷立就。因母年81岁，弃官还乡，更字莱园，取老莱子斑衣戏彩娱亲之意。重建白蘋洲书院，置办学田，并刊印湖湘书院课艺。作《淮安八景诗》《桃源八景诗》《零陵白玉岩记》《三台阁赋》《双鹊堂赋》《捕蝗神应记》《河堤援溺录》《申明放赎奴婢定则碑》《纳银定则碑》《劝民歌》，主修乾隆《重修桃源县志》十卷。事迹载于《泗阳县志·名宦传》《零陵县志·仕迹》。

眭日培，眭文焕之子，任江苏宿迁县巡检。能诗，有《重修桃源城濠工竣敬赋》《桃源洞访古》《鲤湖秋月》等。

陈三恪，号和溪，四川岳池人。举人，历任零陵、道县、清泉知县。明练有干才，倡修督学试院考棚，建司马塘兴文亭，创建群玉书院，作《创建群玉书院记》，撰《群玉书院志》。

赵宜琛，字憬玗，贵州福泉人。光绪二年（1876）进士，历官零陵知县、邵阳知县、祁阳知县、善化知县、永州知府、长沙知府、沅州知府。

（可配《群玉书院》图卷）

白蘋洲起初比较狭小，后人种植柳树，沙洲逐渐延长，遂成为城外最靓丽的景观。

明人易三接《零陵山水记》写道："白蘋洲初不过浮一叶耳，后人植柳于上，补而阔之，有如数丈长桥。潇水至此入湘，二水争涵，流映无际。当其春帆细雨，天际归舟，孤棹浮来，落叶秋老，时咏之以孟襄阳诗云：'天边树若荠，江畔洲如月。'"

明陈正谊《白蘋洲记》："白蘋一片洲耳，漾于湘波杳霭中，白花黄叶，点缀其间，潇之幽益其幽，洲之野助其野矣。杜诗云'虚无只少对潇湘'，于此可会其意云。"

清王元弼《永州名胜记》写道："白蘋洲在城西潇水之中，洲长数十丈，洲上植绿柳万株，有春雨欲来、烟凝天半景状。洲前水横流如峡，即潇湘二水合流之所。相传昔年产白蘋最盛，若玉盏之浮沉于水面，故以白蘋名洲。洲之胜，尚难以笔墨记也，因系以诗：洲上垂条漾白蘋，春风秋雨急纷纷。几人独向苍茫里，缓棹衔杯看水云。"

1944年，作家顾巡来到永州，入住潇湘门画锦坊，写下《零陵小记》，发表在上海《旅行杂志》上。顾巡写道：

能到零陵小住一些时候，在我，完全是一个意外。

对于零陵，我颇怀恋它的那一份乡村味的寂寞。当一些店家随着薄暮而络续收歇的时候，我总愿意上那少人的城墙上去散步，纵目于城外北去的潇水，水心林木葱茏的沙洲，和远处的山，山顶像冠冕上镶嵌的宝石似的碉楼的影子。直到晚烟升起，景物都隐浸在朦胧的薄暗中。

潇水沿岸的风景是还不差的，有一些假山样的石块，可以坐着眺望。

走过浮桥，到潇水彼岸，靠左有一石桥，照徐霞客游记所载，名字是愚溪桥，桥里面的水潭就是钴𬭁潭。

水心那一大片沙洲，被茂密的树林掩覆着，有时有几头牛在吃草，每次眺望时，总觉得是一个神秘的所在，一定想去看个究竟。这幼稚的好奇心终于有满足的时候。夏天江水下落，我从对岸找到浅水处涉过去，钻到林中，绿荫使夏日的热力一点透不进来。抬起头，树梢高不可及，各种鸟雀的鸣声杂乱，而且有空洞的回声，真像走进了一个大庙堂一样，令人盘桓不忍离去。

古人吟咏白蘋洲的诗句有：

易三接《泛白蘋洲》："一樽江色醉余贫，落落虬髯作主人。豪饮有时同泛宅，幽寻何处不留宾。绿洲积水浮烟树，旧雨侵晴催暮春。近日园亭诗兴好，难忘迂叟更相亲。"

易三接《浮洲》诗："一洲新夏绿，我意与无穷。水碧潇湘路，林幽竹树丛。醉能忘阮籍，饥可忍陶公。且共乘归兴，苍烟晚棹中。"

艾承恩《浮洲》诗："两岸青山映，香蘋一棹风。天窥明镜里，洲漾大江中。树影分船绿，花枝覆水红。白鸥沙上睡，静爱野云笼。"

陈糫《蘋洲》诗："半壁残霞落郡楼，渔歌声起白蘋洲。烟渡岩出空林月，想见当年人玩鸥。"

"白蘋洲接状元归。"永州自古流传着一个预言，认为如果接通白蘋洲，永州就会出状元。

明代嘉靖中，云南人杨廷相任分守上湖南道，来永州，锐意修建学校，并接通白蘋洲，"自是科甲有人，士民咸感戴焉"。

郡人王崇德作诗二首为纪，说道：

> 老天特假擎天手，俄顷全收补地功。十亩横铺蘋草碧，双泓夹映杏花红。状元神谶从今应，宰相沙堤有路通。勒石纪勋垂不朽，士林千载仰高风。

> 神记相传几百秋，凭谁为接白蘋洲。潇湘有幸来合辅，窹寐多方定远谋。顿使漫流分燕尾，管教联捷占鳌头。先民佚道人忻仰，留得芳名在永州。

（二）蘋洲书院时期

蘋洲别名浮洲，在湘口，即潇湘二水会合处。

浮洲、湘口之美，自唐以来，已享盛名。

唐代柳宗元有《湘口馆潇湘二水所会》诗，又有《酬曹侍御过象县见寄》诗云："破额山前碧玉流，骚人遥驻木兰舟。春风无限潇湘意，欲采蘋花不自由。"又有《得卢衡州书因以诗寄》云："临蒸且莫叹炎方，为报秋来雁几行。林邑东回山似戟，牂牁南下水如汤。蒹葭渐沥含秋雾，橘柚玲珑透夕阳。非是白蘋洲畔客，还将远意问潇湘。"

继柳宗元之后，唐人李频有《湘口送友人》一首："中流欲暮见湘烟，苇岸无穷接楚田。去雁远冲云梦雪，离人独上洞庭船。风波尽日依山转，星汉通宵向水连。零落梅花过残腊，故园归醉及新年。"

唐人戴叔伦有《泊湘口》一首："湘山千岭树，桂水九秋波。露重猿声绝，风清月色多。"也都吟咏湘口馆。

北宋沈辽《泛舟上湘口馆》诗云："潇水漫南来，湘川趣东下。

二水始相会，清豪不相藉。山回石濑出，木老修烟架。泛泛白蘋洲，林风媚如画。”

南宋范成大《湘口夜泊》诗云：“我从清湘发源来，直送湘流入营水。故人亭前合江处，暮夜樯竿蠹沙尾。却从湘口望湘南，城郭山川恍难纪。万壑千岩诗不偏，惟有苍苔痕屐齿。三年瘴雾亦奇绝，浮世登临如此几？湖南山色夹江来，无复瑶篸插天起。坡陀狠石蹲清涨，淡荡光风浮白芷。骚人魂散若为招，伤心极目春千里。我亦江南转蓬客，白鸟愁烟思故垒。远游虽好不如归，一声鹧鸪花如洗。”

清蒋本厚《零陵山水记》写道：“浮洲在潇湘合渚处，一洲障之，大不过一弓地。翠竹佳卉，浮于水上，似泛一舫，高去水四五尺。当春流浩渺，二水争发，未尝浸没，浮洲以故得名。”

清王元弼《永州名胜记》写道：“浮洲上竹木花卉，无一不有，经春望之，洲容若云髻然。因系以诗：洲前湘水连潇水，荡漾东风几岁华。可恨洲前好光景，绝无僧舍与山家。”

清黄佳色《浮洲记》写道：“湘流于左，潇合于右，浮洲于中。洲上旧多古树，烟拖杨柳，雨亚芙蓉，春媚秋娟，尤为特胜。或跂石以望，江水远来，飘飘然有天际之想。迎帝子，吊湘君，白云落日，尚在其中否？”

清王庭《题湘口诗》写道：“客愁不可穷，客路已千里。朝来散人怀，清见湘江水。水底尽白石，沿堤漾晴沙。青红乱山树，霜叶娇于花。冬暖欣多晴，向晚自烟雨。黯然江水深，孤月渺何许。”

清乔莱《湘口》诗云：“雁叫猿啼不可闻，零陵风雨正纷纷。三岩明灭潇湘合，二水潆洄楚粤分。纵目好看灵岳树，落帆犹带隐山云。探幽更向愚溪去，野性偏宜鸥鹭群。”

光绪十三年（1887），湘军将领王德榜、席宝田在浮洲重建蘋洲书院，延聘周崇傅为山长。

蘋洲书院于光绪十一年动工，十三年落成。光绪二十年甲午科乡试，零陵县菱角塘人刘光前等八人中举，名震一时。刘光前后回母校任永州公立中学堂校长。

蘋洲书院与白蘋洲书院，名称相延。1946 年，永郡联立蘋洲中学副校长唐劼《蘋洲中学一览·序言》称："以上游有白蘋洲，因命名为蘋洲书院。"1921 年，湖南省第六联合中学十三班毕业生留念册，仍以"白蘋""蘋洲"代称学校。

蘋洲书院的建筑，据郑绍濂《永州市一中校史》1993 年版追述，"四周青树翠蔓，自外不能见墙瓦"，"中为甬道，旁植两行桂花树"，"东西两侧为书房及宿舍，再进是为殿堂"，"最后为魁星楼，其高两层，木质结构"。

王德榜，字朗青，湖南江华人。为湘中宿将，赐号锐勇巴图鲁、达冲阿巴图鲁，赏黄马褂，官至福建布政使、贵州布政使。曾赴越南抗法，"歼其六画兵总一……又歼其三画兵总一，于是法人大溃，悉返侵地"。"法兵由尤封窥龙州，赖冯子材、苏元春、王德榜诸军力战，大破之，复镇南关，追蹑连捷，克谅山。"事迹载于《清史稿》，王德榜与冯子材等人同传。史官论曰："自海通以来，中国与外国战，惟是役大捷。""法越之役，克镇南，复谅山，实为中西战争第一大捷。摧强敌，扬国光，子材等之功也。"

同治《江华县志》记载："王德榜军功历保花翎按察使，授福建按察使，升福建布政使，赏穿黄马褂，赏给'锐勇巴图鲁'，赏换'达冲阿巴图鲁'各名号。"

《零陵地区志》2001 年版写道："光绪八年（1882），左宗棠辞去两江总督后，周崇傅也退归故里，寄情山水。时有王德榜在永州创办蘋洲书院，他被聘为山长，严格要求弟子，敦品励学。光绪十五年（1889）湖南乡试，蘋洲书院有八人考取贡生，一时称为盛事。"

据三槐堂刻本《永王氏续修族谱·朗清先生家传》记载：

> 公讳德榜，字朗清。有胆略，膂力过人，幼与群儿角戏，当之者无不披靡。年十六，步行至星沙，从三兄吉昌公征剿太平天国有功，擢百人长。吉昌公阵亡，公继吉昌公，为长字营统领，转战湘、鄂、赣、皖、浙、闽、粤、桂、滇、秦、陇诸

省，战绩叠著，官至头品顶戴，赐黄马褂，总统甘南定西马步诸军，寻授福建布政使司。

公性刚直，不阿权贵。赴闽任不久，御史以目不识丁，不堪方面，劾免，改授西宁镇总兵。力辞不赴，遂下帷苦读，历三年不出庭户。为文有奇气，周太史崇傅每读公文，则击节称快，因谓公曰："若素业此，当早蜚声于士林矣！勋业之隆，或逾于金戈铁马所得。"公才气天成，于此可见。

零陵为永郡首县，人才荟萃，而士子素乏潜修之所。公仿四大书院故事，倾囊所积，商之席少保砚香及郡中诸巨室，各出赀财，卜地于邑北蘋洲，建屋数十椽，名曰"蘋洲书院"。聚生徒数百人，复置膄田千余亩，为诸生膏火。后改"蘋洲中学"，今犹弦诵不绝。

江华学额原只八名，少于永属各邑，怀才被黜者不少。公声请当道，奏准增额四名。至于永城创立永善堂，设养老院及栖流所，孤寡老幼得其养。修筑江道大路，商贾行旅得其便。以及修葺淡山、朝阳各岩，点缀风景，重建府县学宫，尊崇孔圣，对于地方公益，竭力创办，笔难罄述。中法越南之役。公帅轻骑出镇南关迎敌，一战克谅山。会广西巡抚潘某与提督冯子材有旧，冯屡败于敌，闻公捷，忌之，阴令冯顿军不进。既而敌大至，公被困，匝月粮绝，几殆。公兄仁山公自永郡督粮，星夜前进，公得粮，励士卒，乘夜袭敌，克之，逐北数千里，冯始往援。后叙边功，潘恐获咎，以冯克谅山入奏，公不与焉。桂粤间父老至今犹不直潘所为。

公年五十有九，卒于贵州布政使司任所，封赠太子少保。盘柩旋里，奉旨入城，葬于南乡嵝峰岭之阳。其生平事迹，宣付国史馆立传。

光绪七年、八年（1881、1882），王德榜办理顺天河务，修缮京西永定河水利，累计在门头沟境内建杀水坝五道，迎水坝十三道，顺水墙三道，顺水堤一道，石渠二道，正渠八道，支渠二十九道，迎水、束水、涵洞石桥六道，过路石桥二十六道，过水磋槽八道。"时寒风凛冽，刺骨砭肌，而诸将士并力工作，独任其难。"沿途引永定河浑水灌田淤地，化沙碛为膏腴，改旱地为水田，把这一带变成了旱涝保丰收的鱼米之乡。

醇亲王奕谭前往察看，王德榜刻石纪功。北京门头沟今存王德榜摩崖石刻"醇亲王到此"五个大字一幅，署款"光绪七年十月二十日""前宣福建使王德榜敬立"。

"统师徒、杀水势，燕民从此乐熙熙"十三个大字一幅，署款"钦命头品顶戴、赏穿黄马褂、奏办直隶顺天河务、前福建布政使、达冲阿巴图鲁、楚南王德榜题"，"光绪八年孟春月榖旦立于野西河滩"。

王德榜用火药轰石。清张之洞撰光绪《顺天府志·河渠志》记载："前福建布政使王德榜于丁家湾等处，凿渠伐石，筑坝五。其取石法，四围凿孔，以火药轰取，举手之顷，数日运之不尽，碎石则以烧灰。"被称作我国把火药用于兴修水利工程的先驱。

石刻拓片今存北京永定河文化博物馆。

席宝田，字研芗，一作砚香，湖南东安人。历官云南按察使、贵州按察使、记名布政使，世袭骑都尉，卒赠太子少保。《清史稿》有传。

席宝田对于创建蘋洲书院，贡献很大。据郑绍濂《永州市一中校史》，曾有《蘋洲书院碑记》，其中大意说：光绪十一年（1885），王德榜衣锦荣归，议在蘋洲创建书院。其时八县学府，只有濂溪书院一所，招纳童生，而生员想入学者，只好望洋兴叹。王公遂邀其亲家席砚香，出巨资买下蘋洲，庀材鸠工，惨淡经营，数年之间，便告成功。越年，商请永州知府，敦聘周翰林子岩作山长，札饬八县考送生员，入学讲习。先后还聘请唐进士大婉、赵编修启霖、孔庶常宪教、彭学士靖藜施教。

周崇傅，字少白，号子岩，永州零陵进贤乡人。周敦颐后裔，明朝户部尚书周希圣第九世孙。为人颖异，淹贯经史，旁及诸子百家。与父兄三人均于岳麓书院肄业，时有"三苏"之称。同治七年（1868）进士，考得一等，入翰林，散馆授编修。曾从左宗棠征新疆，权摄关内关外镇迪、高平等处观察使，被称为"德威兼并，政治合一，可胜大任"。光绪间回乡，出任蘋洲书院山长。光绪十六年（1890）再返新疆，任喀什噶尔兵备道，卒于任上。

零陵周家大院的子岩府有一副楹联"一等人忠臣孝子，两件事读书耕田"，即周崇傅遗训。

澹岩今存周崇傅碑记残石。残石中，"达冲阿"即王德榜，曾赏与"达冲阿巴图鲁"名号。"崇傅书"，即周崇傅，是其颜体楷书亲笔。从碑文中"穷极幽邃""力竭气疲""继以弹棋""凉气袭人""岩多奇石"等语可以看出，周崇傅描述了澹岩幽绝奇胜的独特风光与诗情画意的人文意象，另一方面，倾慕山林情趣，表达了对淡泊宁静、安逸恬淡田园生活的向往。①

同治十一年（1872），何仙观新建戏台，周崇傅作序。

　　同治十一年壬申岁，四庙公置戏台上鹅黄缎寿屏壹幅，青缎边，白洋布里。请周子岩四大人作序，朔四仙真神来历，以为逐年演戏悬挂。今刊于后：

　　予家贤溪上。南行不数武，则进水□□□□□□□则峭石辟立，倚岸楼阁，俯瞰贤溪□□□□□□何仙姑系零邑市人，此为修炼之处。事或□□□□水西行，可十里许，山颇雄峻，树木阴翳，四时苍翠欲滴，曰景青山。其结刹于山之麓者，曰大仙观。

　　吾乡九观，分其常住，大小神宇，以数十计，而独尊是观为首。观内供奉诸佛及神像凡数百，而仙真独为尊。仙真之像四，曰何仙、唐仙、八仙、九仙。有谓八仙、九仙诞于粤西柳

---

①　周欣:《周崇傅生平事迹考》,《湖南科技学院学报》2015 年第 3 期。

州郡，由永之淡岩，循贤溪，入进水，遇唐、何二仙，偕往是山者。有谓修真于郡之西乡大古源，行成来止是山者。父老之称说，其果然乎？每春秋报赛。其九观值年首事人，必于斯答神庥，檀越香火之盛甲一乡。

　　予拂莓苔，读碑石，则自明初始。其后或盛或衰，延僧供奉，僧人之盛衰亦因之。由今□□□□初，时五百有余年矣。乡有水旱之灾□□□□□往往而应。远贸异乡，风波盗贼之□□□□□□，亦辄不爽。咸丰九年，石逆窜永，距隆庆里□□□乡仅一舍，竟无援。贼中一有逸出者，询之，则静夜遥望，见火中旌旗蔽山，疑有官军，不敢入。於戏！是岂非神之灵哉！《传》曰"有功于民者则祀之"，此其有功者欤？"能御火灾、能捍大患则祀之"，此其能御灾、捍患者欤？

　　予于何仙观，居最近，而是观则实首诸观者也，故特谨记其崖略云尔。

后写"祠下子岩周崇傅沐手敬书并撰"。

（可配周崇傅在拙岩忘机处的题刻拓片）

温飞卿《利州南渡》诗，有"五湖烟水独忘机"句。仙农意不在钓，暇以钓为寄，自题其处曰"忘机"，近乎道矣！

同治九年（1870），周崇傅与永州知府黄文琛（字鲁来，号海华），零陵知县嵇有庆（字伯润，号锡山），零陵邑人赵肇光（号旸谷，廪生，捐同知衔）、唐九龄（号仙农）、唐昭铣（唐九龄次子，庠生），同游拙岩，刻石题名。

　　同治庚午上巳，邑人唐仙农携子昭铣，陪太守汉阳黄公海华，邑侯无锡嵇公伯润，邑人赵司马旸谷、周太史子岩同游。

伯润夫子题词：仙农舍人翛然尘外，守拙林泉，庄襟老带。

（可配蘋洲书院柱础上的双羊浮雕，2005年摄）

《湖南近现代名校史料》记载："蘋洲书院位于潇湘二水合流处凫洲。光绪十一年（1885）始建。十三年（1887）落成，为抗法名将王德榜同缙绅席宝田和黎宜轩、何子安等捐资兴办。"

1930年，地理学家傅角今在《湖南地理志》中写道："蘋洲书院，城外当潇湘汇流处，起为蘋洲，四面环水，竹木繁茂，风景清幽，旧为书院，今为第六联合县立中学校址。"

光绪二十五年（1899）永州知府赵宜琛刊刻《告示碑》，规定：光绪二十四年至二十五年，由永州官绅捐募，自望仙桥至太平门筑横堤，自南门渡直达河洲，造田得官地数顷，"俟开垦成熟，岁入租息，作为蘋洲书院膏奖，利归实济"。

（可配蘋洲书院《告示碑》拓片）

　　军机处存记署湖南永州府事尽先即补府正堂随带加一级赵

　　为出示晓谕事：案据职员胡绅珍品、唐绅家桐、王绅德安、吕绅兆蓉，廪生赵元吉，附生曹世镇、雷起、龙侯、遇宽等禀称：郡城外南门渡，潇水环傍，西岸顺下，中亘一洲，春夏水涨，歧趋东岸，衍为巨洞，如重江然，回湍旋激，下成深潭。行旅欲济，必涉洞至洲，始能登渡，偶一失足，即遭陷溺。职等相度形势，离校厂数十武，筑横堤达洲，高与相埒，既便行人，且免洞水冲圮城垠，回沙淤停，不数年渐与洲平。上自望仙桥之上起，下太平门止，长五百丈，广八十丈，可得腴地数顷。春夏涨过能苫，陆成晚种，俟开垦成熟，岁入租息，作为蘋洲书院膏奖，利归实济。第虑附近居民贪肥图占，易起争端，应请出示泐石，俾共知为官地，且费巨款筑堤，回沙而成，不得任由私占。其西岸渡头重修，石坡完固，上建凉亭，亭左建渡夫住屋一栋，砖墙六垛五间，又铺屋一间，铺租所入，存作望灯油费。起工于戊戌秋初，落成于己亥春暮，共集捐钱壹千三百缗。为此请示杜争，泐石垂久，伏恳俯准施行，实为公便。

　　光绪二十五年四月二十二日告示

（三）蘋洲中学时期

光绪二十九年（1903），永州政府泰德奉命将蘋洲书院改为永州官立中学堂，为永州八县的最高学府。

民国元年（1912），改为永州公立中学堂。次年，改为湖南省第六联合中学校。

1932年，改为永郡联立蘋洲初级中学校。1943年增办高中，改为永郡联立蘋洲中学校。

抗战中，永郡联立蘋洲中学校迁避至双牌县尚仁里；1939年，湖南省立零陵高级中学创办，入驻蘋岛。1941年，湖南省立零陵高级中学更名湖南省立第七中学。1949年，永郡联立蘋洲中学与省立第七中学合并，迁入潇水东岸向家湾新校址。

中华人民共和国成立之后，湖南省立第七中学更名为零陵县第一中学校（1952）、零陵县工农中学校（1969）、零陵第一中学校（1975），今名永州市第一中学（1982）。

表 17-1　蘋洲书院历史沿革一览表

白蘋书院·1739		湖南省立零陵高级中学校·1939
蘋洲书院·1886		湖南省立第七中学·1941
永州府官立中学堂·1903		湖南省立第七中学·1949
永州公立中学堂·1912	合并	零陵县第一中学校·1952
湖南省第六联合中学校·1913		零陵县工农中学校·1969
永郡联立蘋洲初级中学校·1932		零陵第一中学校·1975
永郡联立蘋洲中学校·1943		永州市第一中学·1982

省立第七中学校长宾步程书写了岳麓书院"实事求是"匾额。

宾步程（1879—1943），又名孝聪，字敏介，又作敏陔、敏该，号陆庄、艺庐，湖南永州东安县山口铺镇大树脚村人。武昌两湖书院、湖北将弁学堂肄业，1900年由清政府公派赴德国留学，就读柏林工科大学，学习机械工程，历时八载。留学期间曾赴欧美各国考察实习，足迹遍及 20 余国。

1908 年学成回国，任粤汉铁路机械工程师，金陵兵工厂厂长。1914 年任湖南公立工业专门学校（后并入湖南大学）校长，历时 10 年。先后主持河南焦作煤矿、湖南水口山矿务局、湖南造币厂、湖南黑铅冶炼厂等工矿企业，其后潜心从事译述，介绍欧美科学，出版《中德字典》《艺庐言论集》《无线电报简单机器学》《机算集要》《桂游日记》等。1922 年创办长沙私立明宪女子中学（今长沙市第十五中学）。1932 年在长沙创办《霹雳报》，1938 年任湖南《国民日报》社社长。先后兼任湖南省宪法会议议员、湖南自治筹备会委员、湖南省公路监察委员、湖南省银行监理委员、团款稽核委员、国民议会代表、国民经济建设委员会专员等；还任过南京建设委员会设计委员、军政部兵工研究委员会专任委员。1939 年 10 月，宾步程在蘋洲创办零陵高级中学，任校长，1941 年更名省立第七中学，并临时前往乌鸦山，同年 12 月积劳病逝，葬于山口铺荷叶塘邬山。

宾步程经历了晚清和民国两个时代，不仅是清末的官派留德"海归"和同盟会早期会员，也是民国时期著名的教育家、实业家和报刊舆论家。

（可配蘋洲中学三班 1921 年毕业生杨载熙留念册）

《楚南旬刊·发刊词》：

中学教育，为大学及专科之准备，其所异于其他中等学校者，性至明显。而晚近大学教育，以视欧美，所以相形见绌，则中学训练未周，实其主因。且宪政伊始，公民训练，尤属必急。故教学内容之充实，课外研究之鼓励，中学奚能自辞其责。

零陵，楚之故邑。"亡秦必楚"，民性甚大，往古所尚。而"宽柔以教，不报无道，南方之强，君子居之"，先师之所称道。教育神圣，代有定评。"和而不流"，"中立不倚"是亦教育同仁之克能自守。张正气，起末学，吾辈知有责焉。"楚南"一词得以采用，意在足矣。

宗旨既定，内容宜分，论著所以辨其是非，艺文所以陶其心性，然切磋之功，尚有待于情意之交通，故校友通讯及校务报道，亦将并列。倘得借融穆之情，日进无休，则研究之风或能增长，教学效果，于焉增加，自所祈祷！

同人等各有职司，平旦焚膏继晷，已苦难继，虽间有所得，亦不克笔之简帛。复以零陵迄无铅印，缮校编排事倍功半。本刊之辑，其难差强人意，早在逆料。然"困而学之"，不敢不勉。扶掖指正，则有待贤达。

《香苓期刊》复刊《发刊词》：

在大中华民国领土的角落里——零陵，什么政治、交通、教育的发展，固然是赶不上其他文明进步的县份；可是今年来几经政府当局的提倡，县内人士的协助，从事于各种建设，虽然不能说有一日千里的进步，然而考其成绩，却实较从前好得多了！这并不是我们故意颂扬零陵，而是从事实上证明出来的。不过话虽这样讲，究竟不能在现状之下，遂谓登峰造极，以后一切的一切，还待各方面的努力。现在单就教育方面来说罢。

一县教育的发达，固然是盼望着教育经费的充足，主持教育的得人，然而期待于织成学校的分子，各自努力者甚大！本校是零陵最高的一个学校，也可以夸大一点说是零陵的最高学府。虽说蘋校同是中等学校，然而它是永属八县的，不过校址设在本县而已。所以零陵最高学府的名称，本校是可以毫不犹豫而承认的了。

本校在零陵社会上的地位，既然如此崇高，那么除开学校应有的努力不须我们饶舌外，在我们每个同学的脑海中，应当具备自治的精神，坚强的毅力，纯洁的意志，服务的热情，朝夕对准课程勤恳地用功，这就是做学生的天职。同时要使社会人士明瞭本校的教育情形，于是发行校刊这件事，不能不使之实现。所以在开学以后，同学日日在讨论着，奋勉着，直到今日，这本幼稚的刊物，才呱呱堕地。说起来真也惭愧，校刊的发行，自有本校以来，这是第二次，第一次发行是在民国廿一年，时间上中断，现在是五年多了。这中断的原因，此时也无须追求，只要将来能够继续罢了。

本刊的内容，当然值不得估量什么价值，更值不得学者们一看！不过就本校同学说，却也有相当的重要。因为一个青年，各有各的感觉，各有各的认识，同时各有各的兴趣与思想。有时看见时局的龃龉，就本着自己的热忱赤心，写些爱国文字；看见社会的黑暗，就本着自己侠情义胆，发舒不平的呼声；看见前途的危险，就本着自己的良心敏觉，表示切实的反省；看见奇观美景，就本着自己的幽情雅致，呈显欣赏情怀。总之我们把一切的观察和感想，都借着这里流露，来昭示社会。然则这本刊物，可以看作现代社会的缩影，也可以看作本校同学的内心。

其次，刊内作品，在描写的艺术方面，当然也算不得什么精熟；不过中外古今的文豪，当其造诣未精的当儿，也未尝不经过这样阶段。所以本刊出世以后，一方固求让社会人士的原谅，一方面也可策我们同学的自力。

蘋岛校址先后开办零陵县干部疗养院（后更名零陵县人民医院蘋岛分院、零陵专区干部疗养院1961—1969）、零陵商业学校（零陵地区财贸学校、零陵地区财贸干部学校、零陵地区商业学校1965—1983）。

宾步程手书"实事求是"匾悬挂于岳麓书院讲堂。

1917年，湖南公立工业专门学校迁入岳麓书院旧址，宾步程将"实事求是"作为校训，制匾悬挂于讲堂。

1918年，毛泽东曾寄居在岳麓书院半学斋，从他当时的寓所推开窗，就能看到讲堂檐前那块"实事求是"的匾额。"实事求是"成为毛泽东日后寻求改造中国与世界的思想武器。

1943 年，在延安，"实事求是"被毛泽东题为中央党校的校训。1945 年，党的七大将"实事求是"写入党章。

2020 年 9 月 17 日，总书记来到岳麓书院，指出"岳麓书院是党的实事求是思想路线的一个策源地"。

"实事求是"匾额在抗日战争中被炸毁。"实事求是"语出《汉书》。1985 年集《石门颂》汉隶重制匾额。

本校史略
蒋　让

零陵为长衡尾闾，扼湘桂咽喉，崇峰挺秀，潇水澄清，自李唐以来，代著文物。永属一郡风气，以此开通最早。七区文化，唯斯堪称中心。顾前此完全中学，竟付阙如，以致本区学子，不得不负笈远乡。抗战已还，各县初中相继成立，来学者日益众多，而容纳之量，反愈不足。政府适应需要，爰于民国二十八年国庆日成立本校，名曰"湖南省立零陵高级中学"。教界耆宿东安宾步程先生首任校长，假旧蘋洲书院为临时校舍。翌年春，为避免空袭，疏散至零陵博爱乡乌鸦山，赁蒋宅祠宇及附近民房为居。三十年一月，本省分区设学之制既定，奉命正名为"湖南省立第七中学"，由宾校长继续办理。不幸宾校长于是年十二月积劳病故，三十一年春，湘潭王德华先生继任校长。年终辞职，醴陵袁尧民先生继任。历一学期，亦即辞卸……三十二年秋，让奉命承乏。鉴于校舍零乱，环境复杂，学生管训既多不便，且位彼僻壤，非择地迁移，不足以图发展。又宾校长任内，原曾勘定零陵博爱乡淡岩为永久校址，且已奠基。让到职以后，审查环境，深觉其地可供诗人吟咏者固多，而可以符合于设学者实少。若以设立普通中学之条件衡之，则尤未能尽善。乃力排众议，以图更始，一再屡呈，幸蒙采纳。复经教厅派员踏勘，准于潇江左岸，西岩附近，圈购地基，建筑永久校舍。于时复拨获军政部后方医院在该基地内所建棚厂，并租借城南碧云庵为临时校舍，同年寒假，冒雪迁入。将高初两部，隔江分设，并开始兴建永久校舍……

湖南省立第七中学校庆祝词（1948）
湖南省教育厅厅长　王凤喈

湖南省立第七中学原以双十节为校庆，今兹九周年纪念，以新建教职员宿舍，未及如期完成，乃改定于三十七年十月二十五日，与校友总会成立大会合并举行，爰缀数言以庆祝。

省立七中设于零陵，即古城永州府治。唐柳子厚为永州司马，衡湘以南，学者甚众。所为山水诸记，至今脍炙人口。尽天地清淑之气，待斯文而宣者欤！今诸生治学于昔贤游宦之乡，流连山水，知必有闻风兴起，美前修者矣。

世变日亟，求一片干净地，以为藏修息游之所，不可多得，唯修道立教，可以熄邪说而致中兴，诸生其共勉之！

王凤喈，中华民国三十七年十月。

校庆祝辞
尹子正

民国三十七年，岁次戊子，十二月二十五日，适为西教士圣诞节，本校举行新舍落成典礼。同日九周年纪念，校友会成立，高十一、初七两班学生毕业诸典礼亦一并举行，四庆骈集，可谓美盛。校内外员生校友，以迄与会贤达，欢欣致辞，彬彬焉，蔚为巨观，亦意中事也。湘忝执教鞭此间，瞬历三秋，往事今况，有所闻见，欲称颂之事匪一。际斯盛会，鼓舞轩艺，不能视人为后。爰抒所怀，系之以辞：

杨梓塘畔，地广而夷。

仰挹九嶷之峰，俯临潇水之湄。

气浩浩兮盘薄，信钟秀而毓奇。

峨峨柳庙，潺潺愚溪。两地相去，遥与为毗。

企名贤之芳躅，慨流风其未沫。

於烁黉舍，於焉崔巍。涵煦灵淑，陶薰前美。

喜后学之班联，睹相继以郁翠。

永于南湘，淳朴未漓。鸿硕踵出，名业双辉。

历洎今兹，学校林立。瞻彼七中，应时并起。

越经星霜，适居九纪。原念休烈，追诵前徽。

宾王而袁，蝉联继轨。蓝缕筚路，规模粗启。

觥觥蒋君，轩爽英伟。

撼敬恭于梓桑，乐奋扬以投袂。

职司统乎百度，巨细躬亲而不弃。

营度策畴，日进靡已。倭夷入寇，前功俱废。

故宫丘墟，蓬蓬荆杞。复员以还，重整鼓旗。

规划前途，心力益瘁。学宫倾裂，不可再栖。

新宇完成，工巨匪易。君于数月，靡朝靡夕。

大功告竟，云扶栋飞。

庆桃李其盈门，欣繁茂而芳菲。

嚼大蔗兮以弥甘，日津津兮其有味。

惟兹教育，百年大计。程功策进，允无疆期。

瞻今尘宇，烽烟漫地。有庶芸芸，乃各异义。

颎洞靡宁，百困交汇。

君而贯彻乎始终，时搏心以辑意。

排回澜而镇中流，毋灰心而馁气。

拓茫茫之前绪，树悠悠之宏规。

育俊髦于世世，措磐石之岐嶷。

厥声远矣，永奠邦基。

《七中半月刊》创刊号发刊词（1946）

校长　蒋让

本校刊创办于抗战之后，生长于僻壤之中。校舍建筑久经筹划，未克有成。前岁秋初，甫盖落成，逢日军之祸，房舍被毁，奉令迁蓝，为时逾年，致两秋经营，卒莫能支配较多之时间，注意校内事实，所限有以使然。

光复以来，蒙政府优予友待，及地方协助，短期之中，得复学文庙。佳木葱茏，山水明丽，崇伟幽雅之胜，尚克兼揽。诸先生捐弃丰厚，千里来助，尤不乏人，各项设备亦差畴昔。开课五周，校务粗定，初夏来临，建筑有待。窃欲以纤纤余力，分其焚膏之暇，鼓励同学从事学术活动，则本刊所以得于孕育累年之后，于此产生也。

学校乃培植人才之所，教育为领导时代之业，稍有懈怠，罪将莫赎。学术进步，一日千里，更非课内教学乃所能尽其研究之能事。而转移风尚，尤士林天职。今本校虽有学术讲座之设，同学亦有班刊之发行，尚无中心刊物，仍恐未足以为发动。且蓄意于中，修饰其词，抑扬其音，自纾所怀，启人同感，惟尚文字。全校师生，心声交感，庶在乎是。至学校生活之报道，即以此为其中心。

创刊伊始，计划未周，物力人力之缺乏，定所不免。同仁互勉，未敢有怠。尚乞诸先进有以教之。

蒋让，民国三十五年青年节于零陵县学宫。

《蘋洲中学一览》序言（1946）

副校长 唐劼

本校之创设，始于民元前九年，成立迄今，已四十三周年矣。其前身为蘋洲书院。蘋洲距零陵城北八里许，旧称浮洲，亦曰凫洲，当潇湘二水汇合之处，屹居中流，形如浮凫，古木青葱，风物绝胜。清光绪十一年乙酉，江华王公朗清，解组归来，窈窕寻壑，顾而乐之，相与谋于东安席公砚香、零陵周公子岩，即以此名胜之区，作士子藏修之所。倡建书院，纠合时贤，各斥巨资，鸠工经始，越二岁落成。以上游有白蘋洲，因命名为蘋洲书院。由永州知府先后敦聘周子岩、唐玉轩、赵芷荪、孔宪教、彭靖黎诸公为山长，并札饬八县，考送生员，入院讲习。十五年间，作育甚众，我郡文风，于焉丕振。癸卯改办学校，初名永州府官立中学堂，民元更名永州公立中学校，嗣又更名为湖南第六联合中学校，毕业学生达二十班。新学制施行后，复改为永郡联立蘋洲初级中学。民国三十二年，呈准增办高中，遂正名为湖南永郡联立蘋洲中学。迨至本年，毕业学生，初中可达三十九班，高中一班。蘋洲校舍，古朴堂皇，校产收益富厚，分校二处，各具规模，与夫设备之充实，办理之完善，于此数十年，称永郡最高学府，实无愧于灵秀之山川。创始者固德业永垂，而历任教职苦心撑持，随时进展，成绩盖有足多者。其事载大事记，兹不具赘。

七七抗战军兴，本校为受敌机威胁，曾一度迁于零陵南乡，旋复迁还。民国三十三年九月上旬，日寇奔突，攻陷零陵，蘋洲本校及城中两分校竟均遭轰炸，夷为瓦砾之场，校具仪器标本损失罄尽，移藏之图书亦被摧残，剩余无几，文献卷宗鲜有稽考，前贤心血之结晶毁于一旦，深堪痛惜。其时劫受聘仅五日，随同前兼校长唐公薰南，仓皇出走，所携惟校印及成绩名册，其他不及迁移，遂告停办。

三十四年春，我省第七区专员欧公天爵，驻节宁远，徇士子之请，各县理事之推崇，兼代校长，召集前任教职员筹备复学。假定宁远县中校址，拨借巨款，制置教具，秋季乃得正式复课，招集新旧学生达十六级，九百余人之众。旋日军投降，陷区光复，奉命复员，于冬末迁回零陵。以故址无存，遂修葺旧分校濂溪书院为宿舍，商借零陵县教育会坪，搭盖篷厂，由常务理事郑鸿勋董其事，阅二月，完成十二座，以为临时教室。三十五年春，遂得如时开学。遵照教厅核定设班计划，调整为高中六班，初中九班。因校舍关系，暂合作十三教室授课。师生济济，气象焕然，不减昔日盛况。至洲上永久校舍之建筑，设备之补充，兹事体大，尚有待于理事会之缜密研讨，与新任贤者之设计进行。

惟是欧公近以政务纷繁，未能久兼校务，又以建校工作须让贤专办，决于最近召集理事会，改选校长，嘱劼偕同各部，准备移交。并趁"六三"校庆之日，发行纪念□□册籍一种，俾社会人士了解本校之近况，而备将来之参考。窃思本校近年迭遭寇侵巨灾，菁华变为焦土，流离颠沛，困难万状，幸得欧公热忱桑梓教育，独任复兴艰巨，卒观厥成，其事诚足纪述。爰遵集商各部主任，拟订大纲，分类主编，匝月脱稿，汇印成册，名为《蘋洲中学一览》，如期发行。第以时间匆促，征考欠周，经费拮据，篇幅有限，其中缺陋之处，在所难免，尚冀各县人士，先后校友，继任贤达，有以补正之。是为序。

中华民国三十五年六月，唐劼黾庄谨识。

《永郡联立蘋洲中学同学录》弁言（1946）

副校长　蒋文湘

孔子曰："三人行，必有我师焉。"《记》曰："独学而无友，则孤陋而寡闻。"是故绛帐传经，教学相长，西窗剪烛，过善相规，人生至乐，父子兄弟而外，无有逾此者矣。本校自复员以还，鉴于社会之需要，班次历有扩充，而本期人数，尤为激增。聚八属之精英，济济一堂，切磋琢磨。而余忝居校长，日处名师益友之间，如坐芝兰之室，其愉快为何如耶！无如光阴荏苒，聚会难常，曾几何时，而高中第一班暨初中第三十九班又以期满而毕业离校矣。闻骊歌之初唱，黯然销魂；望秋水之一方，伊人宛在。每念欢聚之乐，益感离居之苦，第精诚所感，魂梦相通，鱼雁传书，音尘可接，则此通讯录之作，藉作互通消息之资，亦可以慰相思于一方也。是为序。

蒋文湘记于待守堂。

2013 年，蘋洲书院重建，并于 9 月 29 日孔子诞辰 2564 周年纪念日之际揭牌。

《光明日报》报道：在社会各界、学术名流的关注下，蘋洲书院举行揭牌典礼。典礼后，"国学与书院"文化论坛火热开讲，北大、清华、复旦等知名学府和湖南科技学院的教授们分别做了精彩的学术演讲，他们解读国学智慧令在座的各界听众大饱耳福。

蘋洲书院的教育宗旨（2013 年拟定）

一　纯粹

蘋洲书院秉承唐宋以来的书院传统，追求和保持学术的条理性、纯粹性，以子辅经，以学辅政，务于典雅，祈望文明，激励士风，贡献教育。

二　真诚

蘋洲书院有鉴于近百年来民族、国家、学术、世风的变迁历程，务于追求和保持学术独立与学术自觉。对于古人、古典、古史，以及本国一切优秀文化传统，怀抱温情与敬意。在学术见解上，不感情意气用事，不直接关联政治和市场，不迁就社会大众的水平现状，不浮夸矫饰宣传。謇謇谦谦，尊师敬业。求真求是，求其大义所在。

三　清幽

蘋洲书院立足于湘南历史、地理与文化特色，特别是务于追摹九嶷遗烈与潇湘意象，求纯正而不求驳杂，求清幽而不求浮躁，求精湛而不求规模，求淡泊宁静而不逐一时之利。

四　自然

蘋洲书院位居南国灵秀之地，碧波平阔，二水萦带，气象清淑，意境幽远。一石一木，皆足以感发人心，启迪良知。古称圣人作则，必以天地为本，以阴阳为端，以四时为柄，以日星为纪。天地者，性之本也。能尽人之性，则能尽物之性；能尽物之性，则可以赞天地之化育。故人法地，地法天，天法道，道法自然。天地之道，自然为大。

蘋洲书院名人录

李馥（1854—1929），湖南祁东人。光绪十三年（1887），王闿运讲学船山书院，馥往就读，得公羊学之传。后又肄业于蘋洲书院。十五年参加郡试，以优等第一名补廪。十七年中举。二十一年，谭嗣同设湘学会于长沙，李馥认为康梁"曲学阿世，将乱天下"，亲往长沙辩正。后设馆于家，以及为郴州嘉禾珠泉书院山长。著《大学中庸蠡言》《论语训释》《孟子文演》若干卷。民国后，1920 年主修《祁阳县志》，1931 年付梓。

民国二十七年刊本、雷飞鹏纂《嘉禾县图志》卷十九《人物篇·官师列传·吴绂荣邓丙明李馥列传》：李馥，字子正，祁阳优贡举人。游学船山校经，居业敏卓，为一时冠。来长珠泉书院，在丙明之后。丙明尚品格，使士知耻，馥讲经史，使士奋学，盖皆大有造于嘉禾人士者也。馥于书无所不窥，诹史烂熟，治经精《春秋公羊传》。所著有《大学中庸蠡言》若干卷，《论语训释》若干卷，盖演绎王湘绮师公羊家言，亦有类于刘逢禄《论语述何》。赞曰：善化雅尚，桂阳践真，不徒经训，师表人伦。祁阳博洽，狂狷取材，大雅不作，临风伤怀。

李达（1890—1966），名庭芳，字永锡，号鹤鸣，永州零陵岚角山镇油榨头村灌塘人。

1905 年春，李达 15 岁，考入永州府官立中学堂乙班学习，1909 年冬毕业。

李达曾于 1943 年 8 月和 1962 年 9 月回母校讲演和视察。

宋镜明《李达传记》写道：

　　永州中学堂是当时零陵、祁阳、东安、道县、永明、宁远、江华、新田八县的最高学府，它位于潇、湘二水汇合之处——蘋洲，风景十分秀丽。

　　李达父亲和胡燮卿先生亲自乘木船，沿河而下，送李达到蘋洲应试。一路上又是鼓励，又是鞭策。胡先生以"东西两河皆蔡市"为上联，叫他作对子，他略加思索，便说"潇湘二水汇蘋洲"，对答如流。

　　考生中李达年纪最小，个子最矮，特别引人注目。许多人都惊讶地围过来，端详这个乡下少年。主考老师好不容易才把试场周围的人赶走。李达不慌不忙、胸有成竹地回答了所有试题。他的数学成绩优异。他被录取了。获得第一名的是朱保善，比李达大五六岁，古书读得多，善长八股、诗词，十分骄傲。李达暗下决心，力争赶上并超过朱保善。于是刻苦攻读古文，连寒暑假也不休息。他数理成绩特别好，别的同学解决不了的难题，他很快就解决了。从第二学期起，直到毕业，他的各科成绩总评一直名列前茅。

　　1943 年李达重返零陵，并赴母校演讲，留下《赠郑桂芳同学》诗一首："不才小憩楚江滨，但觉泉林空气新。浮世虚名乖素愿，人生真理润吾身。盈门桃李三千树，逝水韶华五十春。我辈只今皆老大，那堪回首话白蘋。"

　　1963 年，李达在武汉大学校长任上，再次回到母校，题词留念。

　　李达晚年仍能回忆："我的母校永州中学在潇湘二水汇合口的江心小洲上，从河岸到校门有 53 级台阶。"[①]

　　1909 年，李达考入北京京师优级师范学校（北京师范大学前身）。1913 年考取留日官费生，赴日本留学，不久因病回国。1917年再次赴日，考入东京第一高等学校（东京大学前身）学习，阅读马列主义书籍，为国内报刊撰写了大批有关马列主义方面的文章。

　　《李达全集·总序》写道：

---

　　① 成少华：《李达的母校情》，《永州日报》2002 年 7 月 2 日。

　　1918 年秋至 1920 年夏，李达发愤学习了《共产党宣言》、《资本论》第一卷和《国家与革命》等马列原著和许多介绍马克思主义的书籍，成了马克思主义的笃信者。他掌握了多种外文，翻译了马克思《资本论》日文译者高畠素之的《社会问题总览》、荷兰社会民主党左派领袖赫尔曼·郭泰的《唯物史观解说》等书，1921 年 4、5 月先后由中华书局出版。他在日本热烈支持国内的五四运动，1919 年发表了《什么叫社会主义？》《社会主义的目的》《战前欧洲社会党运动的情况》等文章，热烈宣传科学社会主义。陈独秀被捕时，他立即写了《陈独秀与新思想》一文，热烈赞扬陈独秀，断言"顽固守旧思想的政府能捕得有'新思想''鼓吹新思想'的陈先生一个人，不能捕得许多有'新思想''鼓吹新思想'的人，纵使许多人都给政府捕去，那许多人的'精神'还是无恙的"。这时，青年李达在时代潮流的激荡下实现了由爱国主义到马克思主义的转变，走进了中国第一批共产主义者的行列。

　　李达是中国共产党创始人之一，中共一大代表和宣传主任，一大会议的主要组织者，早期著名马克思主义哲学家。曾任湖南大学校长、武汉大学校长、中国哲学学会会长。

　　李达的《现代社会学》《社会学大纲》《唯物辩证法大纲》三部论著，分别代表了我国从中国共产党成立到第一次大革命时期、第二次国内革命战争时期，抗日战争到解放战争时期，中华人民共和国成立后到"文化大革命"时期马克思主义理论研究的最高水平。

　　谭丕模（1899—1958），本名谭洪，字丕模，以字行，永州祁阳七里桥镇湖塘湾鹅颈石村人。先后在祁阳天禄小学、祁阳县立第一小学、祁阳甲乙种师范学校、湖南省第六联合中学求学。蘋洲书院在 1913—1932 年间，更名为湖南省第六联合中学。读书期间，正值五四运动爆发，谭丕模以满腔爱国热情，响应五四运动的号召，和同学们组织"永州学生联合会"，走上街头，宣传革命。

1922 年考入北京高等师范学校（次年更名北京师范大学），1928 年毕业后，担任北京《新晨报》副刊主任。九一八事变后，参加中共外围组织"北京教联"，任左翼刊物《文史》《时代文化》编辑，参与创办《新东方》月刊，筹建"东方问题研究会"，组建"北京自由职业大同盟"，并组织"北平文协"，任《文化动向》主编、《中苏杂志》主编。1937 年入党，任湖南省工作委员会委员兼宣传部长。中华人民共和国成立前后为中山大学、桂林师范学院、湖南大学、北京师范大学教授，以及湖南省文联筹委会主任。

《中国文学家辞典》《中华民国史辞典》等记载：谭丕模在五四运动时期组织永州学生联合会，任会长。

邵阳著名文史专家陈新宪《九十年沧桑》回忆：

> （1919 年）6 月底，零陵县城各界以教职员和学生为主，有部分店员和少数商人参加，在火神庙举行上千人的群众集会，其中有永属蘋洲中学、零陵县立中学、公立第一高等小学堂和濂溪书院初等班全体教职员工和学生。大会由府立蘋洲中学校长邓树仁主持。第一个讲演者是朝鲜人金先生。他痛陈韩国被日本灭亡的惨状，最后一句话是"亡国奴当不得"，他现身说法，感人肺腑。接着，府中、县中和我们学校教师代表和学生代表唐鉴讲演，激起全场爱国者的共鸣，有人当场撕破羽纱长褂和草编帽子，会后举行示威游行，由我校举横幅大旗领先，唐鉴领呼口号，经东门、南门、太平门、小西门、大西门、鼓楼、府衙门、县衙门、镇守使署，至城北芝山公园大门前散会。

据蘋洲中学三班 1921 年毕业生杨载熙留念册，谭丕模为十三班学生，1918 年春入学，1921 年冬毕业。

谭丕模在杨载熙毕业留念册上的留言写道：

送杨君子松序

　　杨君子松者，愚同年级契友也。姿质聪颖，学问渊博，自采蘋以来，莫不屡冠课选，令人佩服者以此，正所谓中坚人物而不可多得也。尤可慕者，杨君之品性也。君言不苟言，一言而为天下则；行不苟行，一行而为天下法。兹值离别，将君之品学简单表扬之。君以愚为疏忽乎？是为序。

　　时民国十年孟夏中浣之八日，书于蘋校。

　　子松老哥斧正惠存。

　　丕模弟谭洪（钤印）

（可配谭丕模《送杨君子松序》手迹）

民国十年孟夏中浣之八日，即 1921 年 5 月 28 日。

这篇留言应当是谭丕模青年时期仅存的珍贵手迹，可以弥补谭丕模早年事迹之不足。

谭丕模是现代著名中国文学史、中国思想史研究专家。主要著作有：

　　《新兴文学概论》 北平文化学社　1932

　　《文艺思潮之演进》 北平文化学社　1932

　　《抗战文化动员》 中苏文化协会湖南分会　1938

　　《宋元明思想史纲》 开明书店　1936

　　《清代思想史纲》 开明书店　1937

　　《中国文学史纲》 高等教育出版社　1954

　　《中国文学史纲》 商务印书馆上海厂印刷　1954

　　《中国文学史纲》 人民文学出版社　1958

　　《古典文学论文集》 长江文艺出版社　1958

　　吕荫蒙（1905—1944），原名大乙，号伯民，永州零陵普利桥乡八井塘村人。

1919 年就读于零陵县崇文国民小学，1922 年入湖南省第六联合中学，即蘋洲中学，1925 年冬毕业，投笔从戎。

1926 年 4 月考入黄埔军校第五期入伍生总队，11 月正式升入第五期学生队。1927 年 8 月毕业，历任排长、连长、团长、政治部主任、军校总队副等职。1935 年入陆军大学深造，为第十三期学员。抗战爆发后，1939 年调任国民党陆军第二预备师参谋长，1941 年调任第四战区司令长官部少将高级参谋。1942 年调任陆军三十一军少将参谋长，率部驻防广西靖西、龙州、凭祥，参加昆仑关战役。1944 年 9 月，第三十一军第 131 师、第四十六军第 170 师 3 万余人，奉命率部参加广西桂柳会战。

面对日军 9 个师团 10 余万众从湖南南部、广东西部、越南北部对广西的三面夹击，吕旃蒙明知敌众我寡，仍主动请缨，写下"当此国难，愿与桂林共存亡"的遗书。他安排妻子带着 4 岁的女儿疏散，在柳州车站与家人告别，说道："当兵不怕死，怕死不当兵！这是一个军人的气派！"

10 月底，桂林城被日军包围后，吕旃蒙率部浴血抵抗日军数日。11 月 4 日，日军攻占七星岩高地，向守军施放毒气弹、燃烧弹和火焰喷射器，被迫退入洞内的守军官兵及伤病员、后勤人员约 800 人在洞内壮烈牺牲。

日军又乘大雨水涨、地雷失灵之机，以大炮百门、战车 30 余辆，在空军的配合下，向桂林守军狂轰滥炸，全城顿时一片火海。

日军猛攻漓江东部指挥所，吕旃蒙依托防御工事和石山溶洞节节抵抗，予敌重创。11 月 9 日晚，指挥所陷入重围，吕旃蒙和三十一军军长贺维真及城防司令部参谋长陈济桓，各自指挥所部四面冲杀，与敌肉搏，奋战至次日拂晓。终因敌众我寡，久战无援，身中数弹，在德智中学附近壮烈殉国。

石峻（1916—1999），曾用名石易元、石风岗，字柏宓，永州零陵石山脚人。

1928 年秋，入蘋洲中学（湖南省立第六联合中学）初八班学习，1931 年夏初中毕业。

1931 年秋，入长沙广益高中（后为湖南师范大学附中）学习，1934 年毕业，考入北京大学哲学系。1938 年毕业，留北京大学哲学系任教。1938 年任西南联大哲学系研究助教，为汤用彤先生助手。1948 年任武汉大学哲学系副教授，后兼任武汉大学图书馆主任。1952 年到北京大学哲学系任副教授，与冯友兰、张岱年等教授一起在国内首次主讲“中国近代哲学史”课程。1955 年参与筹建中国人民大学哲学系，任中国人民大学哲学史教研室主任、教授兼博士生导师。曾任中国人民大学校学术委员会委员、中国哲学史学会副会长、中国现代哲学史研究会会长、中国宗教学会常务理事、中国伦理学会理事、国家古籍整理出版规划小组成员。

石峻从小酷爱读书，中学时对哲学、中国哲学史尤为倾心，自学了梁启超的《清代学术概论》、胡适的《中国哲学史大纲》，大学期间研读当时所能寻到的中外文经典著作及关于辩证唯物主义和历史唯物主义的书籍，追求真理，关心国事。执教 60 年间，先后开过“哲学概论”“伦理学”“老庄哲学”“孔孟哲学”“逻辑学”“史料学”“中国近现代哲学”“印度哲学”“中国佛学”“中国哲学史原著选读”等 10 余门课程，教书育人，桃李满天下。主编《中国近代思想史讲授提纲》《中国哲学史参考资料》《汉英对照中国哲学名著选读》，并参与《中国哲学史》《中国佛教思想资料》的编写。石峻掌握美、德、俄、梵 4 种语言，多次参加国际学术会议和各种学术交流活动，是著名的中国哲学史专家、佛学家、教育家。

杨庆中教授的长诗《纪念石峻教授百年诞辰》写道：

百年诞辰忆石公，道德学问有令名。生前清高多寂寞，死后无迹更冷清[1]。

公生湖南零陵县，小康之家有朴风。及长求学在长沙，广益中学勤用功。

数理虽优更崇哲，求真北上赴帝京。榜中北大哲学系[2]，锦绣年华红楼里。

自叹家学根柢浅，从此书海作乐趣。白日寻师问道忙，长夜黄卷伴眠息。

七七卢沟烽烟起，奉命随校南迁急。长沙城里方平静，衡山湘水又别离。

出湘转黔复入滇，跋山涉水三千里[3]。千难万险终学成，受聘留校辅汤公[4]。

也曾"杏坛设教"事[5]，最是《伦理》受欢迎。学究华梵并西哲，每于《肇论》最用功[6]。

联大北大整十年[7]，敦请移驾珞珈山。衔命哲学副教授，兼长武大图书馆。

己丑鼎革新天地，举国院系大转移。辞别三镇回母校，母校已迁燕园里。

燕园易辙学马列，近代哲学开新局[8]。闲时游泳昆明湖[9]，兴起担米换书去[10]。一纸调令如律令，从此成为人大人[11]。参豫筹建哲学系，领衔教授中哲史。

东西华梵均无碍，士林推许有学问。也想砚北写心得，"革命同志"不信任。

由是束笔慎言语，书中逍遥自践行。幸得束笔慎言语，"文革"审查无把柄。

虽无把柄仍下放，下放权当是旅程。任尔红潮连天赤，何妨鼾声如雷鸣[12]。

丙辰拨乱左妖亡，高教事业重开张。耳顺之年再登台，传道解惑授业忙。

老骥伏枥志犹在，续旧启新是津梁[13]。纵观石公之一生，纯粹本分一学人。

性自恬淡无奇趣，逸事虽多无奇闻。目光高远喜实证，为学从不发空文。

终生嗜好唯在书，买书读书并藏书。晚年疴恙行不便，仍乘轮椅逛书店。

家中图书堆满墙，不知书房是卧房。尤于书堆凹处置藤床，午休伴书入梦乡。

呜呼石公之一生，述而不作淡功名。先圣遗教学为己，石公之学但为修己之性情。

学以养正是圣功！

杨庆中自注：

［1］石公生前述而不作，留下的研究成果很少。

［2］1934年，石公以优异成绩考入北大哲学系。

［3］1938年2月，长沙临时大学迁往昆明，并组建西南联大。石公参加"湘黔滇旅行团"徒步经过湖南湘西进入贵州，最后抵达云南昆明西南联大。历时两个多月，行程约三千里。

［4］1938年石公大学毕业留校做汤用彤先生的助手。

［5］当时联大开设全校公共课"伦理学"，由于教室不足，常在大树下上课，冯友兰先生戏之为"杏坛设教"。

［6］联大期间，石公的《肇论》研究很有影响，被汤用彤先生赞为"素好肇公之论"。

［7］1938年留校任教至1948年离开北大整整十年。

［8］院系合并回北大后，石公主开中国近代思想史，是中国近现代哲学研究的开创者。

［9］当时石公经常与学生们去颐和园游泳，请大家喝啤酒。

［10］当时一度实行供给制，以小米代工资，石公经常背着小米去买书。

［11］1955年石公奉调中国人民大学。

［12］据北师大一位老师讲，石公睡觉鼾声大，隔着一个房间都能听到。

［13］1981年，石公受聘为首批中国哲学史专业博士生导

师之一。同时担任中国人民大学校学术委员会委员，中国哲学史学会副会长，中国现代哲学史学会会长，中国宗教学会常务理事，中国伦理学会理事，国家古籍整理出版规划小组成员等职。

四　潇湘二水之明珠

（一）永州史地的文化结构

永州零陵，一地二名。

九嶷潇湘，一山二水。

《汉书》中说："九疑宾，夔龙舞。"

《梁书》中说："延帝子于三后，降夔龙于九疑。"

夔、龙是舜帝的两个大臣。他们随舜帝南巡，舜帝崩，葬九嶷山，二人留下为舜帝守陵，后来成为九嶷山的山神，也就是屈原《九歌》中的《山鬼》。

娥皇、女英来到潇湘之间，骋望九嶷山，夔、龙就率领山上的神灵缤纷飘飘地出来迎接。二妃死在江岸，成为潇湘二水的水神，就是《九歌》中的《湘君》和《湘夫人》。

《湘夫人》"九嶷缤兮并迎，灵之来兮如云"，汉王逸注："言舜使九嶷之山神，缤然来迎二女。"

《离骚》"百神翳其备降兮，九疑缤其并迎"，汉王逸注："舜又使九疑之神，纷然来迎，知己之志也。"

一座山和两条水就这样连接着、对望着……

明崇祯十年（1637），三月二十八日，徐霞客由一位瑶族向导带领，经玉琯岩攀上九嶷山。那一刻，浓云忽开，三分石瞥然闪影于高峰之顶。三分石下有三分石水，分别流向广东、广西、湖南，流向湖南的便是潇源。

闰四月初三日，徐霞客舟行抵达潇湘二水合流处，潇水东岸有湘口驿，有祭祀舜帝二妃的古潇湘祠。徐霞客停靠潇湘祠下，乘舟横断潇水，向西见到如龙口含珠般的蘋洲。为避涨流，徐霞客的船从"珠后"绕过，紧贴芝山余脉的"龙尾"进入湘水。

唐柳宗元《唐柳先生集》卷四十三《湘口馆潇湘二水所会》："九疑浚倾奔，临源委萦回。会合属空旷，泓澄停风雷。高馆轩霞表，危楼临山隈。兹辰始澄霁，纤云尽褰开。天秋日正中，水碧无尘埃。杳杳渔父吟，叫叫羁鸿哀。境胜岂不豫，虑分固难裁。升高欲自舒，弥使远念来。归流驶且广，泛舟绝沿洄。"

宋廖莹中辑注："九疑、临源，二山名，俱在永州，潇湘所出。会合，谓合流于湘口馆也。"

明蒋之翘辑注："九疑，山名，在永州界。临源，岭名。九疑、临源，潇湘所出。会合，谓合流于湘口馆也。"

《湘口馆潇湘二水所会》又题《湘口馆望九疑》，暗袭了屈原《九歌》"登白蘋兮骋望"，寓意湘妃想望帝舜的意境。

清吴光《南山草堂集》有《泊湘口二妃庙是潇湘二水会处》，又模拟了柳宗元的诗意。"泛楫楚江曲，辍棹潇湘涯。天水互澄廓，矧逢秋清时。霜明沙渚净，露寒岸草滋。芳蘅被长薄，修篁映涟漪。月华临夜空，青山窈多姿。帝子渺何许，婵娟远水湄。逶迤回翠旌，仿佛骖文狸。苍梧白云去，洞庭丹枫衰。美人期不还，日落愁参差。眷彼湘竹吟，踌躇有余悲。"

潇湘与九嶷山，山水相连，南北相望。

九嶷山是潇水之源，蘋洲是潇水之尾。

古人言蘋洲必言潇湘，言潇湘必溯源九嶷山。

三分石真是一个奇象。人们常说分水岭是二水中分，而三分石却是三水之源。清代大学者章学诚的名言叫作"考镜源流"，"原"是会意字，篆字写作岩崖之下三滴泉。

三分石水就是潇水源，古称"深水原"。因为"潇"字意为深清，所以潇水又称深水。其下有五涧会同，又有九溪相似，故名"九疑"。汉代马王堆出土的古地图中，九嶷山位居地图中心，在一片等高线的旁边绘出九条巨柱，从九柱中间呈S状流出的水源，赫然注曰"深水原"三个字。

舜帝南巡狩，崩于苍梧之野，葬于江南九疑，是为零陵。九嶷山是舜帝陵，零陵是舜帝陵的专名，犹如茶陵是炎帝的专名。在古人看来，九嶷山就是舜帝，潇湘就是二妃。

娥皇、女英二妃思慕舜帝，寻迹而至，抛洒眼泪，化为斑竹。她们最终抵达潇湘，登上白蘋洲，沿着潇水向南眺望九嶷山，遥祭夫君。战国末期屈原在汨罗吟咏这个故事，说湘君与湘夫人"登白蘋兮骋望，与君佳期兮夕张"。娥皇、女英二人死于江湘之间，因此二妃又称作湘妃，也就是湘君和湘夫人。

《国语》中还揭示过一个古代秘密：守社稷者为诸侯，守山川者为群神。

上古实行分封制，分封有两种类型，分封土地的称为"诸侯"，分封山川的称为"群神"。河伯在《竹书纪年》《穆天子传》中实际存在，曹子建《洛神赋》中的洛伯也实际存在，准此而言，湘君、湘夫人也实际存在。娥皇、女英应当是实际分封在湘水和潇水上的诸侯，世系多年，并且时常在风雨之夕往来江岸。

潇湘庙唐代称为湘源二妃庙，明洪武四年（1371）重新敕封为潇湘二川之神庙，庙中塑舜帝、二妃像，并有大禹、皋陶陪侍。现存残碑23通，碑文中称舜帝为"皇爷"，称二妃为"二圣"。

再后来，零陵由陵墓名变成地区名，娥皇、女英分封的潇湘二水则成为永州的代称。

一山二水，山南水北，一源一流，南北对称。

永州、零陵郡两个名字可以互换，而九嶷山和潇湘二水这两处地理位置又相互对应。二水对一山，山水拥一城，这真是一个无比吉祥的格局。

就是这样一个山水佳处，舜帝来了，娥皇、女英二妃来了；被感化的舜帝的弟弟象封于有庳，在九嶷山下，也来了；舜帝的儿子叔均，留驻九嶷山，墓今在九嶷山中，也来了；尧帝的儿子丹朱也来了，苍梧之山，帝舜葬于阳，丹朱葬于阴；大禹治水曾经抵达"九嶷山东南天柱"，也来了；潇湘庙又称禹皋庙，皋陶与舜帝、大禹同处一朝，担任理官，执掌刑法，跟随大禹，同至江南，也来了。虽然尧帝时代南疆已经伸展到了交阯，但是舜帝君臣同来"打卡"，才真正掀起了南岭南北史上第一次的大规模开发。

九疑山是舜帝陵寝，蘋洲是湘妃登临骋望夫君之地。虞舜一朝是中华文明起源时期特殊且重要的一段，永州零陵区数千年来都在舜帝、湘妃的德泽熏染之下，沐浴着舜帝、湘妃的祺祥灵祐。

零陵的地名中包含着九嶷山，也就是虞舜；永州的地名中包含着潇湘，也就是二妃。无论是道州江华郡，还是永州零陵郡，数千年以来，都处在虞舜文化的羽翼荫庇之下。

（二）永州·零陵（永州的得名·零陵的得名）

"零陵"是舜帝陵的专名。衍生为地名、郡名、区县名。

"永州"因潇湘二水而得名，娥皇、女英是潇湘二水之神，湘水就是娥皇，潇水就是女英。

"永"字的最早出处：《尚书·尧典》："平秩南为，敬致，日永，星火，以正仲夏。"

"零"字的最早出处：《诗经·豳风》："我来自东，零雨其濛。"

     泉：水原也，象水流出成川形。 原：水泉之本也。

     水：中间像水脉，两旁似流水。 川：贯穿通流水也。

二水为永，反永为辰。

永、辰二字，字形相同。

潇湘二水的"辰"与九嶷山的"原"，恰成对应。

元代熊忠《古今韵会举要》记载："永，州名，唐置，以二水名。"

永州零陵城区的现代格局，背枕东山，前临潇水，对面西山，是"两山夹一水"（见零陵区政府委托中国城市规划设计研究院编制《永州历史文化名城保护》）。

古代西山本属城外，以元结、柳宗元辈出游而著名，但并非城建之一体。如从宏观格局言之，永州定位潇湘二水之会，潇水正当南岭（苍梧九嶷山），所谓"南极潇湘"，故永州古城（零陵附郭）之格局当称为"一山二水拥一城"。

"永州"别称"二水"。

宋代宝祐元年（1253），会稽人虞展来永州任知州，在华严岩留下石刻，自称"假守二水"。他没有直说自己是永州的知州，而是委婉称为二水的太守，把永州别称为"二水"。

元代至正九年（1349）湖南金宪周从进来到永州，在朝阳岩留下石刻，说他"按部春陵，舣舟二水"。（可配周从进摩崖石刻拓片）

（三）潇·湘

"潇湘"二字，古雅之极。

古文"潇"字又作"溇"，其字从水，为水名，即潇水的专名。

《说文解字》："潇，水名。"又云："溇，深清也。"

《水经注》："潇者，水清深也。"

"潇湘"二字，均发清声，而非浊声。"潇"字发音最清，清如洞箫。"洞箫"的"箫"字也从肃得声，其声肃肃而清。《风俗通》记载："舜作箫（排箫），其形参差，以象凤翼。"

"潇"字字形，从渊从肃。

古典诗文中有"雨潇潇""风萧萧"，如《诗经·郑风》"风雨潇潇"，谓风雨凄清深密，即为"潇"字的引申义。

由此可见潇水古以深清得名，为古代第一清澈莹洁江川。

汉张衡《四愁诗》："我所思兮在桂林，欲往从之湘水深。""湘水深"并非泛泛描写，而是依据文字训诂的典型描写。晋罗含《湘中记》称"湘川清照五六丈""是纳'潇湘'之名矣"，也是由文字训诂而立说。

"深"字亦从水，亦为水名，即深水的专名。《说文》云："深，水，出桂阳南平，西入营道。"1973年长沙马王堆三号汉墓出土的帛绘古地图，九嶷山及发源于九嶷山的深水处于《地形图》的中心位置，山体旁边标出"帝舜"二字，一道泉源呈弯曲状从中流出，旁注"深水原"三字。

深水源即潇水源，明徐霞客《楚游日记》称之为"潇源水"，又称"三分石水"。清王先谦《汉书补注·地理志》、《嘉庆重修一统志》、道光《永州府志》、光绪《永明县志》、光绪《道州志》均称"三分石水"。

"湘"字从水从相。

"相"从目从木，解为"省视"。

省视一定要是林木。

《易经》云："地可观者，莫可观于木。"（今本《易经》无此句，见汉许慎《说文》引。）

"省视"，古人有特指的概念——《观卦》。

《易经》有《观卦》䷓，《坤》☷下《巽》☴上。

坤为地，巽为木，《观卦》卦象为地上之木。

《易经·观卦》："观国之光，利用宾于王。""观国之光，尚宾也。"

观赏一个邦国的礼俗文明景象，在这件事情上，重要的是让宾客受到尊敬。

"观光"一语，出典于此。

"湘"字的含义是：乘舟在水上，观光树木，观光邦国，观光礼俗，观光文明。

"潇"字的本义——清深；深清。

"潇"的引申义——天下第一清澈江川。

"湘"字的本义——乘舟水上而观视树木。

"湘"的引申义——观国之光而尊尚宾客。

"潇湘"的语义可以理解为乘舟于清深之水而观光。

（四）白蘋・白蘋・包茅・白茅・菁茅・萧茅・零陵香・四叶草

"蘋洲"因生长白蘋而得名。"白蘋洲""蘋洲"名称源于《楚辞》。

战国时期楚国屈原《九歌・湘夫人》："登白蘋兮骋望，与佳人期兮夕张。"

湘君、湘夫人曾经登上长满白蘋的沙洲，远望九嶷山舜帝陵，思慕自己的夫君。

屈原流放在汨罗，行吟泽畔，他了解湘妃和舜帝的故事，在《离骚》和《九歌》中反复致意。

据林云铭《楚辞灯》附录年表，屈原又被谗，放于江南之野，在楚顷襄王二年（前297），《九歌》作于此时，距今约2320年。

蘋洲位于潇湘二水之交，正是屈原所记述的白蘋所在。

《楚辞》原本此章错简较多。

"与佳人期兮夕张"，通行本作"与佳期兮夕张"，以"佳期"作为一个复合词，但"佳期"不可称"与"，当作"与佳人期"为是。

"登白蘋兮骋望"，通行本作"白蘋兮骋望"，无"登"字，则"白蘋"成为主语，但"白蘋"不可以"骋望"，当作"登白蘋"为是。

"白蘋"，通行本作"白蘋"，别本作"白蘋"。汉王逸注："'蘋'或作'蘋'。"《昭明文选》三次均引作"白蘋"，但《文选》汉司马相如《上林赋》"蒋芧青蘋"，《子虚赋》"薛莎青蘋"，汉张衡《南都赋》"蘼芜蘋茷"，又有"蘋"字。

《九歌・湘夫人》"登白蘋兮骋望，与佳人期兮夕张"，下句说"鸟何萃兮蘋中，罾何为兮木上"，其字亦作"蘋"。

"白蘋"或"白蘋"，历代学者意见不一。

宋朱熹《楚辞集注》："'蘋'音'烦'，一作'蘋'。"

宋罗愿《尔雅翼》："朱文公注'蘋音烦，一作蘋'，非是。蘋草秋生，今南方湖泽皆有之，似莎而大，雁所食也。愚按《九歌》中四句言'登白薠兮骋望'，下言'鸟何萃兮蘋中'，一薠一蘋相乱，而注或乱之，非也。"

清王夫之《楚辞通释》："'白薠'上一有'登'字，非是。薠草似莎而大，然青而不白，疑'蘋'字之讹。"

清胡文英《屈骚指掌》："薠草有青白二种，青薠草似香附，生楚北平地，白薠草似薰草，生楚南湖滨。"

清杭世骏《订讹类编》卷下《薠》："《天禄识余》：相如赋'薜荔青薠'，《说文》'青薠似莎而大'，张楫曰：'生江湖，雁所食，管子谓之雁膳，别种为白薠。'《楚词》'登白薠兮骋望'，今误作'蘋'。"

清殷元勋《才调集补注》卷七《白蘋》："《唐本草》：'蘋有三种，大者名蘋，中者名荇，叶皆相似而圆，其小者即水上浮萍也。''蘋'一作'薠'，《楚词》'登白薠分骋望'。"

"薠""蘋"二字之别，因其年代久远，难于定论。但或者《楚辞》本作"白薠"，别本讹作"白蘋"，"蘋洲"之名不误；或者《楚辞》本作"白蘋"，后世往往讹作"白薠"，"蘋洲"之名亦相因而误。

总之，"蘋洲书院"之"蘋洲"这一地名，与《九歌·湘夫人》之"登白薠"完全对应，其得名出处源于《楚辞》。

唐柳宗元《得卢衡州书因以诗寄》诗："非是白蘋洲畔客，还将远意问潇湘。"所说"白蘋洲"为永州实景，"潇湘"用湘妃典故，诗句全由演绎《楚辞·湘夫人》而成。

清人屈大均说，潇湘二水相合，别名"鸳鸯水"。屈大均在零陵作《潇湘神》三首，说道："潇水流，湘水流，三闾愁接二妃愁。潇碧湘蓝难两色，鸳鸯总作一天秋。""潇水长，湘水长，三湘最苦是潇湘。无限泪痕斑竹上，幽兰更作二妃香。""潇水深，湘水深，双双流出逐臣心。潇水不如湘水好，将愁送去洞庭阴。"

"白蘋"或"白薠"这种香草，是楚地的特产，馨香圣洁，是祭祀必备之物。

"白蘋"可能是《左传》"包茅不入，王祭不共，无以缩酒"中的包茅，和《穀梁传》"菁茅之贡不至，故周室不祭"中的"菁茅"。

"白蘋"也有可能是《易经》"藉用白茅，无咎""藉用白茅，柔在下也"，和《诗经》"白华菅兮，白茅束兮""野有死麕，白茅包之"中的白茅。

"白蘋"也是《尚书·禹贡》"荆州包匦菁茅"中的"菁茅"，和《周礼》"祭祀共萧茅、共野果蓏之荐"中的"萧茅"。

"白蘋"历代均列为特殊贡品。

《晋书·地理志》："零陵郡，泉陵县有香茅，云古贡之以缩酒。"

《水经注》："零陵郡泉陵县有香茅，气甚芬香，言贡之以缩酒也。"

《吴录·地理志》："零陵有香茅，任土贡之。"

南朝宋盛弘之《荆州记》："零陵郡有香茅，桓公所以责楚。"

《南越志》：零陵香，土人谓之燕草。

《通典》：道州江华郡，贡零陵香百斤。

《新唐书·地理志》："永州零陵郡，土贡：葛、笋、零陵香、石蜜、石燕。""道州江华郡，土贡：白纻、零陵香、犀角。"

宋沈括《梦溪笔谈》："香草之类，大率多异名：荪，即今菖蒲是也。蕙，今零陵香是也。茝，今白芷是也。"

宋蔡绦《铁围山丛谈》："零陵香草生九嶷间，实产舜墓，然今二广所向多有之。在岭南初不大香，一持出岭北则气顿馨烈。"

零陵香，一说又名四叶草。

清郝懿行《尔雅义疏·释草》苹：《诗》曰："于以采苹。"四叶合成一叶，如田字。又云：其叶四衢中折，如十字，俗谓之四叶菜，一云田字草，五月开白华。皆其形状也。古者苹藻芼羹，可荐鬼神，羞王公。

《永州府志·食货志·物产》"土风对"：零陵人呼苹为四叶草。按四叶古有菜名。又青苹，生陆地者，亦四叶合成一叶，名水田翁。

《香苓诗话》：城西潇水之上有洲，以白苹名。夏秋间苹花最繁，尝有句云："四叶离披泛碧潇，浮洲秋色正萧萧。天涯愁见苹花白，十二年来浪迹飘。"

五　蘋洲书院内部展陈大纲

说明：1. 蘋洲书院设计不添加现代元素。2. 蘋洲书院不宜带祭祀功能。3. 蘋洲书院不宜展示潇湘文化以外的永州其他历史文化元素。

1. 风雨亭

风雨亭（现为售票处）：恢复为故人亭。

蘋洲岸上旧有故人亭。范成大《湘口夜泊》："我从清湘发源来，直送湘流入营水。故人亭前合江处，暮夜樯竿矗沙尾。"杨万里《浯溪赋》："予自二妃祠之下故人亭之旁，招招渔舟，薄游三湘，风与水其俱顺，未一瞬而百里。"明清《永州府志》《零陵县志》均载："故人亭，在潇湘合流处，湘口驿侧。"

楹柱张挂何仙姑诗联："风细日斜南楚晚，鸟啼花落东湘春。"

北宋刘斧《摭遗小说》："洪州袁夏秀才，侍亲过永州，因见何仙姑，曰：'吾乡有故人亭，永亦有之。此是则彼非，此非则彼是，幸仙决之也。'仙曰：'此亭名因选诗而得之也。'选诗曰：洞庭有归客，潇湘逢故人。夫洞庭之水与潇湘之流一源耳，今永之境，湘水出其左，潇水会其右，以二水所出，故为永字。今永创此亭，得其实也，彼则非也。因赠诗曰：'全永从来称旧郡，潇湘源上构轩新。门前自古有流水，亭上如今无故人。风细日斜南楚晚，鸟啼花落东湘春。因公问我昔日事，江左亭名不是真。'"

内外匾额：故人亭；潇湘雨；零雨其濛。

潇湘雨：唐李商隐《与王郑二秀才听雨后梦作》："逡巡又过潇湘雨，雨打湘灵五十弦。"宋侯寘《青玉案·戏用贺方回韵饯别朱少章》："短篷孤棹，绿蓑青笠，稳泛潇湘雨。"元杨显之杂剧有《临江驿潇湘秋夜雨》。清周皡有《潇湘听雨词》五卷、江昱有《潇湘听雨录》随笔八卷。

零雨其濛：用《诗经·豳风·东山》原句，同时寓含"零陵"之意。

2. 山门

匾额：蘋洲书院。（按尺寸重新制作）

原在院内正面，今移到山门，仍用赵宜琛告示碑文楷体。

楹联：洞庭有归客，潇湘逢故人。

字体改为正书（楷体），建议手写。换掉现在的草体"潇湘"二字，和草体"洞庭有归客，潇湘逢故人"二句。

楹联出自南朝梁柳恽《江南曲》："汀洲采白蘋，日落江南春。洞庭有归客，潇湘逢故人。"历代纪咏潇湘的诗篇中，此二句最为优美。

洞庭与舜帝、湘妃有关，洞庭君山有湘妃庙，《庄子·至乐》说《咸池》《九韶》之乐，张之洞庭之野"。

洞庭与潇湘同为南楚最具浪漫色彩的古地名。

诗文二句互文。"洞庭有归客，潇湘逢故人"二句也可以理解为：潇湘有归客，洞庭逢故人。或者：洞庭潇湘均有归客，洞庭潇湘皆逢故人。老朋友可称作故人，新朋友也可以是归客。从语义上说，"洞庭有归客，潇湘逢故人"二句富于时空感，富于包容性。

3. 正门

匾额：古潇湘。

用正书（楷体），大字榜书；建议手写。

"古潇湘"三字，以最简洁、最朴拙的命名，求其最大气、最恢宏的内涵。

"古潇湘"是"万古潇湘"的省称和雅化，且区别于其他所有"潇湘"。

楹联：南风之熏兮草芊芊，妙有之音兮归清弦。

帝舜《南风歌》今传有三个文本。

其一，《孔子家语》载帝舜作《南风歌》："南风之熏兮，可以解吾民之愠兮。南风之时兮，可以阜吾民之财兮。"

其二，《乐府诗集》引《南风歌》："反彼三山兮商岳嵯峨，天降五老兮迎我来歌。有黄龙兮自出于河，负书图兮委蛇罗沙。案图观谶兮闵天嗟嗟，击石拊韶兮沦幽洞微，鸟兽跄跄兮凤皇来仪，凯风自南兮喟其增叹。"

其三，《纂异记》逸文载张生梦舜鼓琴歌："南风之熏兮草芊芊，妙有之音兮归清弦；荡荡之教兮由自然，熙熙之化兮吾道全。"

前二首文字比较艰深，文学性稍差，不够流畅，不取。取第三首，优美流畅，富于文采，便于给游客留下亲切良好的第一印象。

4. 庭院

蘋洲书院的庭院命名为"箫韶庭"。可在门庭入口处制作适当的标记。

庭院在大门和影壁之间，为圆形的露天广场，应为嘉礼、宾礼、乐舞、休闲场所。

《尚书》："《箫韶》九成，凤凰来仪。"奏大乐皆以钟鼓，九奏乃终，谓之九成。

舜帝宫廷雅乐名为《箫韶》，《白虎通》："尧乐曰《大章》，舜乐曰《箫韶》。"

帝舜出于音乐世家，其父瞽叟为乐师，帝舜自己能"弹五弦之琴，歌南风之诗"。《琴瑟中论》："朱襄氏制为五弦之瑟，瞽叟判为十五弦，舜益之为二十三。"

5. 南影壁（现已拆除，应当还原）

影壁内面：选用珍藏在宁远文物局的一级文物《九疑山诗图》石刻中九疑山主峰一幅。

石刻上有"舜源峰""三分石""潇水源"字样，并有文字说明："九疑山左边诸界水为潇水，由江华、道州、宁远、永州、祁阳、白水。其右边诸界水由蓝山、嘉禾、桂阳。左右逢源，会合同出北方。此潇湘之所由来也。"

石刻线条简洁，风格疏朗，价值珍稀，刻工精致。地理上体现出蘋洲、潇湘的发源之地，文化上象征着湘妃与帝舜的亲切关系。

影壁外面：节选《大戴礼记》一段。《大戴礼记·礼三本》："天地以合，四海以洽，日月以明，星辰以行，江河以流，万物以倡，好恶以节，喜怒以当。"（《荀子》作："天地以合，日月以明，四时以序，星辰以行，江河以流，万物以昌，好恶以节，喜怒以当。"）

四言八句韵文，排比整齐，自天地日月至万物人心，蝉联而下，体现出传统的天人秩序。"以"解为"因此"。天人秩序和谐展现，皆由于礼，皆由于道。

（可配清代《九疑山诗图》石刻拓片）

6. 半圆形长廊

长廊北侧：潇湘八景图，共 8 幅，用浅绛山水手绘。（现有的现代石刻遮盖不动。）

长廊南侧：《尚书·帝典》仿南宋雕版 16 幅。

仿宋雕版选用《尚书孔氏传》，乾隆武英殿刻本。原书版框 21×13.6 厘米。半页 8 行，行 17 字，小字双行同，白口，四周双边，双鱼尾。卷前有乾隆御笔七律诗一首，钤印"古稀天子之宝""犹日孜孜"，卷首钤印"乾隆御览之宝"。卷末刻有"相台岳氏刻梓荆溪家塾"牌记。

《尚书》为五经之一，又居史学"六家二体"之首，所载虞舜一代史事，一向被视为儒家正统的中华文明史的开端。虞舜时代即中国古史的黄金时代，"虞舜之道"或"唐虞之道"即古代政治的最高典范，我国古代政治、哲学、文学、教育、伦理、家庭、孝道等，均在此时滥觞。

《尚书》开篇的《尧典》《舜典》二篇，历叙二女下嫁有虞及帝舜南巡九嶷，是记载帝舜、湘妃事迹的最早典籍，与潇湘、蘋洲关系密切。

《尚书》自古有今文、古文两派之争，但《尧典》《舜典》二篇今、古文均有，文字内容无大差别，可以超乎论争之外。其中史实虽然有后人难以理解之处，或不能完全证实之处，但其整体内容无可怀疑。二篇合称"二典""帝典"，在群经诸子之中历史价值最高。皮锡瑞《经学历史》："有《尧典》，而《舜典》即在内，盖二帝合为一书，故《大学》称'帝典'。"《孔丛子》："子夏问《书》大义，子曰：'吾于帝典，见尧舜之圣焉。'"

7. 清淑堂（大堂左侧）

游客中心，陈列销售图书资料、文创产品，售卖饮品等功能。

"淑"字从水，与"潇"字相关。

《说文》："淑，清湛也。从水叔声。"《尔雅》："淑，善也。"

山为地之形势，水为地之脉络，皆扶舆清淑之气所钟，和顺积中，英华发外。

韩愈于衡阳作《送廖道士序》："衡山之神既灵，而郴之为州，又当中州清淑之气，蜿蟺扶舆磅礴而郁积，其水土之所生，神气之所感，意必有魁奇忠信材德之民生其间。"

苏轼《寓居定惠院之东，杂花满山，有海棠一株，土人不知贵也》诗句："雨中有泪亦凄怆，月下无人更清淑。"

8. 清慧堂（大堂右侧）

游客中心，陈列销售图书资料、文创产品，售卖饮品等功能。

"清慧"与"清淑"对应。

刘禹锡《海阳湖别浩初师并引》："潇湘间无土山，无浊水，民乘是气，往往清慧而文。"

清慧堂、清淑堂安置仿古工艺放大重刻两件清代永州古城木雕。

9. 夷犹馆（在中庭东南）

教室、会议室或展厅。

命名出自《九歌·湘君》："君不行兮夷犹，蹇谁留兮中洲？"

王逸注："夷犹，犹豫也。"

"夷犹"有留恋不舍之意。

10. 北渚馆（在中庭西南）

教室、会议室或展厅。

命名出自《九歌·湘夫人》："帝子降兮北渚，目眇眇兮愁予。嫋嫋兮秋风，洞庭波兮木叶下。"

《尔雅》："小州曰渚。"

"北渚"为仙人即娥皇、女英降临之所。

11. 上善馆（在中庭东北）

教室、会议室或展厅。

命名出自老子《道德经》："上善若水。水善利万物，又不争，处众人之所恶，故几于道。"

《尔雅·释诂》："几，近也。"

《礼记·大学》："大学之道，在明明德，在亲民，在止于至善。"

上善、至善，为学术、人生与人类文明的最高准则。

12. 含珠馆（在中庭西北）

教室、会议室或展厅。

命名出自徐霞客《楚游日记》："湘口之中，有沙碛中悬，丛木如山，湘流分两派潆之，若龙口之含珠。"

蘋洲为椭圆形，恰似潇湘之明珠。

13. 儒行斋（在讲堂东侧）

贵宾接待室、茶室。

命名出自《礼记》篇名，记有道德者之所行。

《礼记·儒行》："儒有席上之珍以待聘，夙夜强学以待问，怀忠信以待举，力行以待取。其自立有如此者。"

14. 经义斋（在讲堂西侧）

贵宾接待室、茶室。

命名出自《礼记》篇名，记六艺政教得失。

《礼记·经解》："孔子曰：入其国，其教可知也。其为人也，温柔敦厚，《诗》教也。疏通知远，《书》教也。广博易良，《乐》教也。絜静精微，《易》教也。恭俭庄敬，《礼》教也。属辞比事，《春秋》教也。"

15. 院落中门

中门扇形匾额题写"金桂天香"四字。

四字出处为唐代宋之问诗句"桂子月中落，天香云外飘"。体现桂花飘香主题，以"金""天"二字衬托出其高雅高贵的品性。月中之桂与人间之桂呼应，人间之香与月中之香呼应。既赏桂，又赏月，月圆之夜，最见雅致。

16. 天机堂（小型餐厅）

制作匾额"天机堂"。

命名出自《庄子·大宗师》："其嗜欲深者，其天机浅。"二程称"此言最是"。

生理需要物质奉养，但欲望不可极端放纵，天道不可失去平衡。

17. 潇湘讲堂

匾额：潇湘讲堂。

讲堂内正面文字：

十六字心传，用咸丰帝题字。《尚书·大禹谟》舜告禹："人心惟危，道心惟微，惟精惟一，允执厥中。"

十六字为尧、舜、禹三圣心传，中国古代政治与学术的最高境界，莫过于此。

朱熹说道："《书》云'人心惟危，道心惟微，惟精惟一，允执厥中'，此便是尧、舜相传之道。"《书》曰'惟精惟一，允执厥中'，尧、舜、禹数圣人出治天下，是多多少少事，到末后相传之要，却只在这里。"《书》曰'人心惟危，道心惟微，惟精惟一，允执厥中'，圣贤千言万语，只是教人明天理，灭人欲。"

王阳明《象山文集序》："圣人之学，心学也。尧、舜、禹之相授受曰：'人心惟危，道心惟微，惟精惟一，允执厥中。'此心学之源也。"

2009 年首次公布的清华简《保训》篇，记载周文王临终遗嘱周武王，列举了帝舜"求中""得中"，以及甲微"假中""归中"的事迹，证明"中庸"观念由来久远。

（可配咸丰帝楷书《尚书》句横幅　水墨绢本）

讲堂内正面、侧门人物画像：

正面墙壁："姚、姒、子、姬"画像（舜帝、夏禹、商汤、周文王、周武王；画像居中，十六字心传在画像两边）

左侧墙壁："孔、曾、思、孟"画像（孔子、曾子、子思、孟子）

右侧墙壁："周、程、张、朱"画像（周敦颐、程颢、程颐、张载、朱熹）

蘋洲书院"潇湘文化"中的舜帝元素，主要保留在此处。

蘋洲书院的书院元素，主要保留在此处。

潇湘讲堂的学术观念是：以"姚、姒、子、姬"为儒家学派的第一阶段，"孔、曾、思、孟"为儒家学派的第二阶段，"周、程、张、朱"为儒家学派的第三阶段。

表 17-2　儒学发展三阶段简表

时　期	人　物	道　统	年　数
上古	姚、姒、子、姬	尧→舜→禹→汤→文→武→周公	1800 年
中古	孔、曾、思、孟	孔子→曾子→子思→孟子	1500 年
近古	周、程、张、朱	周子→二程子→张子→朱子	1000 年

（1）上古时期：姚、姒、子、姬

唐虞时代距今大约 4300 年，夏禹时代距今大约 4100 年。从尧舜到孔子，思想影响持续 1800 年。

（2）中古时期：孔、曾、思、孟

秦代距今 2200 余年，宋代距今 1000 余年。从孔子到周敦颐，思想影响持续 1500 余年。

（3）近古时期：周、程、张、朱

宋代距今 1000 余年，清代距今 100 余年。从周敦颐以来，周、程、张、朱的思想直接影响了近千年的文明发展。

18. 奎星楼

旧名魁星楼。更名为"潇湘无尘"，以此表达潇湘文化的核心意象。（不用"潇湘阁"名称。）

"潇湘无尘"为"潇湘文化"集中展示处，蘋洲书院所有展陈中的核心部分。

"潇湘无尘"是"清深"的否定表达形式，独具一格；同时"无极""无妄""无咎""无疆"是传统文化中的最高境界。"无尘"又有出尘脱俗、暂离滚滚红尘的文旅寓意。

"潇湘"+"无尘":两个核心概念组合。好记;不雷同;声调整齐(阴平阴平、阳平阳平);笔画平均(都趋于饱满);字体结构对称(左右结构+上下结构)。

北面悬挂"潇湘无尘"大幅木匾(繁体书写)。

一楼展陈:《潇湘八景》+渔父意象

二楼展陈:《九歌》+《列女传》

三楼展陈:潇湘文化论坛

用 AR 影像技术陈列历代《潇湘八景图》,历代《九歌·湘君湘夫人图》,善本《尚书》《楚辞》《列女传》。

装饰风格基调:高古,空灵,空明;雅洁,妙曼,纯美。

("潇湘文化"核心概念另有展陈大纲)

19. 北影壁(两侧)

南侧(一条):《永州赋》。

北侧(二条):《湘君》《湘夫人》。

20. 观景台(两侧)

观景台。

刻字:"潇湘""潺湲台"(字体雅正)

命名出自《九歌·湘夫人》:"观流水兮潺湲。"

21. 专家楼(高级客房)

四座小楼则命名为"元、亨、利、贞"四轩。

五座小楼则命名为"温、良、恭、俭、让"五轩。

六座小楼则命名为"诗、书、礼、乐、易、春秋"六轩。均制作匾额。

22. 蘋洲书院楹联(暂定 10 副)

故人亭楹联:风细日斜南楚晚,鸟啼花落东湘春。(何仙姑诗句)

山门楹联:洞庭有归客,潇湘逢故人。(柳恽《江南曲》诗句)

正门楹联：南风之熏兮草芊芊，妙有之音兮归清弦。（《南风歌》诗句）

中门"金桂天香"匾额两侧楹联：桂子月中落，天香云外飘。（宋之问诗句）

甬道楹联：至今破八百里浊浪洪涛，同读招魂呼屈子；亘古望卅六湾白云皦日，还思鼓瑟吊湘灵。（张之洞联）

甬道楹联：潇湘文波连四海，就此能悟，道在两仪太极；浮岛秋月映万川，于斯便知，学须理一分殊。（王田葵先生联）

潇湘讲堂楹联：

祖述尧舜，宪章文武；远宗孔孟，近法程朱。（上联出自《中庸》）

吾道南来，原是濂溪一脉；大江东去，无非湘水余波。（王闿运联）

楹联：南风如水，承传天下为公，必知民生无小事；夜雨似琴，启奏湘灵鼓瑟，方觉世上有真情。（王田葵先生联）

楹联：此脉接潇水接湘水接江水原原委委，其风本四时本二仪本太极有有无无。（张京华联）

古诗借用为楹联：

"春风无限潇湘意，欲采蘋花不自由。"（柳宗元诗句）

"非是白蘋洲畔客，还将远意问潇湘。"（柳宗元诗句）

"君问二妃何处所，零陵香草露中秋。"（刘禹锡诗句）

"犹似含颦望巡狩，九嶷如黛隔湘川。"（李群玉诗句）

"山鬼迷春竹，湘娥倚暮花。湖南清绝地，万古一长嗟。"（杜甫诗句）

"九嶷日已暮，三湘云复愁。宵霭罗袂色，潺湲江水流。"（李颀诗句）

"画图曾识零陵郡，今日方知画不如。"（欧阳修诗句）

"草舍萧条谁可语，清香吹过白蘋洲。"（沈辽诗句）

"今日雨来三四五，又闭疏篷听暮雨。长年商量泊船所，雨外青

山更青处。"（杨万里诗句）

"无限泪痕斑竹上，三闾愁接二妃愁。"（屈大均诗句）

"三湘贯南楚，潇湘最所称。空江有何好，泠然惟一清。"（梁章钜诗句）

23.蘋洲书院八景（从略）

24.蘋洲书院的书院主题

（1）蘋洲书院为传统书院教育平台。

（2）目前全国各类书院的最佳运营模式是湖南大学岳麓书院。

蘋洲书院常规运营方案应当包括：

（1）每年一届全国或国际"潇湘八景论坛"；

（2）在湖南全省建立以零陵"潇湘夜雨"为起点的"潇湘八景联盟"；

（3）每年联络高端学术论坛在蘋洲书院召开（10次以上）；

（4）国学院师生"九疑古琴课程""汉服礼仪课程""潇湘文化概论"在蘋洲书院授课。

25.蘋洲书院的音乐主题

（1）确定以宋代琴家郭楚望创作的古琴曲《潇湘水云》作为蘋洲书院的主题曲目。

（2）创作新的国风音乐。

26.蘋洲书院的景观植物

（1）蘋洲书院旧有"自外不能见墙瓦"的规定。

（2）移栽少量斑竹。

六　潇湘无尘："潇湘文化"展陈大纲

（一）潇湘无尘

1.魁星楼

旧名魁星楼，现更名为"潇湘无尘"，以此表达潇湘文化的核心意象。

三楼北面檐下，悬挂"潇湘无尘"大幅木匾（繁体书写）。

"潇湘无尘"为"潇湘文化"概念的具体化集中展示处，蘋洲书院所有展陈中的核心部分。

"潇湘无尘"为潇湘文化研究、传播、展示中心。

"潇湘无尘"为潇湘文化艺术传播、展示中心。

"潇湘无尘"为东亚审美研究、展示中心。

"潇湘无尘"为东方人居环境研究、展示中心。

2. 楼内展陈

一楼展陈：《潇湘八景》+《渔父辞》

（用通电玻璃 AR 影像技术陈列历代《潇湘八景图》《渔父》书法折页）

二楼展陈：《九歌》+《列女传》

（用通电玻璃 AR 影像技术陈列历代《九歌图》《湘君湘夫人图》，善本《尚书》《楚辞》《列女传》书影）

三楼展陈：潇湘论坛

（陈列古籍、古地图、古画、古代书法）

"潇湘无尘"装饰风格：高古，空灵，空明；雅洁，妙曼，唯美

3. "潇湘无尘"对应永州零陵

永州雅称潇湘。永州这座千年古城，潇湘二水簇拥，九疑一山面对。一条潇水将九疑山与蘋洲首尾相连。九疑山是舜帝陵寝，蘋洲是湘妃登临骋望夫君之地。虞舜一朝是中华文明起源时期特殊重要的一段，永州市零陵区数千年来都在舜帝湘妃的德泽熏染之下，沐浴着舜帝湘妃的祺祥灵祐。

4. "潇湘无尘"对应湘水潇水

"潇"者，清深也，潇水是中国古代第一清澈江川。蘋洲书院是永州境内最干净、最明澈、最安静的风景。

晋罗含《湘川记》："湘川清照五六丈，下见底石，如樗蒲矢，五色鲜明，白沙如霜雪，赤崖若朝霞，是纳'潇湘'之名矣。"

元辛文房《唐才子传》："潇水出道州九疑山中，湘水出桂林海阳山中，经灵渠，至零陵与潇水合，谓之潇湘，为永州二水也。清泚

一色，高秋八九月，才丈余，浅碧见底。过衡阳，抵长沙，入洞庭。"

明徐霞客《楚游日记》："湘口之中，有沙碛中悬，丛木如山，湘流分两派潆之，若龙口之含珠。"

5."潇湘无尘"对应舜帝、湘妃

娥皇、女英仙逝，娥皇成为湘水之神，女英成为潇水之神，九疑山就是舜帝，潇湘就是娥皇、女英。娥皇、女英挥泪化成斑竹，纯洁坚贞，凄艳动人，与潇湘同其雅洁，同其清澈。

南朝梁柳恽《江南曲》："汀洲采白蘋，日落江南春。洞庭有归客，潇湘逢故人。"

唐柳宗元《得卢衡州书因以诗寄》诗："非是白蘋洲畔客，还将远意问潇湘。"

清曹雪芹《红楼梦》寄意潇湘馆，寄情潇湘妃子，处处都是潇湘意象。

日本文学史家儿岛献吉郎称"中国之恋爱文学发端于帝舜时代"，湘妃故事"盖为古今恋爱文学之祖"。

6."潇湘无尘"对应清淑、清慧

从屈原开始，湘妃故事频繁出现在包括诗词、散文、音乐、绘画等古典文艺中，与之有关的事物如湘水、潇水、九嶷山、君山、九嶷白云、潇湘水云、斑竹、湘妃泪、湘妃怨、潇湘楼、潇湘馆、潇湘八景等，由于被反复歌咏，因而成为古典文艺中的固定意象，在士大夫层中具有重要的影响。

屈原"有博通之知，清洁之行"，"膺忠贞之质，体清洁之性"。宋神宗元丰六年（1083），封楚三闾大夫屈原为忠洁侯。

韩愈说，湘南之地多清淑之气，蜿蟺、扶舆、磅礴而郁积，其水土之所生，神气之所感，意必有魁奇、忠信、材德之民生其间。

刘禹锡说，潇湘间无土山，无浊水，民乘是气，往往清慧而文。

清洁、清淑、清慧，字均从水，出典于潇水"深清"之义。

（可配管道升《墨竹》扇面）

7."潇湘无尘"对应人类道德最高境界

"潇湘无尘"，是尧舜天下为公的道德品格，是湘妃纯洁坚贞的家庭情感，是不忘初心的赤子心怀，是两袖清风的磊落胸襟，是子思的诚明，是濂溪的太极，是诗意地栖居，是干干净净地做人。

清梁章钜《潇湘行》诗："三湘贯南楚，潇湘最所称。空江有何好，泠然惟一清。"

8."潇湘无尘"是最本质的思想概括和最不雷同的复合词句

"潇湘无尘"是"清深"的否定表达形式，独具一格；同时"无极""无妄""无咎""无疆"是传统文化中的最高境界。

"无尘"又有出尘脱俗、暂离滚滚红尘的文旅寓意。

"潇湘"＋"无尘"：两个核心概念组合。好记；不雷同；声调整齐（阴平阴平、阳平阳平）；笔画平均（都趋于饱满）；字体结构对称（左右结构＋上下结构）。

"潇湘无尘"是蘋洲书院的最佳 IP 形象设计。

9."潇湘文化"内涵的生命基因（信息密码）

"潇湘文化"概念内涵有四大元素，即四大生命基因、信息密码。四大元素确定了历代诗文吟咏、书画艺术创作永恒不变的主题基调。

以《渔父》为代表的深清意象。

以《九歌》为代表的高古意象。

以《列女传》为代表的凄艳意象。

以《潇湘八景图》为代表的纯美意象。

（二）潇湘无尘之《渔父辞》

《渔父辞》文本：

> 屈原既放，游于江潭。行吟泽畔，颜色憔悴，形容枯槁。
> 渔父见而问之曰："子非三闾大夫欤？何故至于斯？"
> 屈原曰："举世皆浊我独清，众人皆醉我独醒。是以见放。"

渔父曰："圣人不凝滞于物，而能与世推移。世人皆浊，何不淈其泥而扬其波？众人皆醉，何不铺其糟而歠其醨？何故深思高举，自令放为？"

屈原曰："吾闻之：新沐者必弹冠，新浴者必振衣。安能以身之察察，受物之汶汶者乎？宁赴湘流，葬于江鱼之腹中。安能以皓皓之白，而蒙世俗之尘埃乎？"

渔父莞尔而笑，鼓枻而去。歌曰："沧浪之水清兮，可以濯吾缨。沧浪之水浊兮，可以濯吾足。"遂去，不复与言。

《渔父辞》通篇讨论一个"清"字。

"举世皆浊我独清，众人皆醉我独醒"——清醒。

"新沐者必弹冠，新浴者必振衣"——清洁。

"安能以身之察察，受物之汶汶者乎"——清楚。

"安能以皓皓之白，而蒙世俗之尘埃乎"——清白。

"沧浪之水清兮，可以濯吾缨"——清净。

汉王逸《离骚经序》："屈原与楚王同姓，仕于怀王，为三闾大夫。三闾之职，掌王族三姓，曰昭、屈、景。屈原序其谱属，率其贤良，以厉国士。入则与王图议政事，决定嫌疑；出则监察群下，应对诸侯。谋行职修，王甚珍之。同列大夫上官、靳尚妒害其能，共谮毁之。王乃疏屈原。屈原执履忠贞，而被谗邪，忧心烦乱，不知所诉，乃作《离骚经》。上述唐、虞、三后之制，下序桀、纣、羿、浇之败，冀君觉悟，反于正道而还己也。是时，秦昭王使张仪谲诈怀王，令绝齐交。又使诱楚，请与俱会武关，遂胁与俱归，拘留不遣，卒客死于秦。其子襄王复用谗言，迁屈原于江南。屈原放在草野，复作《九章》，援天引圣，以自证明，终不见省。不忍以清白久居浊世，遂赴汨渊，自沉而死。"

屈原面临一个选择：要么清白地结束，要么做一个隐居的智者而逃离这个世界。

《易经》是选择逃离的："不易乎世，不成乎名，遁世无闷，不见是而无闷。"在"潜龙勿用"的时候，不因世俗而改变自己，不追求成功成名，及时行乐，而自有清醒理念，不生烦闷。

孔子是选择逃离的："有孺子歌曰：'沧浪之水清兮，可以濯我缨。沧浪之水浊兮，可以濯我足。'孔子曰：'小子听之：清斯濯缨，浊斯濯足矣，自取之也。'"这个世界清白，我就和它一起清白。这个世界污浊，就只用它来给自己洗脚好了。

老子也是选择逃离的：《老子》说："俗人昭昭，我独昏昏。俗人察察，我独闷闷。"又说："其政闷闷，其民淳淳。其政察察，其民缺缺。"世人追求名利，忙忙碌碌，自以为精明；我却坚守道义，清静无为，貌似昏睡。

> 孔子游乎缁帷之林，休坐乎杏坛之上，弟子读书，孔子弦歌鼓琴。
>
> 奏曲未半，有渔父者，下船而来，须眉交白，被发揄袂，行原以上，距陆而止，左手据膝，右手持颐以听。
>
> 一曲终了，渔父与孔子师徒便有一番对话。
>
> 孔子说，儒家"性服忠信，身行仁义，饰礼乐，选人伦，上以忠于世主，下以化于齐民，将以利天下"。
>
> 渔父说，田荒室露，衣食不足，庶人之忧也。能不胜任，行不清白，大夫之忧也。廷无忠臣，国家昏乱，诸侯之忧也；礼乐不节，人伦不饬，天子之忧也。今子既非有土之君，又非侯王之佐，岂不太多事乎？呜呼！仁则仁矣，恐不免其身。苦心劳形，以危其真。
>
> 孔子说，果然，我栖栖遑遑，席不暇暖，但却"再逐于鲁，削迹于卫，伐树于宋，围于陈蔡"。
>
> 渔父说：惜哉！子之沉于人世，而晚闻大道也。吾去子矣！吾去子矣！乃刺船而去。

屈原的渔父与庄子的渔父都是逃离尘世的智者、隐者，孔子则是一位知其不可为而为之的中流砥柱。

沧浪：沧浪水，汉江的支流，发源于荆州荆山。

《永初山川记》曰："汉水古为沧浪，即《渔父》所云'沧浪之水清'。今沧浪之水合流出镡城北界山，此盖后人名之，非古沧浪也。"

"沧"，意为清寒；与"潇"意为清深相近。

潇湘：潇、湘二水。

古文"潇"字又作"潚"，其字从"水"，为水名，即潇水的专名。

汉许慎《说文解字》："潇，水名。""潚，深清也。"

北魏郦道元《水经注》："潇者，水清深也。"

晋罗含《湘川记》："湘川清照五六丈，下见底石，如樗蒲矢，五色鲜明，白沙如霜雪，赤崖若朝霞，是纳'潇湘'之名矣。"

元辛文房《唐才子传》："潇水出道州九疑山中，湘水出桂林海阳山中，经灵渠，至零陵与潇水合，谓之潇湘，为永州二水也。清泚一色，高秋八九月，才丈余，浅碧见底。过衡阳，抵长沙，入洞庭。"

潇水又名深水。"深"字从"水"，亦为水名，即深水的专名。《说文解字》云："深，水，出桂阳南平，西入营道。"今永州江华犹有深水。马王堆出土《地形图》的中心位置为九座立柱状的九嶷山，山体旁标出"帝舜"二字，一道泉源呈弯曲状从中央立柱下流出，旁注"深水原"三字。深水原即潇水源，明徐霞客《楚游日记》称之为"潇源水"。

可知潇水自古以清深得名，是中国古代第一清澈江川。

潇、湘同源，例可通称。江总诗"湘水深，陇头咽"，王筠诗"暖暖巫山远，悠悠湘水深"，陈羽诗"二妃哭处湘水深"，陈子昂诗"箕山有高节，湘水有清源"，元结诗"不恨湘波深，不怨湘水清"，刘长卿诗"日暮潇湘深"，韩愈诗"湘水清且急"，刘禹锡"南游湘水清"，李涉诗"潇湘水清岩嶂曲"，韦庄诗"巫山夜雨弦中起，湘水清波指下生"，李中诗"月高湘水清"，孟浩然诗"愁怀湘水深"，杨巨源诗"云向苍梧湘水深"，都由字训而立说。

"潇湘"二字，出处极古。《山海经》载"潇湘之渊""潇湘之川""潇湘之浦"，《淮南子》佚文载"弋钓潇湘""躬钓潇湘"，桓谭《新论》佚文载"潇湘之乐"，王子年《拾遗记》载"潇湘洞庭之乐"。

晋郭璞《山海经注》引《淮南子》佚文，已经出现"弋钓潇湘"一语，欧阳询《艺文类聚·游览》曾加引用。

《淮南子·原道训》写道："处京台、章华，游云梦、沙丘，耳听《九韶》《六茎》，口味煎熬芬芳，驰骋夷道，弋钓潇湘，之谓乐乎？"

宋李昉《太平御览》引《淮南子》佚文："所谓乐者，岂必躬钓潇湘。"

弋钓潇湘，自古为一大乐事。

潇湘渔火，也早已是潇湘奇景。

明钱邦芑《潇湘赋》写道："方钓缗之既卷，且醉舞而欲狂。或夜渔之方出，又火照而网张。"自注："湘中渔人每夜中用火照捕鱼。"

宋邢恕诗："崖巅风雨落泉声，崖下江流见底清。夹岸松筠倒疏影，炊烟渔火近寒城。"

由屈原、庄子的《渔父辞》，衍生出了乐府歌行的《渔父歌》；由《渔父歌》衍生出了乐府《欸乃曲》；之后又衍生出了《渔翁》以及《渔家傲》。

渔父、渔舟、弋钓诸元素的加入，丰富了"潇湘意象"的内涵。

人、水、舟、鱼，在此构成了四大关系。

鱼——意味着收获，意味着利益。但鱼也是可爱的生命。

鱼也有自己的快乐。庄子说："子非鱼，安知鱼之乐？"

而且鱼也有自己超然、轻盈的美态。柳宗元《小石潭记》："潭中鱼可百许头，皆若空游无所依。"

况且渔利也并非可以无限地获取。孟子说："鱼与熊掌不可得兼。"

水——水是伟大的，水的好处数不胜数。

水是宇宙的本原，古人说：太一生水。

水是智慧的源泉，古人说：智者乐水。

水是"上善"，而人类应当止于"至善"。

水具有自净的功能，清洁无瑕。"美哉水乎！其浊无不涂，其清无不洒。"

水有利于万物，却不与万物相争。"润万物者，莫润于水。"

水能够藏污纳垢，包容一切的善与恶。

水平，可以为鉴，以正衣冠。

水柔弱，而能以天下之至柔，驰骋天下之至坚。

水能载舟，亦能覆舟。行舟水上是愉快的，也是危险的。

舟——舟是水上交通工具。刳木为舟，以济巨川。但工具也并不一定要用来急功近利。

舟不一定很大，有时可以是"一叶扁舟"。

舟船漂浮在水上，比车马轻松自由，古人因此便说"泛舟"。

泛舟的最高境界，可以是"不系之舟"。《鹖冠子》："泛泛乎若不系之舟。"

孔子说："君子而时中。""中庸"的意思是随时而中，随地而中，与天地同其变化，而最明显的变化莫过于流水。"驾一叶之扁舟，寄蜉蝣于天地"，人在舟船中飘荡，恰如万物寄生于大道，逍遥徜徉，容与徘徊，任其所之。心勿忘，勿助长，不偏不倚，无过不及，古称"与时偕行"。

人——钓者有术。

钓鱼的人，最好的方式是用钓钩，而不是张网。孔子钓而不网，弋不射宿。商汤去其三面，置其一面。——彼此双方都有选择的自由。

钓鱼的钩，最妙的方式，是可以有饵，可以无饵。《符子》载：太公涓钓于隐溪，五十有六而未常得一鱼。鲁连子闻而观焉。太公涓跙而屹柯，不饵而钓，仰咏俯吟，暮则释竿。其膝所处之石皆若臼，其跗触崖若路。鲁连曰："钓所本以在鱼，无鱼何钓？"——彼此双方都因循自然。

鱼为饵死，鸟为食亡。钓鱼的人，只取贪饵之鱼可也。姜太公钓鱼，愿者上钩。《六韬》载：吕尚坐茅以渔，文王劳而问焉。吕尚曰："鱼求于饵，乃牵其缗；人食于禄，乃服于君。故以饵取鱼，鱼可杀；以禄取人，人可竭。小钓钓川，而擒其鱼；中钓钓国，而擒其万国诸侯。"——彼此双方冥冥之中无不归于命运之必然。

人、水、舟、鱼，构成了四个张力。

舟在水上，人在舟上，似乎人类居于万物的顶层，而其实仍在天地的覆载之下。

水在流，舟在动，鱼在游，舟中的人，静中有动，动中有静。

（三）潇湘无尘之《九歌》

《九歌》文本：

湘　君

君不行兮夷犹，蹇谁留兮中洲。
美要眇兮宜修，沛吾乘兮桂舟。
令沅湘兮无波，使江水兮安流。
望夫君兮未来，吹参差兮谁思。
驾飞龙兮北征，邅吾道兮洞庭。
薜荔柏兮蕙绸，荪桡兮兰旌。
望涔阳兮极浦，横大江兮扬灵。
扬灵兮未极，女婵媛兮为余太息。
横流涕兮潺湲，隐思君兮陫侧。
桂棹兮兰枻，斵冰兮积雪。
采薜荔兮水中，搴芙蓉兮木末。
心不同兮媒劳，恩不甚兮轻绝。

石濑兮浅浅，飞龙兮翩翩。

交不忠兮怨长，期不信兮告余以不闲。

朝骋骛兮江皋，夕弭节兮北渚。

鸟次兮屋上，水周兮堂下。

捐余玦兮江中，遗余佩兮醴浦。

采芳洲兮杜若，将以遗兮下女。

时不可兮再得，聊逍遥兮容与。

湘 夫 人

帝子降兮北渚，目眇眇兮愁予。

嫋嫋兮秋风，洞庭波兮木叶下。

白薠兮骋望，与佳人期兮夕张。

鸟萃兮苹中，罾何为兮木上。

沅有茝兮醴有兰，思公子兮未敢言。

荒忽兮远望，观流水兮潺湲。

麋何食兮庭中，蛟何为兮水裔？

朝驰余马兮江皋，夕济兮西澨。

闻佳人兮召予，将腾驾兮偕逝。

筑室兮水中，葺之兮荷盖。

荪壁兮紫坛，播芳椒兮成堂。

桂栋兮兰橑，辛夷楣兮药房。

罔薜荔兮为帷，擗蕙櫋兮既张。

白玉兮为镇，疏石兰兮为芳。

芷葺兮荷屋，缭之兮杜衡。

合百草兮实庭，建芳馨兮庑门。

九嶷缤兮并迎，灵之来兮如云。

捐余袂兮江中，遗余褋兮醴浦。

搴汀洲兮杜若，将以遗兮远者。

时不可兮骤得，聊逍遥兮容与。

（可配唐欧阳询小楷《九歌》六首、宋张敦礼《九歌图》）

屈原的《楚辞》作品是上天入地、极尽浪漫的。忽而驰骋于天际，而与飘风云雨翱翔；忽而出入远古，而与圣君贤臣同语；忽而欣遇佳人佚女，并且陪伴以嘉木香草。

现实是处处艰难困阻的，但是诗歌完全打通了所有的障碍，而使作者获得了无比的自由。

王逸说："《离骚》之文，依《诗》取兴，引类譬谕。故善鸟香草以配忠贞，恶禽臭物以比谗佞。灵修美人以媲于君，宓妃佚女以譬贤臣。虬龙鸾凤以托君子，飘风云霓以为小人。其词温而雅，其义皎而朗。凡百君子，莫不慕其清高，嘉其文采，哀其不遇，而闵其志焉。"

《离骚》中说"济沅湘以南征兮，就重华而陈词"，"朝发轫于苍梧兮，夕余至乎县圃"，"百神翳其备降兮，九嶷缤其并迎"，"奏九歌而舞韶兮，聊假日以媮乐"，说到舜帝最多。

《离骚》中说"望瑶台之偃蹇兮，见有娀之佚女"，这个有娀氏的美人，是帝喾的贤妃。《离骚》又说"及少康之未家兮，留有虞之二姚"，有虞氏的两个姐妹，后来帮助少康中兴了夏朝。

《离骚》中的这种意识，到了《九歌》里，就成了《湘君》《湘夫人》专篇。

林云铭说："湘君，娥皇也。湘夫人，女英也。""《湘君》《湘夫人》二篇，即《离骚》求有娀二姚之意。"

《九歌》是楚王祭奠天地、云雨、山川的乐歌，其中三篇与南楚相关。

东皇太一——天神（北极星和春神）

云中君——云神（掌管云雨）

湘君——湘水水神（封予娥皇）

湘夫人——潇水水神（封予女英）

大司命——命运之神（掌管生死）

少司命——命运之神（掌管子嗣）

东君——日神（楚国称王，故有资格祭祀日月）

河伯——河神（楚国称王，故有资格祭祀江河）

山鬼——九嶷山神（舜帝陵的守陵人，即舜帝旧臣夔、龙）

王逸说："《九歌》者，屈原之所作也。昔楚国南郢之邑，沅湘之间，其俗信鬼而好祀，其祠必作歌乐鼓舞，以乐诸神。屈原放逐，窜伏其域，怀忧苦毒，愁思怫郁，出见俗人祭祀之礼，歌舞之乐，其词鄙陋，因为作《九歌》之曲。"

古代的分封有两类：1.封予土地，守其社稷，统称为诸侯；2.封予山川，守其山川，统称为群神。

古代的祭祀也有两类：1.祭祀祖先；2.祭祀土地日月、山川云雨。

祭祀祖先有五条标准：法施于民则祀之，以死勤事则祀之，以劳定国则祀之，能御大灾则祀之，能捍大患则祀之。

祭祀土地日月、山川云雨也有明确的要求：日月、星辰，民所瞻仰也。山林、川谷、丘陵，民所取财用也。能兴云致雨，润养万物也。

屈原在自己的祭祀乐歌中，极尽虔诚之至，但是也非常活跃、主动。他可以是司仪的素女，可以是请神的巫觋，也可以是复活的君后。《九歌》的主语扑朔迷离，屈原的身份重叠变化。

娥皇、女英姐妹二人的称谓，本来是随着身份而多变的。姐妹二人又称帝子、帝女、尧女，又别称湘妃，又称湘夫人、湘君、湘灵、湘女、江妃、二妃、舜妃，又别称湘神、湘水之神。《山海经》称之为"帝之二女"，《列女传》称之为"元始二妃"，郭璞称之为"处江为神"，汪绂称之为"湘水之神"。

她们本是帝尧的掌上明珠，又成了帝舜的贤内助；原本生于北方的妫水，又成了遥远的潇湘的水神；她们可能是封于潇湘，成为世袭的诸侯，但在民间书生的偶遇中又成了美丽的佚女。

在历代画家的《九歌图》中，湘妃的身份继续变化。她们处于云雾水气之中，往来于凡人可望而不可即的空间。

北宋画家李公麟、元代画家张渥、明末画家陈洪绶的《九歌图》，往往都有飘荡的云霞，浩渺的流水，但是人物仍然是清晰的，大多用白描的画法，勾勒出清晰的面容，似乎她们依然是人间的君后，宛然出现在人们面前。

她们原本就是生气勃勃的人物，但是可望而不可即的云水，以及在木叶萧萧、四时代序中凝静不动的表情，才会告诉人们，她们已经成了天神。

湘君、湘夫人图的最深刻的表达，是在衡山文徵明的笔下实现的。

湘妃姐妹二人站在一个十分开阔的空间。娥皇回首和女英相向，娥皇拖着长裙，体形呈现出很大的弯曲，极尽窈窕之致。女英仅留一个侧面给观者，她的身体斜侧着，观者看到的几乎是一个背影。

图画是设色的，画面上只见一片祥和的光影。二人脚下的渺渺沧波极其淡微，几乎分不出是在水面还是在云间。二人的衣着也是淡淡的，丝质般透着光亮，完全不同于黑白线图的轮廓。

湘妃完全成了天神，从人间升华到了空明的世界。二人就凸显在观者面前，但是孤高、圣洁、凄清、冷艳，没有一丝人间牵系，没有一毫尘世感，完全脱去烟火。她们逍遥容与，夷犹徜徉，瞥然而过，但是渺乎不可近，神圣不可犯。落叶飞过，水流飞逝，但是二人却已定格在远古的时空中，永远不朽，永远年轻。

曹植"感宋玉对楚王神女之事"，同时受到"从南湘之二妃，携汉滨之游女"的启发，遂作《洛神赋》。顾恺之的《洛神赋》图卷，描绘"众灵杂遝，命俦啸侣，或戏清流，或翔神渚，或采明珠，或拾翠羽"，是雍容华贵景象。它的仪仗是可以模仿的，人物的美艳是可以企及的。但是文徵明的湘夫人却是冰雪绰约，是光色之影，是天人之际，神人之间。

文徵明升华了潇湘的高古格调。

他说：余少时阅赵魏公（赵孟頫）所画湘君夫人，行墨设色，皆极高古。石田（沈周）先生命余临之，余谢不敢，今二十年矣。偶见画娥皇、女英者，顾作唐妆，虽极精工，而古意略尽。因仿佛赵公为此，而设色则师钱舜举（钱选），惜石翁不存，无从请益也。

（可配文徵明《湘君湘夫人图》题跋）

现代画家傅抱石、徐悲鸿、刘旦宅、黄永玉等人的湘君湘夫人图，保留了文徵明的空寂背景，而还原了人物的质感，色彩端丽，容貌柔和。湘君、湘夫人回到了人间，只要带着美感看潇湘，到处都是湘君，到处都是湘夫人。

（四）潇湘无尘之《列女传》

1. 世界最早的女性文献集成

《列女传》，原名《列女传颂图》，西汉刘向编订，分为母仪传、贤明传、仁智传、贞顺传、节义传、辩通传、孽嬖传，共计 7 卷，纪述 105 位妇女事迹，约成书于公元前 20 年，开创了古今列女传记文献的先河，同时也是世界最早的妇女文献集成。

两汉自司马谈、司马迁父子之后，刘向、刘歆父子，班彪、班固父子相继整理中秘图书，学者常将其父子二人并提。章太炎又将刘歆与孔子并称，盛赞说："孔子殁，名实足以抗者，汉之刘歆。"余嘉锡表彰刘向整理中秘图书的贡献，盛道："使后人得见周秦诸子学说之全者，向之力也。""今人得见秦汉古书者，刘向之功也。"

刘向编订《列女传》的意图，重在夫妇之道。"向睹俗弥奢淫，而赵、卫之属起微贱，逾礼制。向以为王教由内及外，自近者始。故采取《诗》《书》所载贤妃贞妇，兴国显家可法则，及孽嬖乱亡者，序次为《列女传》，凡八篇，以戒天子。"《易经》称"有夫妇然后有父子、君臣"，"夫妇之道不可以不久也"，《礼记》称"礼始于谨夫妇"，刘向的本意正在以"贤妃贞妇"规正天子谨守夫妻之礼。

《列女传》多记"后妃"，但最重"母仪"。

夫妇事迹是刘向著述的主题，但在《列女传》七卷中只有"母仪"，没有"后妃"。第一卷《母仪》人物事迹最早，也最为重要。如弃母姜嫄、契母简狄、启母涂山三人，为夏、商、周三代男性始祖的生母，均由"感生"生下第一代男祖先，所以都作为母亲见于记载，"母仪"卷名明显是以身份分类。但此后贤明、仁智、贞顺、节义、辩通五卷，虽然都载明"妃后贤焉""夫人省兹""诸姬观之""姜姒法斯""妻妾则焉"，特别是第二卷"贤明"自周宣姜后、晋文齐姜以下 15 篇人物均为妻辈，却没有题名为"后妃"。

而娥皇、女英本是有虞二妃，并无"母仪"的身份，却列居《列女传》第一卷"母仪"之首，亦即《列女传》全书之首，称之为"元始二妃"。

刘向颂曰："元始二妃，帝尧之女，嫔列有虞，承舜于下。以尊事卑，终能劳苦，瞽叟和宁，卒享福祜。"

刘向引君子曰："二妃德纯而行笃。《诗》云：'不显惟德，百辟其刑之。'此之谓也。"

刻像题辞曰："二妃智德：舜受诸凶能免难，二妃多可相之功；尧试百方悉协谋，一生赖内助之力。"

左芬《虞舜二妃赞》："妙矣二妃，体灵应符。奉嫔于妫，光有此虞。沅湘示教，灵德永敷。"

明彭烊题评："舜虽大圣大智，然每事谋之二妃，即此见妃既有女德之纯良，又有免患之明哲，真圣人之配，万世赖道之贤之首称也。"

《列女传》肯定了湘妃在治家治国中的正面作用，也肯定了虞舜、湘妃故事中两性关系与爱情因素的正面作用，确定了湘妃作为两性关系于男女爱情的原型与典范，也确定了虞舜、湘妃的感情故事成为迄今有记载的最早的一个爱情故事。

2. 修身、齐家、治国、平天下的具体实例

修身、齐家、治国、平天下，这句教导人人皆知，人人做不到。真正做到的，只有一个人。

这句话在《大学》中其实是有特指的，那就是虞舜。

齐家和治国二者真的有关系么？有为者无德，有德者无为，人无完人，私生活不必干预。

齐家然后就有资格有能力治国了么？是的，虞舜正是如此。

孔颖达说：虞舜"家有三恶，身为匹夫，忽纳帝女，难以和协，

以治家观治国。将使治国，故先使治家"。

虞舜有一个最复杂的家庭，在这个家庭里，最善良的人和最险恶的人聚在了一起。

虞舜的父亲顽冥昏庸，不能分别好恶，后妈愚蠢，偏爱亲生儿子，异母弟弟傲慢不敬，"怨怒，忌克，乖争，陵犯，一家之中无所不有"，三个人集中了人伦中一切的恶。虞舜的两个妻子善良贤明，异母妹妹戫手，天真质朴，三个人集中了人伦中一切的善。

帝尧准备传天子之位给虞舜，需要考验他，最好的办法就是把两个帝女下嫁到虞舜家中，家有三恶，又有三善，看他怎么平衡所有人的利益诉求。

"于是妻之以媓，滕之以娥，九子事之，而托天下焉。"不仅二妃来了，帝尧的九个儿子也派过来了。

虞舜不仅要保护自己，还要保护二妃。"舜自处顽、嚚、傲之间而尽其道固难，使二女处焉而尽其道尤难。"棘手的问题是，虞舜不能天天和自己的妻子守在一起。虞舜必须负担起家外的事，以帮助他的父亲；二妃必须负担起家内的事，以帮助她们的婆婆。他们不能时时守护，也不能躲开恶人。

既要征服世界，又要征服女人，这是法国人拿破仑的思维；中国的传统是家族制，谈不上谁征服谁，也不存在一个人独自生存的伦理价值。

我们看现代人四世同堂的全家福照片，通常是老两口居中，长子一家、次子一家各自站在两边，古代不是这样。

宋刻《古列女传》木刻中的虞舜全家同框画像是：虞舜侍奉父亲站在左边，二妃侍奉婆婆站在右边。男主外，女主内。父亲是外事上的一家之主，婆婆是内事上的一家之主，即使二妃是尧帝之女，也不敢以娇贵面对亲戚长辈。婆媳关系是根本回避不了的，二妃下嫁的不只是虞舜一个人，而且是有妫氏一个家族，必须对整个家族负有义务。

二妃带来的还有昭华之玉、缔衣、干戈、弨弓、牛羊、仓廪，和一张琴，物质上和精神上一下子都满足了，阴谋却也很快发动起来。异母弟弟似乎是品味比较高的，和父母约定杀死虞舜，事成之后，牛羊、仓廪归父母，干戈、弤弓和琴归自己。

3. 虞舜、湘妃经历的三道难关

"戏剧性冲突"出现了，夫妇必须共渡难关。

第一道难关叫作"焚廪"，场景是仓廪。

父亲和弟弟谋杀虞舜，命虞舜去修理仓廪，去就放火烧死他。虞舜进退两难，二妃说："去啊！你可以张开两笠，像鸟儿一样飞下来。"虞舜成功逃脱。

《敦煌变文集》中载有一篇后晋天福十五年（950）的抄本《舜子至孝变文》，其中有这样的渲染："舜子才得上仓舍，西南角便有火起。第一火把是阿后娘，续得瞽叟第二，第三不是别人，是小弟象儿。即三具火把铛脚且烧，且见红焰连天，黑烟且不见天地。"

第二道难关叫作"浚井"，场景是井台。

弟弟又和父母合谋，命虞舜去淘井，去就落井下石活埋他。虞舜进退两难，二妃说："去啊！你可以先挖一个倾斜的副井，到时候脱掉衣服，像龙一样钻出来。"虞舜成功逃脱。

山西大同北魏司马金龙墓出土的彩绘漆画屏风，内容接近刘向《古列女传》，风格接近顾恺之《女史箴图》，笔意连绵不断。这幅古代连环画的中间部分保留了父亲和弟弟搬动巨石的危急景象。

第三道难关叫作"速饮"，场景是瞽叟的家。

父亲定计，召命虞舜到自己的家，准备饮酒灌醉然后杀死他。虞舜进退两难，二妃说："去吧！"配了葛根葛花的药给他服下，虞舜终日饮酒不醉，幸免于难。

三道难关没有害死虞舜，虞舜仍然照常侍奉父亲，"夔夔唯谨"。三个恶人黔驴技穷，终于心服口服，改邪归正。

关于虞舜与湘妃的故事，古人特别强调了"以观厥内"，"舜犹内治"。《史记》说"以二女妻舜以观其内，使九男与处以观其外"，"内"特指家族中的女人们。虞舜能够和谐家族内外，所以说齐家就能治国。

舜帝"孝感动天"的故事居"二十四孝"之首；妹妹赅手"舜妹护兄"的故事居"二十四娣之首"；娥皇、女英"聪明贞仁"的故事居《列女传》之首；异母弟弃恶从善，分封耕田，"虞舜封弟"的故事居"二十四弟"之首。虞舜一朝是中国古代传统优秀伦理的开端。

岳麓书院门前的著名对联"惟楚有材，于斯为盛"，前一句出自《左传》，后一句出自《论语》。《论语》的全文是这样说的，"唐虞之际，于斯为盛"。《孟子》里也说，"孟子道性善，言必称尧舜"。虞舜一朝是中华文明起源时期最重要的发展阶段。

尧帝将天子之位传给舜帝，舜帝再传给大禹，三人相传的只是一句心法，"人心惟危，道心惟微，惟精惟一，允执厥中"，叫作"十六字心传"。"中"是公正、公平。不是一群人战胜另一群人，而是满足所有人，这种治国理念叫作"谐和"与"中庸"。孔子曰："中庸其至矣乎！"

4. 中国最早的爱情故事

湘妃和虞舜的感情传说是我国最早的一个爱情故事。这个故事反映在今传最古老的经典《尚书》《山海经》《孟子》《楚辞》《史记》《列女传》六大系文献中。其中《列女传》将湘妃事迹列在 105 位女性传记的首位，称为"元始二妃"，在发生的时间和记载的时间上都是最早的。

娥皇、女英姐妹二人，史称湘妃，又称湘夫人、湘君、湘灵、湘女、江妃、二女、二妃，为唐尧之女，虞舜之妻。虞舜勤政而死，葬九嶷山，她们追寻到达湖南，死于湘江，受封为湘江之神。

唐尧、虞舜为上古"五帝"中人物，《中庸》称儒家"祖述尧舜，宪章文武"，《论语》称"唐虞之际，于斯为盛"，孟子法先王，"言必称尧舜"，新近出土《郭店楚墓竹简》有《唐虞之道》一篇，《清华大学藏战国楚简》有《保训篇》，专讲"舜既得中"。唐虞之道、尧舜之道在中国古代道统、学统、政统上具有十分重要的历史地位。湘妃和虞舜的感情传说，随同虞舜一代史事载入经典，历代传咏，备载不绝。

最深沉而伟大的感情，是无言的思念。

为一个愁绪，为一个想象，为一个寄托，为一种理想，为一种渴望，为一个知己，我们生存着。

一个人，努力不懈，律己严格，而脱俗独行，并非凭借本能或者天赋而坐任命运；一个人，纯一、沉静、含弘、贞素，不刻意宣示，内美而不自以为美；那么他们可以倾心相爱了。

一个人，世人没有人了解他，他也不向人显摆自己，大家对他有所亏欠；然而独有一人悄然出现，了解他的价值，而给予完全的信任，终始不变，无尤无悔；那么这份感情是珍贵的伟大的。

这一份感情，由于种种缘故，受到摧折；最终他们南北殊途，天各一方，困顿难解，再无谋一面之缘；那么就是很大的遗憾，而遗憾终究沉淀为思念。

5. 湘妃与斑竹

《列女传》载：二妃"死于江湘之间，俗谓之湘君"。

《山海经》说："洞庭之山……帝之二女居之，是常游于江渊。澧沅之风，交潇湘之渊，是在九江之间，出入必以飘风暴雨。"郭璞注："天帝之二女，而处江为神也。"汪绂《山海经存》云："帝之二女，谓尧之二女以妻舜者娥皇、女英也。相传谓舜南巡狩，崩于苍梧，二妃奔赴哭之，陨于湘江，遂为湘水之神，屈原《九歌》所称湘君、湘夫人是也。"

"潇湘之渊"，各书引文略有不同。《水经注·湘水》引作"神游洞庭之渊，出入潇湘之浦"，《文选》张衡《思玄赋》注引作"常游汉川澧沅之侧，交游潇湘之渊"，《文选》谢朓《新亭渚别范零陵诗》注引作"常游于汉渊澧沅，风交潇湘之川"，《初学记》引作"澧沅之交，潇湘之渊"。总之不离"潇湘"上下。

《述异记》载："舜南巡，葬于苍梧，尧二女娥皇、女英泪下沾竹，久悉为之斑，亦名湘妃竹。"

《博物志》载:"尧之二女,舜之二妃,曰湘夫人。帝崩,二妃啼,以泪挥竹,竹尽斑。"

《群芳谱》载:"斑竹即吴地称湘妃竹者,其斑如泪痕。世传二妃将沉湘水,望苍梧而泣,洒泪成斑。"

从屈原开始,湘妃故事频繁出现在包括诗词、散文、音乐、绘画等古典文艺中,与之有关的事物如湘水、潇水、九嶷山、君山、九嶷白云、潇湘水云、斑竹、湘妃泪、湘妃怨、潇湘驿、潇湘馆、潇湘八景等,由于被反复歌咏,因而成为古典文艺中的固定意象,在士大夫层中具有重要的影响。

6. 湘君与洛伯

古代的分封有两类:1. 封予土地,守其社稷,统称为诸侯;2. 封予山川,守其山川,统称为群神。

娥皇、女英姐妹二人,可能是封于潇湘二水的群神,也就是世袭的诸侯。

以湘妃为封国,最有力的支持原于河伯与洛嫔两个旁证。

河伯为真实封君,对河水(黄河)的水文负有责任。主河水之祭祀,遂混同为河神。

晋代出土的汲冢书中,《竹书纪年》和《穆天子传》都有关于河伯的记载。

《穆天子传》云:"甲辰,天子猎于渗泽,于是得白狐玄貉焉,以祭于河宗。""戊寅,天子西征,鹜行至于阳纡之山,河伯无夷之所都居,是惟河宗氏。河宗柏夭逆天子燕然之山。"

"河伯"又称为"河宗","河宗"一语与《史记·赵世家》同。"河伯""河宗"显然不能单纯视为神话人物,当是古代诸侯之国。

而分封在黄河支流洛水上的洛伯,又称为洛嫔,其名为宓妃,曹植曾有著名的《洛神赋》,显然是一位女性君主。

山川诸侯中的封君,应当有许多的女性。古人以山为阳性,水为阴性。阳性则为阳神,阴性则为阴神。在山川诸侯中,凡是大山的分封,则诸侯为男性;凡是大川的分封,则诸侯为女性。

河伯是黄河之神，实则即是黄河的诸侯。洛伯是洛水之神，实则即是洛水的诸侯。娥皇是湘水之神，实则即是湘水的诸侯。女英是潇水之神，实则即是潇水的诸侯。

河伯、洛伯、湘君、湘夫人，都封于大川，都由女性担任，并且世袭不衰。依古宗法制度而言，凡二妃既为潇湘之封君，则其后代，世代可称湘君。

7. 江妃二女

相传，汉代儒生郑交甫曾经艳遇江妃二女，得其佩巾。

刘向《列仙传·江妃二女》：

> 郑交甫常游汉江，见二女，皆丽服华装，佩两明珠，大如鸡卵。交甫见而悦之，不知其神人也，谓其仆曰："我欲下请其佩。"仆曰："此间之人，皆习于辞，不得恐罹悔焉。"交甫不听，遂下与之言曰："二女劳矣。"二女答曰："客子有劳，妾何劳之有？"交甫曰："橘是橙也，我盛之以笥，令附汉水，将流而下，我遵其旁搴之，知吾为不逊也，愿请子佩。"二女曰："橘是橙也，盛之以莒，令附汉水，将流而下，我遵其旁，卷其芝而茹之。"手解佩以与交甫，交甫受而怀之，即趋而去。行数十步，视怀空无珠，二女忽不见。

《诗》云："汉有游女，不可求思。"言其以礼自防，人莫敢犯，况神仙之变化乎？

刘向赞诗：

> 灵妃艳逸，时见江湄。丽服微步，流眄生姿。
> 交甫遇之，凭情言私。鸣佩虚掷，绝影焉追？

相传，唐代诗人李群玉曾与二女相遇。

范摅《云溪友议》：

李群玉既解天禄之任，而归涔阳，经二妃庙，题诗二首曰："小孤洲北浦云边，二女明妆尚俨然。野庙向江春寂寂，古碑无字草芊芊。东风近墓吹芳芷，落日深山哭杜鹃。犹似含颦望巡狩，九疑如黛隔湘川。"又曰："黄陵庙前莎草春，黄陵女儿茜裙新。轻舟小楫唱歌去，水远山长愁杀人。"后又题曰："黄陵庙前春已空，子规滴血啼松风。不知精爽落何处，疑是行云秋色中。"李自以第二篇，春空便到秋色，踟蹰欲改之，乃有二女郎见曰："儿是娥皇、女英也，二年后，当与郎君为云雨之游。"李乃志其所陈，俄而影灭，遂礼其神像而去。重涉湖岭，至于浔阳。太守段成式素与李为诗酒之友，具述此事。群玉题诗后二年，乃逝于洪州。

古事幽眇，难以考明。而江妃二女的凄艳情境，永久留在了诗人们的想象之中。

8. 潇湘馆与潇湘妃子

"潇湘"是清绝、圣洁、凄艳、深情，是美的极致。

"潇湘"是绝美的代名词，凡言天下之凄艳、圣洁、深情、纯美，必言"潇湘"。

林黛玉住到潇湘馆，是《红楼梦》的唯一选择。潇湘馆就是林黛玉的化身。

300多年前曹雪芹在北京西山开笔创作《红楼梦》，元妃为大观园中的所有亭台轩馆赐名，将"有凤来仪"赐名为"潇湘馆"，并说"此中'潇湘馆''蘅芜苑'二处，我所极爱"。

潇湘馆中碧竹遮映，凤尾森森，龙吟细细，一缕幽香从碧纱窗中暗暗透出。

林黛玉入住潇湘馆，探春道："当日娥皇、女英洒泪在竹上成斑，故今斑竹又名湘妃竹。如今她住的是潇湘馆，她又爱哭，将来她想林姐夫，那些竹子也是要变成斑竹的。以后都叫她作'潇湘妃子'。"

学者称，林黛玉与潇湘馆是《红楼梦》中人物与环境完美结合的典范。潇湘馆的环境不仅烘托了林黛玉的形象，更随着林黛玉心理情绪的变化而呈现出不同的色彩。[1]

（五）潇湘无尘之"潇湘八景"

1."潇湘八景"是东方审美的标尺

"潇湘八景"是一个地文景象。"潇湘八景"先是依循上湘、中湘、下湘的水流走向，沿流分布，而后由湖湘推衍至全国，由中国传遍于东亚。

"潇湘八景"又是一个人文概念。东海有圣人出焉，西海有圣人出焉，南海有圣人出焉，北海有圣人出焉。人同此心，心同此理。谁不尊信哉？谁不诵习哉？谁能出不由户？何莫由斯道也？

"潇湘八景"又是一个万物与天道的概念。人类居宇宙，萃九州，为万物之一体，而万事万物无不与人发生关联，梧桐细雨，点滴入怀，莫谓空梁燕泥，干卿底事。冬去春来，寒来暑往，朝昏之气不同，四时之候不一，鸢飞戾天，鱼跃于渊，无非天道之流行。

夜雨、晴岚、归帆、落雁、秋月、暮雪、晚钟、夕照——"潇湘八景"是东方极致的纯美意象。

"潇湘八景"这一概念，出自两宋书画家之笔、诗人学者之口，含义宏深；"潇湘八景"几乎关涉到东方审美思想中的大部分内容，是东方审美思想的主要代表。

"平沙落雁"，"江天暮雪"，"洞庭秋月"，"远浦帆归"，清者图之，远人吟之。江妃二女，出游江湄，闻所闻而来，见所见而去。

水石原本无情物，但一经人的品题，顿时就有了光辉和温度，流淌出文化与韵律。实景的八景由于文人墨客的歌咏描摹，就有了它与人类的唱和，产生了无尽的美学价值。

中国是一个诗的国度，东方是一个诗的东方。

充满诗意，充满诗人的气质。

---

[1] 王晓洁：《林黛玉与潇湘馆研究综述》，《红楼梦学刊》2010 年第 1 期。

诗意地栖居，有浪漫、有理想、有情怀地栖居。

2. "潇湘八景"是"三湘"概念的美学表达，是"湖湘文化"的全覆盖

"潇湘八景"是潇湘沿岸的八景，"潇湘八景"是一个覆盖湖南全省的实景概念。

湘江上游，由两水相会于永州。其中湘水从阳海山来，潇水从九嶷山来。两水相会后，浩浩荡荡一路向北，直达洞庭，合流长江。沿途风景美不胜收，而最美则以沿流分布、纵贯全省的"八景"为代表。

永州城东的潇湘夜雨、衡阳市回雁峰的平沙落雁、衡山县城北清凉寺的烟寺晚钟、湘潭与长沙接壤处昭山的山市晴岚、橘子洲的江天暮雪、湘阴县城江边的远浦归帆、洞庭湖的洞庭秋月，以及西洞庭桃源武陵溪的渔村夕照。"潇湘八景"无一不是三湘大地的文化地标。

"潇湘八景"产生于湖南，它的风格是幽眇旷远，或说清旷平远，与这种风格对应的是湘江的清深与湘民的清慧。清深、清慧是"潇湘八景"的灵魂，也是湖湘文化的早期风貌。

八景之中，有渔村，有山市，有烟寺，是人文之中，不避世俗，不避释老。卑而不可不因者民也，陋而不可不任者俗也。而诗中画，画中诗，疏而不失，远而不弃，出乎淤泥，不染于泥，要在得其一种超脱，一种意蕴。故诗画必有寄寓，而物象必有超脱。似真非真，似像非像，看似物境，实为心境。

"潇湘八景"，每景都是人世间的桃花源。

"潇湘八景"是中国古代最佳宜居环境。

3. 全国各地的"八景"都源于湖南的"潇湘八景"

全国的"八景"，都是"潇湘八景"的时空放射。

北京有燕京八景、圆明园四十景，南京有金陵八景、金陵四十景，西安有长安八景、关中八景，杭州有西湖十景、西湖十八景、西湖四十八景。

清代乾隆御定的燕京八景为：太液秋风、琼岛春阴、金台夕照、蓟门烟树、西山晴雪、玉泉趵突、卢沟晓月、居庸叠翠。

万历《杭州府志》和康熙《浙江通志》记录的西湖十景为：苏堤春晓、柳浪闻莺、花港观鱼、曲院荷风、两峰插云、雷峰夕照、南屏晚钟、三潭印月、平湖秋月、断桥残雪。

各省各市各县，古代无不有八景。一山一水，一城一邑，甚至一村一院，也往往品题出八景。

古代永州的八景，分布在今祁阳县、零陵县、东安县、江永县、江华县、宁远县、新田县共七个区县。其中，有诗词的八景有六种，分别是祁阳八景、芝城八景、永明八景、江华八景、宁远八景和新田八景。此外，又有浯溪十景、东安四景。古籍中记载的永州的其他八景，还有华岩八景、舂陵八景、养元楼八景和麻滩八景。[①]

"八景"的数目，最常见的是八个，多的有十景、十六景、四十景，少的也有四景。

总计全国见于史书方志记载的"八景"，如果建立完整的数据库，当在1万组以上。但"寻根问祖"，它们都是"潇湘八景"的投影。这种成组、对称的景观设计更具普及性，易于启发普通人的自然审美；也更具地方性，易于唤起小地方的乡愁。

"八景"的品题，表达了古代中国人对于自然景观的美好向往，反映了古代先民对于人居环境的审美追求。

4."潇湘八景"是东方八景的滥觞，是东方美学的极则

东方八景都以"潇湘八景"为滥觞，"潇湘八景"是东方各国"不在场"的美学准绳，也是东方汉文化传播的最佳效果。

"潇湘八景"在北宋已经传到韩国。高丽时代，画院文臣李宁，书状官李仁老、陈澕，先后出使宋朝。到朝鲜时代，安平大君李瑢见到宋宁宗的潇湘八景诗书帖，想其景，赋其诗，画其图，取李仁老、陈澕所作八景诗，又命当世善诗者赋诗，最后将19人的题咏蝉联为一卷，称为《匪懈堂潇湘八景诗卷》。在李朝时代，以郑敾所绘《潇湘八景图》最为杰出。

---

① 唐司妮：《永州的八景》，《湖南科技学院学报》2016年第2期。

日本在 13 世纪前后，由宋元僧人大休正念、一山一宁传入"潇湘八景"，诗僧们开始写作潇湘八景诗。此后收藏、绘画潇湘八景图蔚然成风，以潇湘八景为样板创意出新的八景，如"琶湖八景""近江八景""金泽八景"等数不胜数。

日本僧人元政《琶湖八景并序》说："世之言景者，必称'潇湘八景'，而孩提之儿亦能言之，盖'潇湘'其景之绝胜者乎！"人见竹洞《潇湘八景诗序》说："六曲之屏，八景之图，开则稳坐潇湘之云，迭则平铺洞庭之流。"本多忠统《僧法常画跋》写道："僧法常所画《潇湘八景》，潇湘、洞庭、远浦，御府所藏也，其余列侯藏之。晴岚、落雁、秋月三者，笔势极妙。"

日本画师高木文 1926 年出版了第一篇"潇湘八景"的研究论文《牧溪、玉涧潇湘八景图及其传来研究》，论文最后写道："历史变迁，兵燹人灾，几经乱世，承天佑，吾侪有幸尚能于五百年后之今日惠赏这些真迹，实感欣慰……这些真迹在中国已无存，我必需说存于我国依然是无价之宝。"（冉毅教授译文）日本根津美术馆、出光美术馆都有"潇湘八景图"特藏。根津美术馆 1962 年出版的《潇湘八景画集》写道："潇湘八景是源于中国湖南的从湘水和潇水二川合流到湘阴一带汇入洞庭湖地域的最佳风景，八幅风景反映了四季朝夕的不同变化。"

相传，日本幕府武将织田信长、丰臣秀吉、德川家康都曾千方百计收罗《潇湘八景图》。日本茶商松平治曾以天价 550 两黄金购藏玉涧所绘的《山市晴岚》。

"八景"的审美观在日本获得了新生。日本全国市町村教育委员会自 2000 年开始调查传统八景、派生八景、风行时代、八景绘画、照片及史料中的八景记载，编制东方潇湘八景产生时代和地域分布图表，统计出全日本的实地八景共计 963 处，建成"日本八景数据库"。

在古代，朝鲜国王、日本幕府将军以及其他文人画家大都无缘亲临潇湘之地，但是他们借助于诗画而想象，用"神游潇湘"的方式根植各自的审美。

（可配延宝元年［康熙十二年，1673］日本佐佐木玄龙所书行草篆隶楷各体《潇湘八景诗手书本》，美国诗人庞德据此引发创作了《诗章》第49首）

著名诗学理论家叶维廉在研究《诗章》时发现，庞德的第49首诗竟来源于一组"潇湘八景"的画和诗。据说，庞德曾在意大利得到一本册页，里面是一个名叫佐佐木玄龙的日本人画的"潇湘八景"，每张画上题有汉诗和日文诗。这些画作继承了日本室町时代以南宋（包括潇湘八景）的空蒙烟雨为基调的简易山水画的传统，很可能取模于流滞在日本的禅画家牧溪与玉涧的《潇湘八景图》。这也是为何庞德《诗章》第49首诗的境界与语法都回响着古典中国诗的意味。[①]

5."潇湘八景"是人间百态

"八景"的"八"有多的含义，"八景"作为完整的一组，蕴含着多元、多样、多姿多彩的精神，是士大夫文化、佛教文化、市井文化、农耕渔猎文化的融汇。概言之，"潇湘八景"是社会生活百态的包容。

"潇湘夜雨"的主题又表现为"湘妃思舜""湘灵鼓瑟""江妃二女"，寄寓的是上古虞舜与娥皇、女英的故事。故事出现极早，见于《尚书》《孟子》《列女传》等书，是历代士大夫最严肃的吟咏主题。

"平沙落雁""洞庭秋月""江天暮雪"是四时之景的主题。"平沙落雁"讲来雁、归雁，和《月令》《夏小正》的记载吻合，范仲淹《渔家傲·秋思》说"衡阳雁去无留意"。"洞庭秋月"是洞庭湖的秋景，"江天暮雪"是长沙的冬景。

"远浦归帆"讲舟船中的行旅，去国怀乡，所谓"黯然销魂者，

[①]　埃兹拉·庞德："中国诗有鲜明活泼的呈现……不加说教，不加陈述……"见叶维廉：《庞德与潇湘八景》，台湾大学出版中心2008年版，北京联合出版社2019年版。

唯别而已矣"。陆龟蒙《木兰花诗》"洞庭波浪渺无津，日日征帆送远人"。

"渔村夕照"讲江岸的渔村，江南是鱼米之乡，司马迁早已说过，"楚越之地，饭稻羹鱼"。黄昏将临，渔舟归来，酒旗斜矗，是渔村最热闹的时候。

"八景"意象组合诠释——"潇湘八景"的美学价值：

（1）八景——有序、对称的景观（四方四隅，春夏秋冬）。

（2）八景——多元、包容的景观（八景即八元）。

（3）八景——士农工商四民；儒释道三教；人世全景，生活百态；万物一体，与民同乐。

（4）八景——八是多，八景代表一切景。

（5）八景——景同影，天地有大美而不言，八景是人类心中的美好镜像。

"八景"意象组合诠释："潇湘八景"的社会主题：

（1）潇湘夜雨——虞舜与湘妃的故事，最正宗的士大夫情结，经史之学，儒家有为派。

（2）平沙落雁——候鸟，伴侣，人与自然。

（3）烟寺晚钟——佛教、禅宗、高僧。

（4）山市晴岚——市井、市民、工匠、手工业。

（5）江天暮雪——渔父、隐逸，儒家隐逸派。

（6）远浦归帆——行旅、商贾、游子、流寓。

（7）洞庭秋月——道教、神仙、梦幻。

（8）渔村夕照——村落、村民、家族、饮食。

6. 诗与画：视觉与听觉的转换

古人说："诗是有声画，画是无声诗。"

诗歌用以吟诵，是听觉，但听觉可以转换为视觉。画是无声的视觉，但视觉也可以转换为听觉。

无论视觉还是听觉，又都还有表达不尽的留白。

"不到潇湘岂有诗"，"潇湘八景"自然是"诗"。"西征忆南国，堂上画潇湘"，自然也是画。其实，我认为，"潇湘八景"是绘画、题诗、书法、音乐的交集，是文学、史学、艺术的合成。

"潇湘八景"首先是湖南的实景，然后是"图"，而"图"通常是八幅一套的组图；然后是诗或词，同时诗词作为书法作品题写在画卷上；然后又可以表现为音乐，譬如琴曲《潇湘水云》《湘妃怨》《平沙落雁》，二弦曲《渔村夕照》。

诗之佳者别称为"有声画"，画之佳者别称为"无声诗"。宋孙绍远编录唐宋人题画诗，共 8 卷 26 门，名为《声画集》。以诗称画、以画称诗，这一样式始于宋释惠洪，《石门文字禅》说："宋迪作《八境》，绝妙，人谓之'无声句'。演上人戏余曰：道人能作'有声画'乎？"遂作潇湘八景诗 8 首。

朱熹说："赋者，敷陈其事而直言之也。""比者，以彼物比此物也。""兴者，先言他物以引起所咏之词也。"

"赋"的手法，如同白描。"比"的手法，即是比喻。"兴"的手法，是阅读者、审美者自身感情的融入。

"兴"的关键是"引起"。

在"他物"和"所咏之词"之间，没有中间环节，也没有逻辑的桥梁。

"关关雎鸠，在河之洲。窈窕淑女，君子好逑。"河洲上的雎鸠，和君子的佳偶，没有任何关联。

"北风其凉，雨雪其雱。惠而好我，携手同行。"在风雪和知交之间，诗人没有做任何判断。

"引起"是由读者自己融入感觉，建立一种关联。所以，看似毫无关联，其实却有无限的空间。

先言此物、后言彼物，诗句中一个先言景物、后言主题的句型。

只是几个动植物名词、几个形容词和特指代词，构成一组意象群。

但经读者的情感渗入，却可以点染出最为出色的意境。读者置身于自己设置的意境之中，而这意境又返照回来，至深至醇，读者自我于是升华和融化到了自然的和谐之中。

吴乔说：赋是死句，兴是活句。

王夫之说："兴在有意无意之间。"

王国维说："有有我之境，有无我之境。有我之境，以我观物，故物我皆著我之色彩。无我之境，以物观物，故不知何者为我，何者为物。"

《人间词话》："'泪眼问花花不语，乱红飞过秋千去。''可堪孤馆闭春寒，杜鹃声里斜阳暮。'有我之境也。'采菊东篱下，悠然见南山。''寒波淡淡起，白鸟悠悠下。'无我之境也。"

林沅说，《湘夫人》"开篇'袅袅秋风'二句，是写景之妙；'沅有芷'二句，是写情之妙。其中皆有情景相生、意中会得口中说不得之妙。人知'山有木兮木有枝，心悦君兮君不知'，犹'沅有芷'二句起兴之例，而不知'无边落木萧萧下，不尽长江滚滚来'实以'袅袅''秋风'二句作蓝本也。《楚骚》开后人无数奇句，岂可轻易读过？"

欧阳修《咏零陵》说到画图与实景的关系：

> 画图曾识零陵郡，今日方知画不如。
> 城郭恰临潇水上，山川犹是柳侯余。
> 驿亭幽绝堪垂钓，岩石虚明可读书。
> 欲买愚溪三亩地，手拈茅栋竟移居。

见弘治《永州府志》、隆庆《永州府志》、康熙《永州府志》、康熙《零陵县志》、《古今图书集成》。欧诗又作"刘克庄撰"。刘克庄《零陵》："画图曾识零陵郡，今日方知画未如。城郭恰临潇水上，山川犹是柳侯余。驿亭幽绝堪垂钓，岩室虚明可读书。欲买冉溪三亩地，手苦茅栋径移居。"见宋刘克庄《后村先生大全集》、宋陈思《两宋名贤小集》、明抄本《诗渊》、清张豫章《御选宋金元明四朝诗》、清吴之振《宋诗抄》。

诗人之有"兴"，犹如画家之有"马一角""夏半边"。

7.《潇湘八景图》的兴起

从宋代以来，士大夫们依据湘江流域的自然风光，绘制出八幅一组的极富诗意的山水图画。以李成、宋迪、王洪、牧溪等人为滥觞，《潇湘八景图》以淡墨为主调，呈现出淡泊闲远的自然景象，建构起飘然脱俗的美学景象。

北宋沈括《梦溪笔谈》记载："度支员外郎宋迪工画，尤善为平远山水，其得意者有平沙雁落、远浦帆归、山市晴岚、江天暮雪、洞庭秋月、潇湘夜雨、烟寺晚钟、渔村落照，谓之'八景'。"

宋迪，字复古，见到宋迪的作品，大诗人苏轼立即写了《宋复古画潇湘晚景图》三首，其一说道："西征忆南国，堂上画潇湘。照眼云山出，浮空野水长。旧游心自省，信手笔都忘。会有衡阳客，来看意渺茫。"

到了宋代，中国古代的文治达到顶峰，出现了所谓的"文人画"，于是《潇湘八景图》就应运而生了。北宋仁宗时，宋迪本人曾经亲自到达永州，在零陵澹岩留下石刻，写道："嘉祐八年三月初八日，转运判官、尚书都官员外郎宋迪游。"宋迪所绘《潇湘八景图》已经失传，但此图应当作于嘉祐八年；也就是说，我们可以澹岩石刻为据，将《潇湘八景图》的诞生时间定为嘉祐八年，亦即公元 1063 年。

（可配宋迪真迹、卫樵诗刻拓片）

除了《潇湘八景图》的迷人，也有《潇湘八景诗》的惊艳。其中影响最大的当属米芾《潇湘八景图诗有序》，其书法《白云居米帖》也流传至今。米芾在诗序中说道："潇湘之景可得闻乎？洞庭南来，浩渺沉碧，叠嶂层岩，绵衍千里，际以天宇之虚碧，杂以烟霞之吞吐，风帆沙鸟，出没往来，水竹云林，映带左右，朝昏之气不同，四时之候不一，此则潇湘之大观也。"（米芾《潇湘八景图诗有序》文本一说源于明代史九韶《潇湘八景记》。）

8. 最能代表士大夫精神意气的景象是"潇湘八景"之"潇湘夜雨"

"潇湘夜雨"是"潇湘八景"第一景，也是"潇湘八景"最典型的一景。

"潇湘"作为地名、水名，泛指全湘整个流域，而其狭义则专指潇湘二水汇合处。永州零陵郡，零陵专指舜陵，在苍梧九疑山，永州得名于潇湘，所谓二水为永。潇湘二水交汇处有白蘋洲，《九歌》"登白蘋兮骋望"，意为湘君、湘夫人从潇湘合流处遥望九疑山，即望其夫君舜帝。三闾大夫演绎其故事，遂使潇湘地名融入舜帝湘妃人文，成为"潇湘"永恒不变的意象。故言"潇湘八景"，当以"潇湘夜雨"为第一图，而观"潇湘夜雨"必有娥皇、女英之凄清。

故言"潇湘八景"概念，字古名古，地清水清，既知二女之凄艳，屈子之清洁，然后以纸墨书之，入于淡素，出于平远，然后可以寄寓，可以超脱。必玄远，必清绝。清和平远，絜静精微，方为神品。

"潇湘"二字，出处极古。《山海经》载"潇湘之渊""潇湘之川""潇湘之浦"，《淮南子》佚文载"弋钓潇湘""钓射潇湘""躬钓潇湘"，桓谭《新论》佚文载"潇湘之乐"，王子年《拾遗记》载"潇湘洞庭之乐"。

东汉张衡的《四愁诗》，东南西北各一首，南方这一首说："我所思兮在桂林，欲往从之湘水深，侧身南望涕沾襟。""湘水深"一语可谓对潇湘特征的最早吟咏，"湘水深"并非泛泛言之，而是依据字训而来的典型描写。

东晋罗含著《湘川记》，描述说："湘川清照五六丈，下见底石，如樗蒲矢，五色鲜明，白沙如霜雪，赤岸若朝霞，是纳'潇湘'之名矣。"是对潇湘水文地质特征的细致考察。唐代刘禹锡说，"潇湘间，无土山，无浊水，民乘是气，往往清慧而文"，是对潇湘清深的人文发挥。

自屈原《九歌》之《湘君》《湘夫人》而下，"潇湘"语料频繁出现在包括诗词、散文、音乐、绘画等古典文学艺术中，反复歌咏，久久不息，遂成为古典文学艺术中的风格基调和永恒意象。

"潇湘"有远意，有无限意，所谓"北通巫峡，南极潇湘"。

张衡诗："我所思兮在桂林，欲往从之湘水深。"

张若虚诗："斜月沉沉藏海雾，碣石潇湘无限路。"

柳宗元诗："非是白蘋洲畔客，还将远意问潇湘。"

由中原衣冠士大夫观之，道阻且长，唯有寄托想象。所谓南方建德之国，道远而险，又有江山，幽远而无人，吾谁与邻，送君者皆自崖而反，君自此远矣。

（可配横山大观《潇湘八景图》）

书生意气到潇湘（代后记）*

这是一个特别的决定——12年前，北京大学副教授张京华放弃优越的工作条件，来到湖南永州，成为湖南科技学院的一名普通教师。"永州是一个文化底蕴很深厚的地方。我了解它的历史，但不了解它的现状。另外，我想找个安静的地方读书、写书、教书。"张京华这样解释自己的选择。

淡泊名利　一路南下到潇湘

张京华出生于北京，1979年考入北京大学历史学系，毕业后留校。任教的第10年，他因研究庄子哲学、燕赵文化颇有建树，被评为副教授，那年他刚过30岁。

张京华学的是唐史（中古），延伸到了先秦（上古）。他因觉得在北京对自己的学术研究没有什么帮助，2000年到了河南洛阳。洛阳是唐代的东都，遍地是文物，观感更直接。在哪里生活无关紧要，最紧要的是便于学术研究——这是张京华的态度。

在洛阳工作3年后，张京华有一天读《光明日报》，看到了湖南科技学院的招聘启事。他至今还记着启事中的一句话——"零陵山水甲天下"。在他眼中，永州是了不起的——舜帝南巡来此，史学家司马迁也曾来过，唐宋时文化更是繁荣，元结、柳宗元在此任职，北宋理学家周敦颐出生在这里。为了做好上古学术研究，他来到了永州。

---

*　本文是《光明日报》记者龙军的采访记，原刊于《光明日报》2015年10月5日第1版。

2003 年 7 月的一天凌晨，张京华夫妇坐火车到了永州站，又转乘汽车来到湖南科技学院。

一路上，张京华有过无数次想象，但从没有想到学校那么偏僻。但既来之，则安之，他在永州一待就是 12 年。

专注研究　废寝忘食不知倦

很多人这样说，见到张京华，就会想到一个词：书生。他不看电影、电视，不喜欢各种应酬，不参加与工作无关的会议，平时连手机都很少开，最大爱好就是读书。在他的办公室和家里，20 个书架上满满的都是书。

担任学报主编，兼任文科选修课授课任务，更领衔诸多课题研究——对张京华来说，时间太宝贵了。他在学报编辑上，把握重点，充分放权；在授课时，用自己的素材，把看似干巴巴的课讲得生动有趣；在学术研究上，勤奋严谨，废寝忘食。

张京华对学术十分专注，他写出了 10 万字的《鹖子笺证》。他一字一句阅读了明末清初大学者顾炎武 30 多万字的《日知录》，以及历代名家 500 多万字的批注，用了整整一年时间，写出了 120 万字的《日知录校释》。对这一校注本，古典文献专家栾保群评价颇高。

来永州 12 年，张京华先后发表学术论文 180 余篇，出版学术著作 12 种，点校古籍 10 种。《庄子注解》《中国何来轴心时代》《湘楚文明史研究》等著作，在学术界产生了很大影响。

倾心教学　亦师亦友亦至亲

"高等教育不应是集体背书，大学生应首先学会思考问题，有主见、识大仁大义、明大是大非。"张京华告诉记者，身在三尺讲台，他一直在探索构建本科生一对一的教学模式。

在他的启发下，10 多名学生爱上了摩崖石刻研究。学生侯永慧、汤军、符思毅、欧阳衡明、刘瑞等先后出版《零陵朝阳岩诗辑注》等著述 4 部、发表论文 30 多篇。他与学生一起发现最早朝阳岩石刻系唐代大历年间安南都护张舟真迹，填补了国内摩崖石刻研究的空白。

从 2004 年起，张京华组织成立国学读书会，不分年级、系别，面对面、手把手带领学生一起读书、研究。读书会成立 11 年来，先后有 400 多名会员参与读书会学习。经张京华指导，会员共发表论文 100 余篇，出版学术著作 10 部，36 人考上硕士、博士研究生。

"能培养出静下心来读书、踏踏实实做学问、扎扎实实为社会做贡献的学生，就是我最大的心愿。"张京华把人生中最看重、最宝贵的时间都给了学生。

补记：

予自 1989 年以后即欲做"政治性征"研究，而迄今不能成体系。久之成《中国传统政治性征——以"三顾茅庐"与〈李师师外传〉为参照》一文，又久之成《个人感情、政治感情与国家情感——以孟子论"情感四阶段"为参照》一文。2003 年居湘，考察潇湘庙，作"虞舜与湘妃"一题，2011 年王田葵、陈仲庚先生主编《舜文化研究文丛》，即以《湘妃考》仓促交稿，而两文附焉。其后屡欲增补，迄今粗就，而予亦如晋公子之及于难，经 19 年而自永州迁郴州矣。补记于此，以纪岁月。

张京华
2022 年 7 月于郴州湘南学院

图书在版编目（CIP）数据

湘妃考 / 张京华著 . —增订本 . —北京：商务印书馆，
2024

（潇湘国学丛刊）

ISBN 978 － 7 － 100 － 23335 － 4

Ⅰ . ①湘⋯　Ⅱ . ①张⋯　Ⅲ . ①女性 — 人物研究 —
中国 — 古代　Ⅳ . ①K828.5

中国国家版本馆 CIP 数据核字（2024）第009924号

湘妃考（增订本）

张京华　著

商　务　印　书　馆　出　版
（北京王府井大街36号　邮政编码 100710）
商　务　印　书　馆　发　行
山东韵杰文化科技有限公司印刷
ISBN　978 － 7 － 100 － 23335 － 4

2024年3月第1版　　开本 640×960　　1/16
2024年3月第1次印刷　　印张 24¼
定价：128.00元